Organisationskommunikation
Studien zu Public Relations/Öffentlichkeits-
arbeit und Kommunikationsmanagement

Herausgegeben von
G. Bentele, Leipzig, Deutschland

Die Reihe „Organisationskommunikation. Studien zu Public Relations/Öffentlichkeitsarbeit und Kommunikationsmanagement" zielt darauf, wesentliche Beiträge zur Forschung über Prozesse und Strukturen der Kommunikation von und in Organisationen in ihrem gesellschaftlichen Kontext zu leisten. Damit kommen vor allem Arbeiten zum Tätigkeits- und Berufsfeld Public Relations/ Öffentlichkeitsarbeit und Kommunikationsmanagement von Organisationen (Unternehmen, politische Organisationen, Verbände, Vereine, Non-Profit-Organisationen, etc.), aber auch zur Werbung oder Propaganda in Betracht. Nicht nur kommunikationswissenschaftliche Arbeiten, sondern auch Beiträge aus angrenzenden Sozialwissenschaften (Soziologie, Politikwissenschaft, Psychologie), der Wirtschaftswissenschaften oder anderen relevanten Disziplinen zu diesem Themenbereich sind erwünscht. Durch Praxisbezüge der Arbeiten sollen Anstöße für den Professionalisierungsprozess der Kommunikationsbranche gegeben werden.

Herausgegeben von
Prof. Dr. Günter Bentele
Institut für Kommunikations- und Medien-
wissenschaft, Universität Leipzig

Ole Keding

Online-Kommunikation von Organisationen

Strategisches Handeln unter komplexen Bedingungen

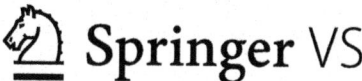 Springer VS

Ole Keding
Hamburg, Deutschland

Dissertation Graduate School Media and Communication der Universität Hamburg, 2013

Organisationskommunikation
ISBN 978-3-658-08864-4   ISBN 978-3-658-08865-1 (eBook)
DOI 10.1007/978-3-658-08865-1

Die Deutsche Nationalbibliothek verzeichnet diese Publikation in der Deutschen Nationalbi-bliografie; detaillierte bibliografische Daten sind im Internet über http://dnb.d-nb.de abrufbar.

Springer VS

Gedruckt auf säurefreiem und chlorfrei gebleichtem Papier

Springer Fachmedien Wiesbaden ist Teil der Fachverlagsgruppe Springer Science+Business Media
(www.springer.com)

„A powerful global conversation has begun. Through the Internet, people are discovering and inventing new ways to share relevant knowledge with blinding speed. (...) In language that is natural, open, honest, direct, funny and often shocking. Whether explaining or complaining, joking or serious, the human voice is unmistakably genuine. It can't be faked" (Levine et al. 2009, S.8)

„(...) Our new era: a time when volatility, uncertainty, complexity, and ambiguity are at an all-time high, and where established approaches to analysis and planning are increasingly ineffective. In a nutshell, the world economy has become massively unstable and complex, far too interconnected to understand in any real sense" (Boyd, 2012).

@olekeding auf Twitter, Ello, Xing, LinkedIn usw.

www.olekeding.de

Danksagung

Von Herzen danke ich meinen Eltern Gundi Mahnke und Knut Keding.

Großer Dank gilt Hans J. Kleinsteuber, der diese Arbeit leider nicht fertiggestellt in den Händen halten konnte. Außerdem Uwe Hasebrink für den messerscharfen Blick und den roten Faden im Dickicht der Worte, Michel Clement für die andauernde Erinnerung an die „Contribution" und Patrick Donges für die spontane wie kompetente Hilfe. Außerdem dem RCMC, der Graduate School Media and Communication und allen Mitstreitern für den aufbauenden Austausch und die mehr als optimalen Arbeitsbedingungen, sowie der Landesexzellenzinitiative Hamburg für das nötige Kleingeld.

Sabine, Lawrie, Nils, Dominique, Carsten, Maurice – danke euch.

Last but foremost: Ohne die unerschütterliche Unterstützung meiner Liebsten hätte dieses Mammut natürlich niemals gebändigt werden können. Danke – Ruby, Ted, Piet und vor allen Gwendolin.

Vorweg

Da derart viel Zeit, Mühe und Grübelei in das Forschungsprojekt und schließlich in dieses Buch geflossen sind, möchte ich vorweg kurz darlegen, woher die Begeisterung für diese hochspannende aber auch im wahrsten Sinne des Wortes „komplexe" Thematik herrührt (abseits der Absicht meine wissenschaftliche Expertise möglichst umfassend abzubilden sowie des Ziels einen bestimmten akademischen Grad zu erlangen).

Die Wurzeln dieser Arbeit gründen in 2008. Ich hatte gerade meine Diplom-Arbeit vollendet, die sich mit dem zu diesem Zeitpunkt noch recht jungfräulichen Thema Online-Wahlkampf auseinander gesetzt hat. Im Blickpunkt der Arbeit waren die Vorwahlen zur Präsidentschaftswahl 2004 und 2008 in den USA, genauer: die Online-Kampagnen der Bewerber sowie der Bedeutungsgewinn des Internet im Rahmen von politischer Kommunikation. Dabei wurde auch die Kampagne von Barack Obama untersucht, der zur damaligen Zeit nur einer unter vielen Bewerbern um die Position des demokratischen Präsidentschaftskandidaten war. Aber er war eben auch derjenige, der im besonderen Maße auf die „neuen" Kommunikationskanäle im Internet und im speziellen die sozialen Medien gesetzt hat. 2008 war das alles andere als üblich und daher auch ein ordentlicher Treiber für die Berichterstattung. Der hervorragend organisierte, innovative wie kompromisslose Einsatz von Online-Kommunikation hat mich grundlegend fasziniert. Dass es möglich gewesen ist, junge Menschen aus ihrer Politikverdrossenheit zu reißen, indem persönlich, authentisch und auf Augenhöhe kommuniziert wurde, Dialoge nicht nur zugelassen sondern auch gefördert wurden, um damit nicht nur Interesse, sondern gar aktiven Einsatz - „involvement" - und letztendlich Partiziation zu bewirken, hat mich nachhaltig begeistert. Hätte ich in den USA gewohnt, ich wäre wahrscheinlich umgehend von Tür zu Tür gestiefelt und hätte „Change"-Sticker verteilt. Stattdessen hat mich die Frage umtrieben, ob die Möglichkeiten von Online-Kommunikation auch hierzulande die politische Kommunikationskultur positiv beeinflussen, wohlmöglich wieder mehr Interesse bei jungen Deutschen für gesellschaftsrelevante Themen wecken sowie Partizipation fördern könnten.

Der zweite Anstoß wurde durch meine Arbeit als Berater in Kommunikationsangelegenheiten geliefert. Ich habe hautnah erlebt, wie ein sehr profitabler Wirtschaftszweig an den Rande des Abgrunds getrieben wurde, weil die großen Unterhaltungskonzerne den Einzug des Internet mitsamt Musikkompression verschlafen haben. Erst in jüngster Zeit können sie mit dem Innovationstempo zumindest ansatzweise Schritt zu halten - obwohl sie immer noch mehr reagieren als agieren, wie das Beispiel Musik-Streaming zeigt. Der Einzug von Social Media hat unbekannten Künstlern, und das ohne Mithilfe externer Marketing- oder Werbe-Apparate, in Windeseile zu Weltruhm verholfen oder kleine Kulturbetriebe in kürzester Zeit zu Millionen von hoch-involvierten Anhängern verholfen. Durch diese Erfahrungen wurde mir nicht nur eindrücklich klar gemacht, welche Chancen Online-Kommunikation in all ihrer Vielfalt bietet, sondern auch, welche Risiken für Akteure darin liegen, neue Entwicklungen im Digitalbereich zu verpassen oder gar zu ignorieren. Aus diesen Erfahrungen hat sich für mich zwangsläufig die Frage ergeben, wie Entscheider, Manager und alle strategisch Kommunikationstreibenden mit den Herausforderungen von Online-Kommunikation umgehen. Wie die zweifellos vorhandenen, weitreichenden Potenziale am besten erkannt und genutzt werden können, wie gewährleistet werden kann, keine Entwicklung zu verpassen und die richtige Ansprache für die richtigen Empfänger in einer immer vertrackteren und komplexeren Medienlandschaft zu wählen? Diesen und weiteren Fragen wird auf den folgenden Seiten mit dem Ziel nachgegangen, die inhärente Komplexität des Themas zu bändigen und möglichst leicht verständlich für Leser aus Forschung und Praxis aufzubereiten.

Inhaltsverzeichnis

1 Einleitung

Online-Kommunikation ist ein vitales Feld. Der Grad der gesellschaftlichen Vernetzung ist in den letzten Jahren in hohem Maße angestiegen – immer mehr Menschen informieren und verständigen sich immer regelmäßiger über das Internet. Durch den schnell voran schreitenden technischen Fortschritt, die Möglichkeiten digitaler Kommunikation und die Folgen der medialen Fragmentierung in immer feinere Interessengruppen gibt es eine nahezu unüberschaubare Vielfalt an Kommunikationskanälen. Durch die weitreichenden Interaktionsmöglichkeiten der sozialen Medien wird diese Entwicklung noch potenziert (vgl. Schmidt 2009). Die Angebots- und Anwendungsvielfalt online-basierter Dienste nimmt dabei in einem derart überwältigendem Tempo zu, dass selbst Experten nur schwerlich den Überblick behalten können (vgl. Michelis & Schildhauer 2012). Dies stellt im besonderen Maße all diejenigen, die sich in Theorie und Praxis mit Kommunikation beschäftigen, sei es im Bereich der Public Relations, der Werbung, des Marketing oder der politischen Kommunikation, vor große Herausforderungen.

> „In the past five years, new communication platforms and networks have emerged whose adoption numbers dwarf those of the media that came before them - and the speed at which these platforms and networks emerge can scare the hell out of most marketing and communication departments" (Barger 2011, S.20).

Kommunizieren Organisationen strategisch, beispielsweise im Rahmen von Unternehmens-PR oder innerhalb von Wahlkampfkampagnen, so ergänzen Online-Kanäle das ohnehin schon reichhaltige Medienrepertoire der zielgerichteten Aktivitäten. Eine Grafik der Financial Times bringt das zugrunde liegende Problem anschaulich auf den Punkt (siehe Abb. 1a). Während die Planer strategischer Kommunikation vor rund 35 Jahren noch aus einem Portfolio von einigen wenigen Kommunikationskanälen wählen konnten, ist die Auswahl an möglichen Wegen zur Erreichung bestimmter Zielgruppen heute weitaus komplexer. Daher ist der Bedarf an entsprechend angepassten Kommunikationsstrategien groß.

1.1 Forschungsinteresse

In den genannten Entwicklungen bilden sich Intransparenz, Vernetztheit und Dynamik ab, drei typische Merkmale von Komplexität. Strategisches Handeln unter solch komplexen Bedingungen ist voraussetzungs- wie anspruchsvoll. Konkrete Probleme in Bezug auf strategische Kommunikation bilden sich innerhalb von drei Aspekten ab: die Auswahl relevanter Kanäle wird immer aufwändiger, der Einsatz von immer mehr Kanälen erfordert stetig mehr Koordination und Betreuung mit entsprechendem Know-how und schließlich fällt eine ziel- sowie zweckorientierte Bewertung der Aktivitäten immer schwerer. Diese Umstände beeinträchtigen erfolgreiche Kommunikation.

Abb. 1a - Advertising 2009 (Bradshaw & Edgecliff-Johnson 2009)

Wie Kommunikationsplaner, also strategisch handelnde Akteure, im Rahmen ihrer Kommunikationsaktivitäten mit den komplexen Bedingungen von Online-Kommunikation umgehen, wie Kommunikationsstrategien für Organisationen geplant, organisiert, umgesetzt und evaluiert werden, wird im Rahmen dieses Buches untersucht. Dabei soll insbesondere der Frage nachgegangen werden, inwieweit Online-Aktivitäten in die übergeordneten Kommunikationsstrategien der Organisationen eingebunden werden und somit auch auf die globalen Organisationsziele einzahlen. Des weiteren wird untersucht, wie die Auswahl relevanter Kommunikationskanäle sowie die Evaluation der umgesetzten Maßnahmen im Detail ablaufen und welche Kriterien dabei eine Rolle spielen. Außerdem wird der Frage nachgegangen, ob die Akteure in den Arbeitsfeldern strategischer Kommunikation nicht in optimaler Weise auf das Handeln unter komplexen Bedingungen eingestellt sind und ob das kommunikationsstrategische Potenzial der Online-Aktivitäten dadurch wohlmöglich nicht ausgeschöpft wird.

Um empirisch gestützte Aussagen zu der Fragestellung treffen zu können ohne den Umfang der Untersuchung zu sprengen, ist der recht weit gefasste Bereich strategischer Online-Kommunikation auf ein Arbeitsfeld eingeengt worden - das Feld der Wahlkampfkommunikation im Internet, ein Bereich, der theoretisch wie empirisch gut abgedeckt ist und durchgängig großes Interesse hervorruft.

> „Over the last decade or so, scholarly analyses of the relationship between the internet and politics have grown at a remarkable rate. (...) In little more than a decade, the internet has evolved from a collaborative tool for scientists to become a fundamental part of our system of political communication" (Chadwick & Howard 2009, S.7ff).

Dennoch bleiben genug offene Fragen, die beantwortet werden wollen und so ein vitales Forschungsfeld bilden (vgl. Schweitzer & Albrecht 2011, S.33ff). *Kommunikatorstudien* befassen sich mit den Einstellungen, Motiven, Zielen und Strategien bei der Planung und Umsetzung von Online-Kommunikation aus Sicht politischer Bewerber im Rahmen von Wahlkämpfen. Es gibt bisher keine Studien, die sich diesen Aspekten aus einer theoretisch fundierten, strategischen Perspektive nähern, in denen untersucht wird, was die kommunikationsstrategische Motivation zur Nutzung einzelner Online-Dienste aus Sicht der Parteien ist und welche konkreten Erwartungen eigentlich damit verbunden werden. Auch konnte bisher nicht erklärt werden, welche Kanäle aus welchem Grund eingesetzt werden und mithilfe welcher Ansätze der eigene Erfolg substanziell beurteilt und evaluiert wird. Die damit in Zusammenhang stehenden Wechselwirkungen zwischen Kommunikatoren und eingebundenen externen Dienstleistern wurden bisher ebenfalls nicht untersucht.

In der Kommunikationspraxis, im Wahlkampf wie auch in anderen Bereichen, sorgen die zuvor beschriebenen hohen Anforderungen für einen steigenden Bedarf an spezialisiertem Wissen und Ressourcen, der durch die zunehmende Einbindung von externen Dienstleistern gedeckt wird. Diese helfen bei der Konzeption und Umsetzung strategischer Kommunikation und sind somit, neben den Kommunikatoren, relevante Akteure. Daher werden Kommunikationsdienstleister, aus dem Bereich der Wahlkampfkommunikation sowie aus dem Bereich der Marken- und Werbekommunikation, ebenfalls in die empirische Analyse mit einbezogen. Die Einbeziehung von Dienstleistern außerhalb des politischen Betriebs ermöglich, die Ergebnisse der Untersuchung nach der Einengung auf ein Arbeitsfeld rückführend wieder auf generelle Aspekte strategischer Online-Kommunikation zu übertragen.

Die empirischen Bezüge führen zu einigen weiterführenden Erkenntnisinteressen. So wird gezeigt, inwieweit Wahlkampfkommunikation im Internet besonderen Bedingungen unterliegt und wo die Unterschiede zu anderen Formen strategischer Online-Kommunikation liegen. Daraus folgend soll überprüft werden, ob politische Online-Kommunikation auf der einen und Marken- und Werbekommunikation auf der anderen Seite aufgrund unterschiedlicher kommunikationsstrategischer Stärken bisher kaum genutztes, wechselseitiges Lernpotenzial besitzen. Außerdem wird die Rolle der externen Dienstleister genauer fokussiert und dabei geklärt, welche Auswirkungen das Verhältnis von Kommunikator und Dienstleister auf den kommunikationsstrategischen Prozess hat.

1.2 Relevanz und Einordnung in das Forschungsfeld

In der Forschung beschäftigen sich die unterschiedlichsten Disziplinen mit Fragestellungen zu den genannten Phänomenen der zunehmenden Komplexität von Online-Kommunikation, in erster Linie die Kommunikations- und Wirtschaftswissenschaft, aber auch Psychologie, Informatik und Sozialwissenschaft. Die multidisziplinäre Auseinandersetzung schafft eine breite Basis und sorgt gleichzeitig für Bedarf an ordnenden Projekten, die die Erkenntnisse der unterschiedlichen Disziplinen zusammenbringen, neue Sichtweisen und interdisziplinäre Problemlösungsansätze ermöglichen. In diese Kategorie fällt auch das vorliegende Buch.

Die Erkenntnisse dieser Untersuchung sind vor allem für zwei Forschungsfelder relevant: zum einem das interdisziplinäre Forschungsfeld der „strategischen Kommunikation" (vgl. Hallahan et al. 2007, Holtzhausen & Hallahan 2007, Verhoeven et al. 2011) und zum anderen das Feld der Analyse von Online-Wahlkämpfen im Rahmen des Gebiets der „Computer-Mediated Political Communication" (vgl. Graber et al. 2004,

Jankowski et al. 2004, Chadwick 2006, Schweitzer & Albrecht 2011). Übergreifend können sie unter dem Themenkomplex „Organisationskommunikation" verortet werden.

Die Untersuchung folgt in ihrer theoretischen Grundlegung den Ausführungen von Hallahan et al. 2007 zu *strategischer Kommunikation*. Der Inhalt ist in einem breit angelegten, interdisziplinären Rahmen angelegt und konzentriert sich auf die empirische Analyse strategischer Kommunikationsaktivitäten von Organisationen:

> „Researchers have an important opportunity to renew their interest in examining and understanding what organizations actually do to create and exchange meaning with others. This involves the circumstances in which communication processes occur, communication processes themselves, and communication outcomes" (ebd. S.27).

In Bezug auf das Feld der *Analyse von Online-Wahlkämpfen* werden zwei Forschungsziele verfolgt: Einerseits ein *deskriptives*, indem die „Akteure, Instrumente und Nutzungsweisen des E-Campaigning intersubjektiv erfasst und dokumentiert werden" (Schweitzer & Albrecht 2011, S.34), andererseits ein *evaluierendes*, indem die „Leistung und Entwicklung der politischen Online- Kommunikation vergleichend eingeordnet und bewertet" (ebd.) wird.

Da es bisher wenig empirische Erkenntnisse darüber gibt, wie sich die konkrete Zusammenarbeit zwischen Dienstleistungsbranche und dem politischen Betrieb im Rahmen von Online-Kommunikation in Wahlkämpfen ausgebildet hat, ist dies ein Punkt, an dem die vorliegende Untersuchung ansetzt. Insofern liefert die Arbeit auch einen Beitrag zur Auseinandersetzung um die Professionalisierung politischer Kommunikation. Ein weiterer Punkt ist die explizite Verknüpfung des E-Campaigning mit einem strategischen Ansatz (vgl. u.a. Neuwerth 2001, Hallahan et al. 2007, Raschke & Tils 2007):

> „Ausgangspunkt ist der objektiv wachsende Strategiebedarf. Je komplexer und instabiler die Bedingungen der Politik, desto schwieriger, aber gleichzeitig notwendiger werden die Berechnungen anspruchsvollerer Handlungsformen, zu denen die strategische gehört" (Raschke & Tils 2007 S. 11).

Denn die Frage, inwieweit „das Internet über Informations- und Interaktionsangebote in den Prozess der Strategieentwicklung und -vermittlung von politischen Organisationen eingebunden werden kann" (Sarcinelli 2010, S.288), ist noch weitestgehend unbeantwortet.

Weiterführend sind die Erkenntnisse auch im Kontext der Online-Marketing- und PR-Forschung von Interesse, da sie sich an aktuelle Diskurse anschließen lassen. Inwieweit traditionelle Kommunikationsstrategien den Gegebenheiten des 21. Jahrhunderts angepasst werden können, ist einer dieser aktuellen Schwerpunkte. Ansätze wie integrierte Kommunikation oder Cross Communication, die strategische Kommunikation auf die Vielzahl der Kanäle der neuen Informations- und Kommunikationstechnologien anpassen, gewinnen dadurch an Bedeutung (vgl. Belz et al. 2008, Bruhn 2009). Auch im Bereich der PR-Forschung werden vermehrt bisherige Modelle, Theorien und Konzepte der klassischen PR-Forschung daraufhin überprüft, inwieweit sie für den Online-Bereich nützlich sind (vgl. James 2007).

Nicht zuletzt liefert die Arbeit auch einen theoretischen Beitrag, indem sie verschiedene theoretische Ansätze unterschiedlicher Disziplinen im Rahmen des eigenen *Modells zur Analyse strategischer Online-Kommunikation unter Berücksichtigung komplexer Bedingungen* (vgl. 2.4) diskutiert und zusammenbringt. Das Modell ist auf der einen Seite eng mit aktuellen empirischen Befunden verknüpft, gleichzeitig ist es jedoch flexibel genug konzipiert, um größtmögliche Generalisierbarkeit in Rücksicht auf die hohe Innovationsgeschwindigkeit des Themengebiets zu erreichen.

Darüber hinaus hat die Untersuchung auch noch einen weiteren Verwertungsbezug, indem sie kaum zugängliches Insider-, Fach- und Prozesswissen systematisiert offenlegt sowie in einem bestimmten Umfang auch Handlungsempfehlungen aussprechen kann. Die Befunde sind daher nicht nur im wissenschaftlichen Kontext von Interesse, sondern liefern im Sinne angewandter Forschung auch einen direkten Beitrag für die Praxis.

1.3 Vorgehensweise und Aufbau der Untersuchung

Das Buch folgt einem interdisziplinären Ansatz und bewegt sich an den Schnittstellen von Kommunikations-, Politik-, PR- und Marketingwissenschaft. Entsprechend existiert kein passender, einheitlicher theoretischer Kontext, an den die Untersuchung angegliedert werden kann. Stattdessen werden, wie zuvor schon erwähnt, verschiedene theoretische Bausteine verknüpft, um ein eigenes, theoretisches Fundament zu schaffen (vgl. Kapitel 2). Da die zentralen Forschungsfelder - strategische und politische Kommunikation im Internet - noch relativ jung sind, mangelt es zudem an Arbeiten, die diese Bereiche theoretisch wie empirisch durchleuchten und miteinander verbinden. Es gibt demnach keinen analytischen Rahmen, der zur Orientierung dienen könnte, dieser muss ebenfalls eigens konzipiert und geschaffen werden.

Zunächst werden die beiden zentralen Begriffe *Strategie* und *Komplexität* definiert, theoretisch fundiert und in Verbindung zueinander gebracht. In diesem Zusammenhang wird strategisches Handeln als zweckrationaler Prozess dargestellt, der auf Grundlage von Ziel-Mittel-Umwelt-Kalkulationen erfolgt. Die Analyse strategischen Handelns erfolgt unter dem Blickwinkel verstehender Handlungstheorie mit einem subjektivistischen Ansatz (vgl. Neuwerth 2001, Raschke & Tils 2007, 2008a, 2008a, 2010a, 2010b). Dieser Ansatz wird von einem handlungstheoretischen Modell ergänzt, das Kriterien zur Ermittlung und Bestimmung komplexer Bedingungen als auch Anhaltspunkte zu strategischem Handeln unter eben solchen Umständen aus Sicht der Kognitionspsychologie liefert (vgl. Dörner 1993, 2008, 2011, Dörner et al. 1999). Im besonderen Maße wird dabei auch noch auf die Bedeutung von Modellen zur Reduktion von Komplexität und Intuition im Umgang mit Komplexität eingegangen (Füllsack 2011, Schneider 2011).

Im nächsten Schritt wird der strategische Handlungsrahmen auf den Bereich strategischer Organisationskommunikation eingeengt. Den theoretischen Bezug hierzu liefert *Strategic Communication*, ein Konzept, das die beiden Kernbegriffe Bedeutung und Einfluss als Kommunikationsziele einführt und Ansätze für einen passenden Analyserahmen durch Konzentration auf die Perspektive einzelner Akteure innerhalb von Organisationen bietet (vgl. Hallahan et al. 2007, Holtzhausen & Hallahan 2007, Verhoeven et al. 2011). Der Analyserahmen wird ergänzt durch Beiträge aus der PR-Theorie, die eine Klassifizierung einzelner Aktivitäten in Bezug auf ihre kommunikationsstrategische Ausrichtung zulässt (vgl. Van Ruler 2004, van Ruler et al. 2008). Darüber hinaus werden noch relevante Aspekte bei der Einbindung von Dienstleistern und der daraus resultierenden Wahrnehmung von Vermittlungsrollen aus Sicht der Kommunikationsforschung (vgl. Schönhagen 2004, Beck 2006) als auch die Besonderheiten von Kampagnenkommunikation aus Sicht der Kommunikations- und Politikwissenschaft aufgezeigt (vgl. Röttger 1998, Donges 2009, Raschke & Tils 2010a).

Im letzten Abschnitt des theoretischen Rahmens wird eine intersubjektive, begriffliche wie funktionelle Systematik des Untersuchungsgegenstands Online-Kommunikation vorgestellt. Die begriffliche Präzisierung ist unerlässlich, um in einem Feld mit derart kurzen Innovationszyklen sowie einer daraus resultierenden unscharfen Terminologie, verständliche und eindeutige Aussagen verfassen zu können (vgl. Beck 2006). Die funktionelle Systematisierung orientiert sich an Handlungsrahmen und erlaubt die Einordnung verschiedener Online-Medien in

zwei praxis-orientierten Kategorien: konventionelle Online-Dienste und
Social-Media-Dienste (vgl. Goffmann 1974, Höflich 1997, Beck 2010). In
diesem Zusammenhang werden die individuelle Funktionalität einzelner
Dienste im strategischen Zusammenhang als auch komplexitätsfördernde
Aspekte von Online-Kommunikation, wie z.B. das Publizitätsparadox,
konkretisiert.

Die Erkenntnisse der drei theoretischen Kapitel münden in das zuvor
schon erwähnte *Modell zur Analyse strategischer Online-Kommunikation unter Berücksichtigung komplexer Bedingungen*, das die theoretischen Aspekte zusammenfasst und einen Analyserahmen vorstellt, der
Aussagen darüber zulässt, wie Organisationen strategische Online-
Kommunikation betreiben, inwieweit komplexe Bedingungen Einfluss
darauf haben und wie Akteure mit den daraus resultierenden Herausforderungen umgehen (2.4).

Im darauffolgenden Abschnitt wird der Wissensstand der anvisierten Themen in Empirie und Praxis abgebildet (3). Da auch hier eine interdisziplinäre Perspektive eingenommen wird und es ebenfalls keinen
Forschungsbereich gibt, der die gesamten Themen bündelt, bedient sich
die Untersuchung einer Vielzahl von Erkenntnissen aus Praxisfeldern,
Forschungsbereichen und wissenschaftlichen Fachgebieten. Dabei wird
eine Auswahl praxisbezogener Bereiche gewählt, die im unmittelbaren
Zusammenhang mit den zentralen Fragestellungen der Arbeit stehen und
somit das theoretische Modell bestmöglich ergänzen können: die *kommunikationsstrategische Konzeption und Evaluation von Online-
Kommunikation* sowie *Wahlkampfkampagnen im Internet*. Eine begren-
zende Auswahl ist zwingend notwendig, um in dem großen und unübersichtlichen Wissensbereich nicht den Bezug zu den untersuchungsrelevanten Fragen zu verlieren.

Die Konzeption strategischer Online-Kommunikation wird aus Sicht
der Kommunikations-, PR- und Online-Marketing-Forschung thematisiert. Hierbei steht der Prozess der Kanalwahl sowie die strategische
Funktion und Nutzung einzelner Dienste im Vordergrund. Außerdem
werden noch weiterführende Aspekte vorgestellt, die abseits einzelner
Diensten oder Plattformen relevant sind. Dazu zählen Erkenntnisse zum
Umgang mit dem schieren Ausmaß von Kommunikationsaktivitäten,
Ausführungen zum Konzept der integrierten Kommunikation sowie Befunde zu dem sehr aktuellen Thema kommunikationsstrategischer Nutzung von großen Datensätzen.

Im zweiten Teil des Abschnitts wird die Evaluation, die ziel- sowie
zweckorientierte Überprüfung und Bewertung von Online-Kommunikation thematisiert. Neben den technisch orientierten, etablierten Evaluationsmethoden und -instrumenten konventioneller Online-Kommunika-

tion wird auch auf die weitaus diffizileren Äquivalente der sozialen Medien, wie *Social Media Monitoring* und *Social Media Analytics*, eingegangen. Außerdem werden neben diesen innovativen Verfahren auch klassische Evaluationsmethoden der PR-Forschung vorgestellt, da diese einerseits hilfreiche Ansätze zur Bewertung von Social Media Kommunikation sind und andererseits darlegen, inwieweit überprüft werden kann, ob einzelne Kommunikationsaktivitäten ihren Beitrag zu Erreichung globaler Organisationsziele leisten.

Abschließend wird der Forschungsstand der *Computer-Mediated Political Communication* und die Entwicklungsgeschichte des E-Campaigning beschrieben. Kommunikationsstrategische Aspekte in Bezug auf die Konzeption und Umsetzung von Wahlkampfkampagnen im Internet stehen dabei im Vordergrund. Neben Ausführungen zu relevanten Akteuren, Prozessen und strategischen Zielsetzungen wird dabei auch detailliert auf den Prozess der Kanalwahl eingegangen. Zudem wird der im politischen Kontext sensible Aspekt der Einbindung von Dienstleistern und die Debatte um die Professionalisierung der Wahlkampfführung thematisiert. Abschließend wird der im Zusammenhang mit Online-Kommunikation häufig bemühte Diskurs der Amerikanisierung zusammengefasst und die Bedeutung des „Obama-Faktors" erklärt.

Um das theoretische Modell im Sinne der forschungsleitenden Fragen mit den Erkenntnissen aus Empirie und Praxis zusammenzubringen, wird eine Matrix relevanter Aspekte erstellt. In dieser werden die theoretischen Kategorien mit entsprechenden empirischen Kategorien in Verbindung gesetzt. Die daraus entstehenden Aspekte lassen spezifische Erkenntnisinteressen erkennen, die Teil der Erklärungsstrategie zur Beantwortung der Leitfragen dieses Buches sind. Ein Großteil der empirischen Forschungsarbeit wird mit dem qualitativen Erhebungsverfahren der Experteninterviews durchgeführt. Da dieses Verfahren sehr voraussetzungsvoll und gleichzeitig ein tragender methodischer Teil dieser Arbeit ist, wird es zunächst fundiert und ausgiebig dargelegt (vgl. Kapitel 4). Die Matrix dient als Grundlage zur Konzeption der Experteninterviews sowie als Leitfaden für die anschließende Analyse - ein roter Faden, der hilft, die vielfältigen Perspektiven gesammelt darzustellen.

Die empirische Untersuchung gliedert sich in die zweiteilige Vorstudie und die ebenfalls zweiteilige Hauptstudie (vgl. Kapitel 5) auf. Die Vorstudie besteht aus einer Medienangebotsanalyse sowie einer Gruppe von Experteninterviews und bezieht sich auf den Hamburger Bürgerschaftswahlkampf 2011. Die Medienangebotsanalyse liefert eine Übersicht über die Kommunikationsaktivitäten im Internet, die die fünf großen Parteien der Hamburger Wahl selbst verantwortet und betrieben haben. Sie schafft damit einen praxis-orientierten Einstieg in die Thematik, der auch als Wissensgrundlage für die spätere Befragung genutzt wird. Die erste Runde von Experteninterviews *(Interviewgruppe I)* wird mit denjenigen Planern und Strategen geführt, die für die Konzeption und Umsetzung eben dieser Online-Kampagne verantwortlich waren. Die Befragung interessiert sich für die subjektive, persönliche Perspektive der Interviewpartner und thematisiert in erster Linie die prozessuale, konzeptionelle und organisatorische Ausgestaltung der Kampagne. Fach- und Prozesswissen steht dabei im Vordergrund. Ziel der Befragung ist es, Erkenntnisse darüber zu erhalten, welche Kriterien und Zielformulierungen bei der Planung, Durchführung und Bewertung der Online-Kampagne ausschlaggebend waren.

Die Hauptstudie besteht ebenfalls aus Experteninterviews mit Kommunikationsstrategen und gliedert sich in zwei Teile. Der erste Teil umfasst zwei Gruppen von Experten: die im Bundestagswahlkampf 2009 verantwortlichen Online-Kampagnenplaner der Parteien *(Interviewgruppe II)* und führende Strategen aus den für den Bundestagswahlkampf 2009 von den Parteien engagierten Online-Agenturen *(Interviewgruppe III)*. Die Interviews gleichen denen der ersten Gruppe und liefern einen detaillierten Überblick über die kommunikationsstrategische Gestaltung der Online-Kommunikation während des Wahlkampfs 2009 aus Sicht der beteiligten Akteure (5.2). Im Unterschied zur Vorstudie wird durch die zusätzliche Einbeziehung der Dienstleister jedoch ein weiterer Blickwinkel auf die Kampagne ermöglicht. Das Prozesswissen rund um Organisation, Konzeption und Umsetzung der Kampagne von 2009 steht im Fokus der Befragung. Allerdings wird auch allgemeines Fachwissen im Zusammenhang mit politischer Online-Kommunikation und in einem begrenzten Umfang auch Deutungswissen die grundsätzlichen Möglichkeiten und Grenzen strategischer Online-Kommunikation betreffend abgefragt.

Der letzte Teil der empirischen Untersuchung besteht aus Interviews mit strategischen Planern aus Werbe- und Kommunikationsagenturen, die für Unternehmen und Organisationen abseits des politischen Betriebs arbeiten und ein hohes Maß an Kompetenz zum Thema Online-Kommunikation haben (5.3). Hier steht das Fach- und Deutungswissen der Befragten im Vordergrund. Da der Bezug zu einem konkreten Fallbeispiel, anders als bei den Interviewgruppen zuvor, entfällt, wird Prozesswissen nachrangig behandelt. Die Anbindung an Beispiele aus der konkreten Kommunikationsarbeit der Befragten bleibt bestehen, der Fokus des Erkenntnisinteresses ist jedoch noch weiter gefasst und konzentriert sich stärker auf generelle Aspekte strategischer Online-Kommunikation. Das Untersuchungsdesign ist der Übersicht halber in Abb. 1.3a grafisch dargestellt.

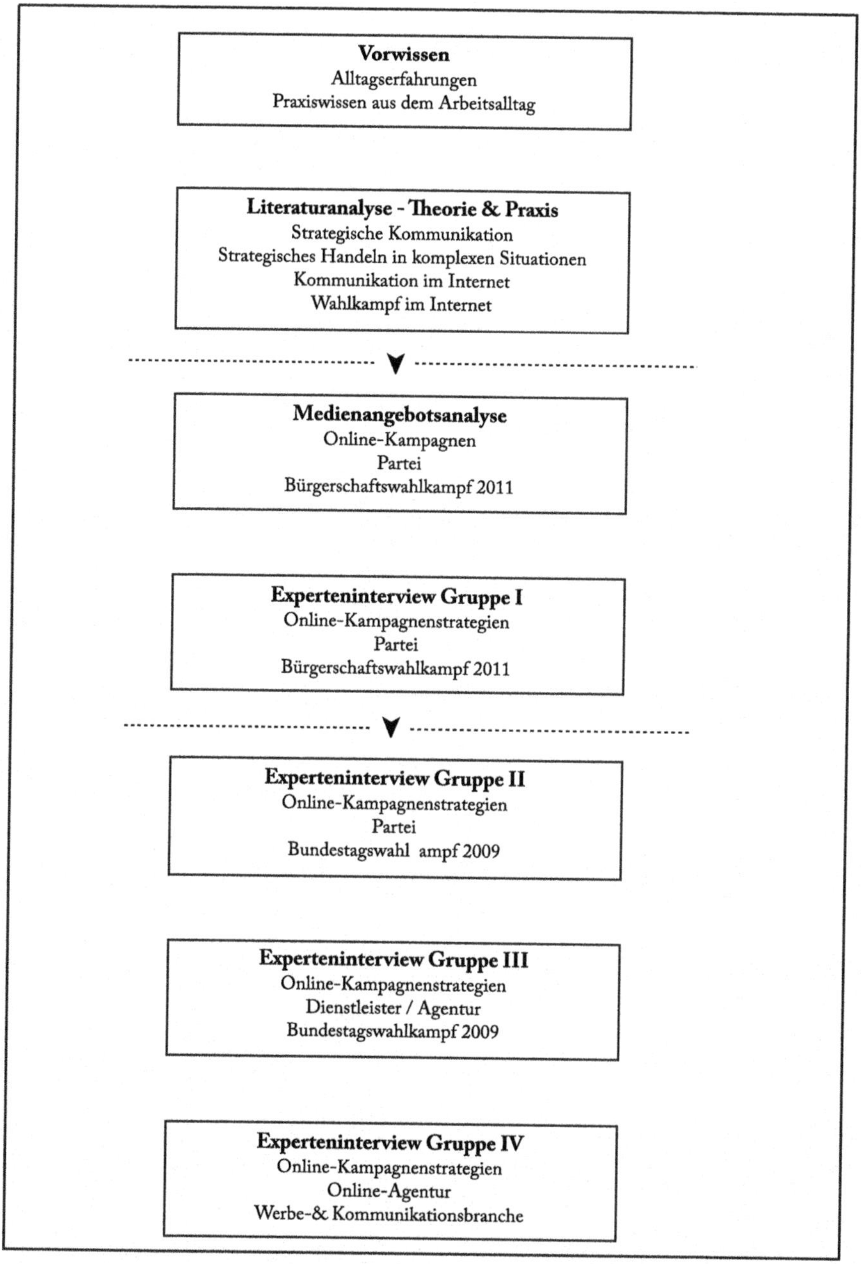

Vorwissen
Alltagserfahrungen
Praxiswissen aus dem Arbeitsalltag

Literaturanalyse - Theorie & Praxis
Strategische Kommunikation
Strategisches Handeln in komplexen Situationen
Kommunikation im Internet
Wahlkampf im Internet

Medienangebotsanalyse
Online-Kampagnen
Partei
Bürgerschaftswahlkampf 2011

Experteninterview Gruppe I
Online-Kampagnenstrategien
Partei
Bürgerschaftswahlkampf 2011

Experteninterview Gruppe II
Online-Kampagnenstrategien
Partei
Bundestagswahl ampf 2009

Experteninterview Gruppe III
Online-Kampagnenstrategien
Dienstleister / Agentur
Bundestagswahlkampf 2009

Experteninterview Gruppe IV
Online-Kampagnenstrategien
Online-Agentur
Werbe-& Kommunikationsbranche

Abb. 1.3a - Untersuchungsdesign

2 Theoretischer Rahmen

Der theoretische Rahmen hat eine einführende, eine ordnende und eine erklärende Funktion. Auf der einen Seite führt er die wichtigsten Themen der Untersuchung ein, ordnet Begrifflichkeiten sowie relevante Zusammenhänge. Er lenkt die Aufmerksamkeit auf wichtige Aspekte und sorgt so für eine Struktur, an der sich Untersuchung und Analyse orientieren können. Auf der anderen Seite bestimmt der Rahmen auch den Weg der Argumentation und umreisst somit die Aussagekraft, die am Ende daraus entstehen kann. Die Theorie zeigt, was die Untersuchung erklären möchte und auch, wie der Weg dorthin gefunden wird. Da es kein einheitliches Theorie-Gerüst gab, anhand dessen die Fragestellungen der Untersuchung abgearbeitet werden konnten, musste ein eigenständiger theoretischer Rahmen entwickelt werden. Hierzu wurden verschiedene Theorie-Ansätze aus unterschiedlichen Fachrichtungen miteinander verknüpft. Aus diesem Zusammenschluss ist ein theoretisches Modell entwickelt worden, das die theoretischen Erkenntnisse kompakt zusammen fasst und das als theoretisches Fundament der Arbeit dient. Dieses ruht auf den drei Säulen *Strategie, Komplexität* und *Online-Kommunikation.*

2.1 Strategie und Komplexität

Im Rahmen dieses Buchs wird unter anderem der Frage nachgegangen, inwieweit sich strategisches Planen und Handeln unter komplexen Bedingungen gestaltet. Aus diesem Grund müssen die beiden maßgeblichen Begriffe Strategie und Komplexität zunächst nach wissenschaftlichen Ansprüchen definiert und theoretisch fundiert werden. Und zwar in der Art, dass sie für den übergreifenden Themenkomplex der Untersuchung - Online-Kommunikation - anwendbar werden.

2.1.1 Strategie

Eine geläufige Definition für Strategie liefert Mintzberg (1994, S.24): „a plan or something equivalent - a direction, a guide or course of action into the future, a path to get from here to there." Der Begriff der Strategie kommt ursprünglich aus dem militärischen Sprachgebrauch, wo „strategisches Handeln die Verwendung allgemeiner Grundsätze zur Erreichung

übergeordneter Global-Ziele" (Neuwerth 2001, S.55) bezeichnet. Der Du-
den beschreibt Strategie etwas präziser als einen „genauen Plan des eigenen Vorgehens, der dazu dient, ein militärisches, politisches, psychologi-
sches, wirtschaftliches o. ä. Ziel zu erreichen, in dem man diejenigen
Faktoren, die in die eigene Aktion hineinspielen könnten, von vornherein
einzukalkulieren versucht" (www.duden.de 2012). Raschke und Tils
(2007) bringen die Erfolgsorientierung ein und bilden daraus die für diese Arbeit maßgebliche Definition:

> „Strategien sind erfolgsorientierte Konstrukte, die auf situationsübergrei-
> fenden Ziel-Mittel-Umwelt-Kalkulationen beruhen" (ebd. S.132).

Der wissenschaftlich-theoretisch fundierte Ausdruck *Strategie* hat abseits
des Gebrauchs im militärischen Kontext zunächst in den Wirtschaftswissenschaften, später dann auch in den Sozialwissenschaften Einzug gehalten und sich von dort aus in den weiteren Teildisziplinen verbreitet. Im
weiteren Verlauf wird *Strategie* im Rahmen der Ausarbeitungen von
Raschke und Tils (vgl. 2007, 2008, 2008a, 2010 und 2010a) verwendet,
die den Begriff und die damit verbundenen Themenbereiche im Zusammenhang mit Politik ausführlich beschrieben sowie sozialwissenschaftlich
ergründet haben. Weiterhin haben sie auch ein schlüssiges theoretisches
Konzept zur Strategie-Analyse vorgelegt haben (vgl. ebd. 2010a). Die
Verwendung dieses Konzepts ist nicht nur sinnvoll, weil die vorliegende
Arbeit ihre empirischen Daten ebenfalls zum Teil aus Untersuchungen
aus dem Politikfeld bezieht, sondern auch, weil sich die Perspektive von
Raschke und Tils bestens dafür eignet, Strategie im Zusammenhang von
Organisationen und Kommunikation im allgemeinen zu untersuchen.

2.1.1.1 Elemente von Strategien

Für Raschke und Tils sind Strategien Konstrukte. Zwei wichtige Elemente, um diese Konstrukte analytisch fassen zu können, sind einerseits der
strategische Akteur, ein strategisch denkender Handlungsträger, und andererseits das *strategische Handeln*, eine Aktion, die sich zeitlich ausgerichtet, umwelt- und anwendungsbezogen an strategischen Kalkulationen
orientiert. Die Grundkonstellation dieser Elemente besteht daraus, dass
ein strategischer Akteur berechnend Ziele, Mittel und Umwelt verknüpft
und das Ergebnis dieser Berechnung in strategisches Handeln überführt.
Das daraus entstehende Konstrukt wird dann als Strategie bezeichnet
(vgl. Raschke & Tils 2007).

Akteur

Der *Akteur* ist das zentrale Element im Strategie-Konzept bei Raschke und Tils, da Strategien vom *Akteur* ausgehen und durch ihn konzipiert werden. *Akteure* sind individuelle oder kollektive strategische Handlungsträger. Raschke und Tils legen einen besonderen Fokus auf Kollektivakteure; Individuen werden nur dann gesondert betrachtet, soweit ihre Einstellungen und Aktivitäten das Handeln des Kollektivakteurs entscheidend beeinflussen oder bestimmen (vgl. Raschke & Tils 2007). Solche Kollektivakteure sind dann beispielsweise Parteien, Interessenverbände oder Unternehmen. Relevante Individualakteure könnten nach dieser Sichtweise und im Hinblick auf das Leitthema Kommunikation beispielsweise Pressesprecher eines Unternehmens oder Referenten für Öffentlichkeitsarbeit einer Partei sein. Nothhaft (2010, S.64ff) spricht in diesem Zusammenhang von „Kommunikationsmanagern".

Strategien entstehen meist aus den Konzepten von Individuen, die mehr oder minder stark in Organisationsstrukturen eingebunden sind. Sie könne ihren Ursprung jedoch auch in kollektiven Teileinheiten, wie einem strategischen Zentrum bzw. Planungsstab oder in einer formal vorstehenden Einheit, wie dem Präsidium, dem Vorstand oder der Geschäftsführung bzw. dem Management haben. Ein Kollektiv ist nur dann strategiefähig, wenn das Handeln der im Kollektiv agierenden Individuen kollektive Realität auslöst und nicht, wenn „das Kollektiv in der ‚Kakophonie' der Stimmen vieler versinkt" (Raschke & Tils 2007, S.140). Da nicht die Gesamtorganisation für die Strategieentwicklung zuständig ist, sondern Individuen und Teilakteure diese innerhalb der Organisation herbeiführen, muss die Strategiebildung im institutionellen Kontext differenziert betrachtet werden.

Strategisches Handeln

Strategien sind „rationale Handlungsprogramme, mit deren Hilfe unter Berücksichtigung potentiell erwartbarer Änderungen der Entscheidungssituationen übergeordnete Ziele erreicht werden sollen" (Raschke & Tils, 2007, S.60). Unter einem Handlungsprogramm sind Handlungsabfolgen zu verstehen, deren einzelne Handlungen bestimmten Zielen zugeordnet werden. Die Erreichung dieser Zwischen-Ziele ermöglicht oder erleichtert das Erreichen des übergeordneten Gesamtziels der Strategie. Es gibt demnach verschiedene Hierarchiegrade von Zielen und ein hoher Hierarchiegrad lässt auf ein hohes Abstraktionsniveau der Zielformulierung schließen. Umso abstrakter eine Zielformulierung ist, desto anspruchsvoller ist das Gestalten des Handlungsprogramms. *Strategisches Han-*

deln ist aufgrund der Vielzahl zu kombinierender Handlungssequenzen ohnehin eine vergleichsweise anspruchsvolle Art rationalen Handelns. „Strategisches Handeln ist zeitlich, sachlich und sozial übergreifend ausgerichtet und an strategischen Kalkulationen orientiert" (ebd. S.128). Ausgangspunkt sind immer zweckrationale Überlegungen in Form einer Zweck-Mittel-Folge-Berechnung:

> „Zweckrational handelt, wer sein Handeln nach Zweck, Mitteln und Nebenfolgen orientiert und dabei sowohl die Mittel gegen die Zwecke, wie die Zwecke gegen die Nebenfolgen, wie endlich auch die verschiedenen möglichen Zwecke gegeneinander rational abwägt" (Weber 1980, S.13).

Zwei andere Handlungstypen lassen sich abgrenzend zu *strategischem Handeln* identifizieren: *operatives* und *taktisches Handeln*. *Taktisches Handeln* reagiert auf augenblickliche Ereignisse und ist nicht situationsübergreifend sondern situationsspezifisch. *Operatives Handeln* ist die ausführende Umsetzung strategischer Planungen, das Agieren und Reagieren auf Grundlage der Strategie.

> „Demnach besteht strategisches Geschick darin, das Richtige zu tun („Doing the right things"), während sich das taktische Geschick in der Fähigkeit manifestiert, die Dinge richtig zu tun („Doing things right")." (Bentele & Nothhaft 2012, S.10).

Strategien können auch als praxisorientierte Handlungsanleitungen bezeichnet werden, sie sind jedoch keine fixen Regeln oder starre Handlungssequenzen. Nicht fertig ausgearbeitete Konzepte können ebenso Strategie-Charakter haben und zu strategischem Handeln führen. In der Praxis ist diese Ausprägung sogar ausgesprochen häufig anzutreffen (vgl. Raschke & Tils 2007, S.127). Handlungen können niemals objektiv als *strategisch* bezeichnet werden, die strategische Intention oder Bedeutung muss ihnen von einem Akteur oder Beobachter subjektiv zugewiesen werden. Dabei lassen sich die qualitativen Parameter *strategische Intention* und *strategische Relevanz* in unterschiedlicher Ausprägung einzelnen Handlungen zuordnen (ebd. S.155f). So kann eine Handlung z.B. strategisch gemeint sein und ein hohes Maß an strategischer Intention haben, ohne eine nennenswert relevante Wirkung zu erzielen und demnach ein niedriges Maß an strategischer Relevanz zu besitzen. Mintzberg (1994) macht in diesem Zusammenhang deutlich, dass realisierte Strategien und deren Relevanz nur im Nachhinein bestimmbar sind.

> „Strategy is also a pattern, that is, consistency in behavior over time. (...) Organizations develop plans for the future and they also evolve patterns

out of their past. We can call one intended strategy and the other realized strategy" (Mintzberg 1994, S.24f).

Doch nicht nur das Handeln des strategischen Akteurs ist entscheidend. Ein weiterer, ebenfalls zu beachtender Faktor ist der Einfluss anderer Akteure in der Umwelt des strategischen Akteurs. Unsicherheit über Folgen der eigenen Handlungen sowie der Aktionen anderer Akteure als auch Veränderungen der Ausgangslage sind zentrale Probleme bei der Umsetzung strategischer Ziele (vgl. Raschke & Tils 2007, S.62ff).

Strategisches Handeln als Prozess

Neuwerth (vgl. 2001, S.70ff) hat ein Modell konzipiert, das auf dem Strategie-Verständnis von Raschke & Tils (vgl. 2007, 2008, 2008a, 2010, 2010a) basiert und das strategisches Handeln als Prozess illustriert. Dieser Prozess wird in vier Stufen aufgeteilt:

a. *Information*
b. *Planung*
c. *Ausführung*
d. *Evaluation*

In der (betriebswirtschaftlichen) Management-Literatur gibt es eine unermessliche Fülle von Prozess-orientierten Modellen zur Systematisierung strategischen Handelns. Manche sind drei-stufig, viele haben noch weitaus ausgefeiltere Systeme. Die Modelle widersprechen sich in der Regel nicht, vielmehr enthalten sie häufig ähnliche Bestandteile und setzen lediglich andere Akzente. Im Folgenden wird auf ein Modell zurückgegriffen, das aufgrund seiner Konzeption am besten zum Untersuchungsgegenstand passt. Das Modell von Neuwerth (2001) ist speziell auf Wahlkampfstrategien ausgerichtet, entsprechend ist der Einsatz im vorliegenden Fall sinnvoll. Die Abfolge der vier Stufen erfolgt in der Theorie chronologisch von *a* nach *b*:

a - **Information** (Informationsmanagement)

* Reduktion der Ungewissheit
* Entwicklung und Bewertung von Handlungsoptionen
* Abschätzung der Handlungen anderer Akteure
* Abschätzung der Konsequenzen des eigenen Handelns und von Veränderungen des Handlungsrahmens

b - Planung (Strategieentwicklung)

- Auswahl und Zusammenstellung bestimmter Handlungsoptionen zu Handlungsprogrammen
- Bewertung möglicher Handlungen auf Grundlage rationaler Überlegungen hinsichtlich des angestrebten Effekts und anderer, externer Effekte
- Berücksichtigung wahrscheinlicher, zukünftiger Umweltzustände
- Kalkulation wahrscheinlicher Handlungsoptionen von Widersachern

c - Ausführung (Umsetzung, Durchführung)

- Ausführung der Handlungsprogramme in den jeweiligen Handlungsfeldern
- Berücksichtigung der für das Feld spezifischen Regeln und Mechanismen(z.B. Nachrichtenfaktoren bei einer massenmedialen Kampagne)

d - Evaluation (Bewertung)

- kontinuierlich begleitender Abgleich der potentiell erwarteten und tatsächlich eingetretenen Folgen des eigenen Handelns
- Vergleich mit dem Handeln anderer Akteure
- Abgleich der Wirkungen auf die Umwelt
- Justierung des Handlungsablaufs

Der dargestellte chronologische Prozess mit einzelnen isolierten Phasen ist modellhaft und lässt sich in der Praxis so nicht abbilden. Meist laufen die Vorgänge zeitgleich, kontinuierlich und in sich wiederholenden Schleifen ab. Dabei werden strategische Ziele mit unterschiedlichen Abstraktions- und Hierarchiegraden in unterschiedlichen Handlungs- und Wirkungsfeldern parallel verfolgt. In der Regel müssen nicht nur aktuell verfolgte Ziele, sondern auch Auswirkungen auf mögliche zukünftige Ziele im Blick behalten werden. Je stärker der Fokus auf zukünftige Ereignisse liegt, desto komplexer ist der Prozess und damit auch die Entscheidungsfindung. Entscheidungsprozesse erfordern demnach andauerndes

Informationsmanagement und komplexe, reflexive Lerntechniken (vgl. ebd. S.76).

Ziele, Mittel und die Umwelt

Die *Ziel-Mittel-Umwelt-Kalkulation* ist ein grundlegendes Konzept des strategischen Denkens. Sie sorgt für Orientierung und ist, neben anderen untersuchungsspezifischen Faktoren, zentraler Bestandteil bei der Analyse von Strategien. Kalkulationen sind dabei als „systematisierende, berechnende Denkoperationen, die stabilisierte Sinnverbindungen zwischen einzelnen, erfolgsrelevanten Elementen entstehen lassen" (Raschke & Tils 2007, S.130) definiert.

Strategische Ziele sind das erste Element der Kalkulation. Sie sind die erwünschten Folgen der strategischen Planungen. Damit Ziele auch erreichbar sind, müssen sie klar und umsetzbar definiert werden. Ein relevanter Umweltausschnitt muss erkennbar sein, außerdem müssen sie operationalisierbar sein und zwar in dem Sinne, dass sie durch eine Ziel-Mittel-Umwelt-Errechnung hergeleitet werden können. Dies ist gewährleistet, wenn beispielsweise präzise bestimmt werden kann, an welchem Punkt man sich auf dem Weg zum Ziel befindet oder welche Maßnahmen in der Retrospektive zur Zielerreichung beigetragen haben. Ziele sind meist nicht ausreichend oder zu unkonkret definiert, wenn man nach dem Erreichen des Ziels keine Rückschlüsse auf die Garanten für den Erfolg oder den Grad der Zielrealisierung schließen kann (vgl. ebd. S.129 und S.142ff). Das klingt banal, ist in der Praxis jedoch häufig nicht oder nur unzureichend realisierbar.

Strategische Mittel, das zweite Element der Kalkulation, sind eine Kombination aus Maßnahmen (z.B. Newsletter-Aussand), Wegen (z. B. Partei-intern) und Ressourcen (z. B. Mitgliedernetzwerk), die Handlungsmöglichkeiten zur Umsetzung von Zielen schaffen. Nahezu alle Handlungen können zu *strategischen Mitteln* werden, wenn sie erfolgsorientiert im Hinblick auf die strategischen Ziele sind. Mittel können stark variieren, zum Beispiel in Bezug auf Komplexität, Raum, Zeit und sozialer Wirkung. In der Regel können verschiedene hierarchische Abstufungen in der Gesamtmenge der Mitteln einer Strategie ausgemacht werden. Mittel aus dem politischen Alltag, die diese Unterschiede illustrieren, sind beispielsweise Stellungnahmen (niedriger Hierarchiegrad), öffentliche Diskussionen und Kampagnen (mittlerer Hierarchiegrad) oder Gesetze (sehr hoher Hierarchiegrad). Effektivität und Effizienz von Mitteln lassen sich im Vorhinein meist nur schwer bestimmen. Empirische Erfahrungen aus früheren, bereits durchgeführten Strategien erweisen sich in der Regel als sehr wertvoll. Nichtsdestotrotz sollten Mittel immer

mit Wirkungserwartungen in Bezug auf Anwendungsbereiche, Interakti-
onszusammenhänge und Kontexte verknüpft werden, um Effektivität zu
gewährleisten (vgl. ebd. S.129 und S.148ff).

Die Strategische Umwelt, das dritte und letzte Element der Kalkulation, besteht aus Akteuren, Arenen und weiteren Gegebenheiten der In-
teraktionsumgebung. Zentrale Bezugsgrößen sind, wie auch zuvor schon
erwähnt, andere Interaktionsakteure. Im Wahlkampf also beispielsweise
konkurrierende Parteien. Arenen sind die Spielfelder bzw. Wettkampf-
plätze: „abgegrenzte, institutionalisierte Felder von Aktionen und Interaktionen (...) eine Konfiguration von Faktoren, die Handlungen strukturieren (...) und reale Handlungszusammenhänge in denen Akteure sich
begegnen" (ebd. S.187). Der Wahlkampf ist beispielsweise eine zentrale
Arena moderner Demokratien. Die *strategische Umwelt* ist dynamisch
und verändert sich stetig, dementsprechend müssen strategische Kalkulationen fortlaufend die aktuelle Situation erfassen und sich darauf einstel-
len.

2.1.1.2 Strategie-Analyse

Nachdem der Begriff Strategie in Bezug auf Handlungsprozesse theoretisch verortet wurde, stellt sich nun die Frage, wie Strategien in wissenschaftlichen Untersuchung analysiert werden können. Wie zuvor schon
angedeutet, lassen sich Strategien am besten vom Akteur ausgehend ergründen. Raschke und Tils (2010a) schlagen die Einbindung in den Kontext sozialwissenschaftlicher, verstehender Handlungstheorie auf Basis
von Max Weber (1980) vor. Sie legen außerdem Wert darauf, einen subjektivistischen Bezug herzustellen. Funktionalistische, strukturalistische
oder systemtheoretische Theoriekonzepte sind weniger geeignet, da sie
den Akteur, seine inneren Prozesse und, daraus folgend, auch sein strategisch motiviertes Handeln nicht greifen können (vgl. ebd. S.360). Bei Betrachtung der inneren Prozesse der Akteure sind die bewertenden, zweckrationalen Kalkulationen und Denkoperationen von vorrangigem Interesse. Sie sind das Herzstück der Informationsgenerierung, Strategieentwicklung sowie der Evaluation. Bei der Analyse geht es darum, diese
zweckrationalen Überlegungen zu dokumentieren und nachvollziehen zu
können.

Verstehende Handlungstheorie

Verstehende Handlungstheorie nach Max Weber (1980) fokussiert in erster Linie den Akteur, dabei bleibt sie stets offen für seine Sichtweisen. Sie

geht von den Intentionen, Denkoperationen, Orientierungen und Deutungen des Akteurs aus, analysiert sie und fügt sie zu einem aussagekräftigen Bild zusammen:

> „Grundlage ist eine Handlungstheorie, bei der individuelles Handeln als Ergebnis intendierter Konsequenzen von Mikroakteuren angesehen wird, und bei der davon ausgegangen wird, dass Akteure durch Interaktion intervenierend in Umweltprozesse eingreifen und diese dadurch mitgestalten" (Braun 1997, S.47ff).

Entscheidend dabei ist, dass die Quelle der entsprechenden Information der Akteur selbst ist, dass all sein Aussagen aufgenommen werden, gleich welche inhaltliche Qualität sie aufweisen oder welche strategische Kompetenz ihnen vom Beobachter zugeschrieben wird:

> „Der Beobachter ist nicht prinzipiell klüger als der Akteur. Und selbst wenn er klüger ist, kommt man damit ja dem nicht näher, was tatsächlich handlungsleitend war. Im Rahmen verstehender Handlungstheorie sind Akteurnähe und Wissenschaftsanspruch keine Gegensätze" (Raschke & Tils 2010a, S.362).

Zuschreibende Handlungstheorie wäre ein gegensätzlicher Ansatz. Er ist zur Strategie-Analyse wenig geeignet, da er den Akteuren bestimmte Orientierungen und strategische Intentionen unterstellt und von dieser Position aus weitere Beobachtungen anstellt. Eine Festlegung der Intention im Vorhinein verhindert jedoch eine realitätsnahe Abbildung der inneren Prozesse. Die Strategiefindung - das „Strategy-Thinking" - läuft im inneren des Akteurs ab, sie kann in der Regel nicht von außen beobachtet werden. Äußere Einflüsse, beispielsweise strukturelle Bedingungen oder die unmittelbare Umwelt des Akteurs, können ihn nach der Sichtweise der *verstehenden Handlungstheorie* zwar beeinflussen, nicht aber determinieren. Insofern werden sie mit einbezogen ohne jedoch Ausgangspunkt der Analyse zu sein (vgl. ebd.).

Subjektivismus

In der Handlungstheorie wird zwischen *objektivistischen* und *subjektivistischen* Ansätzen unterschieden. *Subjektivistische* Ansätze nehmen bereits bekannte oder zumindest rekonstruierte Intentionen von Akteuren als Grundlage der Beobachtung. Dies können Informationen aus Befragungen oder erklärenden Dokumenten, wie beispielsweise Strategie-Papieren, sein. *Objektivistische* Ansätze beobachten dagegen tatsächlich

stattfindende Handlungsmuster, ob diese intendiert sind oder nicht spielt
dabei zunächst keine Rolle. Da Intentionen, wie im Zusammenhang mit
strategischer Intention und strategischer Relevanz schon beschrieben, ein
maßgeblicher Bestandteil der Strategie-Planung sind, sind *subjektivistische* Ansätze auch im besonderen Maße zur Analyse rationaler Handlungsmuster geeignet (vgl. Neuwerth 2001, S.56ff). Es ist dennoch
schwierig, wenn nicht gar unmöglich, die Intentionen strategischer Akteure, die inneren Beweggründe, wirklich zuverlässig zu dokumentieren.
Häufig muss die strategische Intention einer Handlung vom Beobachter
unterstellt werden, denn empirisch ist sie mitunter nicht verbindlich in
Erfahrung zu bringen:

> „Dann gibt es gute Gründe für einen methodischen Objektivismus, der aus
> manifestem Verhalten und begleitender Selbstdarstellung des betreffenden
> Akteurs den von ihm gemeinten strategischen Sinn heraus zu lesen ver-
> sucht. Solche Interpretationen bleiben hypothetisch. Sie gewinnen an
> Plausibilität, je länger das Muster praktiziert wird und je mehr es durch
> Recherchehinweise aller Art (Aussagen, Hintergrundinformationen, Kont-
> roversen etc.) gestützt wird".
> (Raschke und Tils 2007, S.133)

In diesen Erkenntnisbereichen stößt die empirische Sozialforschung
grundsätzlich an ihre Grenzen. Der Forschungstreibende wird immer nur
eine Außenansicht haben, so sehr er sich auch müht. Auf diese, zweifellos
wichtige und interessante, theoretisch-methodische Diskussion soll hier
jedoch nicht weiter eingegangen werden. Vielmehr soll der Empfehlung
von Raschke und Tils gefolgt werden, sich strategischen Denkmustern,
auch jenen, die „scheinbar einfach, tatsächlich aber schwierig zu erheben
sind" (Raschke & Tils 2010a, S.383), mit einer qualitativen Methodologie
und anschließender, behutsamer Rekonstruktion anzunähern.

Rationalität

Bei der Analyse der inneren Prozesse strategischer Akteure stehen zweckrationale Denkoperationen im Vordergrund. Handlungen auf Basis rationaler Entscheidungsfindungen werden im Rahmen von *Rational-Choice-*
Ansätzen theoretisch fundiert analysiert und diskutiert. *Rational Choice*
ist ursprünglich ein „harter" wirtschaftstheoretischer Ansatz, der auf
Grundlage des ökonomisch-rationalen Paradigmas Akteur-Präferenzen
untersucht und dabei Motive wie Nutzen-Maximierung in den Vordergrund stellt. Im Bereich der Sozialwissenschaften hat *Rational Choice*
jedoch eine Entwicklung hin zu soziologisch-subjektiver „weicher" Theo-

rie vollzogen. Merkmale dieser „weichen" Ausprägung sind die Erweiterung auf sozial-moralische Motive oder die Einbeziehung von Aspekten wie subjektiver Rationalität und Entscheidungskomplexität. Raschke und Tils (2010a) argumentieren, dass zwar nur „weiche" Ansätze in ihrem Konzept Sinn machen würden, dass die Einbeziehung von *Rational-Choice*-Ansätzen damit mittelfristig auch überflüssig wird. Denn so „baue man Rational Choice so lange um, bis man wieder bei Weber angekommen sei (...) und stellt sich die Frage, wozu die Reise gut war" (ebd. S.370).

Außerdem bringen sie ein weiteres schlagkräftiges Argument gegen die Einbindung von *Rational Choice* vor. Eine zu starke Rationalitätsprämisse passt eher in theoretische Modelle als in die praktische Realtät (vgl. ebd. S. 379f). *Rationalität* ist ohne Zweifel inhärenter Bestandteil der Zielfindung von strategischem Handeln, allerdings ist sie weder das einzige Ziel noch die einzige Voraussetzung. Das wichtigste Ziel von Strategieanalyse bleibt jedoch „die realitätsnahe Empirie strategischen Handelns (...) Präzision, verstanden als Informationsgehalt, wird eindeutig bevorzugt gegenüber größtmöglicher Allgemeinheit und Einfachheit der Modellierung" (ebd. S.383). Außerdem ist Strategie in erster Linie ein Phänomen der Praxis. Strategie kann in methodischen wie systematischen Fragen theoretisch ergründet, fundiert und geordnet werden, wenn bei der theoretischen Ausleuchtung allerdings ein zu starker Rationalitätsbezug besteht, läuft man Gefahr, die Rückbindung an die Praxis zu verlieren.

2.1.2 Strategisches Handeln in komplexen Situation

Zuvor, im Rahmen der Prozess-orientierten Handlungsorganisation und der darin integrierten Ziel-Mittel-Umwelt-Kalkulation, wurde schon angemerkt, dass systematisches und effektives Einbinden von strategischen Überlegungen mitunter sehr komplex sein kann. Im weiteren Verlauf der Arbeit werden noch weitere und auch konkretere komplexe Aspekte ausgemacht. Im Folgenden wird daher beschrieben, was Komplexität ausmacht und welche Auswirkungen sie auf strategisches Handeln hat. Außerdem wird ein Ansatz zur Bewältigung von Problemen in komplexen Situationen unter Berücksichtigung der Merkmale des menschlichen Denkens vorgestellt. Dieses Konzept bezieht Erkenntnisse aus der kognitiven Psychologie mit ein und bringt diese in Verbindung mit Handlungstheorie (vgl. Dörner 2011).

2.1.2.1 Komplexität

In der Wissenschaft gibt es keine einheitliche Definition von *Komplexität*. Die Bedeutung variiert je nach Forschungsbereich oder -feld (Füllsack 2011, S.271ff). Dörner (2011, S.30ff) umschreibt *Komplexität* aus Sicht der Kognitionspsychologie als das Vorhandensein einer großen Zahl voneinander abhängiger Merkmale in einem bestimmten, abgegrenzten Realitätsbereich. Je mehr sich gegenseitig beeinflussende Merkmale ein System hat, desto komplexer ist es. Der Umstand der gegenseitigen Beeinflussung wird als *Vernetztheit* bezeichnet. Der Umgang mit *Vernetztheit* lässt sich am besten anhand eines Beispiels illustrieren: Sie gleicht einem Puppenspiel, bei dem der Puppenspieler immer mehrere Stränge in Bewegung setzt, auch wenn er nur an einem einzigen Strang zieht. Er kann nie nur den einen Strang beeinflussen, da das Ziehen eines Stranges immer auch andere Stränge mitzieht. Somit muss er immer mehrere Stränge parallel im Auge behalten.

Neben der *Vernetztheit* sind die Faktoren *Intransparenz* und *Dynamik* maßgebliche Faktoren für das Entstehen von Komplexität. In komplexen Situationen gibt es oftmals eine Vielzahl an Auswirkungen, die abseits des Fokus des Akteurs passieren, so genannte Fern- und Nebenwirkungen. Diese sind zunächst unbemerkt, können aber im Laufe der Zeit entscheidenden Einfluss bekommen. Nicht alle Voraussetzungen, Auswirkungen, Variablen und Optionen sind gleichermaßen erkennbar. Vieles, was der Planende sehen müsste um optimal handeln zu können, kann nicht gesehen werden. Außerdem sind viele Merkmale häufig nicht zugänglich, zumindest nicht unmittelbar. Dieser Umstand wird als *Intransparenz* bezeichnet. Sie sorgt für zusätzliche Unsicherheit und ist eine Quelle von Unbestimmtheit bei der Planungs- und Entscheidungsfindung. Oft liegen außerdem nicht nur unzureichende sondern auch gar falsche Informationen vor2 (vgl. Dörner 2011).

In komplexen Situationen ist die alleinige Analyse des augenblicklichen Zustands selten ausreichend, denn zukünftige Entwicklungen müssen genau so antizipiert werden. Hinzu kommt, dass in der Regel Zeitdruck herrscht. Äußere Bedingungen als auch die gesamte Situation können sich schnell ändern und entsprechende Reaktionen erforderlich machen. Dieser Umstand wird als *Dynamik* bezeichnet. Er sorgt dafür, dass zu keinem Zeitpunkt alle nötigen Informationen gesammelt werden können, da Zwang zum Handeln vorliegt und somit nicht ausreichend Zeit zur Informationssammlung und -validierung vorhanden ist (vgl. ebd. S.58ff).

2.1.2.2 Menschliches Denken

Das menschliche Denken ist über Jahrtausende vor allem dafür verantwortlich gewesen, Probleme „ad hoc" zu lösen, beispielsweise um Feuer-
holz im Winter zu sammeln. Diese Probleme wurden gelöst (oder auch
nicht) und damit war die Situation abgeschlossen. In der Regel gab es
kaum Notwendigkeiten, sich um Probleme, die mit anderen Problemen in
vielfältiger Weise verknüpft waren und sich somit nicht „ad hoc" lösen
ließen, zu kümmern. Die heutige globalisierte Welt ist jedoch ein hoch-
komplexes System von miteinander interagierenden Teilsystemen, in
dem Vorkommnisse in anderen Teilen der Erde auch Menschen vor Ort
betreffen können. Handeln erzeugt nicht nur unmittelbare, sondern oft
auch zeitlich und lokal versetzte Konsequenzen. Das gilt im besonderen
Maße für Online-Kommunikation. In Echtzeit kann mit einer Vielzahl von
Menschen an einem nahezu beliebigen Platz der Erde kommuniziert werden, ohne eine direkte Rückmeldung zu erhalten. Da sich das menschliche Denken diesen Umständen noch nicht angepasst hat und viele Probleme nach wie vor „ad hoc" zu lösen versucht werden, haben Menschen
häufig Schwierigkeiten damit, Nebenumstände und Fernwirkungen in
ihre Handlungen einzubeziehen. Entsprechend schnell sind sie mit komplexen Situationen überfordert (vgl. Dörner 2011, S.12ff).
Schon das Wechselwirken einiger weniger Dynamiken kann in einem
System sehr komplexe Prozesse generieren, die sich kaum vorhersehen
lassen und die so für große Unsicherheit sorgen. Die Welt ist voll von derlei Prozessen, so dass sich die Frage ergibt, wie die Menschheit es bisher
geschafft hat, sich in dieser Unsicherheit zurecht zu finden. In der Regel
reagieren Menschen im Alltag unbewusst auf Umstände, die zu kompliziert oder unüberschaubar sind. Und zwar indem sie diese einfach aus-
blenden. Reduktion von Komplexität durch Vereinfachung - manchmal
erfolgreich und manchmal verbunden mit der späteren Erkenntnis, dass
es wohl doch nicht so einfach war. Die Konzentration auf wenige aber relevante Aspekte in einem komplexen Umfeld hat somit immer etwas von
„Trial and Error". Daher gibt es anerkannte Systeme, die darauf ausgelegt
sind, sich durch Korrektur bereits bestehender Strukturen oder Erkenntnisse weiter zu entwickeln. Die Wissenschaft zählt beispielsweise dazu.
Hier gehört die Revision von fehlerhaften oder unzureichenden Beiträgen
zum Alltag und ist Garant für den Fortschritt (vgl. Füllsack 2011, S. 72ff.).

Intuition

Die Gesamtheit der Annahmen eines Akteurs betreffend der Merkmale einer Situation und ihrer Vernetztheit werden als sein Realitätsmodell bezeichnet. Dieses kann dem Akteur sowohl explizit als auch implizit zu Verfügung stehen. Ein explizites Realitätsmodell ist bewusstes, abfragbares Wissen, das jederzeit zugänglich ist, während ein implizites Realitätsmodell unbewusst vorliegt und gemeinhin als *Intuition* bezeichnet wird. Während rein intuitive Entscheidungen lange Zeit als wenig qualifiziert galten, ist Problemlösungskompetenz die zumindest teilweise auf *Intuition* beruht heute weitreichender akzeptiert, beispielsweise im Leistungssport oder in Berufswelten wie der Börsenmaklerei, in denen ein hohes Maß an Dynamik herrscht. Doch auch in der Managementlehre gewinnt intuitive Kompetenz an Bedeutung:

> „Führungskräfte werden jedoch nicht ausgewählt, weil sie gut rechnen können (das können Computer besser) oder ein phänomenales Gedächtnis haben (sie nutzen Computer und Mitarbeiter, die ihnen die Details auf Anfrage mitteilen können), sondern ein entscheidendes Kriterium ist ihre Fähigkeit, in komplexen Situationen *intuitiv* richtige Entscheidungen zu treffen und sie durchzusetzen" (Schneider 2011, S.85).

Intuition spielt im Umgang mit Komplexität eine wichtige Rolle, da theoretisches Fachwissen häufig nicht alleine ausreichend ist. Es ist immer auch notwendig, das theoretische Modell erfolgreich in die Praxis umsetzen zu können. Hierbei kann eine rationale Entscheidungsfindung häufig zu aufwendig sein oder unvorteilhaft ausfallen:

> „Je komplexer eine Entscheidung ist, zu desto größeren Teilen sollte sie intuitiv getroffen werden, da durch eine analytisch-rationale Lösungsfindung das Ergebnis unweigerlich zugunsten der berücksichtigten Faktoren verzerrt würde, während die nicht berücksichtigten Faktoren untergehen würden. Generell gilt allerdings, dass *Intuition* bewusstem Denken nicht grundsätzlich und nicht immer überlegen ist. Sie kann aber auf andere Informationsquellen zurückgreifen und somit zu abweichenden und teilweise überraschenden Ergebnissen führen. Der Ruf nach *Intuition* wie nach einer metaphysischen Erlösung aus dem Dschungel der uns umgebenden Dynamik und Komplexität − das ist Illusion"(Schneider 2011, S. 151).

Realitätsmodelle können richtig oder falsch, vollständig oder unvollständig sein. In der Regel sind sie, vor allem in komplexen Situationen, falsch und unvollständig. Der bewusste Umgang mit den daraus resultierenden falschen, unvollständigen Hypothesen, ob intuitiv oder analytischrational, ist bedeutsam für erfolgreiches Handeln in komplexen Situationen (vgl. Dörner 2011, S.65ff).

2.1.2.3 Umgang mit Komplexität

Komplexität lässt sich nicht messen, da sie keine objektive, sondern eine subjektive Größe ist. Menschen, die in einem bestimmten komplexen System umfangreiche praktische Erfahrung im Umgang mit den dort herrschenden Voraussetzungen haben, können mitunter besser damit umgehen, als solche, die eine höhere theoretische Qualifikation haben, für die die Ausgangslage jedoch ungewohnt ist (vgl. Dörner 2011, S.61f).

Um in komplexen Situationen nicht auf den Zufall angewiesen zu sein, gibt es Modelle, die helfen, Komplexität zu minimieren. Dies gilt insbesondere für Situationen, in denen keine Erfahrungswerte vorhanden sind. In besonders komplexen Modellen werden mathematische Algorithmen eingesetzt, beispielsweise bei der Bearbeitung von Suchanfragen oder der Erstellung von Page-Rank-Indexen bei Suchmaschinen im Internet. Bestimmte Problematiken lassen sich exakt im Vorhinein berechnen, um den optimalen Lösungsweg zu finden. Modellieren ist nicht nur in der Wissenschaft üblich, auch im Alltagsleben erstellen Menschen Modelle ihrer Umwelt. Unübersichtliche Situationen werden strukturiert, in dem aktuell relevant erscheinende Aspekte selektiert werden, auf die im weiteren Verlauf dann ausschließlich die Konzentration gelenkt wird. Diese Art des Modellierens ist eine Lebensvoraussetzung, da uns die komplexen Zusammenhänge unserer Umwelt sonst überfordern würden. Weisen Situationen bestimmte Regelmäßigkeiten auf, so lassen sie sich theoretisch auch modellieren, jegliche Modellierung muss allerdings immer auch auf ihren zeitlichen Nutzen abgestimmt sein. Wenn der Aufwand Regelmäßigkeiten zu finden sehr groß ist, macht es unter Umständen keinen praktischen Sinn mehr ein Modell zu bilden. Dies gilt für Alltag, Berufsleben und Wissenschaft. In solchen Situationen kann dann wiederum einfaches herumprobieren die Lösung sein. Das „Rucksack-Problem" veranschaulicht diesen Sachverhalt gut:

> „Das Rucksack-Problem, bei dem ein Rucksack, der eine begrenzte Tragkraft hat, mit Dingen, die unterschiedliche Gewichte und dabei auch verschiedene Werte haben, so zu füllen ist, dass der dann insgesamt im Rucksack enthaltene Wert optimiert wird. Anders gesagt, aus unterschiedlich schweren aber auch unterschiedlich wertvollen Dingen soll eine Auswahl getroffen werden, die im Gewicht begrenzt ist, aber im Wert maximal. Obwohl auch hier Lösungen für dieses Problem in der Praxis durch Herumprobieren schnell zu finden sind, ist kein Algorithmus bekannt, der das

Problem in jedem Fall exakt und hinreichend schnell löst" (Füllsack 2011, S.81).

Probleme, die nicht ohne weiteres berechenbar sind, werden als „nichtde-terministisch–polynomial" (NP) bezeichnet, was bedeutet, dass es keine allgemein bekannten Algorithmen gibt, um eine Lösung zu finden. Das muss nicht heißen, das für ein NP-Problem kein Lösungsansatz existiert, er müsste nur für jeden Fall aufwendig und neu berechnet werden (vgl. Dörner 2008). Oftmals finden aus diesem Grund Lösungsansätze in Wissenschaft und Wirtschaft Anwendung, die nicht versuchen, die einzig exakte, sondern einfach nur eine in Anbetracht der Ausgangslage akzeptable Lösung zu finden. Deshalb wird hierbei von einem pragmatischen, kontext-bezogenen Lösungsansatz gesprochen (vgl. Füllsack 2011, S.83).

2.1.2.4 Optimale Handlungsorganisation

Wie zuvor schon erwähnt, werden zur Meisterung komplexer Herausforderungen entweder ordnende bzw. berechenbare Modelle erstellt oder es wird ein pragmatisch-kontext-bezogener Lösungsweg eingeschlagen. Dörner (2011, S.68ff) listet weitere, praxis-orientierte Handlungsempfehlungen für strategisches Denken in komplexen Situationen auf, die auf den Ergebnissen einer Vielzahl von empirischen Untersuchungen und Experimenten aus der Kognitionspsychologie beruhen. Die Handlungsempfehlungen orientieren sich an den gängigen strategischen Handlungsmodellen und lassen sich so ohne Probleme auf das Modell der prozessorientierten Perspektive (vgl. 2.1.1.1) anwenden.

Informationsmanagement

In der Regel herrscht in komplexen Situationen informative Überlastung, außerdem ist zu wenig Zeit um ausreichend Informationen zu sammeln (*Dynamik*). Da der notwendige Wissensstand schwer zu ermitteln ist, werden oftmals Experten zu Rate gezogen. Allerdings ergeben sich darauf hin Folgeprobleme. So ist es bei eigener Unkenntnis nicht nur schwierig, passende Experten zu finden, sondern diese auch adäquat zu beurteilen. Aus den letztendlich zur Verfügung stehenden Informationen ein stimmiges Bild zu formen (*Strukturwissen*) ist eine zusätzliche Herausforderung, frei nach dem Motto: „Je mehr man weiß, desto mehr weiß man auch, was man noch nicht weiß." In großen Organisationen bietet es sich daher an, die Abteilungen zur Informationssammlung institutionell von der Entscheidungsebene zu trennen. So kann gewährleistet werden, dass

Entscheidungen immer auf den augenblicklich zur Verfügung stehenden Informationen getroffen werden können.

Zielausarbeitung

Auch die vermeintlich stimmigen Zielvorgaben komplexer Vorgänge können auf ihre Handhabbarkeit hin überprüft werden. So können sie Anstrebens- oder Vermeidungsziele beinhalten, sie können allgemein oder spezifisch, klar oder unklar definiert sein. Zudem stellt sich die Frage, ob die Ziele ein- oder mehrfach besetzt, ob sie implizit oder explizit formuliert sind. Hier gibt es eine klare Emfpehlung: bei der Ausarbeitung von Zielvorgaben für komplexe Situationen sind einfache, klar definierte, spezifizierte und explizite Anstrebensziele präferabel, da sie leichter umzusetzen sind. Außerdem sollte auf „Zielkontradiktionen" (Dörner 2011, S.70) geachtet werden. Darunter versteht man das Phänomen, dass wenn Problem A gelöst werden soll, Problem B verstärkt wird, oder umgekehrt. Eine klassische Zwickmühlen-Situation. Hierbei können Neben- und Fernwirkungen letztlich sogar zur Zielinversion führen.

Ein weiterer, häufig zu beobachtender Aspekt ist, das Zwischenziele im Verlauf der Handlung zum Endziel werden, da der Fokus verloren geht oder weil befürchtet wird, das Endziel könnte nicht erreicht werden. Ein weiteres häufig anzutreffendes Phänomen ist, dass sich Teilziele verselbstständigen. Dies gilt im Besonderen, wenn Aufgaben auf dem Weg dorthin gerne erledigt werden, wenn sie besonders viel Spaß machen. Allgemein gilt, dass anfordernde Aufgaben, die Erfolgsquoten um die 50% haben, von Menschen als sehr spannend und herausfordernd wahrgenommen und entsprechend gerne in Angriff genommen werden. Eine immer neue Aufgabe mittleren Schwierigkeitsgrads kann zu einer Art Flow-Erlebnis (vgl. Csikszentmihalyi 1985) führen. Man konzentriert sich auf die Aufgaben, die nach anfänglichen Problemen vergleichbar leicht von der Hand gehen und lässt das Endziel, das vielleicht nur durch Aufgaben hohen Schwierigkeitsgrades zu erreichen ist, in den Hintergrund treten.

Planung

Planung kann, wie die Informationsgewinnung auch, in komplexen Situationen niemals einen Anspruch auf Vollständigkeit haben, da immer zu viele Handlungsalternativen abgewogen werden müssten. Daher ist eine Einengung des Suchraums für Handlungsalternativen zu empfehlen. Beispielsweise kann dies über das Setzen von Zwischenzielen oder über die Orientierung an vergangenen Erfolgen geschehen. Es „so zu machen wie bisher" birgt allerdings auch immer die Gefahr in stumpfe Routine zu verfallen. Diese bringt zwar zeitliche Vorteile, sorgt aber auch für eine unreflektierte Beharrlichkeit und kann somit zu einer Begrenzung des Handlungsspielraums führen, der hinderlich bei der Erlangung der Ziele ist. Es wird so unter Umständen vorschnell angenommen über die richtigen Maßnahmen zu verfügen, weil sich zunächst keine negativen Effekte bemerkbar machen. Spätfolgen können dann zum Scheitern führen. Statt der Einengung des Suchraums kann somit auch eine Erweiterung des Suchraums notwendig sein. Diese kann über beispielsweise über „Trial and Error" oder über „Analogie-Rückschlüsse" (Dörner 2011, S.72) erfolgen. Über allem steht jedoch, dass die Planung immer in einem angemessenen Zeit-Nutzen-Verhältnis erfolgen muss. Daher kann es durchaus angebracht sein nur oberflächlich zu planen oder Entscheidungsfindungen zu delegieren.

Ausführung

In Experimenten wurde herausgefunden, dass erfolgreiche Problemlöser in komplexen Situationen bei der Festlegung der Maßnahmen sowohl einen hohen Elaborationsindex als auch ein hohes Maß an Bestimmtheit an den Tag gelegt haben. Zudem haben sie festgestellt, dass erfolgreiche Akteure ihr Handeln häufig in zentrale und flankierende Maßnahmen unterteilt haben. Ein Qualitätsmerkmal bei der Veranlassung von Maßnahmen ist also die möglichst spezifische Benennung von Einzelaspekten der Durchführung. Kühle & Bade (1986) umschreiben diese Faktoren mit dem „Elaborationsindex". Auch die Festlegung einer bestimmten Bedingtheit der Maßnahmen ist ausschlaggebend. Damit ist die Identifizierung von Bedingungen gemeint, die für erfolgreiches Handeln vorhanden sein sollten oder erreicht werden müssen.

Roth (1986) hat in ähnlichen Experimenten gezeigt, dass erfolgreiche Problemlöser zudem ein anderes Vokabular bei der Beschreibung ihrer Planungen und Maßnahmen nutzen als weniger erfolgreiche. Typische Ausdrücke erfolgreicher Akteure sind demnach: „Ab und zu", „im Allgemeinen", „gelegentlich", „gewöhnlich", „einzelne", „etwas", „einigermaßen", „allenfalls", „dürfen", „können" und dergleichen. Weniger qualifizierte Problemlöser nutzen dagegen häufig Wörter wie „immer", „alle", „ausnahmslos", „absolut", „gänzlich", „total", „eindeutig", „fraglos", „allein", „nichts", „weder, noch" oder „müssen". Gute Problemlöser scheinen demnach Hauptmöglichkeiten aufzuzeigen, aber auch noch Nebenaspekte zuzulassen, während die anderen absolute Begriffe verwenden und keinen Raum für Alternativen zulassen (vgl. auch Dörner 2011, S.263f.).

Evaluation

Evaluation sollte nicht erst nach Abschluss einer Situation erfolgen. Eine ständige Effektkontrolle, wenn sie denn möglich ist, ist vorteilhaft, um die Strategie im Prozess, auch wiederholt, anzupassen. Hierbei ist eine Kombination aus Beharrlichkeit und Flexibilität gefragt. Eine abschließende Kontrolle der Folgen der durchgeführten Handlungen ist dennoch unerlässlich. Häufig findet jedoch keine Ergebniskontrolle statt, da dies den Handelnden ermöglicht auch bei misslungenen Aktionen die „Kompetenzillusion" (Dörner 2011, S.270) zu erhalten. In Situationen mit hoher Unbestimmtheit neigen Akteure in besonderem Maße dazu, sich ihre „Kompetenzillusion" zu erhalten, um so eine hohe Auffassung ihrer selbst zu sichern und handlungsfähig zu bleiben.

Evaluation

Evaluation sollte nicht erst nach Abschluss einer Situation erfolgen. Eine ständige Effektkontrolle, wenn sie denn möglich ist, ist vorteilhaft, um die Strategie im Prozess, auch wiederholt, anzupassen. Hierbei ist eine Kombination aus Beharrlichkeit und Flexibilität gefragt. Eine abschließende Kontrolle der Folgen der durchgeführten Handlungen ist dennoch unerlässlich. Häufig findet jedoch keine Ergebniskontrolle statt, da dies den Handelnden ermöglicht auch bei misslungenen Aktionen die „Kompetenzillusion" (Dörner 2011, S.270) zu erhalten. In Situationen mit hoher Unbestimmtheit neigen Akteure in besonderem Maße dazu, sich ihre „Kompetenzillusion" zu erhalten, um so eine hohe Auffassung ihrer selbst zu sichern und handlungsfähig zu bleiben.

Fehlerquellen

Neben den eben aufgeführten Handlungsempfehlungen gibt es außerdem verschiedene symptomatische Fehlerquellen, die in komplexen Situationen in der Regel ein Misslingen der Strategie zur Folge haben (vgl. Dörner 2011, S.32). Teilweise wurden sie zuvor schon erwähnt, der Übersichtlichkeit aber noch einmal in der folgenden Liste zusammen geführt:

- Planen und Handeln ohne vorherige Situationsanalyse
- Nicht-Berücksichtigung von Fern- und Nebenwirkungen
- Nicht-Berücksichtigung der Ablaufgestalt von Prozessen
- Entwicklung von zynischen Reaktionen
- Schwierigkeiten bei der Einschätzung exponentieller Entwicklungen

- Unreflektierte Beharrlichkeit auf erprobten Methoden
- Abwendung von den Hauptzielen und Zuwendung zu Neben- oder Teilzielen
- Nicht-Berücksichtigung von Effektkontrollen mit einhergehender Kompetenz-illusion

2.1.3 Zusammenfassung

Auf den zurückliegenden Seiten wurden die zentralen Begriffe Strategie und Komplexität für den Untersuchungsrahmen definiert und miteinander in Verbindung gebracht. Außerdem wurde die prozessorientierte Sicht auf strategische Handlungen vorgestellt. Ziel war es, einen passenden Analyse-Rahmen für Strategien, der auf verstehender Handlungstheorie mit einem subjektivistischen Ansatz beruht, zu schaffen. Dabei wurden auch die für die spätere Analyse wichtigen Strategie-Elemente Akteur, Ziel, Mittel, Umwelt sowie die verknüpfende zweckrationale Ziel-Mittel-Umwelt-Kalkulation eingeführt. Anschließend wurde ein Konzept vorgestellt, in dem Erkenntnisse aus der Kognitionspsychologie mit Handlungstheorie, Komplexität und strategischem Handeln in Verbindung gebracht wurden. Dieses Konzept lieferte eine Reihe von Anhaltspunkten zum Umgang mit Komplexität im Rahmen der strategischen Prozessschritte, die im Folgenden Anwendung finden werden.

2.2 Strategische Kommunikation

Nachdem die theoretischen Grundzüge der Strategieanalyse umrissen wurden, soll der theoretische Bezugsrahmen nun auf den Bereich von Strategie im Zusammenhang mit Kommunikation eingeengt und präziser ausgearbeitet werden. Hierbei wird zunächst der Begriff *Strategische Kommunikation* definiert, bevor der Schwerpunkt auf die *Analyse* strategischer Kommunikation sowie die in diesem Zusammenhang beachtenswerten kommunikationsspezifischen Aspekte gelegt wird.

2.2.1 Forschungsfeld

Laut dem „European Communication Monitor" (vgl. Zerfass et al. 2011) orientieren sich Kommunikationsdienstleister in Europa immer stärker bewusst an strategischen Gesichtspunkten. Strategische Kommunikatoren sind im weitesten Sinne für die interne wie externe Kommunikation von Organisationen und Unternehmen zuständig. Außerdem werden in diesem Arbeitsfeld die Bereiche Kommunikation, Management sowie strategische Planung miteinander verbunden. Wird von *strategischer Kommunikation* gesprochen, geht es dabei hauptsächlich um medial vermittelte Kommunikation. Im anglo-amerikanischen Sprachraum wird die Bezeichnung häufig missverständlich mit *Public Relations* gleichgesetzt. Im europäischen Sprachraum ist der Terminus *Public Relations* dagegen größtenteils hinfällig bzw. redundant geworden. Er wird je nach Schwerpunkt der Aktivitäten durch die Begriffe *Communication Management, Corporate Communications, Integrated Communications* oder auch *Strategic Communications* ersetzt (vgl. ebd. S.95ff). Nothhaft (2010) spricht in diesem Zusammenhang von Kommunikationsmanagement. Dabei handelt es sich seinem Verständnis nach um strategische Kommunikatoren einer „neuen Schule", in der nach wie vor Elemente klassischer PR enthalten sind.

> „Die Entwicklung von PR zu Kommunikationsmanagement lässt sich (...) als ein evolutionärer Prozess beschreiben: Der Pressesprecher alter Prägung war in einer professionellen Organisationspraxis für den gesellschaftspolitischen Diskurs um die Organisation herum verantwortlich, wie er vor allem in den journalistischen Medien stattfand. Der Kommunikationsmanager neuer Prägung ist noch immer für ebenjenen gesellschaftspolitischen Diskurs verantwortlich, aber der Diskurs findet nicht mehr nur in journalistischen Medien statt" (ebd. S.551).

Der Begriff *strategische Kommunikation* ist in den unterschiedlichsten Forschungs- und Praxisbereichen geläufig, wobei es keine allgemein anerkannte Definition gibt. In dieser Arbeit wird der von Holtzhausen und Hallahan (vgl. 2007) geprägte Begriff als Grundlage genommen. Die Autoren haben unter dem Leitbegriff *Strategic Communications* einen Forschungsbereich initiiert, der international wie interdisziplinär angelegt ist und unter dessen Schirm auch ein gleichnamiges Journal veröffentlicht wird. In diesem Rahmen werden Theorien und Konzepte aus den verschiedenen Fachrichtungen gesammelt und subsummiert, damit ein interdisziplinärer Diskurs sowohl stattfinden als auch dokumentiert werden kann. Dabei liegt ein Schwerpunkt erklärtermaßen auf Themen und Fragestellungen, die sich mit der Nutzung neuer Medien und Kommunikationsplattformen befassen. Das Konzept von Holtzhausen und Hallahan korrespondiert mit anderen weit verbreiteten Definitionen:

> „Strategic Communication - The post-modern environment of the 21st century asks for such an integrated multidisciplinary perspective on the communication of organizations, with the purpose of creating a coherent body of knowledge about strategic communication that includes know-how and

insights from corporate communication, marketing, advertising and puplic relations, business communication skills and organizational communication" (Zerfass et al. 2011, S. 96).

Strategische Kommunikation wird definiert als zweckgebundene Kommunikation von Unternehmen und Organisationen, um übergeordnete Ziele zu erreichen. Bringt man diese Definition mit der zuvor genannten Strategie-Definition (vgl. 2.1.1) in Verbindung, kann sie als erfolgsorientierte Kommunikation von Organisationen und Unternehmen, die auf Ziel-Mittel-Umwelt-Kalkulationen beruht, bezeichnet werden.

Das theoretische Fundament von *strategischer Kommunikation* orientiert sich an dem von Habermas geprägten Begriff des zweckrationalen Handelns (vgl. Hallahan et al. 2007 und Verhoeven et al. 2011). Zweckrationales Handeln lässt sich demnach in einen instrumentalen und einen strategischen Part unterteilen. Instrumentales Handeln wird dabei als die Realisierung von Zielen, die im Vorhinein vereinbart worden sind, verstanden. *Strategisches Handeln* bezieht das erwartete Handeln von mindestens einem weiteren zielorientiert handelndem Akteur in die Planung mit ein. *Strategische Kommunikation* als *strategisches Handeln* zu verstehen, bedeutet demnach, sie als ziel-orientierte Handlung zu begreifen. Bei der Planung der Kommunikationsaktivitäten wird das Handeln anderer Akteure, innerhalb sowie außerhalb der Organisation, mit einbezogen. Auch Kontrolle und Evaluation der Aktivitäten sind wichtige Bestandteile. Von einem hochentwickelten Grad *strategischer Kommunikation* wird gesprochen, wenn die Kommunikationsstrategien nicht nur eng mit den Zielsetzungen der Organisation verknüpft sind, sondern wenn die Kommunikationskonzepte auch Einfluss auf die Zielsetzung der Organisation haben (vgl. ebd. S.100).

2.2.2 Organisationen und Unternehmen

Strategische Kommunikation, betrieben durch Organisationen, hat das Erzeugen von Aufmerksamkeit und die Veränderung oder Verfestigung von Einstellungen zum Ziel. Dabei geht es um das Beeinflussen von Kunden, Unterstützern, Mitarbeitern, Investoren, Interessengruppen sowie der Politik. Häufig ist auch die Rede von der Wirkung in der *Öffentlichkeit*, allerdings soll an dieser Stelle jetzt nicht auf die „semantisch aufgeladene" (Schulz 2011, S.112) Begriffsdiskussion um den Begriff *Öffentlichkeit* eingegangen werden (vgl. ebd. S.112ff). In PR-Forschung und -Praxis werden die für Organisationskommunikation relevanten Zielgruppen zusammenfassend auch als *Stakeholder* bezeichnet (vgl. Spicer 1997 und Bürker 2013). *Stakeholder* sind in diesem Verständnis Akteure aus verschiedenen gesellschaftlichen Gruppen, die Ansprüche bei der Organisation geltend machen können. Die Organisations- und Unternehmensziele orientieren sich aus diesem Grund u.a. an den Ansprüchen dieser Gruppe. In der Praxis sind dies beispielsweise Mitarbeiter, Kunden, Lieferanten, Kapitalgeber und Konkurrenten sowie der Staat und wiederum die *Öffentlichkeit* (vgl. www.wiwi.uni-muenster.de 2011).

Oftmals ist strategische Kommunikation ein Wettstreit konkurrierender Organisationen. Die Konkurrenzsituation ist entweder mittelbar, wenn sich der Erfolg von mehreren Wettkampf-Teilnehmern gleichzeitig nicht zwangsläufig ausschließt, beispielsweise bei Unternehmen in einem großen Markt. Sie ist unmittelbar, wenn gegenseitiger Erfolg grundsätzlich unvereinbar ist, beispielsweise im Wahlkampf (vgl. Hallahan u.a. 2007 S. 4f).

Ursprünglich wurden vor allem Management-Fragen diskutiert, wenn es in der wissenschaftlichen Betrachtung um strategische Kommunikation im Zusammenhang mit Organisationen ging. Dabei spielten in erster Linie betriebswirtschaftliche Zielsetzungen wie Absatzsteigerung oder die Beziehungen zu unternehmerischen *Stakeholdern* eine Rolle. Inzwischen wird strategische Organisationskommunikation innerhalb vieler Disziplinen behandelt, beispielsweise in der Kommunikations-, PR-, Marketing- oder Politikwissenschaft. Im Fokus der Interessen stehen dabei alle Aktivitäten und Vorgänge, die im Zusammenhang mit der Kommunikation von Organisationen stehen. Das kann interne wie externe, persuasive bis dialogorientierte als auch Werbe- oder Krisenkommunikation betreffen (vgl. ebd.).

Ein Großteil der Führungskräfte in Deutschland versteht Organisations-kommunikation als wesentlichen Faktor für den Erfolg ihres Unternehmens, dementsprechend sind strategische Kommunikationsleitlinien bei vielen Organisationen üblicher Standard. Sie enthalten Kernaussagen zu den zentralen Werten, Leistungen und Eigenschaften der Organisation. Genau so üblich ist es, dass sich Organisationen inzwischen auch auf Krisensituationen vorbereiten und Kommunikationsstrategien ausarbeiten, die in Krisenfällen einem möglichen Reputationsverlust vorbeugen und begegnen können (vgl. Bachem et al. 2008, S. 275f).

2.2.3 Analyse strategischer Kommunikation

Die Analyse von strategischer Kommunikation baut auf den zuvor beschriebenen Ausführungen zur Strategieanalyse auf (vgl. 2.1.1). Das Konzept lässt sich jedoch nicht ohne weiteres übertragen. Der Fokus auf die Strategieelemente *Akteur* und *Handeln* sowie *Ziel, Mittel* und *Umwelt* bleiben bestehen, ebenso die prozessorientierte Perspektive. Dennoch gibt es Besonderheiten, die im Folgenden aufgeführt werden.

Bedeutung und Einfluss

Hallahan et. al (vgl. 2007) nennen im Zusammenhang mit der Zielausrichtung strategischer Kommunikation zwei Kernbegriffe, die unmittelbar zueinander in Verbindung stehen: *Bedeutung ("meaning")* und *Einfluss ("influence")*. Im Rahmen strategischer Kommunikation versuchen Organisationen bewusst die *Bedeutung* der Organisation im Einklang mit den übergeordneten Organisationszielen zu *beeinflussen*.

Bedeutung, im Sinne eines generellen Verständnisses über die Ausrichtung und Ziele der Organisation, ist demnach ein elementarer Bezugspunkt strategischer Organisationskommunikation. *Bedeutung* wird dabei durch die bewusst wie unbewusst erzeugten Einflüsse der Organisation selbst, als auch durch die Einflüsse externer Beteiligter geformt sowie psychologisch, sozial und kulturell geprägt. Sie wird also sowohl von Sendern als auch von Empfängern geschaffen, verändert und beeinflusst. Entsprechend macht es in manchen Zusammenhängen auch Sinn, beim Kommunikationsprozess nicht mehr nur von Sendern und Empfängern, sondern von *Teilnehmern ("participants")* zu sprechen. Die Wahrnehmung der *Bedeutung* einer Organisation kann auf eine stetig steigende Zahl relevanter Faktoren zurückgeführt werden. Organisationen können sich bei strategischer Kommunikation daher nicht mehr nur ausschließlich auf die Vermittlung ihrer Kernkompetenzen konzentrieren. Viele unterschiedliche Aspekte, beispielsweise Mitarbeiterzufriedenheit, soziale Verantwortung oder Umweltbewusstsein, müssen zusätzlich berücksichtigt werden (vgl. ebd. S.23).

Einfluss wird durch überzeugendes, kommunikatives Einwirken, durch Persuasion, erzeugt. Persuasion ist die bewusste Beeinflussung des Verhalten und Denken anderer im eigenen Sinn und Interesse sowie eine elementare Zielformulierung strategischer Kommunikation. Es geht dabei um die Übermittlung von Informationen, Einstellungen und Emotionen, oder, markant ausgedrückt:

> „Persuasion is the use of communication to promote the acceptance of ideas" (Hallahan et. al 2007, S.24).

Durch die Übermittlung soll die Formung der *Bedeutung* der Organisation in ihrem Sinne unterstützt werden. Das Bild, dass Menschen von Organisationen haben, ist jedoch die Summe vieler Einflüsse. Persuasive Kommunikation beeinflusst die *Bedeutung* dabei genau so wie persönliche Gespräche, Alltagserfahrungen oder journalistisch-mediale Vermittlung. Im täglichen Informationsfluss, nimmt die Summe der Einflüsse konstant zu, deshalb ist der „Information-Overload" auch ein zunehmend relevantes Thema für strategische Kommunikation (vgl. Johnson 2008). *Einfluss* strategisch zu planen oder ausschlaggebenden *Einfluss* zurück zu verfolgen ist aufgrund der inhärenten Vielfältigkeit ein schwieriges Unterfangen. So ist es in der Regel nicht möglich, bestimmte persuasive Aktivitäten und Maßnahmen allumfassend zu bewerten, da es kaum Mittel, Wege und Möglichkeiten gibt, einzelne Einflussfaktoren isoliert zu betrachten. Insofern gewinnt die Perspektive auf die gebündelten Kommunikationsaktivitäten, die Evaluation der gesamten Kommunikationsstrategie, an Bedeutung (vgl. Hallahan et. al 2007, S.25).

Relevante Akteure

Um von einem externen Standpunkt aus Rückschlüsse auf die Ausrichtung und Konzeption strategischer Kommunikation ziehen zu können, besteht eine Möglichkeit darin, wie zuvor schon beschrieben (vgl. 2.1.1.1), einzelne relevante Akteure zu identifizieren um deren Perspektiven abzufragen oder zu rekonstruieren.

> „Strategic communication focuses on how the organization itself presents and promotes itself through the intentional activities of its leaders, employees, and communication practitioners" (Hallahan 2007, S.7).

Die Grenzen zwischen den Arbeitsfeldern innerhalb der Kommunikationsdisziplinen verschwimmen jedoch zunehmend. Die traditionelle Zuordnung von einzelnen Kommunikationskanälen zu bestimmte Arbeitsbereichen wird in immer größerem Ausmaß vermischt. Entsprechend verteilt sich die Verantwortung für die Konzeption der Kommunikationsstrategie auf eine Vielzahl von Arbeitsbereichen und Akteuren, angefangen bei Management und CEO über Pressesprecher bis hin zu technischen Spezialisten. Einzelne Akteure haben mitunter nicht immer einen Überblick über die Gesamtausrichtung der strategischen Kommunikation. Dies hat vielfältigen Einfluss auf das Verständnis der Kommunikationsverantwortlichen.

> „In den komplexen, vernetzten Gesellschaften der Spätmoderne, mit integriert kommunizierenden Organisationen, muss der Kommunikationsmanager deshalb in andere funktionale Domänen (Personal, Forschung & Entwicklung, Marketing etc.) intervenieren und sich mit diesen koordinieren. Bleibt der oberste Kommunikationsverantwortliche hauptsächlich über die ,Nabelschnur' des Vorstandes an die Organisation angeschlossen,

ist das nicht zu leisten. Um der Verantwortung gerecht zu werden, die be-
nötigte Macht, den geforderten Einfluss aufzubauen, ist er gezwungen, als
eigenständiger Akteur im unternehmenspolitischen Spiel sein ureigenes
Anliegen zu vertreten" (Nothhaft 2010, S.552).

Dem Strategiebegriff wird ein starker Bezug zur Führungspraxis und zum
Management im institutionellen Sinne, auch im Zusammenhang mit
Kommunikation, bescheinigt. Allerdings muss dies nicht zwangsläufig
bedeuten, dass Management und Führungsebene die komplette Kontroll-
hoheit oder Übersicht über die strategische Kommunikation inne haben.
Eher das Gegenteil ist in der Praxis der Fall, denn die partizipatorischen
Elemente von Kommunikationspraxis und die komplexen Strukturen in
Organisationsumgebungen haben starken Einfluss darauf. Demnach wird
die strategische Kommunikationskultur in vielen Bereichen der Organisationen geprägt und beeinflusst. Strategische Kommunikation ist beispielsweise auch in immer stärkerem Ausmaß in Veränderungsprozessen
von Organisationen eingebunden und wird auch im Rahmen dieser Prozesse geformt. Der Fokus der Untersuchung sollte daher nicht automa-
tisch auf Managementebene liegen. Oftmals kann es zielführender sein,
sich stattdessen auf andere Organisationsbereiche zu konzentrieren (vgl.
Hallahan et. al 2007, S.17).
  Im Rahmen von Organisationskommunikation kommen die strategiebildenden Akteure aus Disziplinen wie Management, Marketing, Werbung oder Public Relations. Sie können Teil der Organisation sein oder
als externe Dienstleister hinzugezogen werden. Laut Hallahan (vgl. 2007)
sind in großen Organisationen verschiedene, klar definierte Aufgabenbereiche institutionalisiert, die sich explizit mit strategischer Kommunikation auseinander setzen. Die folgende Liste nennt Beispiele, in welchen Bereichen Akteure zu finden sind, die sich mit den verschiedenen Aspekten
strategischer Kommunikationsorganisation, also Information, Planung,
Durchführung und Evaluation, auseinandersetzen. Sie sind u.U. an der
Strategiebildung beteiligt und können entsprechend als Quellen zu Rate
gezogen werden können:

- Unternehmensführung („management")
- Internet-Kommunikation („online communication")
- Marketing („marketing communication")
- Öffentlichkeitsarbeit („public relations")
- Organisations Kommunikation („management communication")
- Politische Kommunikation („political communication")
- Soziales Marketing („social media marketing")
- Soziale Medien („social media")

- Technische Kommunikation („technical communication")

Die aufgeführte Liste erhebt keinerlei Anspruch auf Vollständigkeit, sondern soll nur Anhaltspunkte für Arbeits- und Berufsfelder geben, die Rückschlüsse auf die Ausgestaltung strategischer Kommunikation zulassen. Die deutschen Übersetzungen der englischen Begriffe sind nicht unbedingt synonym sondern liegen im Einzelfall nah beieinander (z.B. „Öffentlichkeitsarbeit" und „PR"), da es im englischsprachigen Raum in manchen Fällen keine genaue Entsprechung gibt oder der deutsche Sprachraum kein exaktes Gegenstück liefern kann. Außerdem sind viele englischsprachige Begriffe auch in Deutschland absolut gebräuchlich, im Kommunikationsbereich sogar noch stärker als in anderen Disziplinen. Viele Berufs- oder Aufgabenbezeichnungen sind hier zudem, wie zuvor schon erwähnt, ohnehin wenig trennscharf. Viele Experten aus dem Bereich der Organisationskommunikation haben daher eine allgemein gehaltene Job-Bezeichnung, oft wird beispielsweise der generell gehaltene Begriff „Kommunikationsmanager" benutzt. Einem Großteil der Kommunikationsmanager fällt es jedoch gleichzeitig schwer, genauer zu definieren, was sie eigentlich präzise managen, welche Ziele sie haben und welche Strategien sie dabei anwenden (vgl. Van Ruler 2004 und Nothhaft 2010, S.129ff). Auch die Frage nach dem Wirkungsgrad ihres Handelns, also wie sehr tatsächlich Management betrieben wird, lässt sich nicht pauschal beantworten. Nothhaft (ebd. S. 68ff) legt deswegen Wert auf die Unterscheidung zwischen der *institutionellen* und der *funktionellen* Rolle der Kommunikationsverantwortlichen, dem *Kommunikationsmanager* und dem *Kommunikationsmanager-Sein*. Insofern ist es bei wissenschaftlichen Untersuchungen zwingend erforderlich, Aufgaben, Verantwortlichkeiten und Wirkungsgrad individuell zu bestimmen, auch wenn sie scheinbar eindeutig in der Jobbezeichnung oder im institutionellen Rahmen festgelegt sind.

2.2.4 The Communication Grid

Van Ruler (vgl. 2004) hat ein Raster entwickelt, dass die Ausrichtung von Kommunikationsstrategien klassifiziert (siehe auch Abb. 2.2.3a). Das Raster basiert auf dem von Grunig (1984, 1992) konzipierten Public-Relations-Modell und der darin enthaltenen Unterschiedung zwischen *One-Way-Kommunikation*, und *Two-Way-Kommunikation*. *One-Way-Kommunikation*, Einbahnstrassen-Kommunikation, kann als überwiegend uni-direktionale Verständigung zwischen Sender und Empfänger(n) verstanden werden. *Two-Way-Kommunikation* ist dementsprechend die überwiegend zwei-direktionale Kommunikation zwischen zwei Teilnehmern. One-Way-Strategien sind in der Praxis der Organisations-Kommunikation immer noch weitaus häufiger anzutreffen als die Two-Way-Varianten. Auch PR-Lehrbücher beschäftigen sich weitaus intensiver mit den One-Way-Strategien (vgl. ebd. S. 140). Im Rahmen der Entwicklungen im Bereich der sozialen Medien lassen sich allerdings immer mehr Organisationen auf *Two-Way-Kommunikation* ein, entsprechend ist auch das Interesse der Forschung in diesem Bereich gestiegen.

Van Ruler (vgl. 2004) erweitert das Konzept von Grunig auf ein vierteiliges Raster, das *Communication Grid,* das hier detaillierter vorgestellt wird, da es bei der empirischen Analyse zum Einsatz kommt. Das Raster enthält vier Kommunikationsstrategien, die jeweils für bestimmte Ziele und Zwecke und in bestimmten Situationen für Organisationskommunikation geeignet und in der Praxis auch entsprechend empirisch nachweisbar sind. Die Strategien sind auf einem Koordinatensystem zwischen den Polen *Controlled-One-Way* sowie *Two-Way* auf der Querachse und zwischen *Connotation* sowie *Denotation* auf der Längsachse positioniert (vgl. ebd. S.139ff).

Information (Controlled One Way & Denotation)

Im Rahmen dieser Strategie stellt der Sender Informationen bereit, um Außenstehenden dabei zu „helfen" eine Meinung zu bilden oder Entscheidungen zu treffen. Das Verb „helfen" wird in diesem Zusammenhang bewusst verwendet, um das (zumindest vordergründige) Bemühen nach Objektivität und die denotative Ausrichtung zu unterstreichen. Typische Beispiele hierfür sind informative Presse-Erklärungen oder Geschäftsberichte. Voraussetzungen für eine solche Strategie sind: „a well-rounded policy (since there has to be a clear message), an informative message, and an aware, information seeking public" (ebd. S. 139).

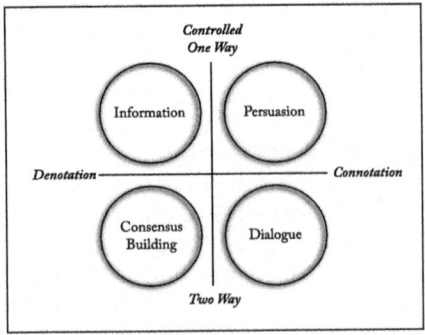

Abb. 2.2.3a - The Communication Grid (eigene Darstellung nach Van Ruler 2004, S.139)

Persuasion (Controlled One Way & Konnotation)

Persuasive Kommunikation ist die Grundlage für Werbekommunikation, für „Corporate Communication" als auch für Propaganda. Sie kommt in der strategischen Kommunikation zum Einsatz, wenn die Organisation vor Stakeholdern „in ein gutes Licht" gestellt werden soll (vgl. auch 2.2.3). Kommunikation ist in diesem Fall zielorientiert und darauf ausgerichtet, Wissen, Einstellung und Verhalten einer spezifischen Zielgruppe zu beeinflussen. Voraussetzungen sind eine umfassende, genau bestimmte Verfahrensweise, eine persuasive Nachricht und ein, zumindest vorübergehend, passives Publikum.

Dialog (Two-Way & Konnotation)

Dialogkommunikation ist als unterstützende Strategie zu verstehen, die darauf ausgelegt ist, der Organisation den Austausch mit ihren Interessengruppen zu ermöglichen. Ziel ist es, mögliche Probleme zu identifizieren, Lösungsansätze zu finden und darauf hin die Organisationspolitik anzupassen. Der Dialog ist vor allem in frühen Phasen der Strategiebildung sinnvoll, bsw. bei der Definition der Zielsetzung oder der Entscheidungsfindung. Häufig ist er bei Bürgerbeteiligungen, sozialem Unternehmertun oder in Organisationen mit flachen Hierarchien zu finden. Dialogkommunikation ist zudem ein integraler Bestandteil moderner Social-Media-Kommunikation (vgl. 3.1.2). Voraussetzungen sind informelle Nachrichten von allen Beteiligten und ein bewusstes Publikum.

Konsens-Bildung (Two-Way & Denotation)

Konsens bildende Strategien kommen zum Einsatz, wenn entgegengesetzte Interessen zwischen interdependenten Akteuren herrschen und die Organisation Brücken schaffen möchte. Diese kann sowohl für Beziehungen zwischen der Organisation und ihrer Umgebung, als auch zwischen Akteuren innerhalb oder außerhalb der Organisation gelten. Ziel ist die Schaffung von gegenseitigem Einvernehmen. Voraussetzungen sind ein aktives Publikum, klare Verhandlungspositionen und Offenheit im Prozess der Entwicklung der Organisationspolitik.

2.2.5 Kommunikationsdienstleister und Vermittlungsrollen

In der Regel werden nicht alle kommunikationsbezogenen Aufgabenbereiche innerhalb einer Organisation besetzt. Viele kommunikative Aktivitäten werden stattdessen an externe Dienstleister abgegeben. Vor allem mittlere und kleinere Organisationen greifen auf die Expertise externer

Agenturen zurück. In Bereichen, bei denen ein hoher Grad an Fach- und Spezialwissen unerlässlich ist oder die sehr innovativ sind, werden Aktivitäten ebenfalls häufig extern organisiert. Dies gilt im Untersuchungskontext beispielsweise für den Bereich Social Media. Dienstleister verantworten somit Teile der Kommunikation, schaffen damit Bedeutung und sorgen für Einfluss.

Ein Aspekt der Auslagerung an Dienstleister ist das Bereitstellen der Inhalte von Medienangeboten. Dazu zählen beispielsweise die Erstellung von Pressetexten und Webseiten-Content oder auch das Beantworten von Anfragen auf Social Media Plattformen. Im Bereich von Online-Kommunikation wird in diesem Zusammenhang von redaktionellen Inhalten gesprochen. Redaktionelle Inhalte haben einen besonders großen Einfluss auf die wahrgenommene Bedeutung der Kommunikationsangebote. Insofern ist die Auslagerung von redaktioneller Verantwortung ein sensibler Aspekt strategischer Kommunikation.

Ein weiterer sensibler Aspekt ist die externe Wahrnehmung der Vermittlungsrolle. Medienangebote werden im Rahmen strategischer Kommunikation öffentlich bzw. bestimmten Akteuren zugänglich gemacht - sie werden *vermittelt*. Die extern wahrnehmbare Vermittlungsrolle hat, zumindest vordergründig, derjenige inne, der bei der medialen Vermittlung als Absender gekennzeichnet ist. Ob der angegebene Vermittler von Inhalten also auch der wirkliche Urheber ist, ist für Außenstehende mitunter nicht immer klar zu erkennen. Dies ist im Rahmen von personenbezogener Online-Kommunikation wichtig. Soll authentisch kommuniziert werden, erfordert dies die Kennzeichnung von Vermittlern, wenn diese nicht dem Absender entsprechen.

Wird ein genauerer Blick auf die Vermittlungsrollen in strategischen Kommunikationsprozessen geworfen, so lässt sich ein differenziertes Bild zeichnen. Bei Vermittlungsprozessen kann zwischen Selbstvermittlung, partnerabhängiger Ausgangsvermittlung und partnerunabhängiger Fremdvermittlung unterschieden werden (vgl. Schönhagen 2004, 210ff und Beck 2006, S.54ff). Selbstvermittlung ist die vom Kommunikator selbst durchgeführte Kommunikation. Der Vermittler ist also der Urheber. Die Ur-Form der Selbstvermittlung ist der über sich selbst redende Mensch. Eine Organisation, die Plakatwerbung im öffentlichen Raum betreibt oder Webseiten mit Inhalten füllt, betreibt ebenso Selbstvermittlung. Bei partnerabhängiger Ausgangsvermittlung sind Vermittler- und Kommunikator-Rolle aufgeteilt, der Vermittler steht jedoch zumindest in einem ökonomisch abhängigen Verhältnis zum Kommunikator. Ein typisches Beispiel hierfür sind Kommunikationsdienstleister (vgl. ebd.). Bei genauerem Hinsehen kann festgestellt werden, dass diese Rollen mitunter verschwimmen. Die Grenze zwischen intern und extern ist, vor allem in großen Organisationen, mitunter schwer zu ziehen, selbst wenn sie institutionell klar verordnet sind. Wo ist beispielsweise der vermittlungsspezifische Unterschied zwischen einem angestellten Pressesprecher (Selbstvermittlung, da Teil der Organisation) und einem, der extern arbeitet aber nahezu ausschließlich für eine bestimmte Organisation arbeitet (abhängige Fremdvermittlung)? Beide sind in einem ökonomischen Abhängigkeitsverhältnis zum Kommunikator und das Verhältnis des Angestellten muss nicht zwangsweise enger sein als das des externen. Dieser Aspekt wird auch bei der partnerunabhängigen Fremdvermittlung deutlich. Hier hat der Vermittler ein bestimmtes Maß an Autonomie gegenüber dem Kommunikator, so wie es beim professionellen Journalismus in der Regel der Fall ist. Allerdings kann auch hier das Maß der Unabhängigkeit mitunter schwer zu bestimmen sein. Beispiele sind die im Boulevardjournalismus übliche Wechselbeziehung zwischen exklusiven Informationen und wohlwollender Berichterstattung, die zu gegenseitiger Abhängigkeit führen kann.

2.2.6 Kampagnen

Im englischsprachigen Raum sind die Begriffe *Campaign* oder *Campaigning* gebräuchlich, bezeichnen allerdings in der Regel ausschließlich Wahlkampfkampagnen. Der Begriff Kampagne beschrieb ursprünglich Arbeitseinsätze, militärische Aktivitäten und erst später politische Stimmungsmache sowie Wahlkampfaktivitäten. Mitte des 20. Jahrhunderts wurden damit auch Werbe- und PR-Aktivitäten gekennzeichnet. Kampagnen werden heute definiert als:

> „(...) einen zeitlich befristeten, thematisch begrenzten öffentlichen Informations- bzw. Kommunikationsprozess, der der Verwirklichung von meist klar identifizierbaren Zielen dient. Ziele sind z.B. die Herstellung bzw. das Erreichen öffentlicher Aufmerksamkeit, die Herstellung, Verbesserung oder Stabilisierung von Images, Glaubwürdigkeit und Vertrauen oder Interesse (an Produkten/Dienstleistungen oder der Organisation selbst) oder die Veränderung von Einstellungen oder auch von Verhalten/Handlungen bei potenziellen Rezipienten von Kampagnen" (Bentele 2013 1998, S.667).

Ziel dieser Strategien ist jedoch nicht nur das Generieren von Aufmerksamkeit, sondern auch das Erzeugen von Glaubwürdigkeit sowie die Förderung von Zustimmung für die eigenen Intentionen und Aktionen. Außerdem spielen auch die abstrakteren, zuvor definierten Zielsetzungen Bedeutung und Einfluss eine Rolle. Kampagnen sind ein bedeutender Teil strategischer Kommunikation und können als strategisches Handeln eingeordnet werden. Kampagnen eignen sich durch ihre zeitliche, organisatorische und thematische Eingrenzung im besonderen Maße zur Analyse strategischer Kommunikation. In ihr drückt sich die strategische Ausrichtung einer Organisation aus, sie fungiert wie ein Brennglas (vgl. ebd.).

Zeitliche Begrenzung

Ein essentielles Merkmal von Kampagnen ist die zeitliche Begrenzung. Sie unterscheidet Kampagnen von längerfristigen Kommunikationsaktivitäten. Im Zusammenhang von Wahlkampf ist häufig die Rede vom „Permanent Campaigning", das dem Faktor der zeitlichen Befristung entgegen stehen würde. Gemeint ist, dass die politische Alltagskommunikation auch Einfluss auf in der Zukunft liegende Wahlkampfkampagnen haben kann oder das andere Wahlen parallel beeinflusst werden (beispielsweise Landtagswahlen in einem anderen Bundesland). So wird der Aktionszeitraum der Kampagne ins Unendliche ausgedehnt (vgl. Donges 2009). Allerdings wird so die bewusst vorgenommene Eingrenzung der Perspektive auf die Kampagne ad absurdum geführt, denn...

> „... es sind gerade die thematischen und zeitlichen Begrenzungen, die das Besondere an Kampagnen ausmachen und sie als eine Form der politischen Kommunikation von anderen unterscheiden" (Donges 2009, S.136).

Abgesehen davon kann der Einfluss von Faktoren, die außerhalb des Kampagnenzeitraums liegen, auch innerhalb der begrenzten Zeiträume von Kampagnen Rechnung getragen werden. Kampagnen können auch Ansätze aus der Kommunikationsstrategie der vorangegangenen Zeiträume implementieren und weiterführen. Es kann in diesem Zusammenhang also auch von dem Zeitraum der Hauptkampagne gesprochen werden. Die Fokussierung auf einen bestimmten Zeitraum ist für das Untersuchungsdesign zwingend erforderlich, um die Datenerhebung zu begrenzen und handhabbar zu machen. Würde sich der Zeitraum von Faktoren der Kampagnenplanung und -organisation nicht ableiten lassen, müsste im Vorfeld vom Beobachter ein sinnvolles Zeitfenster abgesteckt werden. In diesem Zusammenhang wird von einer *strategischen Einheit* gesprochen:

> „Der Akteur oder Beobachter selbst legt mit der strategischen Einheit fest, in welchem Rahmen sich alle weiteren strategischen Überlegungen und Handlungen abspielen. (...) Alles, was über eine Einzelsituation hinausgeht, ist damit Strategie prinzipiell zugänglich" (Raschke und Tils 2010a, S.352).

Wahlkampf-Kampagnen

Die Wahlkampfkampagne ist im Gegensatz zu anderen politischen Kampagnen und vielen Informations-, PR- oder Werbekampagnen relativ klar eingrenzbar. Wahlkampfkampagnen sind Kommunikationsaktivitäten, die Wähler für eine anstehende politische Wahl aktivieren und ihr Wahlverhalten beeinflussen sollen (vgl. Schulz 2011, S.314). Oberste Zielsetzung ist in der Regel die Maximierung von Wählerstimmen („vote-seeking") und der daraus resultierende Wahlerfolg. Die Durch- und Umsetzung politischer Ziele sowie der Gewinn von Aufmerksamkeit für einzelne politische Inhalte („policy-seeking") bzw. das Streben nach öffentlichen Ämtern und Machtpositionen („office-seeking") ist im Wahlkampf von nachgeordneter Bedeutung (vgl. Wolinetz 2002, S.150ff). Es gibt abseits der Wahlkampfkampagnen auch politische Kampagnen anderer Ausprägung, bei denen die anderen Zielsetzungstypen in den Vordergrund rücken.

2.2.7 Strategische Kommunikation und Komplexität

Strategische Kommunikation hat im letzten Jahrzehnt bedeutend an Komplexität gewonnen. Komplexität wurde als das Vorhandensein einer großen Zahl voneinander abhängiger Merkmale in einem bestimmten, abgegrenzten Realitätsbereich bezeichnet (vgl. 2.1.2.1). Vernetztheit, Intransparenz und Dynamik sind weitere Faktoren, die Komplexität entstehen lassen. Die zunehmende Medialisierung und Fragmentierung der Gesellschaft, die Notwendigkeit der Einbeziehung von immer mehr Stakeholdern und die rasante Zunahme von Einflussfaktoren auf Wahrnehmung und Bedeutung im Zusammenspiel mit einer immer schnelleren Entwicklung technischer Kommunikationsmöglichkeiten sorgt für einen erhöhten Grad an Vernetztheit, Dynamik und Intransparenz. Kommunikatoren müssen sich mit immer mehr Interessengruppen (Kunden, Politik, Angestellte, Wähler etc.) und externen Vermittlern (Journalisten, Meinungsführer, Netzaktivisten etc.) auseinander setzen und dabei auf immer mehr Kommunikationskanälen (Presse, Plakatwerbung, soziale Netzwerke etc.) präsent sein. Hinzu kommt der steigende Einfluss von immateriellen Werten wie Glaubwürdigkeit, Authentizität und Reputation. Die institutionelle Vernetztheit, die sich durch die Verteilung der Verantwortung an der strategischen Kommunikation auf zunehmend mehr Aufgabenbereiche, Akteure und Vermittler ausdrückt, erhöht die Komplexität zusätzlich. Inwieweit Kommunikatoren und Kommunikationsmanager mit dieser Herausforderung umgehen, soll unter anderem im weiteren Verlauf geklärt werden.

2.2.8 Zusammenfassung

Im zurückliegenden Kapitel wurde der theoretische Rahmen auf den Bereich strategischer Kommunikation von Organisationen begrenzt und näher ergründet. Zunächst wurde das Wesen des Forschungs-Konzepts und seine interdisziplinäre Ausrichtung beschrieben, anschließend wurde der Analyse-Rahmen umrissen. Dafür wurden zunächst die beiden Kernbegriffe *Bedeutung* und *Einfluss* im Zusammenhang mit der Zielausrichtung strategischer Kommunikation eingeführt. Schließlich wurde aufgezeigt, wo sich strategische Konzeptionen abbilden und dass sich Untersuchungen in diesem Rahmen auf die Perspektive einzelner Akteure innerhalb von Organisationen konzentrieren sollten. Diesem Ansatz wird bei der empirischen Datengewinnung im weiteren Verlauf Rechnung getragen. Bei der Analyse strategischer Kommunikation gelten die selben Voraussetzungen wie bei der Analyse anderer strategischer Aktivitäten. Mit dem „Communication Grid" wurde zudem ein handliches Raster eingeführt, dass helfen soll, Kommunikationsstrategien zu klassifizieren und somit die Analyse weiter zu strukturieren. Besondere Aspekte der Analyse strategischer Kommunikation sind außerdem noch die Einbindung von Dienstleistern, die Auslagerung von redaktioneller Verantwortung, die Identifikation von Vermittlungsrollen als auch der Analyserahmen von Kommunikations- und Wahlkampfkampagnen.

2.3 Kommunikation im Internet

Mit der Ausarbeitung und Verbindung der Kernbegriffe *Strategie, Komplexität* und *Kommunikation* ist nun bereits ein Großteil des theoretischen Konzepts der Untersuchung eingeführt worden. Der eigentliche Untersuchungsgegenstand im engeren Sinne, die *Online-Kommunikation*, folgt nun. Der Bereich ist aufgrund der inhärenten Komplexität sowohl in der Praxis als auch in der Forschung nicht immer einfach zu handhaben. Schwierigkeiten werden vor allem durch eine selten eindeutige Terminologie erzeugt, was eine systematische Ordnung der Analyse erschwert und häufig ein Schwachpunkt ähnlicher Untersuchungen ist. Daher wird der Themenkomplex *Online-Kommunikation* im Folgenden ebenfalls theoretisch fundiert.

2.3.1 Internet und Forschung

Die „klassischen Medien", die lange Zeit im Zentrum des Forschungsinteresses standen, also Presse, Rundfunk, Film und Buch, haben den Vorteil einer vergleichsweise abgegrenzten Gebrauchsweise und Erscheinung. Online-Medien sind im Gegensatz dazu äußerst vielfältig und vielschichtig, sie haben als die „neuen Medien" die Mediennutzung, die Akteure der Medienwirtschaft und die Kommunikationsgewohnheiten von Gesellschaft und Wirtschaft grundlegend verändert. Neue Funktionen und neue Formate auf neuen Endgeräten im Zusammenspiel mit schier endlose Vernetzung sorgen für andauernden, sich gegenseitig bedingenden Wandel auf Angebots- und Nutzungsseite (vgl. Kolo et al 2010, S.283). Und obwohl das Internet mittlerweile in der Forschung angekommen und eben nicht mehr das „neue Medium" ist, sorgt die inhärente Schnelllebigkeit und Vielfalt nach wie vor dafür, das rund um das Thema Internet angesiedelte Forschungsvorhaben eine besondere Herausforderung sind. Das gilt insbesondere, wenn sie systematisch schlüssig und theoretisch fundiert sein sollen (vgl. Beck 2010, S.15).

Neben der hohen Entwicklungsgeschwindigkeit und der damit verbundenen Innovationsfreudigkeit, die die Dokumentation und zeitgemäße Systematisierung schwierig gestalten, ist, wie zuvor schon erwähnt, die uneinheitliche Terminologie ein Problem. Viele Begriffe sind englisch, deutsche Übersetzungen gibt es in der Regel nicht oder sie werden kaum genutzt. Vor allem aber gibt es eine Reihe von wenig trennscharfen Begrifflichkeiten. Ein prominentes Beispiel sind die oft synonym gebrauchten Begriffe Homepage, Webpage und Website, die aber durchaus unterschiedliche Bedeutungen haben. So bezeichnet eine Website eine komplette Internet-Präsenz, die aus einer Vielzahl von Webpages bestehen kann und deren Eintritts- oder Basisseite die Homepage ist. Im normalen Sprachgebrauch bereiten derlei Unterschiede kaum Schwierigkeiten, meist wird einfach davon ausgegangen, dass es sich um eine Website handelt. Schwieriger wird es beispielsweise schon bei der Unterscheidung zwischen Applikationen, Software und Diensten, die nicht eindeutig voneinander abzugrenzen sind. In einer wissenschaftlichen Untersuchung können solche sprachlichen Ungenauigkeiten zu Schwierigkeiten führen, insofern sollte eine gewisse Sensibilität gewahrt werden.

Online-Kommunikation

Im vorliegenden Projekt geht es in erster Linie um Verständigung über die verschiedene Kanäle des Internet - um *Online-Kommunikation*. Die Begriffe computervermittelte Kommunikation, Netzkommunikation, Internetkommunikation und *Online-Kommunikation* werden hier synonym genutzt, auf die im medientheoretischen Kontext gesehenen Unterschiede soll hier nicht eingegangen werden, da sie für die Untersuchung nicht von Bedeutung sind (vgl. hierzu Beck 2006, S.29). *Online-Kommunikation* wird demnach definiert als:

> „Bezeichnung für alle Formen computervermittelter Kommunikation (CvK) in digitaler Form unter Zuhilfenahme von Datenleitungen oder leitungsloser Funkübermittlung und Computern als Sende-/Empfangsgeräten. Im Zuge der technischen Gerätekonvergenz verschmelzen bislang getrennte Gerätegattungen, wie (Mobil-)Telefon, Fernsehen, Radio, PDA (Personal Digital Assistent; Organizer) / Handheld und Personal Computer (PC), sodass der Computer als Definitionsbestandteil kaum mehr sinnvoll ist. Stattdessen gewinnt die digitale Übertragung an definitorischer Bedeutung"(Schweiger 2013, S.255),

Online-Kommunikation kann zudem im Gegensatz zu *Offline-Kommunikation* abgegrenzt werden, worunter alle nicht online-vermittelte Kommunikation verstanden wird. Inwieweit *Online-Kommunikation* in verschiedene Kategorien unterteilt werden kann, soll im Folgenden erläutert werden.

2.3.2 Kommunikationstheoretische Systematisierung

Um Online-Kommunikation in Bezug auf den Untersuchungsgegenstand und die Untersuchungsperspektive handhabbar zu machen, ohne dass der theoretische Teil des Projekts überfrachtet wird, baut die Untersuchung auf einem Systematisierungsansatz auf. Dieser soll helfen, eine einheitliche Terminologie festzulegen als auch Unterscheidungskriterien zu benennen, die bei der Analyse zum Einsatz kommen sollen.

2.3.2.1 Das Internet als Medium

Das Internet wird im allgemeinen Sprachgebrauch als Medium bezeichnet. Medien sind technisch basierte Zeichensysteme, die Menschen bei der sozialen Interaktion und der Verständigung in institutionalisierter und organisierter Form dienen. Das Internet entsprechend als Medium zu bezeichnen ist einerseits richtig, andererseits weist Beck (2006, S.14ff) darauf hin, das die Bezeichnung „Internet als Medium" häufig zu undifferenziert ist. Er fügt hinzu, dass eine Mediendefinition, die sich auf Protokolle, Software, Endgeräte oder andere, rein technische Aspekte stützt, wie sie vielfach zu finden ist, aus sozialwissenschaftlicher Sicht nicht ausreichend ist (vgl. ebd. S.16). Um die Funktionalität als Kommunikationsmedium zu analysieren, müssen aus diesem Grund verschiedenste Dimensionen berücksichtigt werden. Institutionen, Aushandlungsprozesse, Kanäle und Übertragungskapazitäten sind beispielsweise solche Dimensionen, genau so wie Rezeptionszeiten oder auch finanzielle Ressourcen.

Interne und externe Vernetztheit

Ein beachtenswerter Aspekt, der voran gestellt wird und zunächst recht offensichtlich erscheint, ist die vielfältige *interne* und *externe Vernetztheit* von Internet-Kommunikation. Die *Vernetztheit* wirkt nämlich nicht nur *intern*, also in Bezug auf andere Bereichen des Internet, also diejenigen Verknüpfungen, die das Internet zum Netz machen. Sondern sie wirkt auch *extern*, in Bezug auf andere öffentliche Kommunikationsformen. Dazu zählen die publizistischen Medien genau so, wie, im besonderen Maße, die nicht medien-vermittelte, interpersonale Kommunikation. Daher sollte die Tatsache im Blick behalten werden, dass Internet-Kommunikation keine isolierte Sphäre ist, sondern immer nur ein Baustein unter vielen in dem Geflecht gesellschaftlicher Kommunikationsprozesse (vgl. Beck 2006 S.33f). Dieser Umstand ist bedeutend für strategische Kommunikation und kann im Fokus dieser Untersuchung als ein gewichtiger komplexitätssteigernder Faktor eingeordnet werden (vgl. 2.2.8).

Als ersten Schritt, um Online-Kommunikation differenziert im Sinne des Forschungsvorhabens handhabbar zu machen, wird zunächst eine techniksoziologische Unterscheidung des Internet vorgeschlagen. Aus dieser Perspektive lässt sich das das Internet als ein Medium *erster* und *zweiter Ordnung* verstehen, das verschiedene Kommunikationsmodi zulässt.

Medium erster Ordnung

Das Internet als ein *Medium erster Ordnung* ist eine technische Plattform, die computervermittelter Kommunikation erst ermöglicht. Hierbei wird eine Kombination unterschiedlichster kodierter Daten über das Netz vermittelt: Text, Grafik, Foto, Bewegtbild, Musik und Sprachtext. Entscheidendes Merkmal ist die Möglichkeit, jegliche Daten über Verknüpfungen (Links) miteinander zu verbinden, so entsteht aus vielen Einzelseiten das globale Datennetz. Die Datenübertragung innerhalb des Netzes wird durch Protokolle wie FTP oder HTTP und Programmiersprachen wie HTML oder Java gewährleistet (vgl. Beck 2006, S.17ff).

Online-Kommunikation im Internet als *Medium erster Ordnung* kann beispielsweise im Hinblick auf die Organisationsdimension unter-

sucht werden. Aus diesem Blickwinkel lässt sich eine dreiteilige Unter-
scheidungen anhand von Leistungsrollen ausmachen. Da sind zunächst
die Zugangsanbieter („provider"), die den Zugang zum Telekommunika-
tionsnetz ermöglichen. Das sind in Deutschland beispielsweise Unternehmen wie die deutsche Telekom oder Vodafone. Dann gibt es Dienst-
leistungs-Anbieter, die die Nutzung bestimmter Dienste wie E-Mail-,
Web-Hosting oder auch Social Networking ermöglichen. In Deutschland
sind beispielsweise die Unternehmen 1und1 oder Hetzner bedeutende
Anbieter. Auch global agierende Anbieter wie Google oder Facebook sind
in diesem Zusammenhang zu nennen, obwohl diese Großkonzerne auch
andere Rollen inne haben. Und schließlich das große Feld der Inhaltsan-
bieter, die Inhalte kreieren und zur Verfügung stellen (vgl. ebd.). Diese
Inhalte werden im weiteren Verlauf als Internet- oder Online-Medien bezeichnet. Manche theoretische Konzeptionen weisen darauf hin, dass Online-Medien nur...

> „ ...alle journalistischen, massen-medialen Angebote im WWW sind. Diese
> Definition grenzt Online-Medien als Institutionen von Sende-, Empfangs-
> und Übertragungstechniken wie dem Internet, Breitbandkabel oder Funk-
> übertragung ab. Da für die Zuordnung zu Online-Medien ein Mindestmaß
> an Institutionalisierung eines Veranstalters bzw. Angebots nötig ist, sind
> private Webangebote keine Online-Medien. Ebenso fallen Webangebote,
> deren öffentliche Aufgabe nicht der Information, Bildung und/oder Un-
> terhaltung der Bevölkerung dient, nicht unter Online-Medien. Damit gel-
> ten die Bereiche E-Commerce, Werbung und Public Relations nicht als
> Online-Medien" (Schweiger 2013, S.255).

Dieser Eingrenzung wird hier nicht gefolgt. Im weiteren Verlauf werden
Online-Medien in einem weiteren Kontext verstanden. In dieser Sichtweise zählen beispielsweise auch die Angebote von Organisationen wie
Parteien oder NGOs, Unternehmen, die E-Commerce oder Werbung betreiben, so wie auch auch private Personen, die beispielsweise einen Blog
oder ein Profil in einem sozialen Netzwerk betreiben, zu den Online-
Medien.
    In der vorliegenden Untersuchung besteht außerdem kein zentrales
Interesse an der Rolle der Zugangs-Anbieter. Sie nehmen nur eine untergeordnete Rolle im Rahmen der Umwelt von Kommunikationsstrategien
ein und werden daher nicht explizit behandelt. Die Rolle der Dienstleis-
tungsanbieter spielt nur insofern eine Rolle, dass die von ihnen angebotenen Dienstleistungen die strategischen Mittel sind, mit denen Online-
Kommunikation betrieben wird. Ein zentraler Aspekt ist die Sicht auf die
Inhalts-Anbieter. Sie sind die Kommunikatoren, die strategische Kom-

munikation betreiben indem sie Online-Medien als strategisches Mittel einsetzen.

Medium zweiter Ordnung

Online-Kommunikation im Rahmen des Internet als *Medium zweiter Ordnung* bündelt, vernetzt und integriert verschiedene Modi der Kommunikation. Eine Möglichkeit diese zu differenzieren sind zeitliche und soziale Kriterien. Auf zeitlicher Ebene kann man zwischen synchroner oder asynchroner Kommunikation unterscheiden. Synchron wäre beispielsweise ein Video-Chat, der live und direkt erfolgt, asynchron beispielsweise ein Blog-Post, der an einem früheren Zeitpunkt geschrieben wurde und jetzt gelesen wird. Auf sozialer Ebene konzentriert man sich auf die Zahl der Kommunikationsakteure und die Struktur des Prozesses, ob es sich also um Einzel-, Gruppen- oder öffentliche Kommunikation handelt (vgl. Beck 2006). Je nachdem wieviel Kommunikationsakteure auf Sender- und Empfänger-Seite stehen bzw. Teilnehmer eines Kommunikationsvorgangs sind, können diese als „one-to-one", „one-to-few", „one-to-many", „many-to-one" oder „many-to-many" bezeichnet werden (vgl. Morris & Ogan 1996). Aspekte in Bezug auf die soziale Ebene wurden zuvor auch schon im Rahmen des Communication Grid behandelt (vgl. 2.2.3), diese beiden Ansätze können ohne weiteres aufeinander aufbauen. Ein Blick in die Praxis zeigt, dass beide Aspekte nicht vom Dienst per-se festgelegt, sondern vielfach sozial ausgehandelt werden. Der Dienst gibt nur den Rahmen vor (vgl. Beck 2006). So können Blogs beispielsweise nur einer Person, einem kleinen Kreis oder jedermann zugänglich sein, Instand Messaging kann synchron wie asynchron erfolgen.

Das Internet kann demnach auch nicht pauschal als Massenmedium eingeordnet werden - manche Dienste können massenmedial wirksam sein, andere wiederum nicht. Ein einzelnes technisches Gerät mit Internet-Zugang kann ebenso verschiedene Online-Medien mit unterschiedlichen Kriterien vereinen. Doch nicht nur das, auch die einzelnen Dienste zeichnen sich durch unterschiedlichste Gebrauchsweisen und Funktionen aus und haben ebenfalls hybride Eigenschaften. So kommt mittlerweile eine Fülle verschiedener Modi in einem einzelnen Dienst zum Einsatz. Die Social-Network-Dienstanbieter Facebook oder Google+ vereinen zum Beispiel Chat, E-Mail, Blog bzw. Einzel-, Gruppen- und öffentliche Kommunikation im Browserfenster oder innerhalb einer einzelnen Applikation.

Im weiteren Bezug auf die Praxis bietet sich eine Dreiteilung in *öffentliche Kommunikation, Kommunikation in Gruppen* und *interpersonale Kommunikation* an (vgl. Beck 2006, S.95ff und Beck 2010, S.22ff).

Die Kommunikation über E-Mails ist die am meisten verbreitete Form interpersonaler Online-Kommunikation. Bei einem einfachen E-Mail an einen Empfänger handelt es sich um die klassische Form dyadischer Kommunikation zwischen zwei Individuen. Mails können allerdings auch an kleine Gruppen oder größere Empfängerkreise geschickt werden. Die Online-Kommunikation in Gruppen findet in der Hauptsachen im Rahmen von Foren, Newsgroups, Mailinglists, Blogs oder ebenfalls in Chats statt. Gruppenkommunikation ist meist thematisch oder an Zielgruppen orientiert, sie kann öffentlich oder privat, moderiert oder unmoderiert ablaufen. Auch ein Großteil der Kommunikation in Social Network Services kann hier verortet werden, beispielsweise Nachrichten, die über den Status-Strom der Kontakte („News-Feed") ausgetauscht werden. Auch hier wird das kommunikative Handeln sozial abgestimmt, mitunter können die Dienste jedoch technische Grenzen setzen. Öffentliche Online-Kommunikation wird meist mit der Hoffnung verbunden, dass es eine neue Art der politisch unkontrollierten und ökonomisch unabhängigen Netzöffentlichkeit gibt. Allerdings kann dies nur in Ansätzen oder themenspezifischen Feldern nachgewiesen werden (vgl. ebd. S.33). In Deutschland werden überwiegend die Online-Angebote der Rundfunkanbieter und Presseverlage genutzt. Schuld daran ist das „Publizitätsparadox" (ebd.). Die Hürde einer breit zugänglichen Veröffentlichung ist aus technischer und finanzieller Perspektive gesunken, die Folge ist ein stetig steigendes Angebot von öffentlich zugänglichen Informationen. Rezeptionszeit und Aufmerksamkeit sind allerdings stark begrenzt und die Vermeidung der klassischen Gatekeeper und professionellen Standards vermindert die Chancen zur Wahrnehmung beträchtlich.

Die Unterscheidung zwischen sozialen und zeitlichen Kriterien bietet zwar keine eindeutige Kategorisierung verschiedener Online-Dienste, allerdings illustriert sie die Vielseitigkeit von Online-Kommunikation sehr anschaulich. Die aufgeführten Kriterien erlauben es zudem, die kommunikationsstrategische Ausrichtung einzelner Online-Medien zu kategorisieren. Daher werden sie in der späteren Analyse zum Einsatz kommen.

2.3.2.2 Handlungsrahmen

Ein weiterer Ansatz um die Analyse zu strukturieren sind *Handlungsrahmen* für Online-Kommunikation (vgl. Goffmann 1974, Höflich 1997, Beck 2010). Das Ziel ist hierbei, der Vielfalt und Komplexität der Kommunikationsmöglichkeiten gerecht zu werden und dennoch die Perspektive durch Rahmung derart einzugrenzen und überschaubar zu halten, dass Untersuchungen vom Umfang her praktikabel sind und sich nicht in der Vielzahl der Kommunikationsmöglichkeiten verlieren.

> „Bei den Rahmen handelt es sich um situationsübergreifende Regeln und
> Erwartungen, die es den Akteuren erleichtern, sozial angemessen zu han-
> deln. (...) Auch Medienhandeln findet in subjektiv interpretierten sozialen
> Rahmen statt, die durch Technik und spezifische Kodiergrenzen lediglich
> präformiert aber nicht definiert sind. Das Internet gibt nun als Hybrid-
> Medium nicht nur unterschiedlichen Kommunikationsrahmen eine tech-
> nische Basis, es erlaubt auch einen vergleichsweise raschen Wechsel der
> Rahmen, wobei die technischen Grundlagen eben die soziale Kommunika-
> tion nicht determinieren und folglich auch nicht ganze Internet-Dienste
> pauschal zu verorten sind. Rahmen bestimmen nicht die kommunikativen
> Handlungen, sie begrenzen aber die Handlungsmöglichkeiten" (Beck
> 2010, S.21).

Durch die *Rahmung* kann somit eine bestimmte Vorauswahl in Bezug auf
Kommunikationsmöglichkeiten getroffen werden, die für die Untersuchung relevant sind. Eine mögliche Ausgestaltung ist eine Dreiteilung, die
sich auf das Verhältnis Anbieter, Angebot und Nutzer bezieht (vgl. Höflich 1997, S.38ff): *Distributionsrahmen*, *Diskursrahmen* und *Beziehungsrahmen*.

Der *Distributionsrahmen* sieht den Computer als Abruf-Medium.
Die hier stattfindende Kommunikation ist am ehesten mit klassischen
publizistischen Angeboten vergleichbar. Die Nutzer sind reine Empfänger
und wählen aus dem Angebot von Inhalten und Nachrichten aus, die aktiv abgerufen werden und die von professionellen Anbietern bereit gestellt worden sind. Wichtige Aspekte in diesem Zusammenhang sind der
Prozess der Auswahl von Inhalten, sowie Einflüsse auf die Verweildauer
und das Interaktionsverhalten der Empfänger, denn sowohl der Selekti-
onsdruck als auch der Aktivitätsgrad sind im Überangebot des Internet
vergleichsweise groß. Auch hier wirkt das zuvor erwähnte Publizitätsparadox.

Der *Diskursrahmen* versteht den Computer als Diskussionsmedium.
Die Nutzer sind nicht nur Rezipienten und Selekteure, sondern auch Beteiligte in Form von Kommentierungen oder dem Bereitstellen von eigenen Inhalten, dem „user-generated-content". Der Umfang solcher Inhalte
kann erheblich variieren, vom Chat-Beitrag über einen Blog-Post bis hin
zu umfangreichen Webseiten. Die Kommunikation vieler Social Media
Angebote findet in diesem Rahmen statt. Man erkennt in diesem Zusammenhang, dass die Grenzen zwischen Anbieter und Nutzer, zwischen
Sender und Empfänger, fließend sind und es mitunter schwer fällt, klare
Rollenverteilungen vorzunehmen. Dies geht einher mit dem zuvor genannten Aspekt, von Teilnehmern statt von Sendern und Empfängern zu
sprechen (vgl. 2.2.2).

Der *Beziehungsrahmen* versteht den Computer als Medium der interpersonalen Kommunikation. In diesem Rahmen findet ein Großteil der privaten und persönlichen Verständigung statt. Der asynchrone Brief oder das synchrone Telefongespräch aus der konventionellen Telekommunikation sind vergleichbar mit einem E-Mail- oder Chat-Dialog. Im Vordergrund steht hier die wechselseitige Kommunikation aus Frage und Antwort bzw. der Dialog (vgl. Höflich 1997, S.38ff).

Praxisorienter Analyserahmen

Im weiteren Verlauf werden die kommunikationsstrategischen Aktivitäten nur in Bezug auf den Distributions- sowie den Diskursrahmen untersucht. Dies hat rein pragmatische Gründe. Die Einbindung des Beziehungsrahmen würde den Rahmen der Untersuchung sprengen, da interpersonale Kommunikation so umfangreich und individuell unterschiedlich wie schwer einsehbar ist. Falls in den empirischen Befunden dennoch Hinweise darauf gefunden werden sollten, dass der Beziehungsrahmen eine relevante Rolle spielt, wird dies gesondert angemerkt.

Um das weite Feld der Online-Dienste zu ordnen, kann die Perspektive der beiden relevanten Rahmen in einen praxisorientierten Kontext sowie in Verbindung zum Communication Grid gebracht werden. So lassen sich zwei Hauptkategorien mit entsprechenden Unterkategorien ableiten. Der Distributionsrahmen fasst diejenigen Internet-Dienste zusammen, die überwiegend informativ und persuasiv genutzt und unter dem Begriff *Web 1.0* verortet werden. Die relevantesten Unterkategorien dieser Kategorie sind Webseiten, E-Mails/Newsletter und journalistische bzw. massenmedial ausgerichtete Angebote.

Der Diskursrahmen fasst diejenigen Dienste, die ihren Hauptnutzen durch Dialog-Kommunikation entfalten, also Dienste, die unter dem Begriff *Web 2.0* verortet werden. Die Begriffe *Web 1.0* und *Web 2.0* gelten mittlerweile jedoch nicht mehr als zeitgemäß (siehe auch 3.1.2), daher werden in dieser Untersuchung andere Begrifflichkeiten verwendet. In Anlehnung an die derzeitige Wahrnehmung der beiden Oberkategorien im Praxisumfeld werden die Begriffe *konventionelle Online-Dienste* und *Social-Media-Dienste* im weiteren Verlauf verwendet.

2.3.3 Zusammenfassung

Im zurückliegenden Kapitel ist eine begriffliche und inhaltliche Systematik eingeführt worden, die die Untersuchungsperspektive kommunikationswissenschaftlich fundiert und eingrenzt. Mit der abschließenden Kategorisierung, die es zulässt, die verschiedenen Online-Diensten zu verorten und im selben Schritt ihre Funktionalität im strategischen Zusammenhang zu präzisieren, ist ein wichtiger Bauteil vorgestellt wurden. Gleichzeitig kann so das weitere Vorgehen geordnet werden. Die schrittweise Annäherung an die Kategorienbildung hat nicht nur den Zweck erfüllt, wichtige Charakteristika der Online-Kommunikation einzuführen und zu erklären, sondern die dabei vorgestellten Aspekte werden auch separat in die Untersuchung einfließen. Dazu zählen die sozialen und zeitliche Kriterien genau so, wie das Publizitätsparadox als auch die interne wie externe Vernetztheit von Online-Kommunikation. Es wurde in diesem Zusammenhang auch einmal mehr deutlich, wie vielfältig, unübersichtlich und schwer zu systematisieren die Welt der Online-Kommunikation ist. Somit wurde auch die grundsätzliche Aussage unterfüttert, das Online-Kommunikation ein komplexes Unterfangen ist, wenn sie systematisiert und zielgerichtet erfolgen soll.

2.4 Synthese - Modell zur Analyse strategischer Online-Kommunikation unter Berücksichtigung komplexer Bedingungen

In den vorangegangenen drei Abschnitten wurden unterschiedliche theoretische Bausteine vorgestellt, die die Kernbegriffe *Strategie, Kommunikation, Komplexität* und *Internet* theoretisch fundiert und zueinander in Verbindung gebracht haben. Die Kapitel waren systematisch aufgebaut und haben aufeinander aufgebaut, dennoch soll an dieser Stelle die Essenz aus den drei Kapiteln komprimiert in Form eines Modells zusammengebracht werden. Ausgehend von den Kernbegriffen ist es ein *Modell zur Analyse strategischer Online-Kommunikation unter Berücksichtigung komplexer Bedingungen*. Das Modell erlaubt es, Aussagen darüber zu machen, wie Organisationen strategische Online-Kommunikation betreiben, inwieweit komplexe Bedingungen Einfluss darauf haben und wie Akteure mit den daraus resultierenden Herausforderungen umgehen.

Die Analyse konzentriert sich primär auf den *strategisch handelnden Akteur*, den Kommunikator, der strategisches Handeln auf Basis von *Ziel-Mittel-Umwelt-Kalkulationen* betreibt. Die Perspektive orientiert sich an dem vierstufigen, chronologischen *Strategie-Prozess* von *Information, Planung, Umsetzung* und *Bewertung*. Innerhalb dieses Prozesses stattfindende Aktivitäten sollen nachvollzogen und zu Grunde liegende Entscheidungsprozesse rekonstruiert werden. Zusätzlich soll herausgefunden werden, inwieweit komplexe Bedingungen den Prozess beeinflussen und welche Faktoren dabei entscheidend sind. Komplexität wird dabei als das Vorhandensein einer großen Zahl von voneinander abhängigen Merkmalen in einem bestimmten, abgegrenzten Realitätsbereich definiert, der

sich durch die Faktoren *Vernetztheit, Intransparenz* und *Dynamik* aus-
zeichnet. Der Umgang mit Komplexität erzeugt typische Probleme, führt
zu typischem Fehlverhalten und erfordert im Zusammenhang mit strategischem Handeln ein entsprechend angepasstes Handeln. Hierbei spielt
auch das Realitätsmodell der Akteure, insbesondere der Einsatz *intuitiver*
Lösungsverfahren, eine übergeordnete Rolle.

Die Untersuchung basiert auf verstehender Handlungstheorie mit
einem subjektivistischen Ansatz in Rückführung zu den Bezugspunkten
strategischer Kommunikation. Empirische Daten werden über die Analyse von Daten und Dokumenten, teilnehmende Beobachtung sowie, in der
Hauptsache, durch die Befragung von Individuen, die maßgeblichen Anteil an der Strategieentwicklung und Umsetzung haben, erhoben. Ansatzpunkte zur Identifikation relevanter Strategieentwickler im Rahmen von
Organisations-Kommunikation wurden gegeben. Zudem wurden beach-
tenswerte Besonderheiten in Bezug auf die Bedeutung von *Vermittlungs-*
rollen, die Einbindung von *Dienstleistern* und den Analyse-Rahmen von
Kampagnen aufgezeigt. Organisationskommunikation zielt grundsätzlich
auf das Erzeugen von *Einfluss* und die Beeinflussung von *Bedeutung* ab.
Die kommunikationsstrategische Ausrichtung einzelner Aktivitäten wie
auch gesamter Kampagnen kann in einem ersten Schritt mit Hilfe des
„Communication Grid" klassifiziert werden.

Da die komplexitätsbringenden Faktoren der Online-Kommunikation jedoch nicht nur in der Praxis sondern auch für das systematische
Vorgehen in einer wissenschaftlichen Untersuchung eine Herausforderung sind, ist zudem noch eine Systematik eingeführt worden, die die Untersuchungsperspektive kommunikationswissenschaftlich fundiert und
eingrenzt. Im Rahmen dieser Systematik wurde eine Kategorisierung von
Online-Diensten gebildet, anhand derer die Untersuchung strukturiert
werden kann. Diese geht von den Oberkategorien *konventioneller Online-*
Dienste und *Social-Media-Dienste* aus. In diesem Zusammenhang wurden noch auch weitere Untersuchungs-relevante Aspekte der Online-
Kommunikation aufgeführt. Dazu zählen das *Publizitätsparadox* sowie
die interne und externe *Vernetztheit* von Kommunikation.

Das Modell lässt sich in einer Grafik abbilden, die die theoretischen
Aspekte zusammenfasst, anhand derer im späteren Verlauf die Analyse
und Auswertung der empirischen Daten erfolgen soll (siehe Abb. 2.4a).
Ausgehend von den *Themenfeldern* werden vier theoretische Konzepte
miteinander verknüpft, die zusammen den *theoretischen Kontext* der Untersuchung widerspiegeln. Aus diesem ergeben sich *theoretische* und *em-*
pirische Kategorien sowie im Untersuchungskontext relevante, *besonde-*
re Aspekte. Die theoretischen Kategorien entspringen alle der *Strategie-*
analyse, dem tragenden theoretischen Konzept der Untersuchung. Die

besonderen Aspekte entstammen den anderen drei Theoriefeldern, haben aber auch einen praxisorientierten Bezug, während die empirischen Kategorien aus der *kommunikationstheoretischen Systematisierung von Online-Kommunikation* abgeleitet worden sind. Im nächsten Schritt soll die Tabelle um weitere empirische Kategorien, entwickelt aus der Reflexion aktueller Entwicklungen in der Praxis und dem Stand der Forschung, ergänzt werden, so dass daraus letztendlich eine Analysematrix mit allen wichtigen Bezugspunkten entstehen kann.

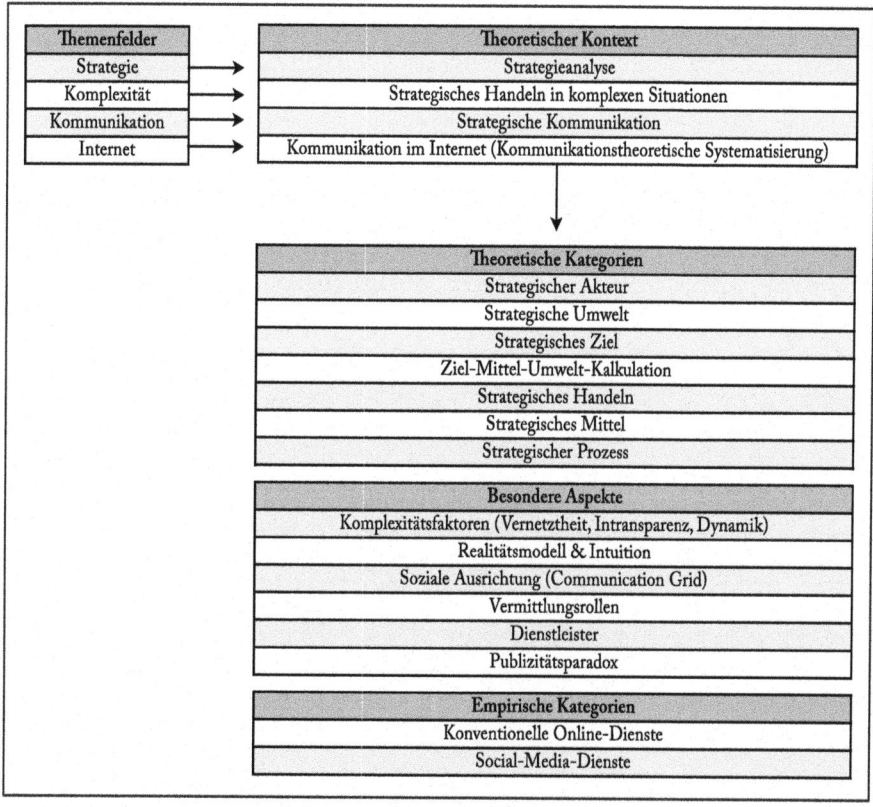

Abb 2.4a - Theoretische Basis der Untersuchung

3 - Wissensstand in Empirie und Praxis

Nachdem zuvor der theoretische Rahmen umrissen worden ist, geht es in den folgenden Kapiteln um eine Annäherung an Empirie und Praxis. Es wurde bereits erwähnt, dass es kein einheitliches, etabliertes Theorie-Gebilde gibt, das der Untersuchung vorsteht, entsprechend gibt es auch keinen ebensolchen Forschungsbereich, dessen aktueller Forschungs-stand hier skizziert werden könnte. Vielmehr lassen sich aus den The-menfeldern der Untersuchung eine Vielzahl von Praxisfeldern, For-schungsbereichen und wissenschaftlichen Fachgebieten ableiten, deren Erkenntnisse in Zusammenhang mit dem Untersuchungsinteresse zu bringen wären.

Aufwandsbedingt kann jedoch nicht das gesamte Spektrum der zuvor angerissenen Felder abgeschritten werden, dafür ist das Feld viel zu groß und unüberschaubar. Vielmehr soll die Perspektive auf praxisbezogene Bereiche eingegrenzt werden, die im unmittelbaren Zusammenhang mit den zentralen Fragestellungen der Arbeit stehen. Also Erkenntnisse rund um die kommunikationsstrategische Konzeption und Evaluation von On-line-Kommunikation sowie Wahlkampfkampagnen im Internet. Dabei steht im Vordergrund, den Untersuchungsgegenstand, also strategische Online-Kommunikation, im Hinblick auf das zuvor vorgestellte theoreti-sche Modell praxis-orientiert aufzubereiten. Während das Feld Wahl-kampf im Internet ein relativ klar abgegrenzter Forschungsbereich inner-halb der Politikwissenschaften ist, dessen aktueller Stand vergleichsweise gut abzubilden ist, gestaltet sich die Zuordnung im Bezug auf die anderen beiden Themenfelder weitaus schwieriger. Hier kommen Erkenntnisse aus dem Bereich der Kommunikationswissenschaft genau so in Frage wie Beiträge aus der wissenschaftlichen sowie praxisorientierten Auseinan-dersetzung mit Werbung, Marketing, PR und Informationstechnologie. Bei diesen Bereichen geht es also darum, eine Auswahl unterschiedlicher relevanter Beiträge einzubinden, die einen möglichst kompakten wie ziel-orientierten Überblick ermöglichen und den derzeitigen Kenntnisstand in Wissenschaft und Praxis widerspiegeln. Abschließend werden aus den Ergebnissen weitere Ansatzpunkte und empirische Kategorien für die Analysematrix abgeleitet.

3.1 Konzeption strategischer Online-Kommunikation

Online-Kommunikation ist schon längst kein weitgehend unbekanntes Pionierfeld der Forschung mehr. Mittlerweile gibt es, trotz der hohen Entwicklungsgeschwindigkeit, nicht nur eine Reihe von etablierten Standards, Routinen und „best practices", sondern auch eine große Zahl wissenschaftlich fundierter Strategien, die gezielte Kommunikationsaktivitäten im Internet thematisieren. Vor allem im Bereich der schon über einen langen Zeitraum erprobten und in Bezug auf Nutzungsmöglichkeiten und Weiterentwicklung konventioneller Dienste wie Webpage, E-Mail und E-Mail-Newsletter gibt es eine hohen Grad an Standardisierung. Entsprechend wird der Fokus im Folgenden zwar auch auf diese Bereiche gelenkt werden, das Hauptaugenmerk soll jedoch den Kanälen und Kommunikationsformen gelten, die noch nicht in diesem Umfang etabliert, erforscht sowie erprobt worden sind und die noch weitreichendes Entwicklungspotential haben. Diese Kanäle und Kommunikationsformen werden unter Begriffen wie *Social Media, Social Web* oder auch *Web 2.0* zusammengefasst und illustrieren die erweiterte Funktionalität von Online-Kommunikation.

Im Rahmen der zuvor erörtern prozessualen Sicht auf strategische Handlungen spielt sich die Konzeption strategischer Online-Kommunikation, modellhaft betrachtet, innerhalb der Informations- und Planungsphase ab (vgl. 2.1.1.1). Die Phase der Konzeption ist bedeutsam - hier finden weitreichende Entscheidungen statt, die Rückschlüsse auf die strategische Bedeutung der Online-Medien sowie die Erfolgsbeurteilung zulassen und die somit im Fokus der Untersuchung stehen. Um den Blick auf die Konzeption, von strategischer Online-Kommunikation im Allgemeinen sowie Online-Kampagnen im Speziellen, zu strukturieren, soll zunächst einmal ein Überblick über die Kanäle geschaffen werden, über die im Internet strategisch kommuniziert wird. Einerseits sind dies die genannten konventionellen Online-Dienste, andererseits die vergleichsweise innovativen Social-Media-Dienste. Ein Großteil der konventionellen Dienste kommt routinemäßig bei nahezu allen kommunikationsstrategischen Online-Aktivitäten zum Einsatz. Social-Media-Dienste werden jedoch ebenfalls zunehmend obligatorisch eingesetzt, allerdings variiert die Nutzung hier noch relativ stark.

3.1.1 Konventionelle Online-Kommunikation

Neben der Nutzung selbst-betriebener Webseiten und E-Mail-Verteiler („Owned Media"), zählen auch Anzeigen- und Suchmaschinen-Werbung („Paid Media") sowie die an altbewährter PR angelehnten Online-Media-

Relations („Earned Media") zu den konventionellen oder „klassischen" Bausteinen strategischer Online-Kommunikation. Die Nutzung dieser Kanäle ist weitreichend etabliert, systematisiert und normalisiert. Dennoch sorgen technische und konzeptionelle Innovationen, beispielsweise die Entwicklungen im Social Web, im mobilen Internet oder neuartige Hardware (z.B. Digitalbrillen, Tablets oder Smartwatches) für andauernden Anpassungsdruck.

Webseiten

Jede Organisation und jedes Unternehmen, das eine professionelle Außendarstellung betreibt, verfügt über eine eigene Webseite. Webseiten sind außerdem Bestandteil nahezu jeder Online-Kampagne. Entweder wird die vorhandene Webpage der Organisation genutzt oder es wird eine (Unter-)Seite speziell für den Anlass der Kampagne erstellt. Während Webseiten in den ersten Jahren des neuen Jahrtausends noch häufig im Zentrum sozial-, politik- und kommunikationswissenschaftlicher Untersuchungen standen, hat sich das Interesse mittlerweile stark abgekühlt, da die Rolle von Webpages im Rahmen von Online-Kommunikation relativ klar definiert und gut erforscht ist. Die Webpage ist jedoch nach wie vor die erste Anlaufstelle im Netz, wenn es darum geht, Informationen über Organisationen und Unternehmen einzuholen. Sie ist demnach das Zentrum der Selbst-Präsentation und zugleich der Dreh- und Angelpunkt sämtlicher weiterer Online-Medien. Von hier aus werden alle anderen Bereiche der Online-Kampagne per Link oder Registrierung erreicht oder abonniert (vgl. Kilian & Langner 2010, S.33ff). Die Analyse der Inhalte und die Nutzung von Webseiten ist somit meist Teil empirischer Fallstudien zu kommunikativer Praxis von Organisationen und Unternehmen.

Der Aufbau von Webseiten folgt allgemeinen Design-spezifischen Entwicklungen und ist in Bezug auf Navigation und Funktionalität in der Regel weitestgehend standardisiert. In jüngster Zeit werden designspezifische Entwicklungen vor allem durch die fortschreitende Fragmentierung der Zugangsgerätearten und die Zunahme mobiler Devices vorangetrieben. *Responsive Design* und *Multi-Device-Kompatibilität* sind Schlagwörter, die diese Entwicklung illustrieren. Außerdem tritt das Webseiten-Design zunehmend in ein maturisiertes Entwicklungsstadium, indem Nutzerorientierung und –freundlichkeit immer mehr im Fokus stehen. Dies hat beispielsweise eine Entschlackung der Oberflächengestaltung zur Folge, die zu funktionellen, reduzierten und intuitiven User-Interfaces führen. Flat, Full Page und Off Canvas Design sind Schlagwörter die diese Entwicklung illustrieren. Mit dem UI- bzw. UX-Design hat sich sogar ein eigener, vitaler Forschungs- und Praxisbereich etabliert.

Die konzeptionellen Voraussetzungen, die eine Webpage erfüllen muss, um erfolgreich im Rahmen strategischer Kommunikation eingesetzt werden zu können sind mittlerweile entsprechend gut dokumentiert. So herrscht beispielsweise weitestgehende Einigkeit darüber, wie Websites konzipiert sein müssen, um beim Aufbau qualitativer Verbindungen und bei der Förderung dialogischer Kommunikation zu Zielgruppen hilfreich zu sein (vgl. Kent et al. 2008):

- Nützliche, kompakte und konkrete Informationen *(usefulness of information)*
- Einfache und intuitive Handhabung *(ease of interface)*
- Beschränkung auf relevante Verknüpfungen *(rule of conservation)*
- Aktualität (periodic maintenance)
- Hürdenfreie Frage- und Feedback-Kultur *(query and respondence)*

Funktionale und inhaltliche Veränderungen ergeben sich meist durch Innovationen im Bereich des Social Web, die innerhalb der Webpage eingebunden werden, z.B. die Integration eines Twitter-Streams, des YouTube-Kanals oder von Applikationen die Geo-Daten nutzen. Durch den hohen Grad der Standardisierung im Rahmen von Webpage-Programmierung ist es mittlerweile auch für kleinere Organisationen ohne großen finanziellen Aufwand möglich, professionelle Seiten zu betreiben. Dies wird beispielsweise durch einfache Baukasten-Systeme von Webspace-Providern und unabhängigen Anbietern (z.B. Wordpress) ermöglicht.

E-Mails, Newsletter und Messaging

Der Einsatz von E-Mails spielt bei der internen wie externen Kommunikation von Organisationen eine übergeordnete Rolle. E-Mails sind im Bereich individuell-interpersonaler sowie gruppengerichteter Kommunikation im Einsatz. Außerdem gibt es zielgruppenstrategische Massenmailings wie abonnierte Newsletter oder Spam-Mail. E-Mails dienen in „in lebensweltlichen wie organisatorischen Kontexten in hohem Maße der Pflege und Koordination von sozialen Beziehungen" (Beck 2006, S.26). Im organisatorischen Alltag übernehmen E-Mails viele Funktionen der internen Kommunikation, vielfach wird durch E-Mail-Kommunikation auch der Einsatz von Telefon, Fax und Brief substituiert. Allerdings haben E-Mails auch eine komplementäre Funktion und ergänzen die bestehenden Wege, was zu einer mitunter massiven Zunahme von Kommunikation führt („E-Mail-overload"). In den letzten Jahren gewinnt das „Instant Messaging" bzw. die Kommunikation in Chats als eine weitere Form der interpersonalen Kommunikation, die der Nutzung von E-Mails stark ähnelt, zunehmend an Bedeutung. Dies drückt sich in der zunehmenden Nutzung von Messaging Diensten wie „Skype", „iChat", „What's App" oder dem „Facebook Messenger" aus, die auch mobil genutzt werden können.

Obwohl der Gebrauch von E-Mails durch die Flut des Kommunikationsaufkommens sowie den erheblichen Anteil von Spam-Mail erschwert wird und Messaging-Dienste zunehmend populär werden, ist E-Mail-Kommunikation nach wie vor ein essentieller Bestandteil von Online-Kommunikation. E-Mails sind nach wie vor der „weltweit am stärksten verbreitete Internet-Dienst" (Hampel 2011, S.1). Massenmailings sind im Zusammenhang mit strategischer Kommunikation der wichtigste Einsatzbereich. Da erfolgreiche Newsletter-Kommunikation aufgrund der hohen technischen Anforderungen (Zustellung, Adressverwaltung, Evaluation, Umgang mit Spam) hohe Fach- und Praxiskenntnisse erfordert, hat sich hier ein eigener Dienstleistungssektor mit hochspezialisierten Softwarelösungen etabliert, der auch von großen Organisationen weitreichend genutzt wird (vgl. Braun 2008, S.473ff). In der Praxis werden E-Mails als Kontakt- oder Feedback-Kanal häufig unterschätzt, da diese Funktionen über Social-Media-Dienste abgedeckt werden sollen. Kunden, Wählern oder anderen Stakeholdern über den E-Mail-Weg unkomplizierten Kontakt zur Organisation und in angemessener Zeit auch qualifizierte Rückmeldungen zu ermöglichen, ist häufig eine Schwachstelle strategischer Online-Kommunikation (vgl. Tyler & Tang 2003).

Auch die wissenschaftliche Auseinandersetzung mit E-Mails in der Außenkommunikation von Organisationen, ist, vor allem aus Sicht der Kommunikations-, Sozial- und PR-Forschung, aktuell stark vernachlässigt. Und das, obwohl Newsletter-Kommunikation nach wie vor eine wichtige Rolle spielt, beispielsweise bei der Wählermobilisierung und Spendengenerierung in Wahlkämpfen (vgl. Green 2012 oder Rottbeck 2012, S.194f). Zum Einsatz von E-Mails in der strategischen Organisations-Kommunikation gibt es daher vor allem Beiträge aus der Marketingforschung rund um Fragen zum E-Mail-Marketing und Customer Relationship Management. Allgemein gültige, systematische Untersuchungen, die die Wirkung und Erfolgsfaktoren von E-Mail-Kampagnen unter die Lupe nehmen, gibt es allerdings auch hier kaum (vgl. Hauke 2011, S.2). Als gesichert gilt, dass verschiedene absender- und botschaftsbedingte Faktoren den Erfolg der Kampagnen beeinflussen. Absenderbedingte Einflussfaktoren sind die Bekanntheit und die Reputation des Absenders sowie die Qualität der Kunden- und Adressdaten. Botschaftsbedingte Einflussfaktoren sind die zielgruppenspezifische Qualität der Betreffs- und Inhaltstexte, sowie Frequenz und Zeitpunkt des Versands (vgl. ebd.

S.153). Die optische Gestaltung der E-Mails ist ebenfalls ein wichtiges wie unterschätztes Kriterium. Mails haben beispielsweise erwiesenermaßen eine höhere Werbewirkung, wenn sie formale Gestaltungselemente beinhalten und nicht im reinen Text-Format verschickt werden (vgl. Hampel 2011).

Online-Media-Relations

Die von Organisationen eigenverantwortlich geführten Medien - „owned Media" - liegen im Zentrum des Interesses dieser Arbeit. Strategische Kommunikation im Zusammenhang mit journalistischen Online-Medien – „earned Media" - werden unter dem Begriff *Online-Media-Relations* zusammen gefasst. Da die Kommunikation über journalistische Massenmedien ein zentraler Aspekt von Public-Relations-Aktivitäten im Generellen (vgl. Spicer 1997) und auch strategischer Online-Kommunikation im Speziellen ist, sollen *Online-Media-Relations* hier zumindest kurz erwähnt und beschrieben werden, obwohl sie nicht im engeren Fokus der Untersuchungen liegen. Journalistische Online-Medien lassen sich in zwei Kategorien einordnen. Einerseits gibt es die Online-Angebote klassischer journalistischer Medien aus dem Print-, Radio- oder TV-Bereich (z.B. bbc.co.uk, spiegel.de, tagesschau.de oder dradio.de), andererseits gibt es journalistische Medien, die ausschließlich online vertreten sind (z.B. huffingtonpost.com). Bei der zweiten Kategorie sind die Übergänge zu Formaten wie Blogs, Social-News und dem weiten Bereich des Bürgerjournalismus („citizen journalism") fließend. Entsprechend schwer lassen sich die betreffenden Anbieter eindeutig systematisieren.

Online-Media-Relations haben sich unter dem Einfluss neuer Informationstechnologien, insbesondere der sozialen Medien, nachhaltig verändert. Diese Veränderungen machen sich u.a. dadurch bemerkbar, dass Media-Relations mit traditionellen (Offline-)Medien und ohne Zuhilfenahme digitaler Kanäle an Bedeutung verloren haben (vgl. Waters et al. 2010). Die zunehmende Relevanz von Online-Kommunikation im Allgemeinen begünstigt so nicht nur das Wachstum neuer relevanter, journalistischer Medien, auch das Zusammenspiel von PR und traditionellen journalistischen (Offline-)Medien wird beeinflusst. Diese Entwicklungen machen sich beispielsweise dadurch bemerkbar, dass E-Mails mittlerweile das wichtigste Kommunikationsmedium für die PR-Praxis sind (vgl. Duke 2002), dass spezialisierte Kanäle wie Blogs zunehmend von Bedeutung sind und dass PR-Meldungen mittlerweile häufig über Online- und Social-Media-Kanäle verbreitet werden (vgl. Waters et al. 2010). Viele Organisationen haben inzwischen einen eigenen „Online-Newsroom", in dem speziell für Journalisten aufbereitete Informationen, Bilder, Logos,

Presseerklärungen und der gleichen bereit gestellt werden. Besonders fortschrittlich sind dabei „Social-Media-Newsrooms", die sehr flexibel und dynamisch sind und neben dem Bereitstellen von Informationen auch dialogische Kommunikation und das Verbreiten von Informationen fördern sollen. Dabei sind diese auch nicht mehr nur ausschließlich an Journalisten gerichtet, sondern stehen auch Kunden und anderen Stakeholders offen (vgl. Communicate Magazine 2009). Ein populäres und eindrückliches Beispiel für die gestiegene Relevanz digitaler Media-Relations ist der „Social-Media-War-Room" des global agierenden Unternehmens Nestlé, der ein Garant dafür sein soll, dass alle relevante Entwicklungen im globalen Kommunikationsstrom im Blickfeld sind.

Online-Werbung

Neben „owned" und „earned Media" hat natürlich auch „paid Media" einen festen Platz im Repertoire strategischer Organisationskommunikation. Unter dem Mantel von Online-Werbung werden so vielfältige Aktivitäten wie digitalte Bannerwerbung, Suchmaschinenmarketing oder werblicher Unterstützung von Social-Media-Aktivitäten gebündelt. Online-Werbung besteht zum Großteil aus Bannerwerbung, die vom Grundprinzip mit klassischer Anzeigenwerbung vergleichbar ist. Online-Bannerwerbung bietet jedoch vielfältige Aussteuerungsmöglichkeiten, zum Beispiel das „Targeted Advertising", mit dem Werbeinhalte inhaltlich und thematisch zielgerichtet an relevante Zielgruppen vermittelt werden können. Das „Targeted Advertising" ist vor allem in Online Social Networks stark verbreitet und besonders effektiv, da aufgrund der dort hinterlegten umfangreichen User-Daten eine passgenaue Zielausrichtung möglich ist (vgl. Schwarz 2008, S.263ff). Suchmaschinenmarketing hingegen verbessert die Sichtbarkeit der Kommunikationsaktivitäten innerhalb von Anfragen auf Suchmaschinen wie Google oder Bing. Es geht dabei vor allem um Suchmaschinenoptimierung über relevante Schlüsselbegriffe (keywords) und bezahlte Anzeigenplätze innerhalb von Suchergebnissen zu bestimmten Themen (vgl. Schwarz 2008, S.319ff). „Paid Media" und Online-Werbung stehen jedoch nicht im engeren Blickfeld dieser Untersuchung, deswegen soll an dieser Stelle nicht genauer darauf eingegangen werden.

3.1.2 Social Media

Der Begriff *Social Media* ist aus dem Vokabular professioneller Kommunikationsstrategen nicht mehr wegzudenken. Der Terminus hat sich aus den inhaltlich ähnlich gelagerten Begriffen *Web 2.0* und später dann

Social Web entwickelt. Während *Web 2.0* zwar in der Forschung ein nach wie vor gebräuchlicher Begriff ist, gilt er in der Praxis als veraltet und wird kaum noch genutzt. Der Begriff *Social Web* ist hingegen sowohl in der Forschung als auch in der Praxis standardisiertes Vokabular. Er legt den inhaltlichen Akzent mehr auf den Gebrauch von Webseiten, während *Social Media* einen globalen und weiter gefassten medialen Blickwinkel einnimmt. Beide Begriffe werden jedoch weitestgehend synonym verwendet. Der Bundesverband Digitale Wirtschaft (BVDW) definiert *Social Media* griffig als...

> „... eine Vielfalt digitaler Medien und Technologien, die es Nutzern ermöglichen, sich untereinander auszutauschen und mediale Inhalte einzeln oder in Gemeinschaft zu gestalten. Die Interaktion umfasst den gegenseitigen Austausch von Informationen, Meinungen, Eindrücken und Erfahrungen sowie das Mitwirken an der Erstellung von Inhalten. Die Nutzer nehmen durch Kommentare, Bewertungen und Empfehlungen aktiv auf die Inhalte Bezug und bauen auf diese Weise eine soziale Beziehung untereinander auf. Die Grenze zwischen Produzent und Konsument verschwimmt. Diese Faktoren unterscheiden Social Media von den traditionellen Massenmedien. Als Kommunikationsmittel (...) kann Social Media plattformunabhängig stattfinden" (BVDW 2011, S. 6).

Andere Beschreibungen betonen, dass im Rahmen der Entwicklungen rund um *Social Media* eine Kultur des Dialogs, der Diskussion und der offenen Meinungsäußerung geschaffen wird, die Unternehmen und Organisationen geradezu dazu zwingt, sich nicht mehr nur auf etablierte Kommunikationsstrategien zu verlassen (vgl. Eberbsbach et al. 2011 und Schmidt 2009). Dadurch wird eine neue Kommunikationskultur geschaffen, in der Offenheit, Transparenz und Dialogbereitschaft wichtige Aspekte sind, sowohl in Bezug auf externe als auch interne Kommunikation von Organisationen und Unternehmen.

> „Auf sozio-ökonomischer Ebene bezeichnet der Begriff Social Media die auf einem neuen Informations- und Kommunikationsverhalten basierenden Beziehungen zwischen unterschiedlichsten Akteuren in Wirtschaft und Gesellschaft. Grundlage für dieses neue Verhalten ist der uneingeschränkte Zugang zu sozialen Technologien, der zur Auflösung traditioneller Macht- und Hierarchiestrukturen führt" (Michelis 2012, S.24).

Aus kommunikationsstrategischer Sicht führen diese Aspekte in erster Linie zu einer Entwicklung, die den Einsatz von Two-Way- und Dialog-Kommunikation sowie die Integration von partizipativen Elementen fördern. Die Nutzungsmöglichkeiten der Online-Dienste werden dadurch nicht nur grundlegend erweitert, Online-Kommunikation wird auch im Verhältnis zu den etablierten Formen klassischer Kommunikation (Print, TV etc.) nachhaltig gestärkt. Darüber hinaus beeinflussen die durch *Social Media* ausgelösten Veränderungen in der Kommunikationspraxis auch die grundlegende Kommunikationskultur von Organisationen, Unternehmen und Individuen.

Dienste und Kanäle

Die Vielfalt von Diensten, Anwendungen und Plattformen, die unter dem Etikett Social Media geführt werden, ist immens. Insofern ist auch die Zahl potentiell relevanter Kanäle für strategische Kommunikation groß und unübersichtlich. Zentrale Prinzipien der technologischen Ausgestaltung sind Modularität, Automatisierung und Variabilität (vgl. Michelis 2012, S.23). Bestimmte Plattformen haben eine sehr hohe Funktionsdichte und integrieren viele Funktionen anderer Anwendungen, im Facebook-Profil können beispielsweise die Nachrichten des Twitter-Streams abgebildet werden. Wechselseitige Kompatibilität ist ein elementares Einstiegskriterium für neue Anwendungen, sie sollten ohne große Schwierigkeiten mit etablierten Plattformen zusammenführbar sein. Beispielsweise lassen sich die Aktivitäten der Foto-Plattform Pinterest problemlos im Facebook-Stream abbilden. Möglich gemacht wird dies durch extern zugängliche Schnittstellen des Application Programming Interface (API) einer Anwendung. Das im Vorfeld angesprochene Prinzip der komplexen internen Verknüpftheit setzt sich demnach auch hier fort.

Um eine grobe Übersicht zu ermöglichen, unterteilt der Bundesverband digitaler Wirtschaft Social-Media-Dienste in vier thematisch-funktionale Kategorien: Kommunikation, Kollaboration, Multimedia und Entertainment. Daran anschließend kann eine Auflistung einzelner Dienste erstellt werden, die jedoch keinen Anspruch auf Vollständigkeit hat und durchaus Überschneidungen sowie unscharfe Grenzen aufweist (vgl. BVDW 2011, S.8ff):

Kommunikation
- Soziale Netzwerke (z.B. Facebook, Google+, LinkedIn oder Xing)
- Blogs (z.B. Blogpsot, Wordpress oder Typepad)
- Microblogs (z.B. Twitter oder Tumblr)
- Social Network Aggregators (z.B. Windows Live Profiles oder Hootsuite)
- Podcasts
- Newsgroups und Foren (z.B. Chefkoch, Quora oder Gute-Frage)

- Instant Messenger (z.B Skype oder WhatsApp)
- Geo Localisation (z.B FourSquare oder Yelp)

Kollaboration
- Wikis (z.B. Wikipedia)
- Social Bookmarking (z.B. Delicious, Mister Wong oder StumbleIt)
- Social News (z.B. Digg oder Reddit)

Multimedia
- Foto Sharing (z.B. Instagram, Pinterest oder Filckr)
- Video Sharing (z.B. YouTube oder Vimeo)
- Music Sharing (z.B. Soundcloud, LastFM, Spotify oder Ping)

Entertainment
- Virtual Worlds (z.B. Second Life)
- Online Games (z.B. World of Warcraft)

Aus dieser Kategorisierung lassen sich konkrete Handlungsoptionen ableiten, die über die entsprechenden Dienste umgesetzt werden können
und die über das einfache Senden und Empfangen von Informationen
hinaus gehen. Sie lassen eine handlungsbasierte Kategorisierung zu (vgl.
Pleil 2010, S.247):

- Publizieren (*authoring*)
- Teilen (*sharing*)
- Vernetzen (*networking*)
- Bewerten (*scoring*)
- Filtern (*filtering*)
- Zusammenarbeiten (*collaboration*)

Organisationskommunikation

Der Bedeutungsgewinn von Social Media im Rahmen der strategische
Kommunikationsaktivitäten von Organisationen in den letzten Jahren ist
bemerkenswert und es ist davon auszugehen, dass dieser in Zukunft auch
noch weiter steigen wird (vgl. Avery et al. 2010, S.189).

> „Kaum ein Unternehmen oder eine Organisation (...) die sich heute nicht
> die Frage stellen: Wie nutze ich die sozialen Medien, um mit meinen Kun-
> den, Mitgliedern, Partnern oder Wählern zu kommunizieren? Welche Pro-
> zesse müssen angepasst werden, da sich das Kommunikationsverhalten

und die Erwartungen der Beteiligten verändert haben? Welche Ziele lassen sich in den sozialen Medien verfolgen und wie lässt sich der Erfolg dort messen?" (Michelis & Schildhauer, S.5)

Social-Media-Kommunikation ermöglicht Organisationen und Unternehmen unmittelbaren wie direkten Austausch mit ihren Stakeholdern. So wird unmittelbar ein global verfügbarer Kommunikationskanal geschaffen, ohne dass Massenmedien oder andere Gatekeeper Nachrichten selektieren oder im Informationsfluss verändern können. In diesem Zusammenhang wird auch von der Dezentralisierung und weitreichenden Veränderung der medialen Wertschöpfungskette gesprochen (vgl. Chadwick 2006, S.22). Die große Reichweite sozialer Medien ist dabei gleichzeitig ein Vorteil sowie eine Bürde, denn nicht nur Unterstützer sondern auch Kritiker können das Forum für sich nutzen und ihre Sichtweise im Organisationsumfeld publik machen.

Ab einem bestimmten Größen- und Wirkungsgrad kann es sich heute keine Organisation leisten auf ein kritisches Mindestmaß an Social-Media-Aktivität und das Aufbauen entsprechender Kompetenz zu verzichten. Organisationen, die ein zeitgemäßes Kommunikationsrepertoire beanspruchen müssen demnach nicht nur im sozialen Netz anzutreffen sein und sich der gestiegenen Kommunikationsgeschwindigkeit stellen. Sie müssen vor allem auch auch die notwendige Aufgeschlossenheit mitbringen und den richtigen Umgangston finden. Der Einsatz sozialer Medien als solcher kann schon ein strategisches Mittel zur Erreichung bestimmter Zielgruppen sein. Sowohl der Einstieg als auch der Betrieb erfordern ein Höchstmaß an Sachverstand und Fachkenntnis, der unter Umständen nicht mit internen Ressourcen bedient werden kann. Die Einbindung von externen Dienstleistern ist damit unumgänglich.

Kommunikationsstrategien

Organisationen haben nur dann eine Chance, an der Kommunikation im Social Web teilzunehmen, wenn sie, wie die anderen Teilnehmer auch, authentisch, glaubwürdig und aktiv kommunizieren. Weitere kommunikative Grundvoraussetzungen sind Flexibilität, Anpassungs- und Reflexionsfähigkeit. Viele dieser Aspekte sind durch die viel zitierten Veröffentlichungen „Naked Conversations" (vgl. Scoble & Israel 2006) und dem „Cluetrain Manifest" (vgl. Levine et al. 2009) geprägt worden. Das „Cluetrain Manifest" wirkt mittlerweile etwas antiquiert, teilweise naiv und spiegelt auch nicht alle aktuellen Entwicklungen wieder. Viele der darin enthaltenen Aussagen und Ansätze haben jedoch auch heute noch

Bestand, wie die Autoren just noch einmal belegt haben (vgl. Heuer 2012).

Soziale Medien werden von Organisationen auf unterschiedliche Arten genutzt, auch die Motivation zur Nutzung kann variieren. Man spricht von einer proaktiven Nutzung, wenn die Nutzung geplant und aus eigener, intrinsischer Motivation erfolgt. Im Gegenteil dazu erfolgt eine reaktive Nutzung auf einen verpflichtenden Impuls aus der Umwelt oder durch die Stakeholder. Eine passive Nutzung dient lediglich der Beobachtung und des Monitorings ohne selbst aktiv mitzuwirken (vgl. Bitkom 2010c, S.5). Entsprechend lassen sich zwei übergeordnete strategische Ziele für Social-Media-Kommunikation ableiten: *Online-Monitoring* und *Beziehungsmanagement*.

Online-Monitoring ist „organisationales Zuhören und systematische Umweltbeobachtung" (Pleil 2010, S.245f), also das Scannen der in den sozialen Medien stattfindenden Kommunikation, die die Organisation selbst, die Organisationstätigkeit, Konkurrenten und andere relevanten Aspekte thematisiert. Das Monitoring spielt zudem eine bedeutende Rolle bei der Evaluation von Online-Kommunikation (vgl. Kapitel 3.2.4).

Beim Beziehungsmanagement geht es um die soziale Integration der Organisation mit Hilfe von Kommunikationsaktivitäten (vgl. Zerfass 2008). Wenn beim Monitoring beispielsweise konfliktäre Interessensunterschiede zwischen Stakeholdern und der Organisation sichtbar werden, wird in der daraus resultierenden öffentlich wahrnehmbaren Kommunikation die Position der Organisation vertreten und an Konfliktlösungen gearbeitet. Das Beziehungsmanagement dient demnach der Sicherung der Online-Reputation, insbesondere im Bereich der sozialen Medien (vgl. Pleil & Zerfaß 2007).

Bislang tun sich viele Unternehmen und Organisationen noch schwer mit dieser Einstellung und setzen stattdessen auf die im Bereich konventioneller Kommunikationskanäle erprobte, wenig authentische Sprache, die durch Marketingstrategien und Kommunikationsgewohnheiten aus dem 20. Jahrhundert geprägt worden sind. Die Möglichkeiten sozialer Online-Kommunikation werden auf diese Weise jedoch nicht ansatzweise ausgeschöpft. Ein wichtige Voraussetzung für eine erfolgreiche dialogorientierte Kommunikationsstrategie ist das Verständnis, dass die Beziehungen zwischen Anbieter und Nachfragendem, zwischen Sender und Empfänger, zwischen den Teilnehmern des Dialogs symmetrisch sein sollten. Social-Media-Kommunikation besteht zu gleichen Teilen aus Zuhören und Aussagen, vielseitige Dialoge werden angestrebt. Diese neue Strategie ist damit eindringlicher und unter Umständen auch wirksamer als traditionelle PR- oder Werbe-Kommunikation (vgl. Weinberg und Pahrmann, S.20), ist allerdings auch voraussetzungsvoller, risikobehafte-

ter und schwerer zu kontrollieren. Ob Social-Media-Kommunikation erfolgreich sein kann wird auch durch weitere Faktoren bestimmt. Neben
den zuvor beschriebenen Aspekten die kommunikative Grundeinstellung
betreffend, ist eine wirkungsvolle Technologie und das einhergehende
technologische Verständnis ebenso bedeutungsvoll (vgl. Michelis, S. 25f).

Modell der Kommunikationsstrategien

Social-Media-Kommunikation ist in der Regel langfristig angelegt und
entfaltet auf diese Weise auch am meisten Wirkung. Wird sie ausschließlich für den Zeitraum einer Kampagne initiiert, ist sie in der Regel wenig
wirkungsvoll und ist nur mit großem Aufwand effektiv umzusetzen. Zunächst muss in einem meist langwierigen Prozess ein umfangreiches, aktives Netzwerk an Unterstützern und Interessierten geschaffen werden.
Nur wenn dieses Netzwerk vorhanden ist, können Informationen aufgenommen sowie verarbeitet, Glaubwürdigkeit und schließlich auch Bedeutung erzeugt sowie Einfluss gewonnen werden (vgl. Weinberg & Pahrmann 2011, S.49).

Die strategischen Kommunikationsaktivitäten im Social Web können
in einem Modell zusammengefasst und strukturiert werden (vgl. Michelis
2012, S.31ff). Das Modell dockt an dem zuvor schon beschriebenen Stra-
tegie-Modell an, dass in die vier Stufen *Information (Analyse), Konzeption, Umsetzung* und *Evaluation (Kontrolle)* aufgeteilt ist (siehe Abb.
3.1.2a). Innerhalb der Phase der Analyse wird ein Bild der Stakeholder
bzw. der konkreten Zielgruppe der Kommunikationsaktivitäten erstellt.
Hier gilt es abzuwägen, ob diese über soziale Medien überhaupt erreicht
werden können.

> „So lassen sich bestimmte Gruppen bereits heute kaum anders als im Soci-
> al Web erreichen, während andere Stakeholder hiervon noch weit entfernt
> sind" (Pleil 2010, S.246).

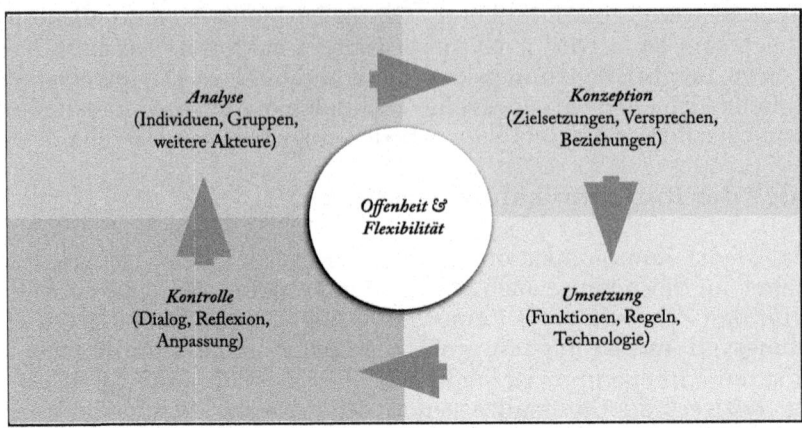

Abb. 3.1.2a – Strategiemodell Social Media (eigene Darstellung nach Michaelis 2012, S.31)

Das Bild der Zielgruppe fließt in die Konzeption der generellen kommunikativen Ausrichtung oder einzelner Kampagnen ein. Die Zielsetzung kann hierbei verschiedene Ausrichtungen haben und vom passiven Einholen von Informatioen („Zuhören") bis hin zu weitreichenden Einbindungen der Stakeholder reichen (Michelis 2012, S.36):

- **Zuhören:** Analyse der Zielgruppe und relevanter Themenfelder, Monitoring der Gespräche im sozialen Netz
- **Mitteilen:** Senden und Verbreiten von Nachrichten, potentielle Eröffnung eines Dialogs
- **Anregen:** Einbeziehen und Aktivieren von Multiplikatoren zur weiteren Verbreitung von Nachrichten und Inhalten
- **Unterstützung:** Austausch und gemeinsame Problemlösung fördern und aktiv betreiben
- **Beteiligung:** Integration aktiver Teilnehmer in die Aktivitäten des Kommunikators

Im Rahmen der Konzeption wird auch das Versprechen definiert, das den Nutzen oder den Mehrwert für die Zielgruppe der Aktivitäten erkennen lässt. Dieser muss gewährleisten, dass sich die Zielgruppe gemäß der Zielsetzung einbinden lässt. Außerdem sollte klar definiert werden, welche Form die in den sozialen Medien aufgebauten Beziehungen langfristig erreichen sollen. In der Umsetzungsphase wird nicht nur die Dauer der Aktivitäten und die Auswahl der Kanäle, sondern auch die Funktionsweise sowie die Nutzungsregeln der einzelnen Kanäle bestimmt. Je nachdem, ob die Aktivitäten auf eine große oder kleine Zielgruppe abzielen bzw. ob die Strategie kurzfristig oder langfristig angelegt ist, werden die Anforderungen entsprechend angepasst. Kommunikative Regeln werden meist in Form von Richtlinien („Social Media Guidelines") zusammengefasst und müssen allen Kommunikatoren vorliegen. Sie sind eine grundlegende Auflistung der Ziele, Vorgehensweisen und Verhaltensregeln im sozialen Netz. Evaluation erfolgt durch eine prozessbegleitende und reflektierte Analyse der Dialoge und schließt unter Umständen eine daraus abgeleitete Anpassung der Strategie mit ein.

Ob das notwendige Wissen und die erforderlichen Kapazitäten für die im Modell vorgestellten Aspekte vorhanden sind, müssen Organisationen zwingend im Vorhinein klären, bevor vorschnelle, unüberlegte Aktivitäten gestartet werden. Ansonsten kann die Dynamik innerhalb der sozialen Medien schnell aus dem Ruder laufen und schwere kommunikative Krisenfälle, beispielsweise „Shitstorms", auslösen (vgl. Weinberg & Pahrmann 2011, S.92).

Virale Kommunikation

Eine besondere Rolle innerhalb strategischer Social-Media-Kommunikation nimmt *virale Kommunikation*, die Online-Variante der Mund-Zu-Mund-Propaganda, ein. In *viralen* Kampagnen werden Nachrichten über die gesamte Bandbreite erreichbarer Online-Dienste vermittelt und erreichen, wie beim Krankheitsverlauf eines viralen Befalls, ab einem bestimmten Punkt der Verteilung eine exponentielle Verbreitung. Es gibt verschiedene Charakteristika bei viralen Kampagnen (vgl Schulz et al. 2011, S.220). Botschaften, die sich reibungslos im Rahmen anderer Kommunikations-Aktivitäten verbreiten, beispielsweise Werbebotschaften in den Fußnoten von kostenlosen E-Mail-Anbietern, werden als „frictionless" bezeichnet. Dagegen wird eine bewusste Weiterleitung durch Nutzer „active" genannt. Die aktive Weiterleitung, das Teilen von Informationen, ist eine der Grundfunktionen des Social Web und wird durch Anwendungen wie „Share This" vereinfacht und unterstützt. Die Viralität von Nachrichten entsteht häufig ungeplant und scheinbar zufällig. Es sind jedoch Voraussetzungen identifiziert worden, die das virale Potential von Nachrichten positiv beeinflussen (ebd. S.219):

- Nutzung bestehender und verbreiteter Kommunikationsnetze
- Einfache Transfer- und Verbreitungsmöglichkeiten
- Erreichung von Meinungsführern und Multiplikatoren

- Kostenlose Verwendung
- Direkt wahrnehmbarer Nutzen (z.B. Unterhaltungswert oder Humor)

3.1.3 Ausmaß und Informationsmenge

Das schiere Ausmaß der Kommunikationsaktivitäten und die Menge der
zur Verfügung gestellten Informationen ist ein relevanter Faktor um erfolgreich kommunizieren zu können. Gemeinhin wird angenommen, dass
ein Übermaß an Kommunikationsaktivität grundsätzlich besser sei als ein
zu geringes Maß. Es gilt – wer gehört werden will muss sich bemerkbar
machen, koste es was es wolle. Ergänzt wird diese Annahme meist durch
die These, dass man sich umso besser verständlich machen kann, desto
mehr Informationen man zur Verfügung stellt.

Möchte man sich der Frage nach dem optimalen Umfang von Kommunikationsmaßnahmen nähern, hilft eine kleine Metapher. Vergleicht
man die kommunikativen Anstrengungen mit medizinischer Arzneimit-
telverabreichung, so lässt sich die Frage formulieren, welche „Dosierung"
Kommunikationsaktivitäten bestenfalls haben sollten, um auf die festgelegten Kommunikationsziele einzuzahlen. Wie viel „Arznei" also notwendig ist, um einen gewünschten Effekt zu erzielen. Genau wie beim medi-
zinischen Beispiel führt ein Übermaß an Arznei meist zu unerwünschten
Nebeneffekten. Prinzipiell lässt sich diese Aussage auch für den Bereich
strategischer Kommunikation untermauern (vgl. Johnson 2008). In der
kommunikationswissenschaftlichen Literatur gibt es beispielsweise weitaus mehr Veröffentlichungen zum Thema „Information Overload" als zu
„Information Underload". Dies kann als ein erster Hinweis darauf gewertet werden, dass sich ein übermäßiges Informationsangebot nachteilig
auswirken kann.

Wird das Problem systematisch ergründet, so lassen sich verschiedene Faktoren benennen, anhand derer das richtige Ausmaß der Kommunikationsaktivität bestimmt werden kann: *Menge, Frequenz, Kanalwahl*
und *Wechselwirkungen* (vgl. ebd). Die *Menge* umfasst den Umfang der
zur Verfügung gestellten Informationsangebote. Sie ist immer ein zentraler und kritischer Bestandteil von Kommunikationskampagnen. Ein größeres Ausmaß an Information ermöglicht ein differenzierteres Bild. Ein
zu großes Maß an Information kann jedoch dazu führen, dass Informationen überhaupt gar nicht erst aufgenommen werden. Redundanz führt
grundsätzlich zu negativen Effekten. Zu viele Informationen können auch
die Entscheidungsfindung negativ beeinflussen, da der Empfänger zu viele Faktoren abwägen muss. Untersuchungen in Bezug auf Informations-
märkte mit einem hohen Maß an konkurrierenden Informationsangebo-

ten haben gezeigt, dass weniger bereitgestellte Informationen ein höheres
Maß an Kompetenz signalisieren:

> „A paradox of Information supply in competitive Information markets: the
> less Information a supplier offered, the more it was used because the sup-
> plier developed a reputation for quality and focus" (Hansen & Haas
> 2001,S.1).

Eine möglichst optimale Frequenz zu definieren ist ebenfalls schwierig,
da in der Regel keine Informationen darüber vorliegen, welche der ge-
sendeten Nachrichten auch wirklich beim gewünschten Empfänger an-
kommen und wahrgenommen werden. Dieses Maß an Unsicherheit erschwert die Suche nach der richtigen Frequenz, bei der „zu oft" genau so
problematisch sein kann wie „zu selten". Diese Unsicherheit zu reduzieren kostet wiederum Zeit und verursacht Kosten. Grundsätzlich gilt, das
Wiederholungen die Chance auf Wirkung erhöhen, allerdings wirkt sich
Redundanz auch hier negativ aus. In der Online-Anzeigenwerbung werden beispielsweise Frequenz-Obergrenzen („frequency cappings") für einzelne Werbemittel in Abhängigkeit zu einzelnen Nutzern definiert, um
eine übermäßige Penetranz zu verhindern.

In Bezug auf die Anzahl der bespielten Kommunikationskanäle gilt
grundsätzlich das gleiche Prinzip. In diesem Zusammenhang kann auf
Media- und *Information-Richness-Ansätze* verwiesen werden (vgl. Johnson 2008, S.143). Diese betonen, dass differenzierte, persönlichere und
direktere Kommunikationskanäle immer dann von Vorteil sind, wenn die
behandelten Themen oder Aufgaben ein großes Maß an Unsicherheit oder
Mehrdeutigkeit aufweisen bzw. stärker von routinierten Vorgängen ab-
weichen. *Information-Richness* wird dabei definiert als das Vermögen
von Informationen in einem bestimmten Zeitraum Verständnis oder Einstellung zu verändern. So haben Kommunikationsaktivitäten wie unper-
sönliche Rundschreiben via Newsletter zum Beispiel einen geringen Grad
an Information-Richness und sind die richtige Wahl bei Themen die den
Empfängern bereits geläufig sind oder eine hohes Maß an Standardisierung aufweisen. Dagegen sind persönliche, differenziertere Ansprachen
die einen hohen Grad an Information-Richness beinhalten besser geeignet, kompliziertere Themen oder solche mit einem hohen Grad an Unsicherheit zu kommunizieren. Wenn die verschiedenen Teilnehmer der
Kommunikationsaktivität ein hohes Maß an gemeinsamen Attributen wie
Glaube, Einstellung, Werte und Sprache haben ist Kommunikation
grundsätzlich effektiver. Es kommt zu weniger kritischen Rückfragen und
Missverständnissen. Wenn diese Voraussetzungen nicht erfüllt sind, ist
die Gefahr von unerwünschten Wechselwirkungen größer. Dementspre-

chend sollte unter diesen Bedingungen immer sensibler und persönlicher kommuniziert werden.

In anderen Studien (vgl. Beaudoin 2008) wurde festgestellt, dass es einen Zusammenhang zwischen durchschnittlicher Internetnutzung, *Information Overload* und Vertrauen (und somit Glaubwürdigkeit) gibt. Um so häufiger und länger jemand das Internet nutzt, um so routinierter er also im Umgang mit Online-Diensten ist, desto geringer ist die Chance, dass er bei der Aufnahme von Informationen einen *Information-Overload* empfindet und desto mehr Vertrauen hat er in die erhaltenen Informationen. Dieser Umstand wird noch verstärkt, wenn der Nutzer eine besondere Motivation und ein konkretes Eigeninteresse bei der Aufnahme von Informationen hat. Nutzer, die einen Information-Overload empfinden, desto weniger Vetrauen wird den Informationen geschenkt.

Abschließend bleibt festzuhalten, dass die Bemessung der Kommunikations-aktivitäten in hohem Maße zweckgebunden ist und demnach beträchtlich variieren kann. Bestimmte Themen erfordern genau so ein individuelles Vorgehen, wie bestimmte Zielgruppen. Umso vielfältiger diese Ausgangslage ist, desto komplexer und somit auch schwieriger ist die Entscheidungsfindung.

3.1.4 Kanalwahl

Der Einsatz konventioneller Kanäle der Online-Kommunikation ist, wie zuvor schon erwähnt, im höchsten Maße standardisiert, erfolgt routiniert und unterliegt klaren Zielsetzungen. Die strategisch orientierte Kanalwahl im Bereich der sozialen Medien ist hingegen, bis auf wenige Ausnahmen, vergleichsweise wenig standardisiert und sehr anspruchsvoll, auch wenn sich hier in jüngerer Vergangenheit ebenfalls Standards und „best practices" herauskristallisieren.

Grundlage bei der Kanalwahl ist einmal mehr eine individuelle Bedarfsanalyse: Welche Absichten werden mit welchem Kanal verfolgt? Welche Ziele können erreicht werden? Inwieweit sind die Aktivitäten mit den globalen Kommunikationszielen der Organisation verknüpft?

> „Die Wahl des richtigen Werkzeugs folgt den Unternehmenszielen und den Aktivitäten der Zielgruppen im Social Web. Die Analyse dieser Voraussetzungen ist komplexer, als es auf den ersten Blick erscheinen mag. Sind die allgemeinen Unternehmensziele klar definiert, heißt das noch lange nicht, dass auch die Online-Ziele eindeutig festgelegt sind und daraus folgt wiederum nicht, welche konkrete Rolle Social Media darin spielen soll" (Puscher 2012, S.174f).

Abhängig von der kommunikativen Zielsetzung lassen sich verschiedene Kanäle den zuvor identifizierten Handlungsmöglichkleiten im Social Web zuordnen (vgl. Michelis S.40):

- **Inhalte verbreiten:** über Twitter oder andere soziale Netzwerke; bsw. auch Social Search Anwendungen, die helfen, vorhandene Inhalte zu strukturieren und zu verbreiten
- **Diskussionen ermögliche und anregen:** z.B. in Foren, sozialen Netzwerke und Anwendungen in denen Diskussionen, Bewertungen oder Kommentare tragende Rollen spielen
- **Netzwerke aufbauen:** z.B. in Facebook, Xing, LinkedIn und anderen sozialen Netzwerken
- **Beteiligung ermöglichen:** z.B. in sozialen Netzwerken, auf Blogs, YouTube, Instagram und anderen Inhalts-basierte Anwendungen
- **Zusammenarbeit organisieren:** z.B. durch Wikis und andere Anwendungen mit kollaborativen Funktionen

Manche praxisnahen Ansätze empfehlen für den Bereich der sozialen Medien recht pauschal eine Präsenz auf möglichst vielen Plattformen (vgl. Weinberg und Pahrmann 2011). Es wird jedoch eingeschränkt, dass dafür auch die notwendigen Ressourcen vorhanden sein oder geschaffen werden müssen. Daher beschränken sich vor allem kleinere Organisationen meist mangels Fachkenntnis auf die etablierten „Big Four" (Facebook, Twitter, YouTube, Xing bzw. LinkedIn) und sind dort abhängig von den Ressourcen mehr oder minder umfangreich aktiv. Größere Organisationen können mit solch einem improvisierten Vorgehen Reputation verspielen. Es gibt neuerdings auch umgekehrte Entwicklungen, in der Art, dass sich Organisationen wieder aus bestimmten Netzwerken zurückziehen und beispielsweise nur noch den deutschen Platzhirsch in Sachen soziale Netzwerke, Facebook, bespielen. Die Frage, auf welche Kanäle bestenfalls gesetzt werden soll, ist nicht generell zu beantworten. Verstärkt wird dieser Umstand noch durch die enorme Fülle an Innovationen in diesem Bereich. Ob es sinnvoll ist, früh auf bestimmte Kanäle zu setzen ist umstritten. Wenn zu früh auf Dienste gesetzt wird, werden dadurch finanzielle Ressourcen und personelle Kapazitäten gebunden - ein früher Einstieg ist in diesen Belangen sehr aufwendig. Werden relevante Entwicklungen allerdings verpasst, ist dies vor allem dann nachteilig, wenn Mitbewerber sich hier frühzeitig Aufmerksamkeit und Einfluss sichern.

„Ein früher und gut konzipierter Auftritt in einem momentan boomenden Netzwerk kann sich lohnen und durch zahlreiche Nennungen als Best-Practice für weitere Publicity sorgen. Umgekehrt wirken voreilig erstellte

und nun brachliegende Profile in mehr oder weniger gescheiterten Netzwerken wenig professionell und wirken sich nicht vorteilhaft auf die Online-Reputation einer Marke aus" (Pöllmann 2012).

Wollen Organisationen keine Entwicklung verpassen, sondern statt dessen einen Überblick über die neusten Innovationen gewinnen und gleichzeitig relevantes von irrelevantem unterscheiden, greifen sie oftmals auf
Expertenwissen aus Kommunikationsagenturen, Beratungen und Tren-
dagenturen zurück. Diese bieten Orientierungshilfen in Form regelmäßiger Trend-Veröffentlichungen an. Eine in diesem Zusammenhang häufig
zitierte Quelle sind die „Gartner Hype Cycles", die nicht nur Innovationen
aufführen und erklären, sondern auch eine Einschätzung zum Entwicklungsstand sowie zur Verbreitung und somit zur aktuellen Relevanz liefern. Charakteristisch an den Hype Cycles ist die Berücksichtigung über-
höhter Erwartungen *(hype)* in frühen Entwicklungsphasen neuer Technologien, gefolgt von einer Phase der Desillusionierung - ein Umstand der
vor allem bei IT-Themen üblicherweise vorzufinden ist (siehe Abb.
3.1.4a).

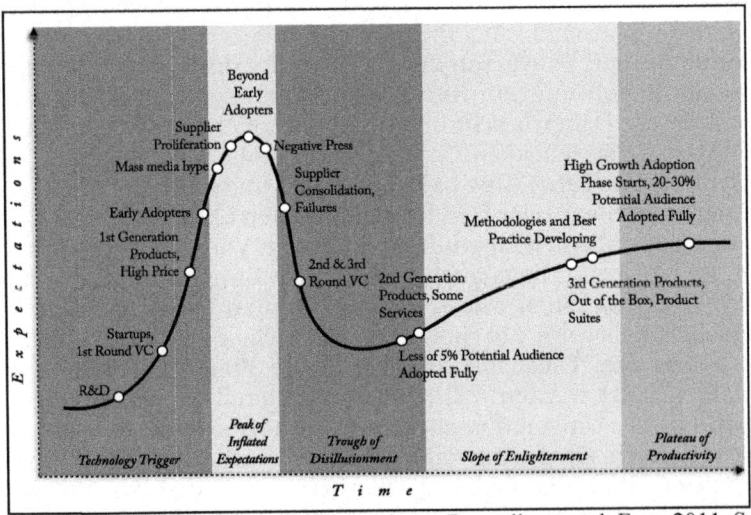

Abb. 3.1.4a - Gartners Hype Cycle (eigene Darstellung nach Fenn 2011, S.3)

Solche Übersichten liefern zwar fundierte Grundlagen auf denen Entscheidungen zur Kanalwahl aufgebaut werden können, allerdings bleiben
immer noch reichlich unbeantwortete Fragen, beispielsweise die nach der
konkreten Erreichbarkeit von Zielgruppen und Stakeholdern über bestimmte Kanäle. Hierfür gibt es bisher keine allgemein gültigen Regeln

und Ansätze. Hier ist individuelle erfahrungsgestützte Expertise, wissenschaftlich gestützte Recherche oder Marktforschung gefragt.

3.1.5 Integrierte Kommunikation

Die enorme Bandbreite an Kommunikationsmöglichkeiten betrifft nicht nur den Online-Bereich und umfasst auch nicht nur den Rahmen einer einzelnen Kampagne, sondern ist für die gesamten Kommunikationsvorgänge einer Organisation von Relevanz. Aus diesem Grund ist in verschiedenen Disziplinen seit Beginn der 1990er Jahre das Konzept der *integrierten Kommunikation* aufgekommen und hat schnell an Popularität gewonnen. Dabei ist der Begriff nicht klar definiert (vgl. Esch 2006, S.25) und immer wieder Gegenstand umfangreicher Diskussionen.

> „Der Versuch, Public Relations/Öffentlichkeitsarbeit an sich sowie Kommunikationsmanagement, Unternehmenskommunikation und andere einschlägige Begriffe wie Organisationskommunikation, Strategische Kommunikation oder Integrierte Kommunikation eindeutig zu definieren, darf als never-ending story der wissenschaftlichen Auseinandersetzung gelten. Abgrenzungsarbeit, welche das Feld sauber von Werbung und Journalismus zu scheiden sucht, stellt einen weiteren „Dauerbrenner" dar" (Nothhaft 2010, S.39).

Diesem Definitionsdilemma liegt aber keineswegs fehlende wissenschaftliche Präzision zugrunde. Vielmehr sorgen der in der Branche übliche ständige Innovations- und Neudefinitionsdrang der Berufspraxis für eine sich stetig verändernde Besetzung der Begriffe. Nothhaft (ebd., S.41) und Bentele (1998, S.27ff) schlagen daher eine Differenzierung in drei verschieden Defintionsdimensionen vor: die Laien-, Praktiker- und Wissenschaftsperspektive.

Eine im wissenschaftlichen PR-Bereich geläufige Definition versteht unter *intergierter Kommunikation* koordinierte und strukturierte Kommunikation, die einer ganzheitlichen Strategie folgt und in allen Ebenen, Abteilungen, Aktionsfeldern und Kanälen, sowie von sämtlichen Kommunikationstreibenden gleichermaßen betrieben wird. Integrierte Kommunikation kann als Maßnahme in Reaktion auf verschiedene Entwicklungen verstanden werden. Dazu zählen die sich ausweitende Fragmentierung und Diversifikation der Medien- und Kommunikationsgewohnheiten genauso wie Entwicklungen im Rahmen der Globalisierung (vgl. Tropp 2011, S.99ff). Je größer die Organisation ist und je mehr Kommunikationstreibende aktiv sind, desto wichtiger ist der intergierte Ansatz für erfolgreiche Kommunikation. Dies gilt insbesondere für multinationale Organisationen und Unternehmen.

Ob *integrierte Kommunikation* primär der Außendarstellung gilt oder ob auch interne Kommunikationsprozesse integriert werden, divergiert von Organisation zu Organisation. In der Marketing-Forschung, die sich ebenso intensiv mit dem Konzept auseinandersetzt, gilt überwiegend die Auffassung, dass das Konzept im wesentlichen der externen Kommunikation gilt (vgl. Esch 2006, S.26). In der Organisationspsychologie wird dagegen auch der Stellenwert für die interne Kommunikation betont, die entscheidenden Einfluss auf das Image der Organisation, das Betriebs- und Organisationsklima, die Motivation und Arbeitszufriedenheit der Mitarbieter sowie die Unternehmenskultur im Ganzen hat (vgl. Rosenstiel & Nerdinger 2011). Durch die Entwicklungen im Social-Media-Bereich und dem einhergehenden Zwang umfassender Kommunikation verzahnt sich die interne mit der externen Kommunikation in zunehmendem Maße. Im selben Zug gewinnen integrative Konzepte an Bedeutung.

Unabhängig von der Ausrichtung betrifft das integrierte Konzept verschiedene Aspekte strategischer Kommunikation. So müssen Kernbotschaften, Kanäle sowie die zeitliche Ausgestaltung koordiniert werden. Das betrifft einzelne Segmente wie Marken oder Sub-Unternehmen genau so wie die Organisation im Ganzen. Je ganzheitlicher *integrierte Kommunikation* verstanden wird, desto näher rückt sie an integrative Konzepte wie Corporate Identity, Corporate Design und Corporate Communication heran (vgl. Esch 2006, S.27ff). Integrierte Kommunikation wird hier entsprechend wie folgt definiert:

> „ (...) ein Prozess der Analyse, Planung, Organisation, Durchführung und Kontrolle, der darauf ausgerichtet ist, aus den differenzierten Quellen der internen und externen Kommunikation von Unternehmen eine Einheit herzustellen, um ein für die Zielgruppen der Kommunikation konsistentes Erscheinungsbild des Unternehmens bzw. eines Bezugsobjektes des Unternehmens zu vermitteln." (Bruhn 2006, S.17)

Integrierte Kommunikation ist eine Voraussetzung, um ein homogenes, aussagekräftiges und glaubwürdiges Bild der Organisation zu schaffen (vgl. Grupe 2011, S.5). Demnach müssen auch Online-Kanäle und Kampagnen-Aktivitäten den Ansprüchen integrierter Kommunikation genügen, wenn sie zu den globalen Kommunikationszielen der Organisation bestmöglich beitragen wollen. Diese Integration gestaltet sich jedoch zunehmend komplex. Je mehr Kanäle im Rahmen der Online-Kampagne bespielt werden und je stärker dort auf dialogische Kommunikation gesetzt wird, desto vernetzter und aufwendiger gestaltet sich die einheitliche Koordination der Aktivitäten. Den richtigen Umgang zwischen Handlungsoptimierung und einem handlungsfähigen Pragmatismus zu finden ist hierbei die Herausforderung.

3.1.6 Daten

Um der zunehmenden Fragmentierung und Diversifizierung der Interessen und Anliegen der Zielgruppen Rechnung tragen zu können, spielt der Umgang mit *Daten* eine immer größere Rolle für strategische Kommunikation. Ein essentieller Bestandteil moderner Online-Kommunikation ist daher das Sammeln, Interpretieren, Verwalten und Nutzen großer Datenmengen *(big data)* für eine an individualisierte Ausrichtung maßgeschneiderter Kommunikation.

Daten werden heute an vielen Stellen generiert und erhoben, im Online-Kosmos in besonders weitreichendem Umgang. Der Datenmarkt gilt als einer der vielversprechendsten Wachstumsmärkte der digitalen Wirtschaft. Die Sammlung von Zielgruppendaten erfolgt auf vielfältige Weise, beispielsweise über Registrierungsfunktionen auf der eigenen Web-Seite oder über Offline-Aktivitäten wie gezielte Ansprachen auf Veranstaltungen. Die in den Datensätzen gespeicherten Informationen variieren erheblich und können von relativ unsensiblen Informationen wie anonymisierten Verhaltens- und Surfgewohnheiten („behaviorial"), Geschlecht oder Alter bis hin zu hochsensiblen individualisierten Informationen wie der Einstellung zu politischen oder gesellschaftlichen Themen oder dem Gesundheitszustand reichen (vgl. Barocas 2012, S.33f). Selbstermittelte Daten („1st party") können mit öffentlich verfügbaren Daten oder kommerziell gehandelten Datensätzen („3rd party") abgeglichen, kombiniert oder durch sie ersetzt werden. Daraus resultieren gigantische Datenbestände, die nicht mehr manuell verarbeitet werden können, sondern mithilfe systematischer technischer Methoden und Verfahren handhabbar gemacht werden müssen. Dazu zählen Klassifizierungen, Schätzungen und Prognosen sowie Affinitätsgruppen-, Cluster- und Profilbildungsmaßnahmen (vgl. Berry & Linoff 2011, S.8ff). Die daraus resultierende Wissensgenerierung wird „Data-Mining" oder „Web-Mining" genannt (vgl. auch Liu 2011).

> „Data-Mining is defined as a sophisticated data search capability that uses statisti- cal algorithms to discover patterns and correlations in data. (...) In simple terms, data mining is another way to find meaning in data" (Rygielski 2002, S.485).

Data-Mining wird im Rahmen von Marketing-Maßnahmen schon seit den
1990er Jahren praktiziert, in den vergangenen zwei Jahren hat sich die
Nutzung jedoch erheblich intensiviert und professionalisiert. Dies hat
verschiedene Ursachen: immer mehr Daten werden gesammelt und ge-
speichert, aufwendige Rechenleistungen sind finanziell tragbar geworden
und leistungsfähige Analyse-Methoden und entsprechende Software sind
allerorts verfügbar (vgl. Berry & Linoff 2011, S.12). Während in Ländern
wie den USA verhältnismäßig schwach ausgeprägte Datenschutz-
Bestimmungen dazu führen, dass Big Data weitreichend in Kampagnen
eingesetzt wird, wiegt in der EU und insbesondere in Deutschland der
Schutz der Privatsphäre höher und entsprechend geringer sind die Möglichkeiten zur Generierung und Verteilung großer, vor allem individuali-
sierter Daten. Der Umgang mit Daten ist ein ethisch und moralisch hoch-
sensibles Thema. Unabhängig davon, wie weitreichend die technischen
Möglichkeiten eingesetzt werden, stehen die Maßnahmen aufgrund ethi-
scher Bedenken in zunehmendem Maße in der Kritik (vgl. Duhigg 2012).
Infolgedessen werden derzeit nicht nur negative Auswirkungen auf das
Image von Organisationen die Big Data nutzen untersucht, sondern es
wird vor allem auch über moralische Grundsätze debattiert, die den Einsatz dieser Methoden maßregeln sollen (vgl. Davis 2012).

3.1.7 Zusammenfassung

Im zurückliegenden Kapitel konnte ein Überblick über aktuelle Erkenntnisse aus Wissenschaft und Praxis zur Konzeption strategischer Online-
Kommunikation gegeben werden. Dabei wurde bestätigt, dass hierbei
Aussagen aus vielen Fach- und Forschungsrichtungen einbezogen werden
können, beispielsweise aus der Kommunikations-, PR- oder Marketingwissenschaft. Einen einheitlichen, zusammenfassenden Diskurs gibt es
hier nicht - entsprechend umfangreich, vielseitig und weit verteilt ist das
verfügbare Wissen. In Bezug auf die konkrete, praxisnahe Ausgestaltung
von Online-Kommunikation im Rahmen der Hauptkategorien von Online-Diensten wurde daher vornehmlich ein genereller Überblick geschaffen. Außerdem wurden noch einzelne, repräsentative Ansätze vorgestellt,
die im Hinblick auf die empirischen Studien von hervorgehobenem Interesse sind, beispielsweise der detaillierte Blick auf Kommunikationsstrategien im Bereich der Social-Media-Kommunikation. Neben dem Hauptfokus auf Online-Dienste wurden zudem noch mehrere Aspekte strategischer Online-Kommunikation vorgestellt, die unabhängig von den einzelnen Diensten und daher für alle Aspekte von Online-Kommunikation relevant sind. Dazu zählen die Erkenntnisse zum optimalen Ausmaß der
Kommunikationsaktivitäten sowie Informationsangeboten, zur Kanal-

wahl, zu Konzepten der integrierten Kommunikation als auch zu dem hochaktuellen Thema kommunikationsstrategischer Nutzung von Daten.

3.2 Evaluation strategischer Online-Kommunikation

Bewertung von Kommunikationsleistungen ist sowohl in der Praxis als auch in der Forschung ein viel-diskutiertes Thema. Etwas ziel- und zweckorientiert zu überprüfen und zu bewerten, um anschließend etwaige Handlungsalternativen abwägen zu können wird als *Evaluation* bezeichnet (vgl. Besson 2008, S.79ff).

> „Es handelt sich also nicht nur um die Bewertung von Resultaten, sondern ebenso um die Erfassung der Ausgangssituation, die Qualität der Planung, die Plantreue der Durchführung und das Erreichen der definierten kurz- und langfristigen Ziele" (Besson 2008, S.30).

Bei der Evaluation von Kommunikation geht es vor allem, und das macht es so herausfordernd, darum, immaterielle Werte wie Beziehungen, Einstellungen, Meinungen oder Image zu bewerten. Diese Faktoren sind maßgebliche Indikatoren für den Erfolg von Kommunikationsaktivitäten. Ob Kommunikation letztendlich erfolgreich waren oder nicht und vor allem warum, sind zwar entscheidende Fragen - sie kann jedoch meist nicht vollwertig und fundiert beantwortet werden.

Sowohl im Gespräch mit Kommunikations-Managern als auch im Austausch mit Wissenschaftlern löst die Frage nach Evaluation verlässlich großes Interesse (oder auch Ablehnung) aus, speziell dann, wenn es um die Evaluation von Online-Kommunikation geht. Denn obwohl viele Daten, die zur Effektivitätsmessung erkenntnisreich sind, über das Internet überhaupt erst erhoben werden können, noch dazu mit relativ wenig Aufwand, gestaltet sich umfassende Evaluation immer noch schwierig. Das zeigt sich spätestens dann, wenn es über eine technisch-orientierte Analyse hinaus, nämlich darum geht, den Einfluss einzelner Kommunikationsaktivitäten im Gesamtbild herauszuarbeiten oder die Wirkung einer Kampagne auf übergeordnete Kommunikationsziele zu bewerten.

3.2.1 Evaluation strategischer Kommunikation

Vorerst wird im Folgenden eine generelle Sicht auf Ansätze zum Messen und Bewerten von gezielten Kommunikationsmaßnahmen eingenommen, dabei konzentriert sich das Vorgehen vor allem auf Beiträge aus der PR-Forschung. Diese breitere Perspektive ist aus mehrfacher Hinsicht notwendig. Zum einen bietet sich so die Möglichkeit Online-Kommunikation im Zusammenhang mit übergeordneten Kommunikations-Zielen der Organisation zu betrachten, was zuvor als kommunikationsstrategische Notwendigkeit erachtet worden war.

Des weiteren stoßen die etablierten Maßnahmen der Evaluation von Online-Kommunikation im Social Web an ihre Grenzen, da das einseitige Übermitteln von Informationen immer mehr von einem komplexen Beziehungsmanagement abgelöst wird. In diesem Bereich hat die PR-Wissenschaft hilfreiche Forschungsbeiträge geliefert. Und schließlich wird durch dieses Vorgehen ein Evaluations-Konzept umrissen, das vielseitiger und flexibler ist und das über das bloße Aufrechnen von Kennzahlen hinaus geht.

Es gibt verschieden Ansätze und Dimensionen bei der Evaluation strategischer Kommunikation, die sich in vielen Bereichen ähneln. Jeder Aspekt, jeder Kanal und jede Vorgehensweise erfordern jedoch eine individuelle methodische und theoretische Fundierung. PR-Theorie, die den meisten Ansätzen zu Grunde liegt, wird größtenteils von amerikanischen Autoren geprägt und zugleich in zunehmenden Maße von Managementpraktiken beeinflusst. Ein integraler Bestandteil dieser Managementpraktiken ist das Zusammenspiel von Planungen, Messungen, Berichten und Ergebnisbewertungen. Außerdem werden dabei vor allem Faktoren zur Bemessung und Bewertung von Effektivität und Effizienz überprüft (vgl. Watson & Noble 2007, S.9f). Der Fokus liegt auf dem Management von Prozessen und Wertschöpfungsketten, die Herangehensweise ist vorwiegend formativ und an Kennzahlen orientiert. Neben den Theorieansätzen aus der PR-Forschung kommen auch Ansätze aus der Sozial- und Kommunikationswissenschaft zum Einsatz. Sie helfen beispielsweise bei der Analyse von Medienarbeit oder öffentlichen Kampagnen, indem sie Methoden der empirischen Sozialforschung zur Erhebung von Daten nutzen. Bei umfassender Evaluation kommt somit immer ein Theorie- und Methoden-Mix zum Einsatz (vgl. Raupp 2008).

3.2.1.1 Evaluationsmodelle

Die Erfolgsmessung im Bereich strategischer Kommunikation gestaltet sich nach wie vor schwieri. Es gibt keine einheitlich akzeptierte Methodik oder Systematik. Aus diesem Grund soll im Folgenden ein Überblick darüber geliefert werden, welche Ansätze die PR-Forschung in Deutschland und im angelsächsischen Raum verfolgt.

Yardstick-Modell		Pyramid-Modell		Unified-Modell		Europäisches Framework	
Stufe		*Phase*		*Phase*		*Phase*	
-	-	1	Input	1	Input	1	Input
a	Output			2	Output	2	Output
b	Intermediate	2	Output	3	Impact		
c	Advanced			4	Effect	3	Outcome
		3	Outcome	5	Results	4	Impact

Tabelle 3.2.1.1a - Übersicht der Evaluationsmodelle

In der amerikanischen PR-Literatur gibt es eine Reihe relevanter Evalua-tions-Modelle für Kommunikationsaktivitäten. Im Folgenden wird ein Überblick über zentrale Modelle geliefert (vgl. Watson & Noble 2007, S.81ff). Die Modelle ähneln sich in Struktur und Inhalt und nutzen meist nur eine andere Terminologie, um ähnliche Aspekte zu beschreiben. Aus diesem Grund sollen nur drei prägnante, aussagekräftige Modelle vorge-stellt werden, die jeweils besondere Alleinstellungsmerkmale haben und wichtige Prinzipien der Messung verdeutlichen.

Grundlegend lässt sich jedes Modell in einer fünfteiligen Struktur verschiedener Phasen bzw. Stufen abbilden, die mit unterschiedlichen Zielsetzungen in Form von Werten verknüpft sind (siehe Tabelle 3.2.1.1a). Stufen symbolisieren ein bestimmtes Maß an Intensität, Phasen einen bestimmten Zeitpunkt in einer chronologischen Reihenfolge. Die erste Instanz (1) ist in allen Modellen der Input und symbolisiert den Start-punkt bewusst durchgeführter Kommunikationsaktionen. Die übrigen vier Instanzen zeigen unterschiedliche Formen und Intensitäten von Wir-kungen (2-5 bzw. a-c) auf. Grundlegend wird davon ausgegangen, dass strategische Kommunikation ein mehrstufiger Prozess ist und unter-schiedliche Methodologien zur Umsetzung der einzelnen Stufen und so-mit zur Bestimmung des Wertgewinns notwendig sind. Bezugspunkt ei-ner jeden Evaluation ist die einer Aktion vorausgehende Definition be-stimmter Ziele, auf die sich die Maßnahmen beziehen können - ein Fix-punkt zur Messung des Erfolgs. Die Ergebnisse sind nur dann präzise, wenn auch der zu evaluierende Bereich und die Ziele detailliert und sepa-rat definiert worden sind.

Das Yardstick-Modell

ADVANCED

Measuring
Behaviour change
Attitude change
Opinion change

Level 3

INTERMEDIATE

Measuring
Retention
Comprehension
Awareness
Reception

Level 2

OUTPUT

Measuring
Targeted audiences
Impressions
Media placements

Level 1

Das Yardstick-Modell von Lindenmann (1993) konzentriert sich ausschließlich auf die Stufen b-c, also den Bereich der Wirkung, und unterteilt diesen in verschiedene Intensitäten. Diese werden wiederum in drei Stufen abgebildet (vgl. ebd. S.7ff):

- *Output* (a - Level 1): den Umfang direkt, unmittelbar sowie unmissverständlich nachzuvollziehender Effekte. Zum Beispiel Platzierungen in Medienformaten
- *Intermediate* (b - Level 2): inwieweit die anvisierten Zielgruppen tatsächlich erreicht worden sind;
- *Advanced* (c - Level 3), die aus den Maßnahmen resultierende Veränderung von Einstellung und Verhalten innerhalb der Zielgruppe

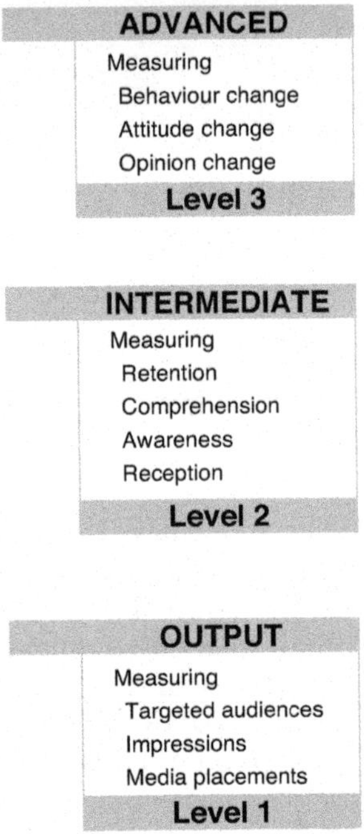

Abb. 3.2.1.1a - Yardstick-Modell (Lindenmann 1993)

Das Pyramiden-Modell

Das Pyramiden-Modell von Macnamara (1999, 2002 und 2005) schlägt ein drei-phasiges, chronologisches Modell vor, das neben einer *Input*-Phase noch zwei verschiedene Effektphasen implementiert: *Output* und *Outcome*. Innerhalb der *Input*-Phase werden im Optimalfall schon erste qualitative Erhebungen gemacht, die im Anschluss das weitere Vorgehen beeinflussen können, beispielsweise in Bezug auf die Eignung der gewählten Kanäle. Die *Output*-Phase kombiniert die Stufen *Output* und *Intermediate* des Yardstick-Modells, während jedoch *Outcome* von beiden Modellen gleich interpretiert wird. Macnamara liefert noch einen erheblichen Mehrwert, indem er die einzelnen Phasen noch mit diversen formellen wie informellen Messmethoden in Verbindung setzt. Für das Messen von Einstellungsveränderungen schlägt er beispielsweise Umfragen vor, die Kunden- oder Stakeholder-Zufriedenheit beinhalten.

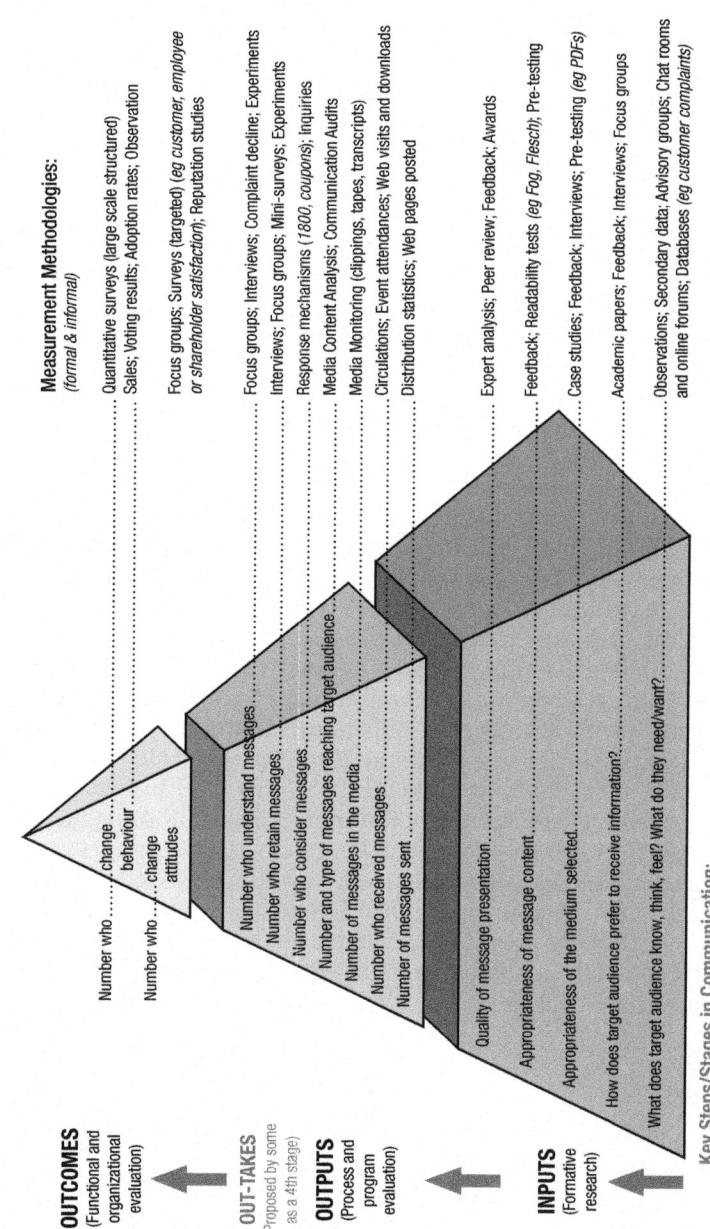

Abb. 3.2.1.1b - Pyramiden-Modell (Macnamara 2005)

Das Unified-Modell

Watson und Noble (2007) haben die Elemente dieser und einiger weiterer Modelle zusammengefügt, extrahiert und vereinheitlicht und schließlich in dem entsprechend benamten „Unified-Modell" zusammengefasst. Das Unified-Modell ist ein fünf-stufiges Modell, dessen Stufen *Input* (Planung, Strategie und Vorbereitung) sowie *Output* (Implementierung, Nachrichten und Zielgruppen) vergleichbar mit den Modellen zuvor sind. Die Wirkungsstufe wird allerdings noch feiner in *Impact* (Generierung von Aufmerksamkeit, Vermittlung von Information), *Effect* (Veränderung von Einstellung, Generierung von Motivation) und *Results* (Auslösen von Verhalten oder nachfolgender Aktion) ausdifferenziert. Spezifische Erhebungsmethoden müssen individuell bestimmt werden und sind daher nicht aufgeführt. Ein weiterer wichtiger Bestandteil des Modells ist die Einbindung verschiedener Dynamiken. Einerseits wird davon ausgegangen, dass es wiederkehrende Rückmeldungen von der aktuellen Stufe zur vorangegangenen gibt, um Korrekturen und Veränderungen im laufenden Prozess zu betreiben (*tactical feedback*). Andererseits spielt auch Lerneffekte in Form von Feedback aus vorangegangen Projekten oder Aktivitäten eine Rolle (*management feedback*) (vgl. ebd. S.92ff).

Das Unified-Modell kann zur besseren Anpassung an die Rahmenbedingungen einer Kampagne noch ergänzt werden, in dem eine Unterteilung in „Short Term" und „Continuing Programmes" vorgenommen wird. „Short-Term"-Kampagnen haben kurzfristig orientierte Zielsetzungen und eine vergleichsweise geringe Kampagnen-Dauer, meist kommen sie bei Media-Relations-basierten Aktivitäten zum Einsatz. In der Regel gibt es hier keine Feedback-Schleifen innerhalb des Kampagnen-Verlaufs und die Kampagne ist zeitlich klar begrenzt. „Continuing Programmes" sind dagegen langfristig ausgelegt, haben komplexe Zielsetzungen und sind zeitlich nicht klar umrissen. Die Länge der Aktivität kann unter anderem vom Erreichen der Zielsetzungen abhängen. Hier gibt es wiederkehrende Feedback-Schleifen im gesamten Prozess und der Prozess ist insgesamt weitaus vielschichtiger (vgl. Watson 2001, S.267f).

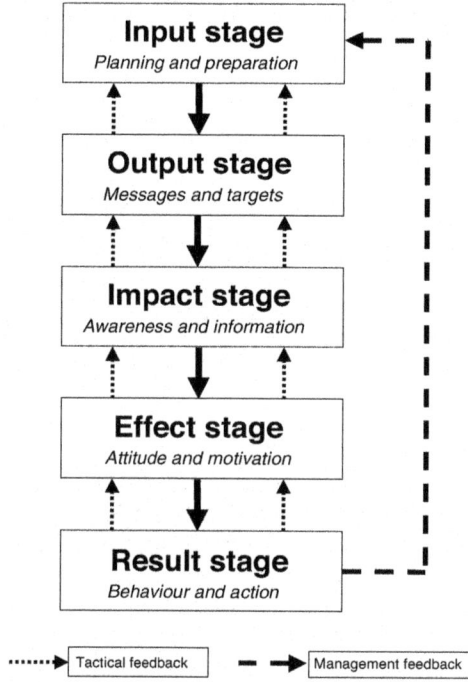

Abb. 3.2.1.1c - Unified-Modell (Watson und Noble 2007)

Europäische Frameworks

Im europäischen Raum wurde die Suche nach einheitlichen Verfahren mittlerweile dadurch abgelöst, dass Rahmen *(frameworks)* für spezielle Phasen im Kommunikationsprozess entwickelt werden, innerhalb derer messbare Objekte identifiziert und Methoden zur Messung zugeordnet werden können. Die Frameworks der deutschen Public Relations Gesellschaft (www.dprg.de) können stellvertretend für Beiträge der deutschen PR-Forschung gesehen werden. Diese konzentrieren sich auf vier Messgrößen, die auch im Folgenden Teil der Arbeit als Referenz gelten (vgl. Raupp 2008 und Verhoeven et al. 2011):

Input
- formative Evaluation
- findet vor dem Kampagnenstart statt
- sammelt Informationen

- definiert die Ausgangslage
- misst den Einsatz (z.B. Personal oder finanzielle Kosten)

Output
- Prozess-Evaluation
- untersucht die Implementierung in Form von Ergebnissen, die sich unmittelbar abbilden lassen (z.B. Medienberichterstattung)

Outcome
- Ergebnis-Evaluation
- misst Veränderungen in der Zielgruppe, die sich kurz- und mittelfristig bemerkbar machen (z.B. in Bezug auf Wissen oder Einstellung)

Impact
- Auswirkungs-Evaluation
- misst Veränderungen in der Zielgruppe, die sich mittel- und langfristig sowie nachhaltig bemerkbar machen (z.B. Verhaltens-Veränderung oder die Schaffung starker, immaterieller Werte wie Reputation)

Evaluation findet hierbei, vergleichbar mit dem Unified-Modell, nicht in einem linearen Prozess (Planung → Durchführung → Evaluation) statt. Die vier Messgrößen *Input, Output, Outcome* und *Impact* werden stattdessen wiederkehrend im Laufe der Kommunikationsaktivitäten evaluiert und miteinander in Verbindung gesetzt. So lassen sich beispielsweise im Laufe einer Kampagne Rückschlüsse auf den Erfolg der Aktivitäten ziehen und es ist zudem möglich, in bestimmten Phasen noch Korrekturen und Veränderungen vorzunehmen. Eine abschließende Gesamt-Evaluation ist dennoch vorgesehen (vgl. Verhoeven et al. 2011. S. 103ff.).

Das integrierte PR-Evaluationsmodell 2008

Das integrierte PR-Evaluationsmodell von Besson (2008, S.93ff) bündelt die Erkenntnisse der europäischen und amerikanischen Forschung. Evaluation sollte demnach dem Ansprach genügen, ausreichend flexibel zu sein und mit standardisierten Methoden sowie wissenschaftlichem Anspruch arbeiten. Außerdem sollte sie dauerhaft, planvoll und zielgerichtet eingesetzt, sowie selbst aktiv kommuniziert werden.

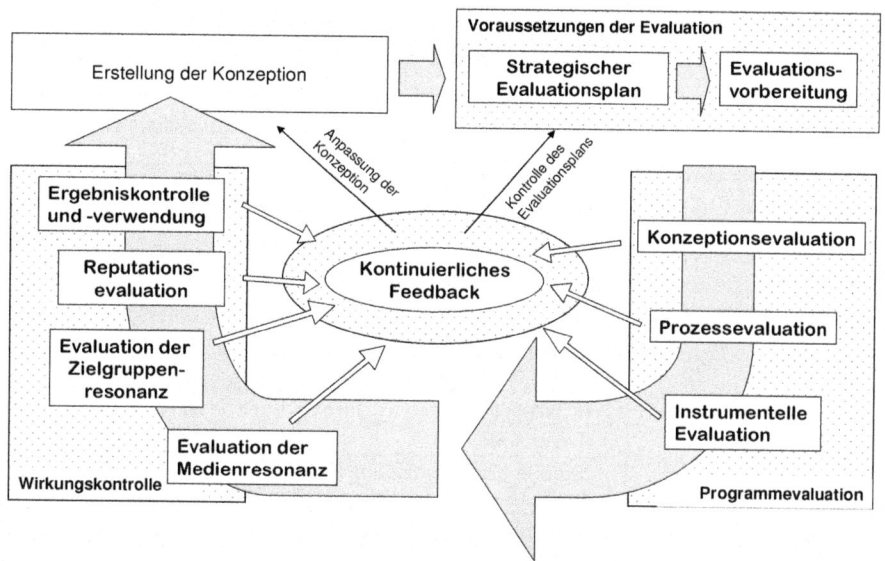

Abb. 3.2.1.1d - Integriertes Modell (Besson 2008)

Das Modell ist ganzheitlich und versucht den Evaluationsgedanken in alle Bereiche der strategischen Konzeption und jeglicher Prozesse integrierbar zu machen. Demnach steht ein strategischer Evaluationsplan zu Beginn jeder strategischen Planung, die auf dem strategischem Kommunikationskonzept aufbaut. Daran sollte sich zunächst eine Programmevaluation, aufgeteilt in Konzeptionsevaluation, Prozessevaluation und instrumentelle Evaluation anschließen, bevor die Wirkungsevaluation, bestehend aus Evaluation der Medien- und Zielgruppenresonanz sowie der Reputationsevaluation und der Ergebniskontrolle, durchgeführt wird. Begleitet werden alle Aktivitäten durch kontinuierliches, aktives Feedback. Das Modell ist jedoch so flexibel, das jegliche Module angepasst oder ausgelassen werden können. Es funktioniert wie ein Baukastensystem, das verschiedene Bausteine enthalten kann, aber nicht muss. So bleibt größtmögliche individuelle Flexibilität gewahrt. Daher kann das Modell bei verschiedensten strategischen Kommunikationsvorhaben eingesetzt werden: von kleineren PR-Aktionen über zeitlich begrenzte Kampagnen bis hin zu langfristiger Kommunikation.

Die zuvor genannten und in der Abbildung gezeigten Phasen lassen sich noch unterschiedlichen Schwerpunkten und Erhebungsmethoden zuordnen. Eine Übersicht lässt sich Tabelle 3.2.1.1b entnehmen.

Phase	Abschnitt	Methode
Konzeption	Wertschöpfungsbeitrag	Checkliste / Expertenurteil
	Zieldefinition	
	Maßnahmenplan	
Prozesse	Plantreue	Projektbeobachtung / Interview PR-Leiter oder PR-Team
	Ressourcen (Ausstattung, Technik, Raum, Personal)	
	Zusammenarbeit	Team-Befragung
	Störfaktoren (unerwartete Anfragen, Reaktionen)	
Instrumentell	Pressemitteilungen	Beobachtung / Inhaltsanalysen / Interview PR-Leiter oder PR-Team (Kriterien: Umfang und Qualität) / technischer Erhebung
	Materialien	
	Events / Messen	
	Internet (quantitativ und qualitativ)	
Medienresonanz	Quantität	Medienresonanzanalyse
	Inhalte	
Allgemeine Situation	Issues, Vorfälle	Umwelt-Beobachtung (z.B. Nachrichten) / Interview PR-Leiter / Issues Management
Zielgruppenresonanz	Bekanntheit	Zielgruppenbefragung
	Aktivität (Leserdaten, Online-KPIs, Teilnahme, Rücklaufquoten)	Beobachtung
Reputation	Funktional-kognitiv	Befragung der Zielgruppen / Stakeholder
	Sozial	
	Emotional-affektiv	

Tabelle 3.2.1.1b - Phasen des integrierten Modells (nach Besson 2008)

Bemerkenswert an Bessons Modell ist zudem die Berücksichtigung der Problematik der Implementierung von PR-Evaluation in der Praxis, ein oftmals verkannter aber hochrelevanter Aspekt, da eine konsequente Umsetzung häufig an pragmatischen und banalen Gründen scheitert (vgl. ebd. S.63ff).

3.2.1.2 Messmethoden

Es gibt verschieden wissenschaftlich anerkannte Messmethoden, die im Rahmen von Kommunikationsevaluation zum Einsatz kommen. Dazu zählen Inhaltsanalysen der Medienberichterstattung unter Berücksichtigung eines vorher festgelegten Referenzrahmens, Marktforschungsumfragen, Sekundäranalysen vorhandener Umfrageergebnisse, Experimente und strukturierte Interviews. In der Übersicht des Pyramiden-Modells sind bereits verschiedene Methoden bestimmten Messgrößen zugeordnet worden. Besson (2008, S.198ff) hat ebenfalls eine umfangreiche Sammlung von Instrumenten zusammengestellt. Diese sollen hier jetzt nicht im Detail wiedergegeben werden. Vielmehr soll erläutert werden, wie ein wissenschaftlich fundiertes Vorgehen grundsätzlich gehandhabt werden kann.

Eine an wissenschaftliche Kriterien ausgerichtete Messung wird, je nach Forschungsbereich, anders gestaltet. Wird beispielsweise nach sozialwissenschaftlichen Kriterien evaluiert, sind Umfragen, Fokus-Gruppen oder strukturierte Interviews geeignete Methoden. Hierbei ist das vorrangige Ziel der Kommunikationsaktivitäten, in der Regel ist das die Veränderung individuellen Verhaltens, die abhängige Variable. Faktoren wie Mediennutzung, Wissen, Einstellungen, Erwartungen oder Engagement sind unabhängige Variablen. Wird systematisch vorgegangen, kann der Wertgewinn, der im Rahmen der Kampagnen oder einzelner Kommunikationskanäle erzielt worden ist, über diese Methoden relativ präzise bestimmt werden, der Aufwand ist jedoch erheblich und daher häufig nicht umsetzbar (vgl. Raupp 2008).

Eine Herangehensweise mit betriebswirtschaftlichem Hintergrund ist das *Communication Controlling* - eine mittlerweile weit verbreitete Praxis, in der verschiedene Methoden und Instrumente zusammengefasst werden. Hier werden gängige Evaluationsmethoden aus der Wirtschaftsforschung und -praxis integriert, beispielsweise „Balanced Scorecards", strukturierte Tabellen, die konkrete Kennzahlen miteinander in Verbindung setzen. Ob „Balanced Scorecards" im Rahmen der Analyse strategischer Organisationskommunikation sinnvoll sind wird kontrovers diskutiert, da kaum umfangreiche, empirische Studien vorliegen, die den Einsatz von Scorecards im Zusammenhang mit strategischer Kommunikation untersuchen. Fest steht, dass sich Scorecards in der (Offline-)Praxis jedoch bisher kaum etablieren konnten (vgl. Raupp 2008 und Zerfaß 2008). Einfache Media-Clip-Sammlungen, das Nennen von „generell positivem Feedback" oder einfach-gestrickte Return-On-Investment-Kalkulationen (ROI) sind zwar gängige Management-Praktiken und kommen in der Praxis häufig zum Einsatz. Wissenschaftlich fundiert sind sie jedoch in den seltensten Fällen. Ob es überhaupt Möglichkeiten gibt, Kommunikations-Aktivitäten mithilfe von ROI zu bewerten, ist umstritten und Inhalt zahlreicher Diskussionen (vgl. Watson & Zerfass 2011, van

Ruler et al. 2008, Zerfaß 2010 und, zusammenfassend, Watson et. al 2011).

> „Simple computation models and ROI formulas (...) cannot cope with the complexity of corporate communications and communication management. Consequently, they are not a meaningful way of looking at strategic communication controlling."
> (Zerfaß 2010, S.960).

Statt mit dem in diesem Kontext missverständlichen Terminus ROI und einer nur auf Deckungsrechnungen basierenden Wirkungsmessung zu arbeiten, sollte der Einsatz von Kommunikationsmaßnahmen stattdessen über Kriterien wie Impact oder Outcome in Verbindung mit den globalen Organisationszielen bewertet werden:

> „We should measure relationships but explain their value conceptually to understand (but not measure) the ROI of public relations" (Watson et al. 2011).

Es ist nach wie vor extrem schwierig, direkte Effekte von öffentlich wirksamer Kommunikation zweifelsfrei und eindeutig nachzuweisen. Publika erhalten vielfältige Informationen und Rückmeldungen, sei es medial oder interpersonal und es fehlt bisher an Mitteln und Möglichkeiten den unmittelbaren Einfluss von Kommunikationsaktivitäten isoliert und valide zu betrachten. Die Einflussfaktoren zur Einstellungs- und Verhaltensänderung sind derart vielfältig und komplex, dass sie nur schwer unabhängig voneinander betrachtet werden können. Dieser Umstand kann auch als das *inhärente Kausalitätsproblem* von PR-Evaluation bezeichnet werden:

> „Die Zuweisung von Ursache und Wirkung (vor allem langfristigen Wirkungen) ist generell problematisch. (...) Sobald es um langfristige Konstrukte wie Einstellungen oder Reputation geht, ist es schwierig zu beweisen, dass eine bestimmte Denkweise durch eine PR-Aktivität initiiert wurde" (Besson 2008, S.71).

Hinzu kommt, dass sich die Einflüsse von strategischer Kommunikation häufig indirekt oder zeitverzögert auswirken und somit noch schwerer zu fassen sind. Im Bereich strategischer Kommunikation gibt es außerdem grundsätzliche Defizite bei der Implementierung von theoretischen und empirischen Erkenntnissen aus der Medienwirkungs- und Rezipientenforschung, obwohl diese ebenso elementar für das Verständnis von medial-kommunikativen Prozessen sind. Sollte es gelingen, diese in Zukunft noch besser in die bestehenden Methoden und Modelle zu integrieren, werden die zuvor genannten Schwierigkeiten besser handhabbar. Somit könnte auch eine nachhaltige Qualitätssteigerung der Wirkungsmessung möglich sein.

3.2.2 Evaluation in der Praxis

Das Thema Evaluation ist ein ausdauernd und stetig diskutiertes Thema in den forschenden Kommunikationsdisziplinen wie auch in der Praxis. Die Kommunikationsbranche nutzt bisher jedoch kaum neuere theoretische Erkenntnisse aus der Forschung (vgl. Verhoeven et al. 2011). Dabei würde mehr Kooperation zwischen Wissenschaft und Praxis höchstwahrscheinlich zu einer Zunahme von Systematisierung, somit zu mehr Professionalität und letztendlich zu „more legitimacy for the profession itself" (ebd. S.114) führen. Forschungsbereiche wie die kommunikativ ausgerichtete Sozialwissenschaft, Kommunikationswissenschaft oder Psychologie bieten neben den naheliegenden Wissensquellen der PR- und Wirtschaftswissenschaft verschiedenste Methoden an, die bei der Weiterentwicklung der Evaluationspraxis von strategischer Kommunikation helfen können. Vor allem psychologische und neurologische Forschung eröffnet durch die Einbindung empirischer Studien und Daten noch viel Potential zur Verbesserung von Kommunikationsevaluation (vgl. Watson & Noble 2007, S.14f).

Die schwierige Ausgangslage zur Bewertung von Kommunikationsleistungen wird in der Praxis statt dessen jedoch meist still hingenommen, systematische Lösungsansätze sind kaum zu erkennen. Strategische Planung erfolgt in der Regel nur in Bezug auf einzelne Kommunikationsinstrumente. Die Einbettung in übergeordnete Kommunikationsziele ist zweitrangig oder fällt ganz aus. Monitoring wird ebenfalls kaum durchgeführt, das selbe gilt für konzeptionelle Evaluation. Umfragen zur Evaluationsanwendung zeigen, dass zwar viele Methoden bekannt sind, aber oft nur wenige und wenn, dann simple Varianten zum Einsatz kommen (vgl. Raupp 2008 S.180ff). So ist die in der klassischen PR am meisten angewandte Evaluationsmethode nach wie vor das Sammeln von Media-Clippings. Diese sind zwar anschaulich und lassen Rückschlüsse auf den Output zu, sie sind allerdings kein umfassendes analytisches Werkzeug, um Kommunikationsleistungen und erst Recht nicht deren Wirkungsweise zu messen.

Die zuvor vorgestellten Modelle finden nur selten konkrete Anwendung im beruflichen Alltag. Watson und Noble (vgl. 2007 S.88ff.) vermuten, dass dies verschiedene Ursachen hat: fehlendes Wissen im Berufsfeld, eine zu kleine und auf wissenschaftliche Kreise beschränkte Verbreitung der Ideen und ein geringer praktischer Nutzen der Modelle. Begründet wird dies durch komplizierte Anwendbarkeit und fehlendem Praxisbezug.

Es wird außerdem mehr über Evaluation geredet, als dass sie umfassend und präzise zum Einsatz kommt. Je größer und komplexer ein Unternehmen ist und je mehr Managementkräfte im Prozess eingebunden werden, desto wahrscheinlicher ist es, dass Kommunikationsleistungen evaluiert werden. Es gibt viele Gründe, warum Evaluation dennoch häufig auch hier zu kurz kommt. Evaluation ist kostenintensiv, das Outcome ist schwer messbar und ausreichende Qualifikation im Bereich Kommunikationsevaluation ist oftmals nicht vorhanden (vgl. Raupp 2008 S. 180ff.).

Das Fehlen von internen Fachkräften wiederum sorgt dafür, dass im Kommunikationsbereich ein großer Dienstleistungssektor mit einem hohen Grad an Spezialisierung entsteht. Für jeden Kanal und jeden Winkel des komplexen Kommunikationsnetzes gibt es bestimmte Dienstleister, die das notwendige Expertenwissen mitbringen, um effektiv strategisch kommunizieren und evaluieren zu können. Dies gilt insbesondere für Online-Kommunikation. Meinungs- und Marktforschungsinstitute spielen dabei ebenfalls eine große Rolle. Alternativ versuchen Organisationen eigene Abteilungen aufzubauen, die das entsprechende Wissen in die Organisation einbringen. Beide Vorgehensweisen erfordern einen hohen finanziellen und personellen Aufwand und sind somit meist nur für entsprechend ausgestattete Organisationen realisierbar. Kleinere Organisationen müssen dagegen abwägen, ob sie bestimmte Kanäle nur unzureichend oder überhaupt evaluieren können.

Bauchgefühl

Vielfach in der Praxis anzutreffen ist auch eine rein intuitives Vorgehen, das je nach Autor „Seat of Pants" (Watson & Noble 2007, S.49), „Eyes & Ears" oder „Informal Research" (van Ruler et al. 2008, S.1) genannt wird. Gemeint ist damit das Bauchgefühl, dass sich aus mehr oder minder unsystematischen Gesprächen mit Personen aus Öffentlichkeit, Medien sowie dem Arbeitsumfeld besteht und auch das Lesen von Artikeln und Beiträgen aus (Fach-)Medien einschließt. Auf Grundlage dieser Basis wird dann „aus dem Bauch heraus" eine Meinung gebildet.

Dieses Vorgehen ist auf den ersten Blick nur wenig zielgerichtet. Auch bei genauerer Betrachtung kann diese Form der Meinungsaggregation wahllos wie unprofessionell und somit schädlich für die Wahrnehmung strategischer Kommunikation in Forschung und Praxis sein. Dies gilt vor allem dann, wenn der Bedarf entsteht, die Bewertung im Nachhinein belegen zu müssen (vgl. van Ruler et al. 2008).

Viele erfolgreiche Kommunikatoren, zumindest in der klassischen Werbung, berufen sich jedoch auf ihr Bauchgefühl:

> „Erfahrung, Bauchgefühl, Instinkt, Talent. Dazu eine Portion gesunder Menschenverstand. Fragt man Top-Kreative nach den Zutaten für erfolgreiche Kommunikation, nennen die meisten von ihnen spontan diese Faktoren" (Richter 2012, S.34).

Abgesehen von der berechtigten Fragen nach der objektiven Beurteilung von „erfolgreichen Kommunikatoren", die als gewiefte Kommunikationsprofis selbst im Sinne ihres Marktwerts ein großes Eigeninteresse mitbringen sich als erfolgreich zu inszenieren, legen die zuvor beschriebenen Aspekte rund um intuitive Problemlösungskompetenz nah (vgl. 2.2.1.2), dass dieses Vorgehen durchaus seine Berechtigung haben kann. Eine intuitive Beurteilung muss dementsprechend nicht per se schlecht oder unprofessionell sein. In Situationen mit hoher Dynamik und Vernetztheit sowie Zeitdruck kann sie unter Umständen sogar das einzig sinnvolle Vorgehen sein.

3.2.3 Evaluation konventioneller Online-Kommunikation

Nachdem die Grundzüge der Evaluation von Kommunikation beleuchtet wurden, soll nun der Fokus auf Online-Kommunikation gelenkt werden. Online-Medien bieten den Vorteil, dass nahezu alle kommunikativen Aktionen und Interaktionen Daten generieren, die gesammelt, gemessen und evaluiert werden können. Entsprechend gibt es im Online-Bereich nicht nur mehr Möglichkeiten zur (kennzahlengestützten) Evaluation, systematisierte Messtechniken und die kritische Auseinandersetzung mit deren Grenzen und Weiterentwicklungsmöglichkeiten gehören auch zum Arbeitsalltag strategischer Kommunikatoren.

Im Bereich konventioneller Online-Medien gibt es schon eine große Anzahl standardisierter Verfahren, deren Aussagekraft sowohl in der Praxis als auch in der Forschung breit dokumentiert und reflektiert ist. Die wichtigsten Anforderungen, die Evaluation von Online-Kommunikation im Vergleich zu PR-Evaluation erfüllen sollte, sind (Tillmanns-Estorf et al. 2009, S.270f):

- Ausrichtung auf die Besonderheiten digitaler Kommunikation
- Ausweisung definierter Qualitäts- und Leistungskennzahlen
- Multidimensionale Bewertung in Bezug auf Qualität, Leistungsstand und Beitrag zu übergeordneten Organisationszielen

- Abdeckung aller wesentlichen Felder der digitalen Organisations-kommunikation
- Regelmäßigkeit
- Vergleichbarkeit (z.B. durch Benchmarking, gegenüber eigenen Ergebnissen im Zeitverlauf und im Vergleich zu nach identischen Kriterien ermittelten Ergebnissen anderer Unternehmen)
- Aussagekraft in Bezug zu allen Bereichen der Organisation (z.B. eine Strategieperspektive für die Führungsebene oder eine Umsetzungsperspektive für den operativen Bereich)

Aktuelle Beiträge zur Diskussion kommen aus den Forschungsrichtungen Marketing, PR, Kommunikation, Psychologie und Informationstechnologie. Das Material ist entsprechend umfangreich und kann in dem hier gegebenen Umfang nicht angemessen abgebildet werden, selbst wenn es stark komprimiert werden würde. Außerdem hat sich der Fokus der Forschung in den letzten fünf Jahren von den konventionellen Kanälen wie Webpage und Newsletter hin zu den sozialen Medien verschoben. Daher wird im Folgenden nur ein kompakter Überblick über die einzelnen Segmente aufgezeigt, der einen Eindruck davon vermitteln soll, wie evaluiert wird, welche Kennzahlen eine Rolle spielen und welche Rückschlüsse auf die Wertgenerierung damit erreicht werden können. Anschließend werden die spezialisierten Evaluationsmöglichkeiten in Bezug auf Social Media separat aufgeführt.

Webseiten

Das Nutzungspotenzial von Webseiten kann im Hinblick auf den Inhalt *(content),* die Navigation *(navigation),* die grafische Darstellung *(design)* und die Benutzerfreundlichkeit *(usability)* erfasst werden (vgl. Meier 2012, S.70ff). Im Rahmen von *Web-Analytics* werden Online-Daten, die Rückschlüsse auf den Nutzen von Webseiten zulassen, gesammelt, gemessen und analysiert.

Es wird zwischen Off-Site- und On-Site-Analysen unterschieden. On-Site-Analysen werden vom Inhaber der Seite durchgeführt und erfolgen über die Ermittlung von Kennzahlen. Die Analyse-Parameter dieser Kennzahlen werden stetig diskutiert und auf ihre Aussagekraft hin überprüft. Die Seiten der „Digital Analytics Association" (www.digitalanalytic sassociation.org) und des „Joint Industry Committee for Web Standards" (www.jicwebs.org) enthalten Infos zur aktuellen Diskussion über Kennzahlen in der Praxis. Relevante Kennzahlen sind beispielsweise:

- **Seitenansichten** *(page views)*
  Anzahl der Besuche von einzelnen Seiten innerhalb einer Website
- **Klicks** *(clicks)*
  Anzahl der angewählten Hyperlinks
- **Eindrücke** *(impressions)*
  Anzahl der Anzeigen einer Werbeanzeige auf einer Seite
- **Besuche** *(visits / sessions)*
  Anzahl der Serien von Seitenaufrufen innerhalb eines bestimmten Zeitfensters
- **Besucher** *(visitors / unique visitors / unique users)*
  Anzahl der eindeutig bestimmten individuellen Besucher im Rahmen einer Session
- **Wiederkehrende Besucher** *(repeat visitors)*
  Anzahl wiederkehrender Besucher innerhalb eines bestimmten Zeitraums
- **Besuchszeit** *(visit / session duration)*
  Durchschnittliche Zeit der Länge eines Besuchs
- **Absprungrate** *(bounce rate)*
  Prozentsatz der Besucher, die nur eine einzige Seite der Website sehen

Diese Kennzahlen spielen vor allem im Marketing und in der Anzeigenwerbung eine große Rolle. So können beispielsweise Rückschlüsse zur Optimierung des Nutzungspotenzials und der Reichweite einer Seite gezogen werden (vgl. Meier 2012, S.73). Im Rahmen strategischer Kommunikation erlauben sie zunächst einmal ausschließlich Rückschlüsse über den Output. Outcome lässt sich nur beschränkt nachzeichnen, beispielsweise durch individuelle Analysen von wiederkehrenden Besuchern und deren Navigationsverlauf (vgl. Kaushik 2010, S.162).

Bei Off-Site Analysen spielt es keine Rolle, wem die Seite gehört. Hier werden durch externe Analysen Rückschlüsse auf die potentiellen Besucherzahlen, die Sichtbarkeit im Verhältnis zu anderen Seiten *(share-of-voice)* und die Interaktivität *(buzz)* gezogen (vgl. Schwarz 2008, S.557ff). Werte wie Interaktivität und Sichtbarkeit können mitunter Ansätze zu Aussagen über den Umfang des Outcome liefern.

Neben den erwähnten Kennzahlen sind noch IP-Geo-Daten zu nennen, die ein, vor allem für landesweite oder internationale Kommunikation, äußerst wichtiges Analysefeld sind. Der IP-Adresse eines Webseiten-Besuchers (eine Internet-Adresse für Daten, ähnlich einer Postanschrift) können über Analyse-Tools Standort-Parameter wie Land, Stadt oder Postleitzahl entnommen werden. Neben detaillierten Angaben über die geographische Ansiedlung und Verteilung der Nutzer können mit der entsprechenden Software auch komplexere kausale Verbindungsketten zwischen Nutzern, ihren Wohnorten und bestimmten kommunikationsrelevanten Aspekten gebildet werden. Die ermittelten Daten spielen auch eine große Rolle bei der Bildung umfangreicher Datensätze (*big data*, vgl. 3.1.6).

Mit Hilfe der genannten Kennzahlen lassen sich kaum unmittelbare Aussagen darüber treffen, wie die Besucher die angebotenen Informationen aufgenommen haben und noch viel weniger, ob sich der Besuch auf ihr Wissen, ihre Ansichten und ihre Einstellungen ausgewirkt hat. Ob der Besuch (Online-) Anschlusshandlungen zur Folge hat, kann über die Nutzung von Cookies ermittelt werden. Cookies sind kleine Dateien, die anonymisierte Informationen zum Navigationsverhalten speichern und somit Rückschlüsse auf Handlungen im Netz zulassen. Bei der Interpretation von Cookie-Daten kommt auch wieder die Nutzung von Datenbanktechnologie ins Spiel (vgl. Hassler 2012, S.34f). Hiermit können verschiedenste Faktoren miteinander in Verbindung gebracht werden und somit weitreichendere Aussagen in Bezug auf die Evaluation gemacht werden (siehe dazu auch 3.1.6).

Weitere Evaluationsverfahren

Neben den Netzanalysen gibt es noch weitere Evaluationsverfahren aus dem konventionellen IT- und Marketingfeld, die auf die jeweils einzelnen Kanäle oder Instrumente spezialisiert sind. Online-Werbebanner werden beispielsweise über Kennzahlen wie die *Ad-View-*, *Ad-Click-* oder die Konversionsrate bewertet; Suchmaschinenmarketing über genutzte Keywords oder Verweise (vgl. Meier 2012 S. 74ff). Die Kennzahl-basierte Bewertungsmetrik von Online-Banner-Werbung steht immer wieder im Zentrum umfangreicher Diskussionen. Die scheinbar leistungsorientierten Abrechnungsmodelle sind in den letzten Jahren immer weiter verwässert worden, da das leistungsorientierte Click-Modell in weiten Teilen von einem Festpreismodell über Tausender-Kontakte abgelöst worden ist. Grund war die zunehmende Ignoranz der Nutzer gegenüber Bannern, die zu immer schlechteren Click-Raten geführt haben. Doch anstatt die Usability zu verbessern und die Werbefläche zu minimieren, wird vielerorts auf Verklärung und maximale Auslastung gesetzt (vgl. Clasen 2013, S.52ff). In jüngster Vergangenheit wurden daher eine Reihe neuer Metriken eingeführt, die dieser Entwicklung entgegenstehen soll. Dazu zählen beispielsweise die Messwerte *Visibility* (Sichtbarkeit der Anzeige in einem bestimmten Zeitraum), *Clutter* (Anteil der Anzeige an der Gesamtwerbefläche der Seite) oder *Fraud* (Anteil künstlich erzeugter Clicks oder Views).

Wenn Banner einen viralen Effekt auslösen, so ist dies in der Regel ebenfalls ein Zeichen für erfolgreiche Kommunikation, zumindest wenn sie im Eigeninteresse verbreitet und wahrgenommen werden. Im Rahmen der aktuellen Entwicklung, dass anstatt von textlichen immer mehr bildliche Inhalte favorisiert und weiterverbreitet werden, wird bei viralen Bannern, in Anlehnung an die Evolutions-Biologie von Richard Dawkins, auch von Memen *(memes)* gesprochen (vgl. Godwin 2003).

Newsletter über eMail werden in erster Instanz über die Anzahl der Abonnenten *(subscribers)*, die An- und Abmelde-Rate *(subscription-rate)* und die Öffnungsrate *(click-to-open-rate)*, in zweiter Instanz über mögliche Anschlusshandlungen wie Link-Verfolgung, Spenden, Weiterverbreitung oder Event-Teilnahmen evaluiert (vgl. Howen 2012).

Evaluationsysteme

Neben diesen Einzelanalyseverfahren gibt es auch umfassende Evaluationssysteme, die verschiedene Instrumente und Messmethoden kombinieren. Ein bemerkenswertes Beispiel ist das Webqualitätsmanagements-Projekt *WebQM* (vgl. WebXf 2012). Hier werden in einem modularen und standardisierten System Bewertungsstandards für Online-Kommunikation, ähnlich einer Balanced Scorecard, zusammen getragen. Die zwei Hauptanalysefelder *Website* und *Social Media* werden mit diversen Leistungsindikatoren und Leistungstreibern unter Zuhilfenahme wissenschaftlich gestützter Analysen im Hinblick auf die öffentliche *(public relations)*, interne *(human relations, human resources)* und finanzspezifische Wahrnehmung *(investor relations)* bewertet. Die Analyse der Webseiten läuft hierbei in einem fünf-stufigen, relativ aufwendigen Verfahren ab (vgl. communicationcontrolling.de 2012):

1. **Nutzerbefragung** (Corporate Website Benchmark)
2. **Vergleichende Reichweitenanalyse** (Corporate Reach Benchmark)
3. **Analyse der Kommunikationsleistung** (Corporate Message Benchmark)
4. **Messung der Dialogqualität** (E-Mail Response Benchmark)
5. **Qualitätsmanagement Audit**

Da dieses Analyseverfahren von diversen Institutionen wie der Universität St. Gallen, der FU Berlin, der Universität Leipzig sowie einer Großzahl von Unternehmen wie Bosch, Daimler oder der deutschen Telekom genutzt, unterstützt und im wechselseitigen Austausch weiterentwickelt wird, kann hier der derzeitige Wissensstand zum Thema Evaluation von

Online-Kommunikation in Forschung und Praxis in Deutschland gut ab-
gelesen und interpretiert werden. Das sich derart viele Institutionen und
Unternehmen an diesem gemeinsamen Projekt beteiligen bzw. beteiligt
haben, zeigt, wie hoch die Relevanz des Themas und der Stellenwert aussagekräftiger Evaluation ist.

3.2.4 Evaluation von Social Media Kommunikation

Der Bereich der Social-Media-Evaluation ist in weiten Bereichen noch
Neuland für Kommunikationsmanager und wenig standardisiert. Die Bewertung von Social Media Kommunikation gestaltet sich aufgrund der
umfangreichen Kommunikationsaktivitäten, weitreichenden Interaktionsmöglichkeiten und zahllosen Anwendungen äußerst anspruchsvoll.
Die meisten Instrumente und Verfahren sind recht neu, werden stetig
weiter entwickelt und entsprechend kontrovers diskutiert. Das Interesse
an präziser, aussagekräftiger und weitreichend akzeptierter Evaluation ist
jedoch gerade hier enorm groß. Dementsprechend beschäftigen sich un-
zählige Forschungs- und Entwicklungs-Vorhaben mit diesem Thema.

Die Bemühungen konzentrieren sich schwerpunktmäßig auf zwei
Gruppen von Verfahren, die im Zusammenspiel präzise Evaluation
ermöglichen. Einerseits *Social Media Monitoring*, das Aufspüren und die
systematische Beobachtung von Beiträgen und Dialogen in Foren, Blogs,
Micro-Blogs und sozialen Netzwerken. Andererseits *Social Media Analytics*, die Analyse der Ergebnisse des Monitorings sowie der Kennzahlen
und Interaktion auf den eigenen Social-Media-Kanälen.

Social Media Monitoring

Unter *Social Media Monitoring* versteht man das Überwachen der Kommunikation in den sozialen Medien. Dies geschieht meist über den Einsatz von bestimmten Suchmaschinen, die die Welt der Foren, Blogs,
Communities und sozialen Netzwerke nach bestimmten Begriffen absu-
chen und systematisierte Ergebnisse präsentieren. Monitoring wird dabei
auch mit den Erkenntnissen und Instrumenten aus dem Data-Mining unterstützt (vgl. 3.1.6). Systematisch geplantes *Social Media Monitoring*
kann verschiedene relevante Informationen liefern (vgl. Weinberg &
Pahrmann 2011, S. 48):

- inwieweit der eigene Social-Media-Auftritt überhaupt wahrgenommen und bewertet wird
- wie häufig der Organisationsnamen bzw. die Person genannt wird

- welche Einstellungen dabei geäussert werden
- ob negative Einträge Verbreitung finden und Einstellungen beeinflusst werden
- welche Themen und Trends im relevanten Umfeld diskutiert werden
- wie Wettbewerber agieren und wahrgenommen werden

In der Regel überprüfen speziell für das *Social Media Monitoring* konzipierte Suchmaschinen weitläufig das Netz. Eine zielgerichtete Suche kann allerdings weitaus präziser, effektiver und auch aussagekräftiger sein. Daher wird häufig eine Konzentration auf eine Auswahl potentiell relevanter Kanäle empfohlen (vgl. Weinberg und Tahrmann 2011, S.47ff). Neben einigen kommerziellen gibt es dabei auch viele mehr oder minder kostenfreie Dienste, beispielsweise von den großen Suchmaschinenbetreibern Google und Yahoo. Da diese freien Monitoring-Tools sehr leistungsstark sind, werden sie häufig ergänzend, mitunter auch ausschließlich genutzt. Es wird sogar empfohlen, vorab zu prüfen, ob kostenpflichtige Dienste überhaupt ein größeres Leistungsspektrum haben und dieses genutzt werden kann (vgl. Koshik 2010, S.21f). Eine Reihe kommerzieller Monitoring-Dienste ist nichtsdestotrotz weit verbreitet, z.B. Radian6 oder Heartbeat.

Bezeichnungen und Schreibweisen, das *Wording*, sind kritische Faktoren im Bereich des *Social Media Monitoring*. Die Wahl der richtigen Suchbegriffe ist entscheidend, unabhängig davon, welche Instrumente oder Verfahren genutzt werden. Weniger offensichtliche Themen aus dem Umfeld der Wettbewerber oder die eigenen Organisationsziele betreffend sind beispielsweise ebenso von Bedeutung, wie der Organisationsname oder spezifische Bezeichnungen wie Marken- oder Personennamen (vgl. Puscher 2012, S.175). Je größer eine Organisation ist, desto mehr Begrifflichkeiten und Zusammenhänge sind dabei relevant und umso umfangreicher gestaltet sich auch das Monitoring.

Die Komplexität die sich aus der Auswahl potentiell relevanter Bezugspunkte für das Monitoring ergibt, verdeutlicht auf der einen Seite sinnbildlich die Möglichkeiten, andererseits auch die Schwierigkeiten des kommunikationsstrategischen Einsatzes sozialer Medien. So bieten sich aufgrund der großen Menge an Daten weitreichende Möglichkeiten - die gewonnenen Erkenntnisse können beispielsweise dabei helfen, die Außenwahrnehmung der Organisation realistischer einzuschätzen oder die Einstellungen einzelner Zielgruppen besser verstehen zu können. Doch die Daten, Vernetzungen und Bezüge sind mitunter so vielfältig, dass das Maß an Komplexität in der Praxis nur noch schwer zu handhaben ist. Anstelle großangelegter systematischer Ansätze treten somit auch hier häufig pragmatische Lösungen.

Social Media Analytics

Die erfolgsbasierte Analyse von Social-Media-Kommunikation gestaltet sich schwierig. Im sozialen Netz sind Vielstimmigkeit, Glaubwürdigkeit und die Qualität von Gesprächen relevante Erfolgsfaktoren. Solche, teilweise nur subjektiv bewertbaren Faktoren lassen sich nur sehr schwer quantifizieren und systematisch analysieren (vgl. Weinberg & Pahrmann, S.21). Allgemein anerkannte Mess- und Analysemethoden haben sich aus diesem Grund bisher kaum etablieren können oder greifen auf Metriken und Erkenntnispotenziale konventioneller Online-Kommunikation zurück.

> „Unlike traditional marketing programs like advertising, direct mail or other one direction mediums, social marketing is complicated as messages spread from individual to individual in a non-linear fashion. This complex distribution has also hindered a common set of beliefs – let alone a definition" (Owyang et al. 2010, S.5).

Ebenso wie im Bereich klassischer PR (vgl. 3.2.1) wird auch im Rahmen von Social Media immer wieder die Kalkulation des ROI als Rahmen für eine evaluationsgetriebene Analyse diskutiert. Für die sozialen Medien, wenn sie denn keinen direkten Absatzbezug haben und stattdessen im Rahmen strategischer Organisationskommunikation zum Einsatz kommen, gelten jedoch dieselben Argumente wie zuvor im Bezug auf PR im allgemeinen - der ROI ist auch in diesem Fall kein passender Ansatz für eine Bewertung.

Da im Rahmen der organisatorischen und institutionellen Prozesse die Evaluation einzelner Aktivitäten jedoch unumgänglich ist, werden aus Ermangelung alternativer Methoden und Instrumente meist klassische Kennzahlen zu Rate gezogen. Im Bereich sozialer Medien sind das dann einfach und direkt zu erfassende Feedback-Zahlen wie *Friends, Followers, Likes, Tweets, Re-tweets, Bookmarks, Reach* oder *Inbound Links*. Diese Daten lassen sich ohne Monitoring direkt aus den Profilen entnehmen. Sie bieten zwar Anhaltspunkte über den Output, lassen aber kaum Rückschlüsse auf Outcome und Impact zu, denn Einstellungen oder Einstellungsveränderungen lassen sich mit solchen Kennzahlen nicht ausreichend illustrieren. Die Kennzahlen sind für weiterführende Evaluation daher nur bedingt tauglich, auch, weil sie nur punktuelle Aufmerksamkeit und kurzfristige Aktivitäten nachzeichnen können, soziale Kommunikation dagegen langfristige, strategische Ziele verfolgt.

Jenseits der Kennzahlen hat sich ein weites Feld an systematischen Begriffen mit unterschiedlichen Ausprägungen entwickelt. Dazu zählen beispielsweise *Return of Engagement, Return of Participation, Return of Attention* sowie *Return of Trust* (vgl. Sponder & Mahlzahn 2011). Hinter diesen Bezeichnungen stecken meist jedoch weder theoretisch fundierte Systematiken, noch werden sie einheitlich interpretiert. Begriffe wie *Trust* oder *Engagement* geben jedoch zumindest sprachlich einen Hinweis darauf, in welchen Dimensionen soziale Kommunikation für Einfluss und Veränderung sorgen kann, beispielsweise in Bezug auf Glaubwürdigkeit und positives Image. Indikatoren für derart subjektive und vielseitige Werte zu benennen ist schwierig. Dennoch sind im Social-Media-Marketing Kennzahlen verbreitet, die sich aus quantitativ wie qualitativ ermittelten Werten zusammensetzen und die derartige Faktoren messbar machen sollen. Meist handelt es sich dabei um Abwandlungen von etablierten KPIs aus dem klassischen (Online-)Marketing, wie der Anteil der erreichten Zielgruppe *(Share of Voice)* oder die Verteilung wertender Meinungsäusserungen *(Sentiments)*. Die folgende Auflistung nennt die derzeit am weitest verbreiteten Kennzahlen und Auswertungskriterien (vgl. Grabs & Bannour 2011, S.114f., Aßmann 2010, Owyang & Lovett 2010):

- **Schlagworte** *(keywords)*
  Identifikation von wesentlichen Stichwörtern und Themenkomplexen für Textanalysen
- **Erwähnungen** *(mentions)*
  Anzahl der Beiträge über das Kampagnensubjekt in bestimmten Kanälen oder Diensten
- **Reichweite** *(reach)*
  Anzahl potentiell erreichbarer Kontakte in bestimmte Kanälen
- **Wertung** *(sentiment)*
  Verteilung nach positiv oder negativ wertenden bzw. neutralen Aussagen
- **Stimmenanteil** *(share of voice)*
  Anteil der Beiträge in einem definierten Verhältnis (Gesamtmarkt, Mitbewerber etc.)
- **Demografische Daten** *(personal data)*
  Verteilung der erreichten Kontakte nach Alter, Geschlecht, Sprache oder geographischen Daten

- **Zielgruppenaktivität** *(audience engagement)*
  Aktivitätsgrad der Zielgruppe gemessen anhand der Anzahl einzelner Aktionen (Kommentar, Weiterleitung, Verlinkung etc.)
- **Meinungsführer** *(influencer)*
  Identifikation von Meinungsführern, Multiplikatoren, Wissensvermittlern und entsprechenden Netzwerken
- **Befürworter** *(active advocates)*
  Anzahl der Befürworter, also der aktiven Nutzer und Unterstützer, die positive Beiträge in einem bestimmten Zeitraum beisteuern
- **Befürwortereinfluss** *(advocate influence)*
  Ausmaß des Einflusses einzelner Befürworter im Vergleich zu allen Befürwortern im Rahmen eines bestimmten Kanals und in Bezug auf Reichweite, relevante Kommentare und Beiträge
- **Befürwortungswirkung** *(advocacy impact)*
  Anteil der durch Befürwortung ausgelösten Umsetzungshandlungen (Kauf, Download, Weiterleitung etc.) im Verhältnis zur Gesamtzahl der Umsetzungshandlungen in einem definierten Bereich (Kanal, Thema etc.)
- **Problemlösungsquote** *(resolution rate)*
  Prozentsatz der Problemlösungsanfragen die beantwortet und/oder gelöst werden können
- **Problemlösungszeit** *(resolution time)*
  Durchschnittswert des Zeitraums, innerhalb dessen Problemlösungsanfragen beantwortet und/oder gelöst werden
- **Kundenzufriedenheit** *(satisfaction score)*
  Skalenwert der Kundenzufriedenheit nach Problemlösungsanfragen
- **Trendthemen** *(topic trends)*
  Identifikation von potentiell relevanten Themen
- **Themenwertung** *(sentiment ratio)*
  Anzahl positiv oder negativ wertender bzw. neutraler Themen in einem bestimmten Zeitraum

Die Daten für eine entsprechende Analyse liefert das Monitoring. Konkrete strategische Kommunikationsziele von Social-Media-Aktivitäten, wie die Förderung dialogischer Kommunikation *(foster dialogue)*, die Gewinnung von aktiven Fürsprechern *(promote advocacy)*, direkter Kunden- und Stakeholderkontakt *(facilitate support)* und das Erkennen von Innovationspotential sowie Vorantreiben von Innovation *(spur innovation)* können mit Kennzahlen und entsprechenden Instrumenten der Analyse verknüpft werden (vgl. Owyang 2010 und siehe Tabelle 3.2.4a).

Business Objective	Key Performance Indicator	Vendors to Watch
Foster Dialog	Share of Voice	Aterian, SM2, Radian6, Trendrr ...
	Audience Engagement	Coremetrics, Webtrends, Radian6 ...
	Conversation Reach	Alterian, SM2, Radian6, Trendrr ...
Promote Advocacy	Active Advocates	Biz360, Radian6
	Advocate Influence	Lithium, Radian6, SAS, Twitalyzer ...
	Advocacy Impact	Coremetrics, Lithium, Webtrends ...
Facilitate Support	Resolution Rate	Filtrbox, Salesforce, Telligent ...
	Resolution Time	Filtrbox, Salesforce, Telligent
	Satisfaction Score	ForeSee Results, iPerceptions, OpinionLab ...
Spur Innovation	Topic Trends	Aterian, SM2, Radian6, Trendrr ...
	Sentiment Ratio	Aterian, SM2, Radian6, Trendrr ...
	Idea Impact	Biz360, Filtrbox, Radian6 ...

Tabelle 3.2.4a: Social Media KPIs (eigene Darstellung nach Owyang 2010)

Der Analyse wertender Aussagen oder Themen wird eine besondere Bedeutung beigemessen, da sie unmittelbar Auskunft darüber geben kann, wie die Organisation, die Kampagne oder das Produkt von der Zielgruppe bewertet wird (vgl. Liu 2012a). Die Sentiment-Analyse ist dementsprechend ein äußerst vitaler Forschungs- und Entwicklungsbereich und verbindet hochkomplexe technische Vorgänge mit Aspekten der Text- und Inhaltsanalyse. Ob Sentiments derzeit tatsächlich automatisiert messbar sind und inwieweit die Ergebnisse aussagekräftig als auch verlässlich sind, wird allerdings kontrovers diskutiert (vgl. Pang & Lillian 2008, Liu 2012 und Liu 2011, S.459ff).

Alternative Methoden zur Bewertung sozialer Online-Medien, beispielsweise Experimente, Interviews oder Befragungen, hält die sozialwissenschaftliche Forschung bereit. Diese sind nur mit vergleichsweise hohem Aufwand durchführbar und daher auch nur von strukturell wie finanziell gut aufgestellten Organisationen nutzbar. Die Analyse von Soci-al-Media-Kommunikation bei dem zuvor schon im Bereich konventioneller Online-Kommunikation vorgestellten Evalutionssystem WebQM nutzt beispielsweise eine Kombination unterschiedlicher Methoden. Die Image-Wirkung von Profilen wird anhand von Befragungen, die Qualität von Inhalten anhand von Inhaltsanalysen untersucht, verglichen und bewertet (vgl. communication-controlling.de 2012 und WebXF 2012).

3.2.5 Zwischenzeitliche Zusammenfassung

Im vorangegangenen Kapitel wurde zunächst eine generelle Perspektive auf das Thema Kommunikationsevaluation eingenommen. Hierbei wurden Evaluationsmodelle, Messgrößen sowie Messinstrumente und die in diesem Zusammenhang maßgeblichen Begrifflichkeiten vorgestellt. Theoretische Aspekte wurden in direkten Zusammenhang mit der Anwendung im Praxisumfeld gebracht.

Im Anschluss wurde der Fokus auf die Evaluation von konventioneller Online- sowie Social-Media-Kommunikation eingeengt. Die standardmäßigen, technischen Bewertungsmöglichkeiten konventioneller Online-Kommunikation sind seit Jahren etabliert. Ansätze auf ausschließlich technischer Basis kommen jedoch spätestens seit der weitläufigen Verbreitung der sozialen Medien an ihre Grenzen. Fundierte und belastbare Evaluation ist demnach nur im Zusammenspiel von technischen, sozialwissenschaftlichen und inhaltsanalytischen Ansätzen möglich und gestaltet sich äußerst anspruchsvoll.

Obwohl erkennbar war, dass die wissenschaftliche Auseinandersetzung im multidisziplinären Themenkomplex Social Media äußerst vital ist, bleibt der Bedarf an Forschung und Entwicklung nach wie vor groß. Dies gilt im besonderen Maße für den gesamten Evaluationsbereich, hier mangelt es noch an weitreichenden, empirisch gesicherten Forschungsbeiträgen. In diesem Zusammenhang und darüber hinaus können die vorab vorgestellten Erkenntnisse und Modelle der PR-Forschung hilfreich sein, die mit den dargestellten Problemen seit jeher zu kämpfen haben. Sie können helfen, die oftmals kleinteiligen Evaluationsvorhaben zu strukturieren und auf übergeordnete Kommunikationsziele zurückzuführen.

3.3 Wahlkampf-Kampagnen im Internet

Parteien, Politiker und alle anderen demokratisch gewählten Repräsentanten kommen nicht umhin, ihren potentiellen Wählern ihre Einstellungen, Konzepte und Ansätze zu vermitteln, wenn sie gewählt werden wollen. Diese Vermittlung, die sowohl direkt und persönlich als auch medial erfolgen kann, wird unter dem Themenkomplex *politische Kommunikation* zusammengefasst und in der politischen Kommunikationsforschung untersucht.

Die meisten Wahlberechtigten in Deutschland kommen in der heutigen Zeit zu einem großen Teil über Medien in Kontakt zu politischen Themen, daher ist mediale politische Kommunikation ein unerlässlicher Faktor repräsentativer Demokratien und entsprechend groß ist auch das Interesse der Forschung. In Wahlkampfzeiten steigt die Frequenz und Fülle politischer Kommunikation drastisch an, politische Kommunikationskultur zeichnet sich deutlicher ab und die mediale Berichterstattung über Politik nimmt zu. Das Forschungsfeld der Wahlkampfkommunikation erfreut sich, vor allem zu Wahlkampfzeiten, einem ungebrochen großen Interesse. Noch dazu haben die unterschiedlichsten Disziplinen ein Interesse an diesem Thema, neben der Politik- auch die PR-, Publizistik- und Kommunikationswissenschaft, genauso wie Sozial- und Geschichtswissenschaften. Forschung, die sich mit politischer Kommunikation im Internet auseinandersetzt wird international unter dem Sammelbegriff *Computer-Mediated Political Communication* zusammengefasst.

> „Insgesamt zählt die Computer-Mediated Political Communication zu den bedeutendsten Gebieten der Online-Forschung. Ihr Stellenwert zeigt sich nicht nur an den kontinuierlich wachsenden Publikationszahlen seit 1996. Er äußert sich auch in der Einrichtung themenspezifischer Fachzeitschriften, in der Etablierung eigener Forschungsgruppen und Sektionen in internationalen Fachgesellschaften sowie in der Veröffentlichung erster Hand- und Einführungsbücher. Das E-Campaigning nimmt dabei eine Zentralstellung in der CMPC-Forschung ein" (Schweitzer & Albrecht 2011, S.33).

Das Forschungsfeld wird interdisziplinär bearbeitet und beschäftigt sich mit verschiedenen Themenfeldern (vgl. ebd. S.33f):

- Wahlkämpfen und politischen Kampagnen im Internet *(online campaiging)*
- Regieren und Repräsentation im Internet *(e-government)*
- Politischer Partizipation über das Internet *(e-mobilisation, e-participation)*
- Demokratiefördernde Aspekte der Online-Kommunikation *(e-democracy)*

Die deutschsprachige Forschung beschäftigt sich extensiv mit dem Thema. So gibt es beispielsweise eine Fülle von qualitativen Veröffentlichungen zum Online-Wahlkampf der Bundestagswahl 2009 (vgl. u.a. Schweitzer & Albrecht 2011a, Unger 2012 und Rottbeck 2012). Während in anderen europäischen Ländern, vor allem in Großbritannien, ebenfalls umfangreiche Forschungsarbeit betrieben wird, widmet sich die amerikanische Forschung der Nutzung von web-basierten Informationstechnologien im Wahlkampf hingegen verhältnismäßig wenig. Das ist umso er-
staunlicher, da die amerikanische Politik in diesem Bereich als weltweiter
Vorreiter und Trendsetter gilt. Amerikanischer Wahlkampf basiert jedoch
zum großen Teil auf alten, lange bewährten Kommunikationsstrategien,
die im Gegensatz zu den Medientechnologien kaum Veränderungen unterliegen. Dieser Umstand scheint das Vorantreiben aktueller Forschungsarbeit in dieser Richtung in den USA zu hindern (vgl. Pearlman
2012, S.17).

3.3.1 Eine kurze Geschichte des Wahlkampfs im Internet

Die Ursprünge der Nutzung von Online-Kommunikation in Wahlkämpfen
liegen in den USA. Beim amerikanischen Präsidentschaftswahlkampf
1992 wird im Rahmen von Bill Clintons Präsidentschafts-Kampagne
erstmals über den Einsatz des Internet berichtet. Da Online-Kommunikation zu dieser Zeit jedoch noch kaum relevant ist, finden diese Aktivitäten nahezu ausschließlich in wissenschaftlichen Kreisen Beachtung (vgl.
Bimber & Davis 2003, S.23). Zwischen 1992 und dem Jahr 2000 gewinnt
das Medium für die politische Kommunikation stetig an Bedeutung. Der
Internet-Boom von 2000 sorgt schließlich für einen weitreichenden Auftrieb und Online-Kampagnen nehmen eine zunehmend bedeutsame Rolle
ein. Verantwortlich dafür ist die drastisch gestiegene Zahl von Internet-
Zugängen - 67% der Amerikaner haben 2000 bereits einen solchen. Nutzer können sich im Internet ausführlich über Wahlen und Kandidaten
informieren, für Vorwahlen registrieren lassen oder auch tagesaktuelle
Nachrichten über den Wahlkampf abrufen, außerdem gibt es die ersten
Online-Wahlkampfanzeigen. Die Online-Kommunikation ist jedoch noch
recht einseitig - ein Dialog der Kampagnen mit den Wählern über das
Netz findet so gut wie nicht statt.
    Der Wahlkampf des republikanischen Vorwahl-Kandidaten John
McCain bringt schließlich die Erkenntnis, dass über das Internet be-
trächtliche Spendengelder generiert werden können - *online fundraising*
wird ein Thema. McCain gewinnt 2000, ebenfalls überraschend, die Vorwahlen von New Hampshire und rüttelt die Wahlkampfszene mit der Mitteilung auf, ca. 500.000 US-Dollar über *online-donations* für die Wahl-

kampfkasse eingenommen zu haben. Zuvor war es nicht für möglich gehalten worden, Spendenbeträge in solcher Höhe erreichen zu können. Allerdings ist dies nicht allein durch Online-Aktivitäten, sondern durch das Zusammenspiel mit Telefonaktionen möglich geworden (vgl. McAllister & Gibson 2005,S.2f). Der demokratische Kandidat Al Gore nutzt 2000 ebenfalls umfassend das Internet.

> "The 2000 election stands out (...) It was the year in which campaigning through the internet became de rigeur, opening up a new mode of candidate-voter interaction. The 2000 elections represented a leap forward by candidates in the degree of effort, money, and innovation dedicated to the internet" (Bimber & Davis 2003, S.3).

Der Bedeutungsgewinn von Online-Kommunikation im Rahmen von Wahlkämpfen schreitet in den kommenden Jahren schneller voran und ist, angetrieben und inspiriert durch die vorangegangenen Wahlkämpfe in den USA, mittlerweile auch in anderen Staaten zu beobachten.

> „Als entscheidende Katalysatoren für die Netzaktivitäten in Europa und Asien wirkten hier die jeweils nationalen Wahlen in der unmittelbaren Folge der U.S. Presidential Election 1996, insbesondere in Großbritannien (1997), Deutschland (1998), Finnland (1999), Japan und Australien (2001). Von diesen geografischen Startpunkten ausgehend hat sich das Internet in den vergangenen zehn Jahren weltweit als fester Bestandteil der modernen Kampagnenführung etabliert" (Schweitzer & Albrecht 2011, S. 17).

Diese Entwicklung setzt sich fort. Ein Viertel der Internet-Nutzer wurde 2004 in irgendeiner Form online mobilisiert, um an der Wahl teilzunehmen (vgl. Filzmaier & Plasser 2005, S.124ff).

Einen elementaren Entwicklungsschritt stellen schließlich die amerikanischen Vor- und Präsidentschaftswahlen 2008 rund um die Kampagne Barack Obamas dar (vgl. 3.3.2.3). Über 55% der amerikanischen Wähler haben 2008 das Internet genutzt, um sich über den Wahlkampf sowie die Kandidaten zu informieren, sich auszutauschen oder um selbst im Rahmen der Kampagne aktiv zu werden. Das Internet rangiert zu diesem Zeitpunkt schon als drittwichtigste Nachrichtenquelle hinter TV und (Print-)Zeitungen (vgl. Smith 2009). Bei den Präsidentschaftswahlen 2012 waren die Online-Kampagnen schließlich ein integraler Bestandteil der Kampagnen. Ein professioneller und innovativer Auftritt im Netz wird mittlerweile wie selbstverständlich vorausgesetzt.

Parallel zur Verbreitung intensiviert sich auch die Medienberichterstattung über Online-Campaigning, bedingt durch die große Prominenz und Medienattraktivität der Kandidaten, die ihren Internet-Wahlkampf in den Vordergrund stellen (z.B. Obama 2008) oder medienwirksame Erfolge mit Hilfe des Internet erreichen (z.B. Jesse Ventura 1998 oder Howard Dean 2004). Die Medienwirksamkeit der Internet-Kampagnen ist auch nach wie vor eine große Triebfeder zur Implementierung von Online-Kommunikation (vgl. 3.3.4.1). Dies gilt insbesondere für den Wahlkampf in Deutschland.

In der Forschung werden die unterschiedlichen Entwicklungsphasen des amerikanischen Online-Wahlkampfs als *Discovery-Phase* (1992-1999), *Maturation-Phase* (2000-2006) und *Post-Maturation-Phase* (ab 2006) bezeichnet (vgl. Davis et al. 2009). Neben der zunehmenden Verbreitung von Online-Kommunikation werden innerhalb dieser Phasen auch qualitative Unterschiede im Hinblick auf die differenzierte technische und strategische Nutzung der Kommunikationswege betrachtet. So gelten Partei- und Kandidaten-Webseiten schon 1998 als grundlegend erforderlich, auch separate Webseiten für spezifische Zwecke wie Spenden, Mobilisierung, „Negative Campaigning" oder zur Sammlung persönlicher Daten etablieren sich schnell. Weitere technische Innovationen setzen sich in den darauf folgenden US-Wahlkämpfen durch, beispielsweise der strategische Gebrauch von Instant Messaging im Jahr 2000, Blogs in 2004, soziale Netzwerke in 2006 sowie Online-Videos und Microblogging in 2008. Im deutschsprachigen Forschungsraum sind die *Entdeckungsphase*, in der sich Online-Anwendungen verbreiten und verstärkt genutzt werden, die *Reifungsphase*, in der die Anwendungen verstärkt strategisch bewusst und professionalisiert eingesetzt werden, und die *Etablierungsphase*, in der Online-Kampagnen selbstverständlich sind, die entsprechenden Äquivalente (vgl. Schweitzer & Albrecht 2011, S.17). Da der amerikanische Wahlkampf häufig eine Vorreiter-Rolle einnimmt (vgl. 3.3.2.3), verschieben sich die genannten Phasen in Bezug auf den deutschen Wahlkampf (vgl. Bieber 2006, S. 244ff).

Wird die Entwicklung des Online-Campaigning in Deutschland betrachtet, so lässt sich feststellen, dass Computer-gestützte Anwendungen frühe Wegbereiter waren. Beispielsweise gab es schon 1987 Zielgruppenanalysen über Datenbanken und Rechnernetze zur landesweiten Kommunikation der Geschäftsstellen. Ein Großteil der Parteien hat ab 1996 eine eigene Webpage betrieben, ab 1997 kommen dann interne Kommunikationsnetze für die Mitglieder dazu. 1998 gibt es erstmals eine Form von Online-Wahlkampf zu beobachten: die klassischen Medien begleiteten den Wahlkampf ausführlicher im Netz, Parteien sowie Spitzenkandidaten haben speziell für den Wahlkampf eingerichtete Kampagnenseiten und interaktive Elemente wie Chats, Foren und Gästebücher halten Einzug. Direkte Wähleransprache findet zu diesem Zeitpunkt jedoch kaum statt, bedingt auch durch die geringe Verbreitung von Internet-Zugängen in Deutschland. Nur etwa 10% der Bundesbürger sind zu diesem Zeitpunkt im Internet aktiv.

Bei der Bundestagswahl 2002 erhöht sich diese Zahl auf über 44% und entsprechend intensivieren sich die Bemühungen der Parteien im Netz in dieser Zeit. Im Bundestagswahlkampf 2002 gibt es daher eine starke Zunahme inhaltlich standardisierter sowie funktionell ausgereifter Online-Kommunikation und eine institutionelle und organisatorische Implementierung. Diese lässt sich an der Schaffung und dem Ausbau eigener Abteilungen sowie zunehmender Zusammenarbeit mit spezialisierten Dienstleistern aus dem Bereich der Online-Kommunikation ablesen. Innovationen in Form neuer Anwendungen halten seitdem immer schneller Einzug in die Kampagnen. So kommen Blogs während der Europawahl 2004, soziale Netzwerke, Microblogging und Online-Videos während der Bundestagswahl 2009 erstmals umfassend zum Einsatz (vgl. Schweitzer & Albrecht 2011, S.19ff).

3.3.2 Strategie in Wahlkampf-Kampagnen

Parteien und Politiker sind im Wahlkampf letztendlich immer an der Maximierung von Wählerstimmen und am Wahlerfolg interessiert. Die konkreten, übergeordneten und strategischen Ziele einer Kampagne können je nach Kandidat oder Partei jedoch erheblich variieren. Eine Volkspartei möchte die relative Mehrheit erreichen oder die stärkste Fraktion stellen, eine Kleinpartei muss hingegen zunächst einmal die 1%-Hürde bewältigen, um in den Genuss der staatlichen Parteifinanzierung zu gelangen. Die Online-Kampagne sollte im Rahmen integrierter Kommunikation der Gesamtzielsetzung der Kampagne folgen und strategisch in die Hauptkampagne integriert sein (vgl. Merz & Rhein 2009, S.17).

> "Einen Wahlkampf zu führen bedeutet, Wahlstrategien zu entwickeln und umzusetzen. Akteure, die in Parteien hierfür verantwortlich sind, Wahlstrategen also, handeln strategisch" (Neuwerth 2001, S.9).

In Deutschland erfolgt die strategische Planung und Organisation der Kampagne in den Parteizentralen sowie in temporären Wahlkampfzentren. In der Regel sind hierbei auch externe Dienstleistern oder Berater involviert. Es gibt verschiedene Organisationseinheiten, die strategische Planungszentren sind. So gibt es ein formal für Strategie zuständiges Gremium einer Partei. Auf Bundesebene ist dies beispielsweise das Präsidium. Dann gibt es ein strategisches Zentrum der Partei, das nur in Wahlkampfzeiten formiert ist und aus einem Kreis um den Spitzenkandidaten und verschiedenen Parteieliten besteht. Darüber hinaus gibt es noch eine *technische Wahlkampfleitung* - ein Kreis von Personen um den Wahlkampfleiter, der für die Umsetzung der Strategie verantwortlich ist (vgl. Neuwerth 2001, S.107ff). Der Gegenstandsbereich kommunikativer Wahlkampfstrategien lässt sich auf drei Hauptanliegen reduzieren (vgl. ebd. S.95):

- **Zielgruppenbestimmung**: Wer sind die Adressaten der Wahlkampfaktivitäten?
- **Agenda Setting**: Mit welchen Wahlkampfbotschaften sollen die Adressaten erreicht werden?
- **Medien- und Kanalwahl**: Wie sollen die Botschaften an die Adressaten gelangen?

Zielgruppen

Adressaten sind erster Linie die Wähler. Sie lassen sich aus kommunikationsstrategischer Sicht in diverse Zielgruppen einteilen, wie es auch im Marketing übliche Praxis ist (vgl. Freter 2008). Im Bereich der Wahlkampfkommunikation können das beispielsweise „spezielle Akteursgruppen oder Einzelpersonen, etwa allein erziehende Mütter, Kleinunternehmer, Freiberufler, Senioren, arbeitslose Jugendliche oder Unternehmen einer bestimmten Größe oder Branche" (Plehwe 2007, S.240) sein.

Neben Wählern gibt es natürlich auch noch weitere relevante Zielgruppen, beispielsweise die eigene Partei oder anderweitige Unterstützer. Speziell für Deutschland gilt, dass derzeit hauptsächlich junge und kaum ältere Bevölkerungsschichten mit Wahlkampfkommunikation über das Internet erreicht werden können (vgl. von Pape & Quandt 2010, S.397). Es ist allerdings davon auszugehen, dass sich diese Entwicklung mit der zunehmenden Online-Affinität älterer Bevölkerungsschichten immer weiter abschwächen wird. Die primäre Zielgruppe der Online-Kampagne sind diejenigen, die regelmäßig online sind und sich für Politik interessieren. Politisch Desinteressierte sind aufgrund der aktiven Mediennutzung, den damit verbundenen Auswahlmöglichkeiten und der begrenzten Aufmerksamkeit im Netz bisher kaum zu erreichen (vgl. Merz & Rhein 2009, S.17).

Bottom-Up

Um eine breite Schicht von Internet-Nutzern zu erreichen, wird immer wieder der Einsatz von Kommunikationsstrategien abgewogen, die typisch für erfolgreiche Online-Kommunikation sind (vgl. 3.1.2.2). Aufgrund der weit verbreiteten Angst vor einem Kontrollverlust der Kommunikation finden sie jedoch in vielen Fällen keine Anwendung (vgl. Unger 2012, S.232). Ein Beispiel sind Bottom-Up-Strategien. Trotz der großen Beliebtheit von Bottom-Up-Ansätzen, die im Rahmen von Social-Media keine Besonderheit mehr sind, ist die strategische Planung von politischen Online-Kampagnen in der Regel gänzlich top-down organisiert. In den letzten Jahren wird immer wieder diskutiert, ob eine Bottom-Up-Kampagne, die von der Basis der Partei oder von Unterstützern in der Wählerschaft mehrheitlich organisiert wird (*grassroots campaigning*) machbar wäre und für mehr Partizipation sorgen könnte. Das Parteien im deutschen Wahlkampf die übergeordnete Strategiegestaltung den Wurzeln überlassen ist bisher jedoch nicht vorstellbar (vgl. Schweitzer 2010, S.196). Im amerikanischen Online-Campaigning haben sich in den letzten Jahren lediglich leichte Tendenzen einer Kombination von Top-Down- und Bottom-Up-Ansätzen bemerkbar gemacht. Bottom-Up-Komponenten werden aber nur dort eingebracht, wo sie bei der Umsetzung der Top-Down-Strategie hilfreich sein können. So gab es bisher lediglich Versuche, Teile der Kampagne wie den Blog (z.B. Howard Deans Wahlkampf in 2004) von den Wurzeln aus prägen und gestalten zu lassen. Im Gegensatz dazu wird das Image einer basisorientierten Partei in vielen Fällen besonders stark gepflegt und nach aussen gekehrt, da es populär und medienwirksam ist (vgl. Merz & Rhein 2009, S.55ff).

Wirkungsbereiche

Ein Blick auf die kommunikativen Prozesse, mit deren Hilfe die Wahlkampfbotschaften an die Adressaten übermittelt werden, hilft, die Perspektive im Hinblick auf die vorliegende Untersuchung zu strukturieren. Dabei können drei Bereiche identifiziert werden (vgl. Neuwerth 2011, S.312ff):

- **Parteistruktur (intern)**: die Kommunikation innerhalb des Parteizentrums als auch die gesamte Kommunikation mit und zwischen Mitarbeitern, Mitgliedern, Anhängern sowie Aktivisten
- **Journalistische Massen-Medien (extern/earned media)**: Wahlkampfthemen werden in der medialen Agenda mit dem Ziel positioniert, die Partei sowie den Kandidaten und deren Positionen zum Nachrichtengegenstand zu machen.

- **Werbung (extern/paid media):** Print- und Online-Anzeigen, TV-
  und Rundfunk-Spots sowie Plakatflächen und Aufsteller im öffentlichen Raum, auch alle weiteren Formen bezahlter Werbeflächen

Große Teile der Online-Kampagne beziehen sich im Regelfall auf alle drei
Bereiche. Dies sorgt dafür, dass die personelle, organisatorische und institutionelle Einbindung von Online-Kommunikation häufig nicht klar
verortet ist. Die strategische Online-Kommunikation wird stattdessen in
verschiedenen Arbeitsgebieten geplant, konzeptioniert und umgesetzt.
Hier ergeben sich zusätzliche Multiplikatoren für Intransparenz und
Komplexität. Politischer Kommunikation zeichnet sich außerdem durch
spezielle Anforderungen aus, die diesen Aspekt noch verstärken:

> „Politische Kommunikation beschränkt sich nicht auf die Kompetenz, die
> Vorderbühne medienöffentlicher Debatten erfolgreich zu bespielen. Stra-
> tegisch ambitionierte politische Kommunikation muss die Fähigkeit ein-
> schließen, im Wege diskreter Interessenabklärung und Kompromissfin-
> dung auf vielen Hinterbühnen überzeugen und sich durchsetzen zu kön-
> nen" (Sarcinelli 2010, S.277).

Somit können sich Kampagnen-Aktivitäten zwar vornehmlich den zentralen Wahlkampfthemen widmen, gerade im Bereich der Online-
Kommunikation, wo auf einer Vielzahl von Kanälen potentiell die unterschiedlichsten Zielgruppen erreicht werden können, gilt es daher dennoch, thematisch und inhaltlich weitflächig zu agieren.

3.3.3 Kommunikationsstrategien im Online-Wahlkampf

Politische Online-Kommunikation ist, trotz gewisser systemspezifischer
Gründe, die zu einer langsamen Entwicklung beitragen (z.B. sind politische Parteien große Institutionen mit komplexen organisatorischen
Strukturen, die keine schnellen Veränderungen zulassen), mittlerweile
eine feste Größe in der politischen Kommunikation.

> „Just like the world of corporate marketing, the political world is undergo-
> ing a transition to digital. But the political space has its own set of struc-
> tures and incentives that have slowed the adoption of new techniques de-
> spite their advantages" (Bleeker & Lubin 2012, S.54).

Mithilfe der Online-Kommunikation werden präzise strategische Ziele
verfolgt, die, würde man ausschließlich auf Offline-Kanäle setzen, kaum
umgesetzt werden könnten. Und falls doch, dann zumindest nicht in die-

ser Form, nicht in diesem Ausmaß und nicht mit den vergleichbaren finanziellen und personellen Ressourcen. Somit wird deutlich, dass Online-Kampagnen „nicht bloss ein technisches Zusatzangebot sind, sondern einen tiefer gehenden Wandel der Kampagnenführung" (Hübel 2007, S.12) herbeiführen. Die zunehmend tragende Rolle von leistungsstarker Software bei der Kampagnen-Planung und Umsetzung führt dabei auch zu einer Veränderung institutioneller Hierarchien innerhalb der politischen Organisationen, beispielsweise zur Stärkung von IT-Verantwortlichen oder besonders online-affinen Mitarbeitern. In den USA gilt zudem ein besonderes Augenmerk darauf, immer die neuesten innovativen Kanäle zu bespielen, auch hierfür wird entsprechend spezialisierte Expertise benötigt.

Für den deutschen Wahlkampf gelten die genannten Entwicklungen mit Abstrichen. Bei der Bundestagswahl 2009 war der Einfluss des Internet auf entscheidende Zielgruppen nahezu nicht vorhanden. Die Online-Kampagnen haben den großen Parteien kaum entscheidende Vorteil gebracht haben und „ein Wahlsieg ohne ausgereifte Online-Strategie wäre gerade noch so möglich" (Heigl & Hacker 2010) gewesen. Ein komplettes Ignorieren der Online-Kanäle hätte jedoch die PR-Arbeit erschwert und zwangsläufig zu Image-Problemen geführt (vgl. ebd.). Online-Kommunikation ist für die Informationsvermittlung im politischen Kontext nicht mehr wegzudenken, doch die Möglichkeiten zur gezielten Einflussnahme und die Auswirkungen auf das Elektorat sind weiterhin schwer einzuschätzen. Es verwundert somit nicht, dass viele politische Akteure sowohl die potentielle Reichweite als auch die Interaktionsmöglichkeiten unterschätzen. Im Gegensatz dazu überschätzen Journalisten diese Faktoren vielfach in der medialen Berichterstattung. Berichte über innovative und neuartige technisch-kommunikative Kniffe haben einen hohen Nachrichten- und Unterhaltungswert. Hinzu kommen Perspektiven, die sich auf das demokratiefördernde Potential der Online-Medien richten, hier werdeb „ Hoffnungen auf eine digitale Dauerpartizipation beflügelt" (Sarcinelli 2010, S.288).

Innerhalb der Online-Kampagne von John McCain bei den US-Vorwahlen 2000 wurden erstmals strategische Zielformulierungen eingebracht, die bis heute Grundfeiler der meisten amerikanischen und, mit Abstrichen, auch vieler internationaler Wahlkampf-Kampagnen im Internet sind (vgl. Filzmaier & Plasser 2005, S.135ff):

- „Educate the voters on the candidate!"
- „Ask them for their eMail-adresses!" / „Sign up!"
- „Ask them for contribution!" / „Give money!"

- „Turn the virtual people into real people on the ground!" / „Take action!"

Die grundsätzlichen Ziele amerikanischer Online-Kampagnen waren somit schon immer:

> „Fundraising, organizing, tracking supporters, persuasion and communication, and getting out the vote" (Pearlman 2012, S.19).

Die Leitsprüche werden stetig weiterentwickelt und gehen in komplexeren Zielformulierungen auf. Davon ausgehend lassen sich vier übergeordnete strategische Ziele von Wahlkampf-Kampagnen im Internet benennen (vgl. dazu auch Lilleker et al. 2011, S.196ff, Pearlman 2012, S.18ff und Rottbeck 2012, S.56ff und 231ff).

- Information
- Mobilisierung
- Datensammlung
- Spendengenerierung

Information

Informationen zum Kandidaten, zur Partei sowie zu den von ihnen vertretenen wichtigsten politischen Standpunkten sind nach wie vor die Basis jeder politischen Online-Kampagne. Jeder Nutzer sollte im Netz schnell und einfach feststellen können, wie der Kandidat heißt, wie er aussieht, was seine wichtigsten Ansichten zu aktuellen Themen und die Grundzüge seiner politischen Agenda sind (vgl. Saleh 2005, S.39f). „Die schnelle, ortsunabhängige, umfassende, kostengünstige, aktualisier- bare, multimediale und zielgruppenspezifische Information von Mitgliedern, Wählern und Journalisten" zählt genau so dazu wie „der unmittelbare, ungefilterte und zeitnahe Austausch unter politischen Akteuren, Parteimitgliedern und Anhängern bzw. zwischen politischen Akteuren und Bürgern" und die „die digitale Bereitstellung, Verwaltung und Distribution von Kampagnenmaterialien wie Plakate, Flyer, Leitfäden und Kommunikationsanweisungen" (Schweitzer & Albrecht 2011, S.25).
  Der Faktor Schnelligkeit ist dabei von herausragender Bedeutung. Die Informationsdistribution hat sich in den vergangen Jahren erheblich beschleunigt. Entsprechend sind die Akteure im Wahlkampf häufig dazu

gezwungen, unmittelbar zu reagieren und zu kommunizieren, um ihren Einfluss auf die Meinungshoheit zu wahren (vgl. Rottbeck 2012, S.327).

Mobilisierung

Die Pflege des bestehenden Netzwerks und der Ausbau von neuen Verbindungen ist ein weiterer essentieller Bestandteil der Kampagne. Das Netzwerk ist zum Beispiel von Bedeutung, damit Anhänger und Unterstützer zum richtigen Zeitpunkt mobilisiert werden können, um sich für die Kampagne einzusetzen oder um selbst wählen zu gehen.

> „The holy grail is to turn a voter who visits, say, MittRomney.com, from someone who's ‚interested' about Romney, to a voter who's ‚engaged' in whatever Romney is doing, to a voter who's ‚actively' spreading Romney's word. It's online evangelism of sorts" (Vargas 2007).

„Take Action!" ist der Slogan der amerikanischen Anhängermobilisierung um freiwillige, ehrenamtliche Wahlkampfhelfer für die Kampagne zu gewinnen. Deren Aufgabe ist es, andere Bürger zu motivieren oder im Hinblick auf die Wahlentscheidung zu beeinflussen, Nicht-Wähler zum Gang an die Wahlurnen zu animieren sowie sämtliche Menschen in ihrer persönlichen Umgebung dazu zu bringen für den eigenen Kandidaten oder die Partei zu stimmen.

> „The volunteers encourage others to register to vote, participate in events, call talk radio, host a party, send emails and post to others" (Saleh 2005, S.44).

Über das Bewerben und Organisieren hinaus, wird ständig versucht, weitere Kontakte als aktive Unterstützer zu gewinnen. Ein entscheidender Faktor hierbei ist, dass das Netzwerk umfangreich sowie aktiv, also eine verlässliche Online Community ist. Die Pflege von derart großen Netzwerken ohne die Hilfsmittel des Internet erscheint heute unmöglich. Wahlwerbung über dieses Kettensystem der Aktivierung persönlicher Kontakte ist nicht nur preisgünstig, sondern auch äußerst effektiv.

Menschen, die von ihren Freunden, Nachbarn oder Kollegen etwas empfohlen bekommen, tendieren viel eher dazu, dieser Empfehlung zu entsprechen, als wenn sie diese Empfehlung von unbekannten Personen oder aus den Medien vermittelt bekommen. Dies gilt insbesondere für politische Themen. Diese Form der Kommunikation ist auch im absatzorientierten Marketing („Word-of-Mouth") aufstrebend und auch ein essentieller Bestandteil von Social-Media-Marketingstrategien (vgl. Wirtz 2011 und 3.2.4.2).

In Deutschland ist diese Form der aktiven, nach aussen gekehrten sowie interpersonalen Wahlkampfkommunikation nicht in diesem Umfang möglich, da sich die politische Kultur grundlegend unterscheidet (vgl. 3.3.5). Auch in Bezug auf die Mobilisierung der eigenen Parteimitglieder hinkt Deutschland den USA weit hinterher. Obwohl die Parteien die entsprechenden Intranets und internen Netzwerke schon seit geraumer Zeit nutzen, wurden sie in den zurückliegenden Wahlkämpfen offenbar nicht adäquat genutzt. An Stelle von langfristig orientierten Strukturen werden häufig kurzfristige, wenig effektive Lösungen implementiert:

> „Die Parteien müssen intensiv daran arbeiten, ihre Mitglieder und Unterstützer auf einer Plattform zu organisieren, auf die sie im Wahlkampf nur noch zurückgreifen müssen. Entscheidend ist demnach, dass die Parteien nicht ad-hoc vor dem Wahlkampf mit dem Aufbau der Unterstützer-Organisation bzw. Plattform beginnen, sondern Strukturen schaffen, die natürlich und langfristig wachsen können" (Rottbeck 2012, S.328).

Datensammlung und Targeting

Kampagnen versuchen möglichst früh, eine umfassende und detailreiche Datenbank mit persönlichen Informationen ihrer Wähler zu erstellen. Dazu zählen E-Mail-Adressen, Namen und alle weiteren verfügbaren Informationen, wie z.B. Post-Anschriften oder „informative data about users browsing habits and behaviours" (Saleh 2005, S.44). Datensätze, vor allem umfangreiche, werden immer wichtiger bei jeglicher Kontakt-Arbeit zwischen Kampagne und Wähler. In den USA dienen Informationen aus öffentlich zugänglichen Wahl-Daten, Konsumenten-Daten, Daten aus vorangegangenen Wahlkämpfen („old field data") und Daten aus Spendenaktionen („fundraising data") als Grundlage zum Aufbau großer Datenbanken. Die Daten werden genutzt, um Wähler einstellungsbezogen verorten zu können, die Schwerpunkte der Kampagne entsprechend zu setzen und Kampagnenbotschaften zielgerichtet zuzustellen; maßgeschneiderte Kommunikation, abgestimmt auf die individuellen Interessen und Ansichten der einzelnen Wähler („micro-targeting"). So ist es möglich, regional und individuell zugeschnittenen Wahlkampf zu betreiben und bestimmte Gruppen gezielt mit den wirksamsten Wahlwerbemitteln anzusprechen.

> „It is a form of market segmantation, an analysis to break voters down into different segments. (...) Different websites are tailored for different ethnic, religious and language minorities" (Saleh 2005, S.44) .

Micro-Targeting gibt es im amerikanischen Wahlkampf schon seit etwa 2002, allerdings spielt es erst seit 2008 eine wirklich bedeutsame Rolle. Umfangreiche Adressverteiler mit angereicherten Daten sind mittlerweile eine Grundvoraussetzung für erfolgreiche Newsletter- und Social-Media-Kommunikation.

> „Political campaigns in twenty-first century use computer-generated data-bases for all forms of voter contact. Wether calling voters by telephone, sending them direct mail, or walking door-to-door, it is virtually unheard of to do so without a computarized voter-file. Wether the goals are fundraising, voter persuasion, attendance at rallies, or get-out-the-vote efforts, these tasks are made far easier and more efficient by having this capability" (Blaemire 2012, S.107).

Die Kontakte können nicht nur mit Wahlkampfbotschaften beschickt und mobilisiert werden, sie können auch Informanten für die Stimmungslage im Elektorat sein, beispielsweise über gezielte Befragungen. Über diesen Weg kann auch jederzeit verlässliches Feedback über die bisherigen Kommunikations-Aktivitäten gesammelt werden. Die Schwierigkeit liegt im übrigen nicht darin, ausreichend Informationen zu sammeln - in den USA sind für solche Zwecke riesige Mengen an Daten in Umlauf - entscheidend ist vielmehr der effektive und effiziente Umgang mit der Datenmenge. Hierbei sind die richtige Software und entsprechend qualifizierte Spezialisten von herausragender Bedeutung.

In Deutschland sind die Datenschutzbestimmungen um ein vielfaches strenger als in den USA. Zudem gibt es längst nicht derart viele öffentlich zugängliche Daten, wie beispielsweise die amerikanischen Voter-Files. Die Bereitschaft der Wähler, Auskunft über ihre politische Einstellung zu geben ist ebenfalls weitaus geringer. Daher haben Datensammlung und individuelles Targeting noch längst nicht die Bedeutung, die sie im amerikanischen Wahlkampf genießen. Targeting zeichnet sich entweder in einem breiteren Verständnis als zielgruppenspezifische Kommunikation der gesamten Medienarbeit ab (vgl. Rottbeck 2012, S.269f und Plehwe 2007), oder es werden anonyme Daten, beispielsweise über Cookies und Tracking-Pixel, zur Aussteuerung von Online-Werbung genutzt.

In den USA agiert die politische Kommunikation dagegen am Puls der Zeit. Hier stehen schon die nächsten Innovationen in diesem Bereich an: automatisierte Text-Analyse (text-mining), strategisch weitreichender Einsatz von Geo-Lokalisations-Daten sowie Visualisierungs- und Harmonisierungs-Techniken für große Datensätze (vgl. Pearlman 2012).

Spendengenerierung

Die Spendengenerierung über das Internet – „Online Fundraising" – ist übliche Praxis und ein gewichtiger Faktor im amerikanischen Wahlkampf. Der große Nutzen sowie leicht messbare Erfolg des Online Fundraising hat in erheblichem Maße zur Etablierung von Online-Kommunikation im Rahmen von Wahlkämpfen beigetragen. Im Internet lässt sich ergiebiges Spendensammeln zu relativ niedrigen Kosten betreiben. Vor allem die massenhafte Generierung von kleinsten Spendenbeträgen zahlen sich hier aus.

> „Online fundraising is an alternative model for raising money that is quick, cheap and easy. The Internet has increased the pool of small donors and holds the promise of lessening candidates' reliance on large contributors" (Barko & Wells 2004, S.6).

Während Obama im Wahlkampf 2008 Spendengelder in Höhe von 745 Millionen Dollar von mehr als vier Millionen Spendern erhalten hat (www.opensecrets.org 2008), spielen Wahlkampf-Spenden über das Internet in Deutschland bislang nur eine sehr untergeordnete Rolle (vgl. Rottbeck 2011, S.199f). Lediglich die von den Grünen 2008 erstmals erprobte Aktion, Spenden für die Aufstellung von Wahlkampfplakaten zu sammeln, kann als bemerkenswerter Erfolg eingestuft werden. Der Erfolg war zumindest so groß, dass die Aktion nun bei allen Land- und Bundestagswahlkämpfen der Grünen durchgeführt wird. Zudem haben sich auch alle anderen großen Parteien der Idee angeschlossen und sind mit vergleichbaren Angeboten nachgezogen (vgl. König 2008). Aktionen wie diese nähren den Verdacht, dass sich der deutsche Wähler über Online-Kommunikation sehr wohl für Wahlen und Wahlkämpfe begeistern lassen kann und sich sogar als aktiver Unterstützer einbringt, wenn er denn durch ansprechende, verständliche und effektive Aktionen motiviert und begeistert wird.

3.3.4 Kanalwahl

Das Internet bietet, wie zuvor schon erwähnt (vgl. 3.1), eine Fülle von Kanälen, Diensten und Anwendungen, über die versucht werden soll, die ebenfalls zuvor beschriebenen strategischen Ziele der Wahlkampfkampagne zu erreichen. Eine entscheidende Frage im Bezug auf die kommunikationsstrategische Planung und Konzeption von Wahlkampfkampagnen im Internet lautet somit:

„What media and what messages convey electoral information most effectively?" (Sweetser & Lariscy 2008, S.175)

Vorab muss erwähnt werden, dass starke Inhalte und überzeugende Argumente nicht vernachlässigt werden dürfen. Die Wahl der richtigen Botschaften ist weitaus wichtiger als die Wahl der richtigen Kanäle (vgl. Rottbeck 2012, S.327). Zudem stellen sich die Kommunikationsplaner der Wahlkampfkampagnen oftmals gar nicht die Frage, welche Kanäle sie aus welchem Grund bespielen wollen, sondern versuchen vielmehr, möglichst viele Kanäle in ihre Kampagne einzubinden. Es wird in diesem Zusammenhang sogar vom „digitalen Mehrkampf" gesprochen (Schweitzer & Albrecht 2011, S.80). Insgesamt wird zudem gerne der Fehler gemacht, alte Medienstrategien auf die „neuen" Medien unreflektiert anzuwenden und lediglich digitale Marketingbroschüren ins Netz zu stellen (vgl. Chadwick 2006, S.2).

> „Entgegen zahlreicher demokratietheoretischer und technikdeterministischer Erwartungen werden die Internetauftritte deutscher Parteien weiterhin durch die gesellschaftlichen Rahmenbedingungen, strategischen Kalküle und medialen Inszenierungszwänge moderner Offline-Kampagnen überformt" (Schweitzer 2010, S.235).

Wie zuvor schon erwähnt, sollte die Kanalwahl jedoch aus einem strategisch begründeten, umfassenden Kommunikationskonzept erwachsen. Nur so sind die Voraussetzungen für ein effektives und effizientes Vorgehen gegeben.

Ein explizites Problem deutscher Parteien in diesem Zusammenhang ist außerdem, dass sie es offenbar nicht schaffen, ihre Mitglieder und Unterstützer frühzeitig oder zumindest rechtzeitig auf die zur Verfügung stehenden Anwendungen und Kanäle einzustimmen:

> „Der neuralgische Punkt der Organisation liegt vielmehr darin, die Mitglieder frühzeitig mit den vorhandenen Tools vertraut zu machen, damit die Angebote überhaupt in Anspruch genommen werden und somit ihre Wirkung entfalten können" (Rottbeck 2012 S.328).

Konventionelles - Webseiten & Newsletter

Webseiten und eMail-Kommunikation gehören mittlerweile zu den Standard-Werkzeugen von Wahlkampf-Kampagnen. Eine Webseite ist immer noch die erste Anlaufstelle für Interessierte, seien es Marken, Organisationen oder Medien. Ob dies auch in Zukunft so sein wird, ist unsicher, denn in jüngster Vergangenheit mehren sich Stimmen, die den „Tod der

Homepage" als Einstieg zu den Inhalten einer Website proklamieren (vgl.
Thompson 2014 und Seward 2014). Diese sehr drastische und zumindest
bis jetzt nicht zutreffende Aussage, basiert auf der Beobachtung, dass Inhalte immer häufiger aus aggregierten Newsfeeds (z.B. Facebook, Twitter
oder auch News- Apps und RSS-Feeds) erreicht werden, anstatt sie in individuell von der zentralen Homepage eines Mediums zweiter Ordnung
abzurufen, beispielsweise der Homepage einer Zeitung. Ausgelöst wurde
diese Diskussion nachdem bekannt wurde, dass sich der Traffic auf der
Homepage der New York Times zwischen den Jahren 2011 und 2013 von
160 auf 80 Millionen Visitors halbiert hat (vgl. Myles 2014).

Dennoch werden Webseiten aller Wahrscheinlichkeit niemals ihre
Basisfunktion als Startpunkt für Recherchen verlieren. Sie enthalten alle
zentralen Informationsangebote und sind im Rahmen integrierter Kommunikation Teil der Corporate Identity einer jeden Partei. Sie werden vor
Wahlkämpfen meist (umfangreich) überarbeitet und sowohl inhaltlich als
auch technisch auf den neuesten Stand gebracht. Abseits der Parteiseiten
sind die Seiten der (Spitzen-)Kandidaten, spezielle Kampagnen-Seiten
(Satellitenseiten, die ausschließlich für den Wahlkampf angelegt sind)
und „Single-Purpose"-Seiten (Seiten, die nur Einzelaspekte wie z.B. Nega-
tiv-Werbung oder Fakten zu einem speziellen Thema präsentieren) von
Bedeutung (vgl. Schweitzer & Albrecht 2011, S.8of).

Newsletter-Kommunikation kommt im Wahlkampf auf verschiedene
Arten zum Einsatz. Neben dem Kampagnen-Newsletter, der einer der
wichtigsten Kommunikationskanäle zu den eigenen Unterstützern und
Wahlhelfern ist und regelmäßig über den aktuellen Stand der Aktivitäten
berichtet, gibt es noch aktionsbezogene Newsletter, die zu besonderen
Anlässen zeitgenau platziert werden, sowie PR-Newsletter, die in erster
Linie an Journalisten und journalistische Medien gehen und in Notfallsi-
tuationen schnelle Einflussnahme ermöglichen (vgl. Merz & Rhein 2009,
S.9of).

Innovatives - Soziale Medien

Wegbereiter für die professionelle Nutzung der sozialen Medien war
(einmal mehr) die Obama-Kampagne 2008 (vgl. 3.3.7). Obamas Online-
Wahlkampf zeigt, was im Social Web möglich ist, sticht jedoch auch als
besonderes Beispiel heraus und kann nicht als Indikator für den Status
der politischen Kampagnenführung in den sozialen Medien herhalten.
Selbst in den USA fällt das Fazit der Forschung entsprechend zurückhaltend aus:

> „Beyond some anecdotes, it is still largely unknown wether these new technologies can play a decisive role in determining the success or failure of a campaign" (Davis et al 2009, S. 23).

Die Kanäle sind im Wahlkampf mittlerweile jedoch unersetzlich, nahezu jede Partei und jeder Kandidat sind, unabhängig von messbaren Erfolgen, zumindest auf einem sozialen Netzwerk präsent.

> „What is clear is that candidates and their campaigns will continue to experiment with these new technologies in order to discover if they are capable of having major impact on election outcomes" (ebd.).

Bleibt die Frage, was das Elektorat umtreibt. Wählern bei US-Präsidentschaftswahlen scheint vor allem daran zu liegen, mit Kandidaten und anderen Unterstützern in Dialog zu treten. Das Interesse an kontroversen Diskussionen mit Unterstützen aus konkurrierenden politischen Lagern ist ebenfalls groß, während Fundraising-Apelle vergleichsweise wenig Gefallen finden (vgl. Sweater & Lariscy 2008). Nur wenige Organisationen schöpfen derzeit jedoch die Potentiale dialogorientierter Kommunikation im Internet aus. Dies gilt im besonderen Maße für politische Organisationen (vgl. Kent & Taylor 2002 und 2008). Hier wird zum Großteil auf One-Way-Kommunikation gesetzt oder eine nicht vorhandene Bereitschaft zum Dialog vorgetäuscht. Kommunikationskanäle werden zwar bereitgestellt, dann aber nicht wirklich dialogisch genutzt. Meist fehlt es an Willen und Mut, Dialoge zu fördern und Dialogbereitschaft in die Strategie mit einzubeziehen (vgl. Sweater & Lariscy 2008, S.177).

Ähnliches gilt für den Wahlkampf in Deutschland. Die Parteien haben im Rahmen der Bundestagswahl 2009 die sozialen Medien im großen Maßstab für sich entdeckt. Ihr Engagement hat in dieser Zeit jedoch „oftmals noch in den Kinderschuhen" (Rottbeck 2012 S. 334) gesteckt und der „prognostizierte Wahlkampf 2.0 ist auch dieses Mal ausgeblieben" (Pape & Quandt 2010, S.397). So waren die sozialen Medien im Bundestagswahlkampf kaum von Bedeutung, da nur verhältnismäßig wenig Nutzer auf sie zurückgegriffen haben und wenn, dann auch meist nur als passive Beobachter (vgl. ebd.). Ein weiteres Problem ist, dass die Plattformen meist nur in Wahlkampfzeiten extensiv genutzt werden und sich die Aktivität außerhalb dieses Zeitraums stark minimiert, was den Aufbau einer starken und eingebundenen Community verhindert. Unter dem Strich hat sich der Einsatz in den sozialen Medien stark intensiviert, das reichhaltige Potential wurde allerdings nur ansatzweise ausgeschöpft (vgl. Unger 2012, S. 226ff).

Mobiles Netz

Mobile Applikationen und mobile Online-Nutzung sind relativ neue Anwendungsbereiche, die ebenfalls enormes Potential für informative und
mobilisierende Kommunikationsstrategien haben und bereits mehr oder
minder intensiv und erfolgreich genutzt werden.

Im amerikanischen Wahlkampf spielt das mobile Netz schon eine
prägnante Rolle. Über „mobile text messaging" werden Wähler und Unterstützer direkt angesprochen, über mobile Browser und Suchanfragen
können Kandidateninfos abgefragt und Wahllokale gefunden werden.
Kandidaten und Parteien können Apps (Applikationen auf mobilen Endgeräten) zur besseren Organisation ihrer Unterstützer einsetzen und soziale Netzwerke können ebenfalls unterwegs genutzt werden. Letzteres ist
vor allem für die ortsabhängige Vernetzung von Aktivisten relevant. Unter dem Strich erfolgt der Einsatz mobiler Anwendungen aber noch überwiegend experimentell und ohne eine nachhaltig sinnvolle Einbindung in
die übergeordnete Kommunikationsstrategie (vgl. Germany 2012, S.67ff).

In Deutschland gibt es abseits individueller Nutzung bisher kaum eine bemerkenswerte Einbindung in Wahlkämpfe. Gleichzeitig fehlen bisher auch gesicherte Erkenntnisse darüber, inwieweit mobile Internetnutzung neue Rezeptionsmuster hervorbringt, die für die politische Kommunikation relevant sein könnten (vgl. Schweitzer & Albrecht 2011, S.45). Ob
es Stakeholder gibt, die ausschließlich oder besser über mobile Kanäle
erreichbar sind.

3.3.5 Professionalisierter Wahlkampf

Moderne Wahlkämpfe lassen sich in drei verschiedene historische Epo-
chen aufteilen, die fließend ineinander übergehen - vormodern, modern
und post-modern (vgl. Römmele 2002 und Strömbäck 2007). Beim *vor-
modernen Wahlkampf* zur Zeit der Massenparteien wird vor allem interpersonal und über lokale Parteiorganisation, also direkt von Politik zu
Wählern kommuniziert. Auch die Instrumentalisierung der Medien, beispielsweise der Zeitungen, als ungefiltertes Sprachrohr der Politik ist hier
einzuordnen. Diese Phase reicht von 1920-1945.

Nach dem zweiten Weltkrieg und mit der zunehmenden Verbreitung
der Massenmedien Radio und Fernsehen beginnen die modernen Wahlkämpfe. Die Massenparteien entwickeln sich zu Volksparteien und die
Politik verlagert ihre Kommunikation zum größten Teil auf die mediale
Ebene. Das Fernsehen wird zum wichtigsten Wahlkampfmedium und
Parteien müssen sich nun aktiv um Wählerstimmen aus einer breiten Be-
völkerungsmasse bemühen.

Seit Anfang der 1990er Jahre findet ein weiterer Wechsel statt, hin zum *postmodernen Wahlkampf* (Strömbäck 2007, S.51ff). Dieser Wahlkampf-typus wird in der politik- und kommunikationswissenschaftlichen Diskussion je nach Autor auch *professionalisierter Wahlkampf* (Römmele 2002) oder in der hier verfolgten Lesart auch *modernisierter Wahlkampf* (Donges 2000, S.35f. bzw. 2009, S.142) bezeichnet. Im weiteren wird der Einfachheit halber der am weitest verbreitete Begriff *professionalisierter Wahlkampf* verwendet. Im Kontext des *professionalisierten Wahlkampfs* liegt auch ein erheblicher des Erkenntnisinteresses dieser Untersuchung.

Konzeption

Die Professionalisierung im Wahlkampf wird auch als „die Anpassung an die Konsequenzen des sozialen und medialen Wandels" und das „strategisch motivierte Bemühen der politischen Akteure, eine langfristige Effizienzsteigerung ihrer Wähleransprache zu erzielen" beschrieben (Schweitzer 2006, S.187). Es gibt dabei Merkmale und Entwicklungen auf struktureller und inhaltlicher Ebene. Merkmale des professionellen Wahlkampfes auf struktureller Ebene sind:

- Medienarbeit
- intensives Kommunikationsmanagement
- Adaption von Arbeitsweisen aus dem Marketingbereich
- Engagement von demoskopischen Instituten
- Einbindung externer, kommerzieller Berater

Die Inanspruchnahmen von außerhalb des politischen Systems stehenden Dienstleistern wird häufig als ein Hauptmerkmal beschrieben:

> „Die Professionalisierung des Wahlkampfs bedeutet in erster Linie die Verlagerung der Kampagnenorganisation aus den Parteien hin zu Spezialisten der persuasiven Kommunikation, also Engagement und zunehmender Einfluß von politischen Beratern, die außerhalb des politischen Systems stehen" (Holtz-Bacha 1999, S.10).

Die Spezialisten kommen in der Regel aus dem Werbe-, PR- und Medienbereich und sind vorrangig für Strategien und Konzepte der Medienkommmunikation, Wahlwerbung und Kampagnengestaltung verantwortlich. In modernen westlichen Gesellschaften werden aufgrund immer höherer Anforderungen an die strategische politische Kommunikation, immer mehr externe Dienstleister eingesetzt. Neben dem Einsatz im Wahlkampf sind sie vor allem in den Bereichen politische PR und Lobbying

tätig (vgl. Radunski 2002 und Hoffmann et al. 2008). Es lässt sich festhalten, dass externe Dienstleister neben der Partei (bzw. dem politischen
Akteur) ebenfalls ein relevanter Akteur im Prozess der Wahlkampfgestal-
tung sind.

Ein weiteres strukturelles Merkmal des professionalisierten Wahlkampfes ist die nachhaltige Veränderung der medialen Wahlkampfkommunikation. Massenmedien werden differenzierter betrachtet und direkte
Kommunikationswege über „neue" Medien wie Internet und Mobilfunk
werden zunehmend genutzt. Die gestiegene Relevanz von Online-
Kommunikation wird auch als ein charakteristisches Merkmal der postmodernen Kampagne bezeichnet. In diesem Zusammenhang wird sogar
von einer durch Online-Kommunikation bedingten neuen Stufe der Professionalisierung gesprochen (vgl. Plasser 2003 und Schweitzer 2006).

Neben den strukturellen gibt es auch inhaltliche Merkmale. Dazu
zählen beispielsweise der Einsatz von Ereignis- und Themen-Manage-
ment, negative Kampagnenführung *(negative campaigning)* und Strategien sowie Praktiken aus der kommerziellen, persuasiven Kommunikation. Kampagnen müssen heute auffälliger, einprägsamer und immer professioneller werden, um in der stetigen Informationsflut noch Aufmerksamkeit erregen zu können (vgl. Stauss 2002, S.230). Wahlwerbung hat
daher größtenteils die Methoden kommerzieller Werbung übernommen
(Holtz-Bacha 2000, S.232ff). Parteien, Politiker und Programme werden
dem Elektorat nahezu mit der gleichen Methode nahe gebracht wie „Seife,
Autos und Waschmaschinen"(ebd.). Ursache für die Anpassung an kom-
merzielle Werbung ist die zunehmende Austauschbarkeit der „politischen
Produkte" und einer daraus resultierende Notwendigkeit, sich über
Kommunikationskonzepte zu differenzieren. Der Einsatz der Methoden
kommerzieller Werbung führt auch zu einer emotionaleren und auf visuelle Anreize fokussierte Ansprache.

Wahlkampfthema Professionalisierung

Ein inhaltlicher Aspekt des professionalisierten Wahlkampfes der von
besonderer Bedeutung für Online-Kommunikation ist, ist die im Wahlkampf stattfindende Thematisierung der Wahlkampfführung selbst durch
die Parteien und Kandidaten. Um zu vermitteln, dass Parteien modern
und zeitgemäß als auch den Anforderungen der Medienwelt gewachsen
sind, wird die Kampagnenführung thematisiert und die eigene „Wahl-
kampfleistung" präsentiert. Im besonderen Maße wird dabei die Handhabung technischer Innovationen und der digitalen Medien thematisiert.

Die Öffentlichkeitswirksamkeit des Einsatzes moderner Online-
Medien ein nicht zu unterschätzender Faktor. Werden Innovationen

professionell gehandhabt, hat das Symbolwirkung und kann „als Zeichen für Modernität und Responsivität von Parteien und Kandidaten" (Schweitzer & Albrecht 2011, S.25) verstanden werden. Diese Selbstreflexivität im Sinne einer Behandlung des Themas Wahlkampf in der Wahlkampfführung ist noch relativ jung und hat dennoch teilweise vorherrschenden Charakter eingenommen. Zwar wurde der eigene Wahlkampfstil sowie der des Gegners schon immer kommentiert, allerdings ist seit den 1990er Jahren die thematische Bezeichnung der Professionalisierung hinzugekommen, mit dem die Parteien offen die eigene Leistung im Wahlkampf thematisieren. Dazu zählen zum Beispiel die Medientauglichkeit der Spitzenpolitiker in Talkshows, die gelungene Gestaltung von Werbemitteln oder eine zeitgemäße Präsenz in den Online-Medien. Mittlerweile lässt sich mit einer offenen, als professionell und qualitativ deklarierten Kampagnenführung positive mediale Berichterstattung erzeugen (vgl. Kuhn 2007 S.197).

Kritische Aspekte

Oftmals steht die Auslagerung von Kommunikationsverantwortung genau so wie eine allzu große Orientierung an kommunikations- und marketingstrategischen Gesichtspunkten im Verdacht, nicht im Sinne der demokratischen Idee zu sein. Zumindest seien derartige Entwicklungen dafür verantwortlich die Rolle der Parteien im politischen System zu schwächen. Kritik dieser Art wurde schon früh geäußert und die Argumente haben auch heute noch Gewicht:

> „Werbung ist zum Metier von Experten geworden. Und es ist schwierig zu unterscheiden, wieweit die Parteien noch Herr des Instruments bleiben, dessen sie sich bedienen. Jeder Versuch des Laien - und das bedeutet hier, auch des bloßen Parteimannes - seinen Witz auf diesem Feld zu gebrauchen, würde hoffnungslos scheitern. Parteien sind damit der Gefahr ausgesetzt, die Führung aus der Hand zu geben und sie jenen zu überlassen, die als - im institutionellen Sinne - politisch Nichtverantwortliche aus dem Hintergrund als Berater im Kampf um die öffentliche Meinung die Schritte der Parteileitung lenken" (Varain 1965, S.3).

In Reaktion auf diese und ähnliche Vorwürfe ist entgegnet worden, dass Politiker in einer kompetitiven Parteiendemokratie abhängig von Zustimmung sind, um die in Wahlkämpfen gerungen wird und die sich in Wahlergebnissen ausdrückt. Methoden wie Politische PR oder emotionale Werbung sollten hierbei nicht „demokratietheoretisch heikel, sondern als systemimmanent angesehen werden" (Kuhn 2007, S.202). Vielmehr ist die Inanspruchnahme von Dienstleistern für Aufgaben der persuasiven

Kommunikation sowie die Professionalisierung der Politiker selbst (z.B. über Medientraining) zur Optimierung ihrer Kommunikationsaktivitäten nicht nur eine Voraussetzung für Erfolg. Sie ist auch sinnvoll, um „eine Art Gleichgewicht der Informations- und Deutungsmacht zwischen Politik und den expandierten, kontrollierenden, aber selbst nicht kontrollierten Medien" (ebd.) zu gewährleisten.

Das Einschalten externer Berater ist häufig sogar eine Notwendigkeit, da Politiker oder Parteien selten über die notwendigen Kompetenzen verfügen, um in diesen Bereichen bestehen zu können (vgl. Strohmeier 2002, S.50). Seit der Verbreitung des Fernsehens ist die medienwirksame Inszenierung immer ein Hauptmerkmal der Wahlkampfführung gewesen. Die Medienkompetenz der politischen Akteure hat sich parallel dazu langsam aber stetig weiterentwickelt, von einer plötzlich einsetzenden Professionalisierung kann nicht die Rede sein. Schon in den frühen fünfziger Jahren wurden Meinungsforschungsinstitute und Werbeagenturen in die Kampagnenplanung und -gestaltung involviert. Meistens sind externe Fachleute in Deutschland aber keine meinungslosen Söldner sondern grundsätzliche Sympathisanten der Partei für diese arbeiten. In vielen Fällen sind sie auch regelmäßig, also in mehr als einem Wahlkampf für den jeweiligen politischen Akteur tätig. Anders als zum Beispiel in den USA kommt es hier selten vor, dass Berater für verschiedene politische Lager arbeiten (vgl. ebd. S.193ff). Viele Parteien, aber auch NGOs und Verbände, wählen Dienstleister mittlerweile gezielt auf deren Wertorientierung und -beständigkeit hin aus. Eine offen kommunizierte politische oder ethische Einstellung kann somit im Umkehrschluss sogar zum Erfolgsfaktor werden.

Die Nutzung des Ausdrucks *Professionalisierung* im Rahmen politischer Kommunikation wird ebenfalls kritisch kommentiert - von einem selbsterklärenden „Allerwelts-Buzzword", das nicht einheitlich verwendet wird und das nicht immer eindeutig definiert ist, ist die Rede (vgl. Negrine & Lilleker 2002, S305ff). Der Begriff ist auch im Zusammenhang mit dem Schlagwort Amerikanisierung kritisch reflektiert worden (vgl. Donges 2000). Auch hier wird eine präzise Begriffsdefinition als kritischer Aspekt beschrieben.

In diesem Zusammenhang muss auch betont werden, dass der Begriff *Professionalisierung* in der Forschungsliteratur „recht einmütig auf die mit ihm assoziierten Veränderungen in der Kampagnenführung" (Schweitzer 2006, S.187) gebracht wird. Der Wahlkampfstil hat sich vor allem in denjenigen Bereichen verändert, die mit Informationstechnologie, Informationsmanagement und Parteiorganisation zusammenhängen. „Daraus zwangsläufig auf eine Form von Professionalisierung zu schließen, erweist sich jedoch als Fehlwahrnehmung" (ebd. S.196). Vielmehr haben vor allem die Möglichkeiten der Online-Kommunikation die Lücken in der Wahlkampfkommunikation gefüllt, die durch sinkende Parteimitgliedschaften und zurückgehendes, freiwilliges Engagement für Parteien entstanden sind. Mit Hilfe von Informationstechnologien wie E-Mail, SMS und Intranet können Kampagnen viel einfacher, straffer und effektiver geplant und umgesetzt werden. Trotz dieser technischen Neuerungen sind die strategischen Prinzipien relativ konstant geblieben.

> „In diesem Sinne professionalisiert sich jeder Bereich des gesellschaftlichen Leben, so dass in der Politik kein Sondereffekt eingetreten ist" (Kuhn 2007, S.196).

3.3.6 Dienstleistung & Beratung

Das Phänomen der zunehmende Inanspruchnahme von Dienstleistern und Beratern im Wahlkampf wurde bereits thematisiert. Parallel dazu wächst auch das Angebot an Leistungen stetig wie rasant, so dass die Branche ein immer umfangreicheres Leistungsspektrum anbietet (vgl. Falk & Römmele 2009). Eine Ursache dafür ist die ansteigende Komplexität des Mediensystems, in dem politische Themen keinen „Aufmerksamkeitsbonus" mehr genießen. In diesem Zuge müssen so auch politische Akteure immer mehr um mediale Aufmerksamkeit kämpfen und dafür die Dienste von Kommunikationsberatern in Anspruch nehmen. Politische Kommunikation wird dadurch zunehmend durch Aspekte der strategischen Kommunikation geprägt (vgl. Schmitt-Beck 2008, S.71f).

> „A political consultant is a campaign professional who is engaged primarily in the provision of advice and services (such as polling, media creation and production, and fundraising) to candidates, their campaigns, and other political committees."
> (Sabato 1981, S.8)

Die Arbeitsbereiche der Beratungsdienstleister *(consultants)* lassen sich zum Teil schwer voneinander abgrenzen oder präzise definieren, da sich viele Aktivitäten überlagern, ähneln oder zunehmend vermischen (vgl. Hoffmann et al. 2008, S.101 und Nothhaft 2010, S.552). Außerdem sind viele Begrifflichkeiten in dem Bereich nicht klar definiert. Dies gilt im Besonderen für Beiträge auf internationaler Ebene, hier gibt es ein großes Durcheinander an Bezeichnungen. In englischsprachigen Ländern ist mit „political consulting" Wahlkampfberatung gemeint, im deutschsprachigen Raum ist der Begriff viel schwammiger und kann verschiedene Beratungsdienstleistungen im Bereich strategischer politischer Planung um-

fassen. Kunden sind neben Parteien und Kandidaten auch Regierungsor-
ganisationen, Interessenverbände, soziale Bewegungen, NGOs und Unternehmen. Die Beratungsleistungen können sich auf unterschiedlichste
Bereiche erstrecken (vgl. ebd. S.104ff und Falk & Römmele 2009, S.29ff):

- Kommunikation, „Communications"
- Öffentlichkeitsarbeit, Public Relations, Public Affairs
- Kommunikations- und Wahlkampf-Kampagnen, „Campaigning"
- Spenden, „Fundraising"
- Themenmanagement, „Issue-Management"
- Themenfeldbeobachtung, Monitoring
- Politikfeldberatung, „Policy Consulting"
- Lobbying

In einigen Untersuchungen wird der Bereich meist vorschnell auf Berater
reduziert, die auch unter dem Begriff „Spin Doctors" firmieren. Dabei
handelt es sich um Kommunikationsmanager, die sich um die Generierung von Nachrichtenwerten und die Medienpräsenz der Kandidaten
kümmern. Die vorangegangene Auflistung von Beratungsfeldern zeigt
jedoch, dass sich Dienstleistungen im Bereich strategischer und politischer Kommunikation über ein weites Feld möglicher Leistungen erstrecken können.

Wenig empirische Erkenntnisse gibt es bisher darüber, wie sich die
konkrete Zusammenarbeit zwischen Dienstleistungsbranche und dem
politischen Betrieb in Wahlkämpfen im Bereich Online-Kommunikation
ausgebildet hat, zum Beispiel wie die Zusammenarbeit organisiert ist,
welche Verantwortlichkeiten wohin verteilt werden und wie evaluiert
wird. An diesem Punkt wird die vorliegende Untersuchung ansetzen.

3.3.7 Der Obama-Faktor

In der politikwissenschaftlichen Forschung ist der Begriff der *Amerikanisierung* breit diskutiert worden (vgl. Kamps 2000), auch im direkten Zusammenhang mit den Themen Professionalisierung (vgl. Donges 2000)
und Wahlkampf (vgl. Wagner 2005). Auf diese Diskussion wird hier nicht
weiter im Detail eingegangen. An dieser Stelle muss lediglich noch einmal
unterstrichen werden, daß ein direkter Vergleich des amerikanischen und
deutschen Wahlkampfs aufgrund elementarer Unterschiede in der politischen Kultur, im Wahlsystem, in der Mediennutzung und in der Bereitschaft zum politischen und zivilgesellschaftlichen Engagement wenig
sinnvoll ist (vgl. Schweitzer 2006). Und obwohl die These der *Amerikani-*

sierung viel berechtigten Widerspruch erfahren hat (vgl. Donges 2000), so kann dem amerikanischen Online-Wahlkampf zweifellos eine weltweite Vorreiterrolle zugestanden werden. Diese geht einher mit einer internationalen Angleichung und einer Globalisierung von Online-Kampagnen. Der amerikanische Wahlkampf gilt dabei aufgrund mehrerer Faktoren als weltweites Rollenmodell:

> „Die Vielfalt und Häufigkeit der amerikanischen Wahlen, die zahlreiche Gelegenheitsfenster zur Erprobung neuer Instrumente schaffen; das personalisierte, kapitalintensive und stark wettbewerbsorientierte Wahlsystem, das einen immensen Innovationsdruck auf die Kandidaten ausübt; die fortgeschrittene Beratungsindustrie, die global agiert und damit amerikanische Wahlkampfstrategien auch in anderen Ländern popularisiert; die hohe Entwicklungs- und Adaptionsgeschwindigkeit, die die nationale Einführung neuer Technologien begleitet und die frühe administrative Förderung von politischen Webangeboten durch Initiativen im Senat und Repräsentantenhaus" (Schweitzer & Albrecht 2011, S.18).

Besonderen Anteil an der Wahrnehmung der USA als Vorreiter in Sachen Online-Wahlkampf haben die Vorwahl- und Präsidentschafts-Kampagnen von Barack Obama in 2008. Obama und sein Spezialisten-Team haben nicht nur eine außergewöhnlich innovative und nachweislich erfolgreiche Online-Kampagne geführt, sondern es auch geschafft, den innovationsfreudigen Einsatz öffentlichkeitswirksam zu inszenieren und so von der Kommunikation der eigenen Professionalisierung profitiert (vgl. 3.3.2.1).

Zwei weitere Faktoren hatten ebenfalls maßgeblichen Anteil am Erfolg von Obamas Kampagne: der fortschrittliche und richtungsweisende Einsatz der Online Social Networks und das beeindruckende Online Fundraising. Obamas Wahlkampf fiel genau in die erste große Aufschwungphase der Popularität sozialer Netzwerke und trug außerdem selbst einen erheblichen Anteil zu dieser Entwicklung bei. Bei Obamas Bekanntgabe zur Kandidatur 2007 hatte Facebook noch 20 Millionen aktive Nutzer, nach dem Sieg bei den Vorwahlen 2008 waren es schon über 100 Millionen. Somit fiel der Präsidentschaftswahlkampf 2008 genau in diese Wachstumsphase und die Kampagne lag genau am Puls der Zeit. Barack Obamas Entscheidung, die sozialen Medien voll in die Kampagne einzubinden als auch das Vermögen und die Fähigkeiten seines Wahlkampf-Teams, dieses Vorhaben auch professionell umzusetzen, waren Faktoren, die entscheidend zum Wahlsieg beigetragen haben.

Der hohe Anteil von jungen, Internet-affinen Wählern, die durch die Kampagne angesprochen wurden, war ein wichtiges Element, genau wie die erfolgreiche Umsetzung der On-zu-Offline-Transformation (vgl. Heigl

& Hacker 2010, S.11ff). Ein weiterer gewichtiger Faktor war die umfang-
reiche Spendengenerierung. Insgesamt wurde über eine halbe Milliarde
Dollar durch Online-Spenden eingenommen werden (vgl. Bieber 2010,
S.21), der Bärenanteil davon wurde durch eine Vielzahl von Klein- und
Kleinst-Spenden erzielt. Online-generierte Spenden haben nicht nur zwei
Drittel der gesamten eingenommenen Wahlkampfspenden ausgemacht,
sondern auch einen zweifelsfreier Beweis dafür geliefert, dass Online-
Kampagnen effektiv zum Wahlsieg beitragen können.

Fernwirkung

In den deutschen Medien wurden im Anschluss an die US-Wahl 2008,
befeuert durch die erfolgreiche Online-Kampagne Obamas, große Erwartungen auf den Internet-Wahlkampf 2009 in Deutschland projiziert. Die
Erwartungen waren derart hoch und unreflektiert, dass sie zwangsläufig
enttäuscht werden mussten. Die deutschen Wahlkämpfer mussten sich
im Bundestagswahlkampf 2009 stets den Vorwurf gefallen lassen, dass
Internet nicht in ähnlich fulminanter Weise genutzt zu haben wie das
amerikanische Vorbild ein Jahr zuvor (vgl. Bieber 2009, S.19). So war
immer wieder zu lesen, dass der deutsche Online-Wahlkampf im Vergleich zum US-Vorbild rückständig und kaum professionalisiert ist. Wissenschaftliche Untersuchungen legen dagegen nahe, dass Online-Campaigning auch in Deutschland mittlerweile erheblich professionalisiert ist
(vgl. Schweitzer 2006).
    Die Wahlkampf-Kampagne Obamas hatte also in mehrfacher Hin-
sicht Einfluss auf den deutschen Wahlkampf. Im Positiven, bedingt durch
die Übernahme erfolgreicher Praktiken, wie auch im negativen Sinne,
bedingt vor allem durch die überkritische Erwartungshaltung. Dieser
mehrdeutige Einfluss kann als *Obama-Faktor* oder auch als *Obama-
Effekt* bezeichnet werden:

> „Ohne Zweifel hat es zur Bundestagswahl 2009 einen ‚Obama-Effekt' im
> Sinne einer mittelbaren Folgewirkung auf die Gestaltung des Online-
> Wahlkampfs deutscher Parteien und einzelner Politiker gegeben" (Bieber
> 2010, S.18).

Wie zuvor schon erwähnt, war die Obama-Kampagne außerdem Wegbereiter für die kommunikationsstrategische Nutzung des Internet im Allgemeinen. Keine andere Kampagne, weder in der politischen noch in der
wirtschaftlichen Sphäre, hat es zuvor geschafft, soziale Medien derart in
eine übergeordnete Kommunikationsstrategie einzubinden und so erfolgreich zu nutzen.

Trotz aller Lorbeeren für die innovative Nutzung der sozialen Medien durch die Politik darf nicht übersehen werden, dass es dennoch Entwicklungspotential in anderen Bereichen der strategischen Online-Kommunikation gibt:

> „Due to the reputation of the Obama 2008 campaign, the corporate world believes that politics is a hub of sophisticated digital innovation. While this is true in some respects, paid political online advertising lags many years behind Madison Avenue"
> (Bleeker & Lubin 2012, S.54).

Der angerissene Vergleich zwischen politischer und werbewirtschaftlicher Online-Kommunikation wird im weiteren Verlauf, im Rahmen der empirischen Untersuchung, noch einmal aufgegriffen werden.

3.3.8 Zusammenfassung

Im Rahmen des zurückliegenden Kapitels wurde der aktuelle Stand des Forschungsfelds der Computer-Mediated Political Communication beschrieben. Dabei wurden vor allem strategische Gesichtspunkte im Rahmen der Konzeption und Umsetzung von Wahlkampfkampagnen im Internet fokussiert. Im Besonderen wurde die Professionalisierung der Wahlkampfführung und die Einbindung von Dienstleistern thematisiert, außerdem wurde detailliert auf den Aspekt der Kanalwahl und die Bedeutung des Obama-Faktors eingegangen.

   Es wurde dabei deutlich, dass der Wahlkampf im Internet umfassend erforscht ist und dennoch viel weiteres Untersuchungspotenzial bietet. Dies gilt im Besonderen für die Wahlkampfaktivitäten im Internet rund um die Bundestagswahl 2009. Entsprechend ausführlich ist in diesem Bereich viel Grundlagenforschung betrieben worden und die vorliegende Arbeit kann sich auf bestehende Forschungslücken in Form der vorab formulierten Erkenntnisinteressen konzentrieren - beispielsweise, wie sich die konkrete Zusammenarbeit zwischen der Dienstleistungsbranche und dem politischen Betrieb in Wahlkämpfen im Bereich der Online-Kommunikation ausgebildet hat.

3.4 Zwischenfazit - Wissensstand in Empirie und Praxis

In der Beschreibung des Wissensstands wurde, wie auch schon im Abschnitt zuvor, deutlich, dass strategische Online-Kommunikation ein Bereich ist, der nicht nur von interdisziplinärer Forschung profitiert, sondern in dem bestimmte Aspekte nur durch die Verknüpfung unterschied-

licher wissenschaftlicher Perspektiven gebührend ergründet werden können. Diese Feststellung unterstreicht das hier gewählte Untersuchungsdesign. Nichtsdestotrotz bringt dieses Vorgehen auch Schwierigkeiten mit
sich. Im Rahmen der ersten beiden Abschnitte dieses Kapitels konnten
teilweise nur begrenzte Auszüge großer wie unübersichtlicher Wissensbe-
reiche erörtert werden. Dabei wurde zwar ein besonderer Wert darauf
gelegt, sich auf Aspekte nahe der konkreten Forschungsfragen zu konzentrieren, selbst mit dieser Eingrenzung war es jedoch nicht möglich,
den aktuellen Forschungsstand bis ins kleinste Detail abzubilden. Einerseits schreiten Forschung und Praxis, gerade in so einem innovativen Bereich wie der Online-Kommunikation, unglaublich schnell voran. Entsprechend war es zwingend notwendig, an einem bestimmten Punkt in-
nezuhalten und eine Momentaufnahme zu machen (die im nächsten Au-
genblick schon wieder veraltet sein könnte). Andererseits ist die Fülle der
Veröffentlichungen auch in solch einem klar abgegrenzten Bereich wie
dem Online-Wahlkampf so groß, dass eine eingrenzende Auswahl getroffen werden musste.

Dennoch konnten in den vorangegangenen drei Abschnitten die im
theoretischen Teil eingebrachten Themenfelder mit Erkenntnissen aus
Forschung und Praxis ausreichend angereichert, illustriert und beschrieben werden. Die Perspektive wurde dabei auf zwei konkrete wie praxisnahe Bereiche, die kommunikationsstrategische Konzeption und Evaluation von Online-Kommunikation, eingeengt.

Analysemodell

Die gesammelten und gebündelten Informationen aus Empirie und Praxis werden im nächsten Schrittmit mit dem theoretischen Modell der
Analyse strategischer Online-Kommunikation (vgl. 2.4) zusammengeführt. Dazu werden die zuvor eingegrenzten Themenfelder, der theoretische Kontext sowie die angeschlossenen Kategorien und Aspekte mit den
Erkenntnissen aus dem Wissensstand in einer Matrix zusammengefasst
(siehe Abb. 3.4). Diese Matrix soll im weiteren Verlauf den Argumentati-
onsweg strukturieren sowie als Schablone für die empirische Untersuchung, vor allem für die Konzeption und Analyse der Interviews, eingesetzt werden. Außerdem wird die Matrix als Orientierungshilfe dienen,
um bei der Vielfältigkeit der theoretischen und empirischen Bezüge die
Übersicht zu behalten. Der besseren Handhabung halber wurden die verschiedenen Aspekte in sechs thematische Gruppen gefasst, anhand derer
die Ergebnisse im weiteren Verlauf geordnet und präsentiert werden:
*Akteure & Struktur, Kommunikationsstrategie, Konzeption & Umset-
zung, Online-Kommunikation, Komplexität* und *Wahlkampf*.

Die empirischen Kategorien bilden den Ausgangspunkt der einzelnen Aspekte. In der Themengruppe *Akteure & Struktur* werden drei dieser Kategorien zusammengefasst, die Auskunft über die relevanten und im strategischen Prozess der Konzeption, Planung, Umsetzung und Evaluation von Online-Kommunikation involvierten Akteure geben sollen (#1). Dabei sollen insbesondere relevante Dienstleister (#2) identifiziert werden. Außerdem soll die Organisationsstruktur, in die die Akteure eingebunden sind, nachgezeichnet werden. Im Themenfeld *Kommunikationsstrategie* wird die globale Kommunikationsstrategie der Organisation fokussiert. Dabei soll heraus gefunden werden, was die konkreten Ziele sind (#4), inwieweit Online-Kommunikation darin strategisch eingebunden ist (#5) und ob sich die Kommunikationsaktivitäten in einer prozessualen Perspektive abbilden lassen (#6). Innerhalb des Themenfelds *Konzeption & Umsetzung* wird hauptsächlich der Einsatz einzelner Online-Dienste (#8,#9 und #11) sowie die Bedeutung der Online-Media-Relations (#10) ergründet. Im Besonderen wird dabei noch auf den Aspekt der Kanalwahl (#7) und die Evaluation von einzelnen Kanälen wie auch der gesamten Online-Strategie eingegangen (#12). Die Rahmenbedingungen von Online- sowie Social-Media-Kommunikation (#13 und #14) werden im Themenbereich *Online-Kommunikation* erläutert. Hier wird auch die Online-Kommunikationsstrategie ergründet (#13), im Kontext der globalen Kommunikationsstrategie wie auch in Bezug auf die einzelnen Kanäle. Außerdem werden spezifische Aspekte, zum einen in Bezug auf die Rolle von Kommunikatoren und Rezipienten (#16), zum anderen in Bezug auf das Publizitätsparadox (#17), näher betrachtet. Das Thema *Komplexität* soll innerhalb von zwei empirischen Kategorien abgehandelt werden. Einerseits sollen die komplexitätsbringenden Aspekte von Online-Kommunikation, andererseits der Umgang mit Komplexität aus Akteursperspektive beleuchtet werden (#18). Dabei spielt auch die Identifikation von Entscheidungen und Bewertungen, die nicht auf rationaler Basis sondern intuitiv getroffen werden, eine besondere Rolle (#19). Im letzten Themenfeld, dem *Wahlkampf*, werden die Rahmenbedingungen von Wahlkampfkommunikation beschrieben (#20). Außerdem werden drei wahlkampfspezifische Aspekte fokussiert: die Ausrichtung der Kommunikationsaktivitäten (#21), die Auslagerung von Kommunikationsverantwortung an Dienstleister (#22) und der Einfluss der Obama-Kampagne von 2008 (#23).

Die einzelnen Aspekte sind äußerst heterogen. Während die Aspekte #1 bis #13 sowie #20 und #21, mit Einschränkungen auch #22 und #23, in der Hauptsache auf die Deskription, Reflexion und Rekonstruktion tatsächlich erfolgter Kampagnen hinzielen, erfassen die Aspekte #14 bis #19, mit Einschränkung #22 und #23, generellere Sichtweisen. Aus die-

sem Grund wäre auch eine andere Gruppierung der Aspekte möglich gewesen. Die erfolgte Gruppierung erschien jedoch aufgrund der Nähe zur
Struktur der Strategieanalyse (vgl. 2.1.1.2) am sinnvollsten.

Das *Erkenntnisinteresse* beschreibt die Funktion, die die einzelnen
Aspekte im Argumentationsrahmen der Untersuchung einnehmen sowie
die Rückführung auf die im Vorhinein formulierten Forschungsfragen.
Hierbei kommen zwei Erkenntnisformen zum Ausdruck: Identifikation
und Beschreibung. Im Rahmen der Identifikation geht es darum, bestimmte bisher unklare aber klar umrissene Aspekte zu bestimmen, zu
definieren und einzugrenzen. Im Rahmen von Beschreibungen sollen
weiter gefasste Aspekte ausführlich deskriptiv beschrieben und Details
erläutert werden. Unter *theoretischem Kontext* werden die Theorie-
Ansätze genannt, an der sich die Aspekte orientieren und unter deren
Perspektive sie betrachtet werden. Pro Aspekt werden in der Regel mehrere Ansätze aufgeführt, da dieser sich auf mehrere Ansätze stützen kann.
Der theoretische Hauptfokus ist jedoch immer Strategieanalyse in Bezug
auf Kommunikation. Der Theorieansatz *Professionalisierter Wahlkampf*
wurde zwar nicht im Rahmen des Theoriekapitels behandelt, sondern in
Kapitel 3.3.4 im Bereich des aktuellen Forschungsstands. Dennoch hat
der Ansatz auch, wie zuvor schon erwähnt, einen theoretischen Anspruch
(vgl. Schweitzer & Albrecht 2011, S.38f). Die *theoretischen Kategorien*
sind aus den theoretischen Konzepten entnommene Kategorien, die bei
der konkreten Zuordnung der empirischen Aspekte auf den theoretischen
Diskurs helfen sollen. *Spezifische Aspekte* sind Aspekte, die in den Abschnitten zuvor explizit und ausführlich besprochen worden sind. Da sie
für die Untersuchung zudem von hervorgehobenem Interesse sind, werden sie gesondert gekennzeichnet.

Themenfeld	#	Empirische	Theoretischer Kontext	Theoretische Kategorie	Erkenntnisinteresse
Akteure und Struktur	1	Prozessbeteiligte Akteure	Strategieanalyse, strategische Kommunikation	Strategischer Akteur	Identifikation aller relevanten und im strategischen Prozess der Konzeption, Planung, Umsetzung und Evaluation von Online-Kommunikation involvierten Akteure
	2	Prozessbeteiligte Dienstleister	Strategieanalyse, strategische Kommunikation	Strategischer Akteur, spezifischer Aspekt	Identifikation aller relevanten im strategischen Prozess der Konzeption, Planung, Umsetzung und Evaluation von Online-Kommunikation involvierten Dienstleister
	3	Organisationsstruktur	Strategieanalyse, strategische Kommunikation	Strategischer Akteur, strategisches Handeln	Beschreibung der institutionellen Rollen, der Arbeits- und Verantwortungsverteilung aller Prozessbeteiligten sowie der organisatorischen Struktur
Kommunikationsstrategie	4	Kommunikationsziele	Strategieanalyse, strategische Kommunikation	Strategisches Ziel	Beschreibung der globalen Zielsetzungen der Kommunikationsaktivitäten
	5	Kommunikationsstrategie	Strategieanalyse, strategische Kommunikation	Strategisches Ziel, Ziel-Mittel-Umwelt-Kalkulation, strategisches Handeln	Beschreibung der globalen Kommunikationsstrategie und inwieweit Online-Kommunikation darin eingebunden ist
	6	Kommunikationsprozess	Strategieanalyse, strategische Kommunikation	Strategisches Handeln	Beschreibung der prozessualen Kommunikationsaktivitäten (Information, Planung, Umsetzung, Evaluation)
Konzeption und Umsetzung	7	Kanalwahl	Strategieanalyse, strategische Kommunikation, Kommunikation im Internet	Strategisches Mittel, strategisches Handeln, spezifischer Aspekt	Beschreibung der Prozesse und Kriterien bei der Auswahl der Online-Dienste
	8	Webseiten	Strategieanalyse, strategische Kommunikation, Kommunikation im Internet	Strategisches Mittel, strategisches Handeln	Beschreibung des Einsatzes von Webseiten
	9	E-Mails	Strategieanalyse, strategische Kommunikation, Kommunikation im Internet	Strategisches Mittel, strategisches Handeln	Beschreibung des Einsatzes von E-Mails und Newsletter

Tabelle 3.4 - Analysematrix

Themenfeld	#	Empirische Kategorie	Theoretischer Kontext	Theoretische Kategorie	Erkenntnisinteresse
Konzeption und Umsetzung	10	Journalistische Online-Medien	Strategieanalyse, strategische Kommunikation, Kommunikation im Internet	Strategisches Mittel, strategisches Handeln, strategische Umwelt	Beschreibung der Online-Media-Relations
	11	Social Media	Strategieanalyse, strategische Kommunikation, Kommunikation im Internet	Strategisches Mittel, strategisches Handeln	Beschreibung des Einsatzes von Social-Media-Diensten
	12	Evaluation	Strategieanalyse, strategische Kommunikation, Kommunikation im Internet, Kommunikationsevaluation	Strategisches Mittel, strategisches Handeln, spezifischer Aspekt	Beschreibung der Evaluationsprozesse sowie der dabei zum Einsatz kommenden Konzepte, Kriterien und Instrumente
Online-Kommunikation	13	Online-Kommunikationsstrategie	Strategieanalyse, strategische Kommunikation, Kommunikation im Internet	Strategisches Ziel, Ziel-Mittel-Umwelt-Kalkulation, strategisches Handeln	Beschreibung der kommunikationsstrategischen Ausrichtung der Online-Kommunikation sowie einzelner Kanäle (Information, Persuasion, Dialog, Konsens)
	14	Rahmenbedingungen Online-Kommunikation	Strategieanalyse, strategische Kommunikation, Kommunikation im Internet	Strategische Umwelt, spezifischer Aspekt	Beschreibung der Besonderheiten von Online-Kommunikation
	15	Rahmenbedingungen Social-Media-Kommunikation	Strategieanalyse, strategische Kommunikation, Kommunikation im Internet	Strategische Umwelt, spezifischer Aspekt	Beschreibung der Besonderheiten von Social-Media-Kommunikation
	16	Kommunikatoren und Rezipienten	Strategieanalyse, strategische Kommunikation, Kommunikation im Internet	Strategischer Akteur, strategisches Handeln, strategische Umwelt, spezifischer Aspekt	Beschreibung der Wahrnehmung sowie Auswirkungen der verschwimmenden Rollen von Kommunikatoren und Rezipienten im Rahmen von Online-Kommunikation, Beschreibung des Einsatzes partizipativer Kommunikation und von Bottom-Up-Ansätzen

Fortsetzung: Tabelle 3.4 - Analysematrix

Themen-feld	#	Empirische Kategorie	Theoretischer Kontext	Theoretische Kategorie	Erkenntnisinteresse
Komplexität	17	Publizitätsparadox	Strategieanalyse, strategische Kommunikation, Kommunikation im Internet	Strategisches Handeln, strategische Umwelt, spezifischer Aspekt	Beschreibung des Umgangs mit Hürden der Wahrnehmbarkeit von Online-Kommunikations-angeboten
	18	Online-Kommunikation und Komplexität	Strategieanalyse, strategische Kommunikation, Kommunikation im Internet, Strategisches Handeln in komplexen Situationen	Strategisches Handeln, strategische Umwelt, spezifischer Aspekt	Beschreibung der Wahrnehmung von und des Umgangs mit komplexitätsbringenden Aspekten von Online-Kommunikation
	19	Intuition	Strategieanalyse, strategische Kommunikation, Kommunikation im Internet, Strategisches Handeln in komplexen Situationen	Strategisches Handeln, spezifischer Aspekt	Identifikation von Entscheidungen und Bewertungen, die nicht auf rationaler Basis, sondern intuitiv getroffen werden
Wahlkampf	20	Rahmenbedingungen Wahlkampf	Strategieanalyse, strategische Kommunikation, Kommunikation im Internet, Professionalisierter Wahlkampf	Strategische Umwelt, spezifischer Aspekt	Beschreibung der wahlkampfspezifischen Rahmenbedingungen, die Auswirkungen auf strategische Online-Kommunikation haben
	21	Kampagnenausrichtung	Strategieanalyse, strategische Kommunikation, Kommunikation im Internet, Professionalisierter Wahlkampf	Strategischer Akteur, strategisches Handeln, spezifischer Aspekt	Beschreibung der Ausrichtung der Kampagne auf den Spitzenkandidaten sowie daraus resultierende Folgen für die Kampagnenkonzeption
	22	Auslagerung von Kommunikationsverantwortung	Strategieanalyse, strategische Kommunikation, Kommunikation im Internet, Professionalisierter Wahlkampf	Strategischer Akteur, strategisches Handeln, spezifischer Aspekt	Beschreibung der Prozesse und Kriterien bei der Einbeziehung von Dienstleistern sowie Auswirkungen der Auslagerung von Kommunikations-verantwortung
	23	Obama-Faktor	Strategieanalyse, strategische Kommunikation, Kommunikation im Internet, Professionalisierter Wahlkampf	Strategische Umwelt, spezifischer Aspekt	Beschreibung der Wahrnehmung des Einflusses der Obama-Kampagne 2008

Fortsetzng: Tabelle 3.4 - Analysematrix

4 - Methodik der Untersuchung

Nachdem im Vorfeld das theoretische Fundament der Untersuchung gelegt und der dort umrissene Themenkomplex mit dem aktuellen Wissensstand abgeglichen worden ist, konnte im Anschluss eine Analysematrix aufgesetzt werden, die die zentralen Fragestellungen und bisherigen Erkenntnisse zusammengefasst und geordnet hat. Ausgehend von dieser Grundlage wurde die empirische Untersuchung durchgeführt. Bevor jedoch mit der Beschreibung der eigentlichen Untersuchung begonnen werden kann, wird im Folgenden zunächst das methodische Vorgehen seziert, mit der den Fragestellungen auf den Grund gegangen werden soll. Ziel ist, die komplexen Phänomene in der ganzen Breite sowie im Detail zu ergründen. Dabei bildeten die individuellen, subjektiven Perspektiven von Menschen, die in dem zuvor beschriebenen Feld aktiv sind, die Grundlage.

Die empirische Arbeit gliedert sich in drei Teile: die Vorstudie und die zweiteilige Hauptstudie. Ein Großteil der Empirie wurde mit dem qualitativen Erhebungsverfahren der Experteninterviews durchgeführt. Da dieses methodische Verfahren sehr voraussetzungsvoll und gleichzeitig der Kern dieser Arbeit ist, wird es im Anschluss fundiert und ausgiebig dargelegt.

4.1 Untersuchungsbereich

Um sich dem Themenkomplex der Kommunikationsstrategien von Organisationen im Internet anzunehmen, wurde der Untersuchungsgegenstand zunächst auf den Bereich Kampagnenkommunikation, mit einem Schwerpunkt auf politischer Wahlkampfkommunikation, eingeengt:

> „Dabei werden ausschließlich jene Internetangebote als Teile des E-Campaigning verstanden, die von politischen Bewerbern selbst während eines demokratischen Wettbewerbs verantwortet werden, um Unterstützung zu generieren" (Schweitzer & Albrecht 2011, S.25).

Eine Fokussierung ist aufgrund der Weite des Themenfeldes maßgeblich. Die Begrenzung auf speziell dieses Feld bietet zudem explizite Vorteile für die Untersuchung. So sind die Organisationen, die sich in direkter Kon-

kurrenz zueinander befinden, klar definiert und für alle Teilnehmer des
Wettbewerbs sowie alle Beobachter offensichtlich. Dies gilt zumindest für
die Akteure auf Partei-Ebene, die im Zeitraum des Wahlkampfs Rivalen
im Wettkampf um Bedeutung und Einfluss sind. Aufgrund dieser Faktoren, sowie der weitreichenden medialen und wissenschaftlichen Berichterstattung, ist das Feld für Untersuchungen leicht zugänglich. Der Umstand, dass der Wettkampf, zumindest vordergründig betrachtet, eindeutige Sieger und Verlierer zu einem bestimmten Zeitpunkt hervorbringt, ist
für die Analyse strategischer Prozesse ebenfalls hilfreich. Es gibt ansonsten kaum Bereiche, in denen konkurrierende Organisationen in einem
klar begrenzten Zeitraum, noch dazu zeitlich parallel, Kommunikationskampagnen anstrengen, die analoge Zielsetzungen, gleichartige Voraussetzungen, ähnliche Umweltbedingungen und einen gemeinsamen End-
punkt haben. Außerdem ist die Anzahl relevanter, konkurrierender Organisationen begrenzt. Insofern kann durch den Blick auf die Gesamtzahl
der relevanten Akteure ein umfassendes und aktuelles Bild der Erwartungen und Wahrnehmungen in Bezug auf die kommunikationsstrategische
Nutzung von Online-Medien im Wahlkampf sowie der prozessualen und
organisatorischen Ausgestaltung der Kampagnen gezeichnet werden.

Um die Aussagekraft der vorliegenden Arbeit zu erweitern, wird der
Fokus zum Abschluss der empirischen Untersuchung noch einmal ver-
größert. Die Ergebnisse aus dem Bereich der Wahlkampfkommunikation
werden mit Aussagen aus dem Feld der Werbe- und Markenkommunika-
tionsagenturen, die für Unternehmen und Organisationen abseits des politischen Betriebs arbeiten, ergänzt und kontrastiert. Dadurch ergibt sich
nicht nur die Gelegenheit eine weitere Vergleichsebene einzuführen,
nämlich zwischen Kommunikationsstrategien im politischen Betrieb und
in der Wirtschaft. Die zusätzlichen Erkenntnisse haben auch für sich allein stehend schon einen Wert, da sie einen Einblick in die Erwartungen
und Wahrnehmungen der Kommunikationsdienstleistungsbranche bieten.

4.2 Untersuchungsdesign

Um einen aktuellen Einblick in das Arbeitsfeld zu bekommen, sich zu orientieren und eventuelle Besonderheiten bei der Befragung frühzeitig
kennenzulernen, wurden vor der eigentlichen Befragung Vorstudien
durchgeführt (vgl. Gläser & Laudel 2010, S.107f). Grundsätzlich gilt das
Experteninterview als sehr voraussetzungsvoll und aufwendig. Eine „hohe
Feldkompetenz und -akzeptanz sind zwingend erforderlich" (Pfadenhauer
2009, S.113) um angemessen Daten erheben zu können. Die Medienangebotsanalyse innerhalb der Vorstudie hatte genau das zum Ziel. Sie soll-

te einen praxisorientierten Einstieg in die Thematik und eine Wissensgrundlage für die spätere Befragung schaffen. Im Konkreten lieferte die Analyse eine Übersicht über die Kommunikationsangebote im Internet, die die Parteien selbst verantwortet haben, die für die Wahlkampfkampagne genutzt wurden und die über einen Internet-Browser öffentlich zugänglich waren. Außerdem konnte ein grober Überblick darüber geboten werden, wie aktiv auf den Kanälen kommuniziert wurde.

Experteninterviews

Der Hauptteil der empirischen Forschungsarbeit war die Befragung von Akteuren, die im Prozess der strategischen Planung und Durchführung von Online-Kommunikation federführend involviert waren und denen ein gewisser Grad von Expertenwissen zugesprochen wurde. Neben Fragen nach der prozessualen und organisatorischen Ausgestaltung der Kampagne waren vor allem die subjektive, persönliche Perspektive auf den Themenkomplex Inhalt der Interviews. Ziel der Befragung war es, einen Eindruck davon zu bekommen, welche strategische Konzeptionen, Entscheidungsverfahren und Zielformulierungen bei der Planung und Durchführung von Kampagnen eine Rolle spielten. Es ging darum, individuelle Perspektiven abzufragen, um diejenigen Prozesse und Mechanismen zu rekonstruieren, die zu Konzeptions- und Nutzungsentscheidungen führen. Diese Prozesse haben auf der Ebene eines einzelnen Akteurs ihren Ursprung, entfalten ihre Wirkung aber im Kontext der gesamten Organisation. Entsprechend konnten Aussagen zur Strategie der gesamten Organisation getroffen werden, obwohl nur Einzelpersonen befragt wurden (vgl. 2.1.1.1). Um die Befragung systematisch und erkenntnisorientiert anzugehen, wurde auf die Methodik von Experteninterviews zurückgegriffen. Experteninterviews sind Teil der qualitativen, empirischen Forschung und in der Sozial- und Politikwissenschaft, der Management- und Marketingforschung so wie in der Kommunikations- und Medienwissenschaft eine anerkannte Erhebungsmethode (vgl. Dorussen, Lenz, Blavoukos 2005 und Abels, Behrens 2009). In der empirischen Sozialforschung ist es sogar „eines der am häufigsten eingesetzten Verfahren" (Meuser & Nagel 2009, S.35).

Die Studien ermöglichen einen konzentrierten, deskriptiven Blick auf das Themenfeld und die Wahrnehmungen der relevanten Akteure. Zudem hat das Design, bedingt durch die Zusammenstellung der Interviews sowie die unter 4.1 genannten Aspekte bei der Analyse von Wahlkämpfen, gute Voraussetzungen für Vergleichsanalysen geboten, denn empirische Forschungsarbeit kann durch die Einbindung vergleichender Ausführungen neben deskriptiven Befunden unter bestimmten Voraussetzungen auch kausale Aussagen hervorbringen (vgl. Rohlfing 2009, S.133f). Studien mit vergleichenden Elementen haben gegenüber Einzelfallstudien den Vorteil, dass die komparative Komponente auch bei einer vergleichsweise kleinen Fallzahl für einen erweiterten Wissensgewinn sorgen kann. Die Gegenüberstellung von Tatbeständen kann Unterschiede und Gemeinsamkeiten hervorheben. Dabei besteht die Möglichkeit, zuvor getätigte Aussagen und Hypothesen zu überprüfen. Mitunter kann dadurch sogar die Entwicklung von Theorien gestützt werden (vgl. Pickel et al. 2009).

Vorstudie

Um einen fixen Rahmen für die Studie zu erhalten wurden zwei Wahlkämpfe ausgewählt. Zunächst ist ein Wahlkampf für die Vorstudie ausgesucht worden, der, um die Aktualität zu wahren, eine größtmögliche zeitliche Nähe zum Forschungsvorhaben hatte und der gleichzeitig derart überschaubar war, dass der Arbeitsaufwand einer Vorstudie angemessen war. Im Fokus stand die Hamburger Bürgerschaftswahl 2011. Der Fall einer Landtagswahl hat den Vorteil, dass sich die Vorgänge rund um den Wahlkampf in einem übersichtlichen geographischen und institutionellen Rahmen abspielen. Dies gilt insbesondere für einen Stadtstaat wie Hamburg.

Damit die Hauptstudie nahtlos an die Vorstudie angeknüpft werden konnte, wurde die erste Runde von Interviews auch mit Akteuren aller fünf großen Parteien (CDU, SPD, FDP, GAL und FDP) aus dem Hamburger Online-Wahlkampf 2011 geführt. Die gewählten Akteure waren maßgeblich verantwortlich für die Umsetzung der Online-Kampagne. Diese Interviews sollten die Resultate der Vorstudie mit individuellen Wahrnehmungen aus dem unmittelbaren Produktionsprozess der Online-Kampagne unterfüttern und kontrastieren. Zugleich fungierten sie als Bindeglied zwischen den Ergebnissen der Medienangebotsanalyse und dem ersten Teil der Hauptstudie und sorgten somit für eine zusätzliche Vergleichsebene zwischen Landtags- und Bundestagswahlen.

Haupstudien

Die Hauptstudie setzt sich aus Interviews mit drei Gruppen von Akteuren zusammen. Die ersten beiden Gruppen waren unmittelbar und aktiv in den Online-Wahlkampf der Bundestagswahl 2011 eingebunden, einerseits als strategische Kommunikationsplaner auf Seiten der Partei, andererseits in beratender und ausführender Funktion auf Seiten der für die Parteien tätigen Dienstleister für Online-Kommunikation. Ziel hierbei war es, ein umfassendes Bild der kommunikationsstrategischen Aspekte des gesamten Online-Wahlkampfs zu bekommen. Entsprechend wurde jeweils mindestens ein Akteur aus jeder der fünf großen Parteien (CDU, SPD, FDP, Grüne und FDP) sowie jeweils ein Vertreter der entsprechend verantwortlichen Dienstleister interviewt. Dabei wurde auf Partei-Seite möglichst großer Wert darauf gelegt, Akteure zu befragen, die einen Stellenwert in der Organisations-Hierarchie einnahmen, der es ihnen ermöglicht hat, kommunikative Strategien entscheiden zu prägen. Auf Seite der Dienstleister war neben dem kommunikationsstrategischem Verständnis vor allem Praxiswissen und Fachkenntnisse in Bezug auf Online-Kommunikation von entscheidender Bedeutung. Somit hat die Befragung mindestens zwei relevante und fundierte Perspektiven auf die Vorgänge rund um die Online-Kampagne jeder Partei geliefert.

Wahlkampfkampagnen haben neben den zuvor genannten, für die Untersuchung hilfreichen Aspekten auch viele Alleinstellungsmerkmale, die es, trotz aller mittlerweile attestierten Nähe zum Marketing (vgl. Schulz 2011, S.243) schwierig machen, die Ergebnisse der Befragung ohne weiteres auf andere Bereiche der Organisations- und Unternehmenskommunikation zu übertragen. Es war für das Forschungsprojekt jedoch von vornherein wichtig, Ergebnisse mit einem hohen Praxisbezug zu liefern, die nicht nur ein hilfreicher Beitrag für die Wahlkampf-, sondern auch für die Werbe- und Markenkommunikation sind. Aus diesem Grund wurde abschließend noch eine weitere Runde von Experteninterviews durchgeführt. Die Befragten waren diesmal ausgewiesene Spezialisten für Online-Kommunikation aus führenden deutschen Online- und Social-Media-Agenturen, also aus dem Bereich der Werbe- und Markenkommunikation. Ziel der Interviews war es einerseits eine zusätzliche Vergleichsebene zu schaffen, mit der die Ergebnisse aus der Wahlkampfkommunikation verglichen werden konnten und die so einen praxisnahen Einblick in die Unterschiede zwischen politischer Wahlkampf- und klassischer Werbe-Kommunikation geliefert hat. Andererseits sollte die in 3.3.6 schon genannte Aussage (vgl. Bleeker & Lubin 2012, S.54) wieder aufgegriffen werden, wonach die politische Kampagnenführung in einigen Bereichen der Online-Kommunikation federführend ist, während die Werbe- und Markenkommunikation in anderen Bereichen Wegbereiter ist. Um einen aktuellen und umfassenden Überblick über die derzeit maßgeblichen Kommunikationsstrategien im Bereich der Online-Kommunikation zu erhalten, sollten demnach Erkenntnisse aus beiden Bereichen einbezogen werden. Entsprechend wurde hiermit auch der schon in den ersten Abschnitten angewandte interdisziplinäre Ansatz in den empirischen Studien weiter verfolgt.

Im Anschluss an die Hauptstudie wurden die gesamten Ergebnisse miteinander in Verbindung gesetzt. Dabei wurden die Daten und Resultate aus der empirischen Arbeit in Verbindung mit dem Vorwissen und den bisherigen Ergebnissen der Forschung sowie den theoretischen Konzepten aus den vorigen Kapiteln gebracht. Das gesamte Untersuchungsdesign wurde bereits auf Abb. 1.3a übersichtlich dargestellt (siehe Kapitel 1).

4.3 Vorstudie

Die Vorstudie ist vergleichbar mit einer Medienangebotsanalyse. Es gibt in der Literatur keine standardmäßige Erhebungsmethode, die sich explizit mit der hier gewählten Vorgehensweise auseinander setzt. Wenn man das Vorgehen mit üblichen Erhebungsmethoden der qualitativen Medien- und Kommunikationsforschung vergleicht, so können Bestandteile aus dem methodischen Vorgehen teilnehmender Fallstudien, explorativer Feldstudien und, mit Abstrichen, Inhalts-Analysen von Kommunikationsangeboten herangezogen werden (vgl. Kuster 2004, Muno 2009, Wagner 2009, Herring 2010 und Bruhn Jensen 2012). Eine tiefergehende methodische Fundierung ist aufgrund des Umfangs und der Aussagekraft der Vorstudie nicht von Nöten. Sie dient hauptsächlich der Materialsammlung, der Schaffung einer anschaulich illustrierten, empirischen Basis und soll außerdem vermeiden, dass bei der Gestaltung der Befragung Alltagseindrücke des Untersuchenden unangemessen einwirken.

Im Rahmen der Studie wurde die Ausgestaltung der Online-Kampagnen und weiterer Wahlkampfaktivitäten im Netz während der Hamburger Bürgerschaftswahl 2011 untersucht. Die Ergebnisse lassen Rückschlüsse darauf zu, auf welchen Online-Kanälen die Kampagnenakteure in der Wahlkampfzeit präsent waren. Es geht dabei, wie zuvor schon erwähnt, nicht um eine tiefgründige Studie oder gar Vollerhebung, sondern vielmehr um eine systematische, protokollierte, wenn auch oberflächliche Erfassung des Ist-Zustands zum Zeitpunkt der Wahl 2011. Auf Grundlage dieser empirischen Basis wurde im Anschluss die Befragung der Experten konzipiert.

4.3.1 Gestaltung der Datenerhebung

Die Datenerhebung erfolgte in mehreren Schritten. Der Ausgangspunkt war das Vorhaben, sich aus der Perspektive eines interessierten Wählers ohne umfassende Vorkenntnisse über die fünf großen Parteien (CDU, SPD, GAL, Linke und FDP), ihre Spitzenkandidaten sowie ihre Wahlkampfthemen auf deren eigenen Kanälen im Netz zu informieren. Dabei ging es ausschließlich um den Zeitraum des Wahlkampfs zur Bürgerschaftswahl 2011 in Hamburg.

Begonnen wurde mit einer simplen Suchanfrage über die Suchmaschine Google. Ziel der Anfrage waren zunächst die Webseiten der Parteien bzw. der Kandidaten. Maßgeblicher Suchbegriff war der Parteiname als Kürzel (z.B. „CDU") zusammen mit dem Begriff „Hamburg". Von der dadurch identifizierten Webseite wurde dann der Name des jeweiligen Spitzenkandidaten entnommen und eine weitere Suchanfrage zusammen mit dem Partei-Kürzel und „Hamburg" gestartet, wenn eine eigene Homepage des Kandidaten nicht schon prominent auf der Parteiseite verlinkt war. Aus den Suchanfragen wurden nur die ersten dreißig Suchergebnisse einbezogen, da sich relevante Einträge im Rahmen der Grundregeln von Suchmaschinen-Marketing (vgl. Schwarz 2008, S.319ff) eigentlich schon unter den ersten zwanzig Ergebnissen befinden sollten. Im ersten Schritt wurde somit eine aus Perspektive des Wählers geformte Übersicht der Webseiten der Hamburger Landesverbände der Parteien, der Webseiten der entsprechenden Spitzenkandidaten sowie der temporären Wahlkampfseiten zum Bürgerschaftswahlkampf 2011 erstellt. Bei der Suche auftretende Besonderheiten wurden protokolliert.

Im zweiten Schritt wurde dann geschaut, ob die Kandidaten und Parteien Profile auf den beiden populärsten Social Media Diensten Facebook und Twitter unterhalten haben. Außerdem wurden noch die Plattformen YouTube und Flickr mit einbezogen, hier allerdings nur im Hinblick auf die Partei und nicht auf den Spitzenkandidaten. Dieses Vorhaben wurde über das Suchen von Links auf den zuvor identifizierten Webseiten und, falls die Links nicht innerhalb von drei Klicks oder über die Seiteninterne Suche zu finden waren, über eine weitere Suchanfrage auf Google umgesetzt. Die Suchanfrage wurde wie zuvor durchgeführt, nur dass als Suchbegriff noch der jeweilige Name des Netzwerks (z.B. „Twitter") hinzugefügt wurde. Im zweiten Schritt ist somit eine Übersicht aus Perspektive der Wähler entstanden, die die Social-Media-Kanäle der Hamburger Landesverbände der Parteien und der entsprechenden Spitzenkandidaten enthält. Bei der Suche auftretende Besonderheiten wurden, wie zuvor auch schon, protokolliert.

Im dritten Schritt wurde versucht, sich einen ersten, groben Eindruck davon zu verschaffen, wie aktiv der Einsatz der einzelnen Kanäle in den sozialen Medien betrieben wurde. Dabei ging es nicht darum, eventuelle Dialog-Offenheit oder authentische Kommunikation zu identifizieren. Stattdessen galt es herauszufinden, wie regelmäßig die Kanäle aktualisiert wurden und in welchem Umfang dies geschah. Zu diesem Zweck wurden lediglich die aktiv zur Verfügung gestellten Beiträge auf den jeweiligen Plattformen im Zeitraum zwischen dem 7. und dem 20.2.2011 gezählt.

Dieser Zeitraum waren die letzten beiden Wochen vor der Wahl am 20. Februar. Sie können als die „heisse Phase" des Wahlkampfs bezeichnet werden. Die Beiträge, die dabei gezählt wurden waren beispielsweise Statusaktualisierungen auf Facebook oder Videobeiträge auf Youtube. Besonderheiten wurden dabei ebenfalls protokolliert. Das Ergebnis sollte Hinweise darauf liefern, inwiefern der betreffende Kanal als Sprachrohr der Kampagne genutzt worden ist oder nur eingerichtet worden ist, um auf dem Kanal präsent zu sein, wenn auch mehr oder minder inaktiv.

Im letzten Schritt wurde der Fokus dann noch beträchtlich erweitert. Die individuellen Social-Media-Profile der 121 Abgeordneten der Hamburger Bürgerschaft wurden ins Auge gefasst. Es sollte herausgefunden werden, auf welchen Kanälen sich die Abgeordneten präsentierten oder inwieweit sie dies überhaupt getan haben. Begründet ist dieses Vorhaben mit dem 2008 und 2011 geänderten Hamburger Wahlrecht, dass zu einem stark personalisierten Verhältniswahlrecht geführt hat. Sowohl über die Landesliste als auch über die Wahlkreise konnten hiernach einzelne Kandidaten gewählt werden. Entsprechend, so die Vermutung, sollte den Kandidaten daran gelegen sein, sich abseits der Kampagne der Partei und des Spitzenkandidaten individuell dem Wähler zu präsentieren. Außerdem sollte mit diesem letzten Schritt auch umgangen werden, in der gesamten empirischen Untersuchung nur die übergeordneten, größeren Einheiten politischer Kommunikation zu fokussieren, und stattdessen auch die untergeordneten, kleineren Einheiten zu beachten (vgl. Donges 2000, S.39).

Der Einfachheit halber wurde nicht das gesamte Kandidatenfeld untersucht. Der Fokus fiel stattdessen auf die 121 Abgeordneten, die seit 2009 in der Bürgerschaft saßen. Insofern wurde nicht das (äußerst umfangreiche) gesamte Kandidatenfeld erfasst, sondern nur die Kandidaten, die sich zur Wiederwahl gestellt haben. Außerdem wurden auch Abgeordnete berücksichtigt, die sich nicht zur Wiederwahl gestellt haben und die somit gar keinen Wahlkampf mehr betreiben mussten. Diese Einschränkungen sind jedoch hinnehmbar, da es, wie zuvor schon erwähnt, nicht darum ging eine Vollstudie zu erstellen, sondern nur Stichproben zu nehmen, die einen ersten Eindruck des Kommunikationsverhaltens vermitteln. Um die besagte Übersicht zu erhalten wurden die Kanäle der Abgeordneten wie die der Spitzenkandidaten in Schritt zwei ermittelt. Aufgrund der geringeren Popularität der meisten Abgeordneten im Vergleich zu den Spitzenkandidaten und der damit verbundenen schwächeren Einordnung bei Google wurde die Suche allerdings weitaus beharrlicher betrieben. Und zwar in dem Sinne, dass die ersten fünfzig Treffer von Google betrachtet wurden und die Suche außerdem mit verschiedenen weiteren Suchwörtern (z.B. „Bürgerschaft") durchgeführt wurde. Wurden die Profile nicht über Google gefunden, wurde noch einmal die interne Suche der Plattformen bemüht. Zudem wurden auch noch weitere soziale Netzwerke wie Xing, StudiVZ und MeinVZ hinzugezogen, Netzwerke die im Rahmen der Hauptkampagne keine oder kaum Anwendung gefunden haben.

4.3.2 Auswertung

Die Analyse ist im Vorhinein auf den Einzelfall des Wahlkampfs 2011 und der im dortigen Wahlkampf genutzten Online-Kanäle festgelegt worden. Innerhalb dieses Falls bietet sich der Bezug der drei Kampagnenakteure (Partei, Spitzenkandidat, Abgeordneter) der unterschiedlichen Parteien (SPD, CDU etc.) auf die einzelnen Kanäle (Webseite, Facebook-Profil etc.) an. Der Kampagnenakteur einer bestimmten Partei bildet die unabhängige Variable, während die einzelnen Kanäle die abhängige Variable bilden. Die drei Variablen sind der theoretischen und empirischen Vorarbeit entnommen worden. Die Auswertungsergebnisse sind einerseits ein (wenn auch kleiner) Beitrag zur deskriptiven Nachberichterstattung der Wahl in Hamburg, die gleichzeitig als Grundlage für die anschließende Befragung dienen.

4.4 Hauptstudie

Die Hauptstudie besteht aus einer Reihe von Interviews mit Akteuren, die sich im Rahmen ihrer beruflichen Tätigkeit oder im Zusammenhang mit ihrer Position in einer Partei mit Online-Kampagnen auseinandergesetzt und entsprechend einen gewissen Grad von Expertenwissen in diesem Themenfeld mitgebracht haben.

Experteninterviews sind für Forschungstreibende attraktiv, da sie zu einem beliebigen Zeitpunkt einer Untersuchung eine verdichtete Datenbasis liefern. Bogner und Menz (2009) sprechen sogar von „einer konkurrenzlos dichten Datengewinnung". Sie können bisher noch nicht theoretisch hergeleitete Inhalte liefern und so bei der Theoriebildung helfen. Genau so können auch bereits bestehende theoretische Hypothesen getestet werden (vgl. ebd. 8). Ein weiterer Vorteil von Experteninterviews ist, dass sie sehr genau auf die zentralen Aspekte der Untersuchung gelenkt werden können (vgl. Dorussen et al. 2005, S.317f), was für die vorliegende Untersuchung wichtig ist, da die zentralen Fragen sehr spezifische Punkte in einem weiten Themenfeld betreffen. Außerdem werden „die Experten als ‚Kristallisationspunkte' praktischen Insiderwissens betrachtet und stellvertretend für eine Vielzahl zu befragender Akteure interviewt" (ebd. S.8). Die Methode ermöglicht unter bestimmten Umständen also eine gewisse Generalisierbarkeit auf ein ganzes Betätigungsfeld, was für die Relevanz dieser Arbeit sehr nutzbringend ist. Experteninterviews können auch als Brücke zwischen Fallstudien und öffentlich erhältlichen Daten fungieren (ebd. S.317). Eine vergleichbare Rolle nehmen sie in der vorliegenden Untersuchung ein, in dem sie die Erkenntnisse aus der Vorstudie aufgreifen und vertiefen. Wenn der Zugang zum Forschungsfeld beschwerlich oder gar unmöglich ist, beispielsweise bei tabuisierten Themen oder einem informationell schwer zugänglichen Gebiet, können Experteninterviews ebenfalls eine Alternative bieten (vgl. Bogner, Menz 2009, S.8). Da die Strategiegestaltung zwar das Herzstück von Kommunikationsprozessen ist, die Akteure ihre strategischen Überlegungen oder Handlungen jedoch in der Regel entweder nicht unmittelbar zum Ausdruck bringen können, zumindest nicht unter wissenschaftlich-systematischen Gesichtspunkten, oder aber diese nicht ohne weiteres offen darlegen, ist auch dieser Faktor ein weiteres Argument zu Benutzung dieser Methodik.

Experteninterviews sind, wie im Folgenden noch erläutert werden wird, sehr voraussetzungsvoll und erfordern neben einem gut geplanten Vorgehen auch eine gut strukturierte Auswertung. Aus diesem Grund wird die Methodik im weiteren Verlauf detailliert beschrieben. Ausgehend von diesem Ansatz wurde die empirische Untersuchung konzeptioniert und durchgeführt (vgl. 5).

4.4.1 Qualitative Empirie

Ein weiterer Grund für die ausführliche Beschreibung der Interview-Methodik ist die Tatsache, dass qualitativ erhobene Forschungsergebnisse im Vergleich zu quantitativen Verfahren nach wie vor besonders kritisch hinterfragt werden. Qualitative Studien enthalten daher in der Regel eine gesonderte begründende Abgrenzung zu quantitativer Forschung, so auch hier.

Der am meisten hervorgebrachte, reflexartige Kritikpunkt ist die schwache empirische Fundierung aufgrund der geringen Anzahl der Befragten. Das Experteninterview weist zwar eine kleinere durchschnittliche Befragungsmenge als quantitative Verfahren, aber auch eine größere als viele andere qualitative Verfahren, wie z.B. dem biographischen Interview (vgl. Meuser & Nagel 1989 und Trinczek 2009), auf. Es sitzt sozusagen zwischen den Stühlen und muss sich sogar gegen den recht banalen Vorwurf verteidigen, mehr zu sein, als ein informatives Gespräch. Experteninterviews werden von Kritikern aus diesem Grund auch als Methoden zweiter Wahl, als „unreife Vorstufe zum eigentlichen Forschungsprozess" (Hopf 1979, S.16) angesehen. Auf die Methodendebatte soll hier nicht weiter eingegangen werden, da die Methode trotz aller Kritik mittlerweile eine recht hohe und breite Akzeptanz erfährt (vgl. Meuser & Nagel 2010). Mehr zur Methodendiskussion findet sich bei Bogner & Menz (2009a), Meuser & Nagel (2009) und Gläser & Laudel (2010).

Um der Kritik im Vorhinein entgegen zu wirken, ist bei der methodischen Vorarbeit und anschließenden Datengewinnung eine hohe Sorgfalt angebracht. Dazu zählen Aspekte, die auch bei anderen methodischen Verfahren unersetzlich sind, wie eine genaue Definition des Forschungsziels in Abstimmung mit der Funktion und den Möglichkeiten der Methode. Bei Experteninterviews muss besonders auf die Identifizierung der Experten und der damit einhergehenden Dokumentation des Identifizierungsprozesses geachtet werden, da der Expertenstatus dem Befragten bei der Untersuchung vom Forscher zugeschrieben wird. Anderseits muss immer darauf geachtet werden, welches Wissen die Befragten haben bzw. haben könnten und in welcher Form es sich ausdrückt, um die Funktion des Interviews für das Forschungsvorhaben klar definieren zu können. An diesem Punkt wird spätestens klar, dass es hier keinesfalls um triviale Gesprächsführung oder informative Gespräche, sondern um qualitative Datenerhebung geht.

Die Gestaltung der Interviews und der Gesprächsführung muss gleichfalls präzise geplant und umgesetzt werden. Im Anschluss an die Befragung sollten im jeden Fall die Rollen der Gesprächteilnehmer reflektiert werden, bevor die Bearbeitung der Aufzeichnungen und Auswertung beginnt, die ebenfalls bestimmten Richtlinien folgen sollte. Ein wichtiger Punkt hierbei ist die Vermeidung „der naiven Annahme vom Experten als Lieferanten objektiver Informationen" (Bogner, Menz 2009, S.13). Der Forschungsgegenstand darf nicht als sozialer Tatbestand, noch das Wissen darüber als Resultat einer objektiven Erfassung von gegebenen Tatsachen gesehen werden.

> „Vielmehr korrespondiert diese Forschungshaltung mit einer wissenssoziologische Perspektive, die die soziale Realität als durch Interpretationshandlungen hergestellte Konstruktion von Wirklichkeit begreift. Wissenschaftliche Forschung, die die soziale Ordnung auf der Grundlage von Bedeutungen und Relevanzen analysiert, erscheint als aktiv konstruktivistischer Herstellungsprozess" (Bogner & Menz 2009, S.63).

4.4.2 Forschungsziel und Funktion des Interviews

> „Der Experte wird angesprochen, da man, wie auch immer begründet, annimmt, dass er über ein Wissen verfügt, das er zwar nicht notwendigerweise exklusiv hat, das jedoch nicht für Jedermann in dem Themenbereich frei zugänglich ist" (Meuser & Nagel 2009, S.37).

Experteninterviews dienen als Grundlage zur Rekonstruktion von explizierbarem Wissen und Praktiken. Da die Erklärungsstrategie im vorliegenden Fall beinhaltet, rationale Konzepte, soziale Prozesse und individuelle Handlungsmuster bei der Konzeption und Durchführung strategischer geplanter Online-Kampagnen zu rekonstruieren, kann ein Experteninterview die passende Methode hierfür sein. Auch die Rekonstruktion von implizitem Wissen ist möglich, aber mitunter schwierig abzufragen, da es nicht zwangsläufig reflexiv verfügbar ist (vgl. Pfadenhauer 2009). Die allgemeine Wahrnehmung der Möglichkeiten von Online-Kommunikation sowie der mehr oder minder bewusste Umgang mit Komplexität sind beispielsweise relevantes implizites Wissen. Zum Zweck einer genaueren methodischen Einordnung für den Einsatz von Experteninterviews unterscheiden Bogner und Menz (2009a) in Anlehnung an Vogel (1995) und Meuser & Nagel (2008, 2009) zwischen drei erkenntnisleitenden Formen des Experten-Interviews:

- explorative
- systematisierende
- theoriegenerierende

Explorative Interviews dienen der Erschließung eines neuen oder unübersichtlichen Forschungsfelds. Sie können in quantitativ wie qualitativ orientierten Forschungsvorhaben vorangestellt werden, um Orientierung oder eine erste thematische und inhaltliche Struktur anzubieten. Die Befragten können selbst Teil des Arbeitsfelds sein oder als außenstehende, komplementäre Quelle genutzt werden. Explorative Interviews werden möglichst offen geführt. Vergleichbarkeit, Vollständigkeit und Standardisierbarkeit der Daten sind nicht vorgesehen. Das *systematisierende Interview* soll dem Forscher nicht zugängliches Fachwissen abfragen. Es zielt hauptsächlich auf aus der Praxis gewonnenes, reflexiv verfügbares und spontan kommunizierbares Handlungs- und Erfahrungswissen des Experten ab. Nicht der Experte selbst steht im Zentrum der Untersuchung, er dient mehr als Informant für soziale Sachverhalte. Thematische Vergleichbarkeit ist vorgesehen, demnach ist ein Mindestmaß an Standardisierung Voraussetzung. Das systematisierende Interview ist in der sozialwissenschaftlichen Forschungspraxis das am meisten verbreitete Form. Beim *theoriegenerierenden Interview* geht die Rolle des Experten über die des sachdienlichen Informanten hinaus. Die subjektiven Dimensionen des Experten stehen hier im Zentrum des Interesses. Routinen, Wissensbestände und Weltbilder im Rahmen ihres Tätigkeitsbereichs, die konstitutiv für das Funktionieren von sozialen Systemen sind, sollen abgefragt und nach Möglichkeit rekonstruiert werden. Auch implizite Wissensbestände zählen dazu. Vergleichbarkeit wird methodisch durch einen möglichst festen Leitfaden gesichert. Die Theoriegenerierung soll über die interpretative Generalisierung einer Typologie geschehen.

In der vorliegenden Arbeit haben die Interviews sowohl eine explorative als auch eine systematisierende Funktion. Die explorative Funktion zeigt sich bei den Fragen zur organisatorischen, institutionellen und prozessualen Gestaltung der Kampagnen, während die spezielleren Fragen zu Kanalwahl, Evaluation und zum Umgang mit Komplexität systematisierende Funktion haben. Teilweise können Fragen zu grundsätzlichen Aspekten, wie beispielsweise Veränderungsprozessen in der Kommunikationspraxis aufgrund von Entwicklungen im Online-Bereich, auch Ansätze theoriegenerierender Art haben. Da der Fokus jedoch auf den ersten beiden genannten Aspekten liegt, wurden diese auch bei der Strukturierung des Interviews berücksichtig (vgl. 4.4.5).

4.4.3 Identifizierung des Experten

Zunächst einmal ist es notwendig, den Prozess der Auswahl und Zuteilung der Experten zu erläutern und zu begründen. Vor der Befragung musste demnach bestimmt werden, wer über sachrelevantes Wissen verfügt und wer für den Bereich Online-Kommunikation als zu befragender Experte in Frage kommt. Dabei war zu beachten, dass es keinen Experten als solches gibt, vielmehr musste der Status des Experten den betreffenden Personen innerhalb des Forschungsvorhabens zugeteilt werden. Der Experte wurde hierbei in dem klar umrissenen Feld „strategische Online-Kommunikation" deklariert.

Nach Schütz (1972) steht der Experte für eine Problemperspektive, die für den institutionellen Kontext, in dem er sein Wissen erworben hat, typisch ist. Wer Einfluss auf den Entwurf, die Implementierung oder die Kontrolle einer Problemlösung hat oder wer über einen privilegierten Zugang zu Informationen über Personengruppen, Soziallagen, Entscheidungsprozesse, Politikfelder und vergleichbarem verfügt, kann ebenfalls als Experte angesprochen werden (vgl. Meuser & Nagel 1991, S.443). Einen ersten Hinweis zur Bestimmung dieser Faktoren kann die berufliche Rolle liefern. Für die vorliegende Untersuchung wurden im Vorfeld schon relevante berufliche Arbeitsbereiche definiert, die zur Befragung in Betracht gezogen werden können (vgl. 2.2.1.2). Falls nicht über die Berufsrolle, so lässt sich der Expertenstatus doch zumindest über die soziale Institutionalisierung der Expertise oder die Gebundenheit an einen spezifischen Funktionskontext, eine „institutionalisierte Kompetenz zur Konstruktion von Wirklichkeit" (Hitzler 1994, S.13) bestimmen.

Allerdings sollte immer darauf geachtet werden, keine inflationäre Ausweitung des Expertenbegriffs vorzunehmen - beispielsweise jemanden als „Experte für das eigene Leben" (vgl. Meuser & Nagel 2010) auszuweisen. Ein weiterer Aspekt kann die Wirksamkeit des Wissens des Experten sein, die zumindest im Organisationsumfeld nachweisbar sein sollte und die bei bestimmten Experten sogar gesamtgesellschaftlich relevant sein können.

> „Das Wissen des Experten, seine Handlungsorientierungen, Relevanzen usw. weisen zudem - und das ist entscheidend - die Chance auf, in der Praxis in einem bestimmten organisationalen Funktionskontext hegemonial zu werden, d.h., der Experte besitzt die Möglichkeit zur (zumindest partiellen) Durchsetzung seiner Orientierungen. Indem das Wissen des Experten praxiswirksam wird, strukturiert es die Handlungsbedingungen anderer Akteure in seinem Aktionsfeld in relevanter Weise mit" (Bogner & Menz 2002, S.43f).

4.4.4 Experten für strategische Online-Kommunikation

Entsprechend den zuvor genannten Aspekten wurde die Auswahl der Experten getroffen. Für die erste Gruppe der Vorstudie wurden die für die Online-Kommunikation verantwortlichen Planer innerhalb des Landesverbands der Hamburger Parteien identifiziert. Da die Landesverbände in Hamburg eine überschaubare Größe haben gab es dabei keine Probleme. Vorab war beispielsweise befürchtet worden, dass es unklar sein könnte, inwieweit relevante Kompetenzen auf verschiedene Personen verteilt sind. Der Identifikationsprozess lief jeweils nach dem gleichen Muster ab. Zunächst wurde auf Webseiten der Landesverbände nach Organigrammen oder vergleichbaren Dokumenten geschaut. Wenn dort die gesuchten Positionen eindeutig adressiert waren, wurde die entsprechende Person direkt kontaktiert. Konnte im ersten Schritt keine Person identifiziert werden, wurde in der Landeszentrale der Partei angerufen und nach entsprechenden Positionen gefragt. In allen Fällen konnte spätestens so der richtige Ansprechpartner ermittelt werden. Um größtmögliche Sicherheit ob der Kompetenzen der jeweiligen Personen und ihrer Positionen zu erhalten, wurde vor der Befragung immer ein kurzes, vorbereitendes Telefonat geführt.

Die zweite Gruppe von Experten waren die im Bundestagswahlkampf 2009 verantwortlichen Online-Kampagnenplaner der Parteien. Die Bundeszentralen der betreffenden Parteien sind weitaus größer und komplexer organisiert, als die der überschaubaren Hamburger Büros. Entsprechend gestaltete sich die Suche nach den richtigen Ansprechpartnern hier etwas schwieriger. Ausgangspunkt war auch hier die Suche auf den Webseiten der Zentralen, gefolgt von einer erweiterten Suche auf Google. Vorteilhaft war an diesem Punkt, dass die Online-Kampagnen-Experten der CDU, Stefan Hennewig, und der Grünen, Robert Heinrich, sehr präsent in den Medien vertreten sind, da sie schon im Laufe des Wahlkampfs 2009 beliebte Interview-Partner zum Thema Online-Wahlkampf waren, gleiches gilt für Sebastian Reichel und Mathias Richel von der SPD. Ansprechpartner bei der FDP und den Linken wurden über Anrufe in den Parteizentralen identifiziert. Wie in der ersten Interviewgruppe wurde auch hier mit allen Teilnehmern ein Vorgespräch über Telefon geführt.

Die dritte Gruppe, Experten aus den für den Bundestagswahlkampf 2009 von den Parteien engagierten Online-Agenturen, war relativ leicht zu ermitteln. Entweder war die Arbeit der Agentur schon Thema in Interviews, die in der Vorab-Recherche gefunden wurden, oder die Experten aus Gruppe zwei konnten die richtigen Ansprechpartner nennen. Die Experten in Gruppe zwei wurden in jedem Fall nach ihren direkten Ansprechpartnern bei den Agenturen befragt, da die Zusammenarbeit auch ein Thema der Interviews war. Lediglich die Suche nach den richtigen Ansprechpartnern für CDU und FDP gestaltete sich schwierig. Bei der CDU gab man sich ob dieser Zusammenarbeit sehr bedeckt, offenbar wurde dort aber auch kaum kommunikationsstrategische Verantwortung an Externe vergeben. Die Hamburger Agenturen Kolle Rebbe und Shipyard waren wohl für die CDU im Wahlkampf tätig (vgl. www.horizont.net 2007). In welchem Umfang diese Arbeit Einfluss auf die Online-Kampagnen hatte, kann nicht genau bestimmt werden, da beide Agenturen Interviews mit der Begründung abgelehnt haben, sie hätten für derartige Gespräche keine Freigabe von ihrem Auftraggeber erhalten. Vielmehr hätten sie in der Vergangenheit aus ähnlichen Vorgängen heraus schon Schwierigkeiten mit ihrem Auftraggeber, der CDU, bekommen. Die Interviews mit den Vertretern der CDU (vgl. 5.2) legten jedoch nahe, dass der Einfluss der Agenturen auf die für die vorliegende Untersuchung relevanten Aspekte kaum vorhanden und somit zu vernachlässigen waren. Alternativ wurden bei der CDU zwei Ansprechpartner unterschiedlicher Hierarchieebenen aus Gruppe zwei ausgewählt, um ebenfalls zumindest zwei interne Perspektiven auf die gleiche Kampagne zu erhalten. Bei der FDP lag ein anderes Problem vor. Für die Partei war ein umfangreiches Geflecht unterschiedlichster Dienstleister im Einsatz, eine federführende Agentur für die Online-Kommunikation war nicht auszumachen. Es war nach längerer Recherche jedoch möglich, einen Mitarbeiter aus einer Agentur auszumachen, die Teil-Aspekte der Online-Kampagne der FDP betreut hat. Interessanterweise war dies der einzige Interviewpartner, der explizit den Wunsch geäußert hatte, anonym zu bleiben. Nach der Befragung wurden die Gründe für diesen Wunsch deut-

lich, da der Interviewte ein sehr differenziertes und teilweise auch negati-
ves Bild der Kampagnenarbeit gezeichnet hat (vgl. 5.2).

Die Auswahl der Interviewpartner der vierten Gruppe, die Experten
aus Online-Agenturen, gestaltete sich gänzlich anders. Da hier der Bereich der Wahlkampfkommunikation verlassen wurde, entfiel dementsprechend der Vorteil des überschaubaren Feldes mit der begrenzten Anzahl relevanter Akteure. Stattdessen musste in einem unüberschaubaren
Feld von Dienstleistern einige wenige, passende ausgewählt werden. Zuvor wurde festgelegt, dass Werbe- und Kommunikations-agenturen, die
für Unternehmen und Organisationen abseits des politischen Betriebs
arbeiten, im Fokus stehen. Zudem interessiert sich die Untersuchung für
Dienstleister, die ein hohes Maß an Kompetenz zum Thema Online-
Kommunikation haben, ihre Kunden umfassend strategisch beraten und
nach Möglichkeit noch weitere Leistungen im Online-Sektor übernehmen. Da sich der zentrale Aspekt der Komplexität von Online-
Kommunikation beim Thema Social Media bündelt (vgl. 3.1.2, 3.2.4 und
3.3.3.5) sollten die Agenturen einen expliziten Schwerpunkt auf Social-
Media-Kommunikation mitbringen. Außerdem, aufgrund der geringen
Datenmenge der qualitativen Methodik, sollten die Agenturen möglichst
viele Kunden betreuen, also ein möglichst großes Auftragsvolumen haben. Dadurch, so die Annahme, könnten die Aussagen der Befragten ein
höheres Maß an Verallgemeinerung zulassen, da die Experten in unmit-
telbarem (wenn sie direkt daran gearbeitet haben) oder mittelbarem
(wenn Kollegen daran gearbeitet haben) Kontakt zu einer Vielzahl von
Auftraggebern und Fällen gestanden haben. Zunächst einmal mussten
also eine Liste mit Agenturen erstellt werden, die für die Belange der Untersuchung in Frage kamen. Ein erster Ansatzpunkt war das Ranking der
Online-Agenturen des Bundesverbands der Digitalen Wirtschaft, das zumindest Rückschlüsse über den Umfang der Auftragsvolumen geliefert
hat und gleichzeitig ein vergleichsweise objektiver Schlüssel zu Ermittlung relevanter Agenturen war (vgl. Tabelle 4.4.4a und www.bvdw.org
2012).

Hieraus wurden unter den zehn erstplatzierten Agenturen diejenigen
ausgewählt, die eine selbst ausgewiesene Kernkompetenz im Bereich
Social Media haben. Gleichzeitig wurden auch noch einige der umsatz-
stärksten allgemeinen Werbeagenturen mit einbezogen. Allerdings nur
dann, wenn sie ebenfalls ausgewiesene, spezialisierte Online-Abteilungen
hatten. Die ausgewählten Firmen wurden über E-Mail kontaktiert - in der
Annahme, dass eine auf Dialog- und Online-Kommunikation spezialisierte Agentur in jedem Fall auf eine E-Mail aus dem Kontakt-Formular der
Webseite reagiert. Diese Hoffnung wurde bei den Agenturen Jung von

Matt, Sinnerschrader und Yellow Tomato / Pixelpark jedoch überraschenderweise enttäuscht - hier gab es schlichtweg keine Reaktion.

#	VJ	Firma	Honora-rumsatz 2011 in Mio. €	Umsatzände-rung ggü. 2010 in %	Festangestell-te 31.12.2011	Änderung der Festan-gestellten ggü. 2010 in %
1	1	T-Systems Multimedia Solutions GmbH	83,169	0,3	690	25,9
2	-	United Digital Group	50,84	-	543	-
3	2	Plan.net Gruppe für digitale Kommunikation	44,179	20,3	318	19,5
4	4	Sinnerschrader AG	33,034	25,6	340	20,6
5	6	Team Neusta	27,658	30,8	299	26,7
6	5	Digital Media Center	22,83	7,3	212	0,5
7	8	Hmmh Multimediahaus AG	21,356	26,7	274	21,8
8	11	Razorfish	19,847	26,1	188	28,8
9	12	Pilot Group	19,124	26	151	11
10	9	Init AG	18,84	12,8	241	15,3

Tabelle 4.4.4a -Agentur-Ranking (www.agenturranking.de 2012)

Von den verbliebenen Agenturen wurden die fünf ausgewählt, bei denen es aus Gründen der Vergleichbarkeit Positionen gab, die denen der Interviewten in Gruppe 3 am ehesten ähnelten oder bei denen sich ein Interviewtermin am leichtesten umsetzen ließ. Ein Ansprechpartner aus der Agentur TLGG wurde noch ausgewählt, nachdem die Agentur von nahezu allen anderen Interviewten als maßgebliche Instanz digitaler Kommunikationsinnovation eingestuft worden war.

4.4.5 Formen von Expertenwissen

Abseits der Identifizierung des Experten galt es, das für die Untersuchung relevante Expertenwissen vorab zu deklarieren. Es können vier Bestimmungsmomente für Expertenwissen aus prozessanalytischer Perspektive zusammengefasst werden, die in die Konzeption der Befragung eingeflossen sind (vgl. Meuser und Nagel 2009, S.51). Zunächst sind das die Bezugsgruppen, durch die Experten ihre Herausforderungen und zu lösenden Probleme definieren. Dazu zählen die in diesem Zusammenhang relevanten soziokulturellen und milieuabhängigen Wissenssphären, so wie die damit zusammenhängende Herausforderung im Umgang mit der Pluralität und Globalisierung von Wissen. Als zweites werden die in Expertennetzwerken stattfindenden kommunikativen Aushandlungsverfahren in Bezug auf Expertenwissen genannt, drittens die biographischen Zusammenhänge von Expertenstatus und privaten Aspekten aus dem Lebensumfeld. Und schließlich, viertens, der Umgang mit Komplexität und Unsicherheit und den daraus resultierenden Strategien zur Selbstvergewisserung. Vor allem der letzte Faktor spielte durch die Nähe zu den theoretischen Grundlagen der Untersuchung eine übergeordnete Rolle.

Ob in der Untersuchung das Spezialwissen der Experten oder die Deutungen, Sichtweisen und Einstellungen der Befragten selbst abgefragt wurden, spielt eine bedeutende Rolle (vgl. Hopf 1979: 15). In der amerikanischen Literatur zu sozialwissenschaftlichen Methoden werden diese Aspekte über die verschiedenartige Benennung der Interviewten informants und respondents ausgedrückt:

> „When people describe their culture, they are informants. When they talk about their own characteristics, their own beliefs (opinions, preferences, values, ideas) and their own experiences and behaviour, they are respondents" (Bernard 2011, S.192).

In der aktuellen deutschsprachigen Literatur zur Methodendiskussion werden in diesem Zusammenhang drei relevante Dimensionen des Expertenwissens ausgemacht (vgl. Meuser & Nagel 2009: 470 und Bogner & Menz 2002, S.43f):

- Fachwissen
- Prozesswissen
- Deutungswissen

Unter *Fachwissen* wird technisches Wissen verstanden. Fragestellungen diesen Bereich betreffend, begegnen dem Experten auch in seinem normalen (Arbeits-)Alltag. Sie sind daher explizit verfügbar und auch unmittelbar kommunizierbar. Das *Prozesswissen* umfasst Handlungsabläufe und Interaktionsprozesse, vor allem solche, die als Routine bezeichnet werden und die sich vielfach wiederholen. Hierbei handelt es sich um praktisches Erfahrungswissen. Das *Deutungswissen* spiegelt sich nicht

nur im funktionalen Kontext des Experten wieder. Hier geht es um subjektive Sichtweisen und Relevanzen, um das Feld der Ideen und Ideolo-
gien.Experten haben ihr spezielles Fach-, Prozess- und Deutungswissen
meist durch ihre Ausbildung und berufliche Tätigkeit erlangt. Die
dadurch gewonnenen Kompetenzen haben in der Regel einen stark pra-
xisrelevanten Bezug. Häufig fließen im Arbeitsalltag „verschiedene und
durchaus disparate Handlungsmaximen und individuelle Entscheidungs-
regeln, kollektive Orientierungen und soziale Deutungsmuster ein" (Bogner & Menz 2002, S.43f). Die für das Forschungsvorhaben interessanten
Aspekte des Expertenwissens sind daher unter Umständen nicht oder
zumindest nicht sofort systematisiert und reflexiv zugänglich. Mit Ausnahme des technischen Wissens kann Expertenwissen daher in der Regel
nicht einfach abgefragt werden, sondern es muss aus den gesammelten
Daten rekonstruiert werden (vgl. Meuser & Nagel 2010).

In der vorliegenden Untersuchung waren alle drei Bereiche des Wissens für die Beantwortung der Forschungsfragen relevant und sind dementsprechend eingeflossen. Fachwissen war vor allem für die technischen
und organisationsspezifischen Aspekte von Interesse. So beispielsweise
bei allgemeinen Fragen nach dem Nutzen von Plattformen, Anwendungen und Evaluationswerkzeugen sowie der Einbindung von Mitarbeitern
und Dienstleistern. Prozesswissen war zum Beispiel im Hinblick auf die
Vorgänge in der konkreten Kampagne, erfahrungsbezogenen Abläufen
zwischen Auftraggebern und Dienstleistern sowie den effektiven Einsatz
spezifischer Plattformen und Anwendungen relevant. Das Deutungswissen der Interviewten war bei Aspekten wie der subjektiven Wahrnehmungen der Möglichkeiten und Grenzen von Online-Kommunikation sowie dem Umgang mit Komplexität von Interesse.

4.4.6 Datenerhebung

In der Literatur wird für Experteninterviews immer das persönliche Gespräch empfohlen, obwohl auch Video-, Chat- oder Telefoninterviews
möglich sind (vgl. Christmann 2009 und Gläser & Laudel 2010, S.153f).
In der vorliegenden Untersuchung wurden alle Interviews persönlich geführt, Ausnahme war ein Skype-Telefon-Interview mit einem Vertreter
der Gruppe IV. Hierbei konnten keine schwerwiegenden Nachteile beobachtet werden.

Standardisierung

Bei der Vorbereitung der Interviews stand zu Beginn die Frage nach dem
Grad der Standardisierung. Es kann zwischen standardisierten und nicht-

standardisierten Interviews unterschieden werden (vgl. Gläser & Laudel 2010, S.41f). Beim standardisierten Interview gibt es ein fixes, unflexibles Befragungsschema. Die Fragen sind vorformuliert und, genau wie die Antwortmöglichkeiten, bei jedem Interview gleich. Ziel ist eine hohe Vergleichbarkeit der Daten. Das nicht-standardisierte Interview lässt sich wiederum in Leitfadeninterviews, offene und narrative Interviews unterteilen.

In der vorliegenden Untersuchung haben ausschließlich Leitfadeninterviews statt-gefunden. Ein offenes Leitfadeninterview wird als Erhebungsverfahren vielfach empfohlen und entsprechend auch in der vorliegenden Arbeit genutzt (vgl. Meuser und Nagel 2010). Ein Leitfaden ist notwendig, um sicher im Gespräch auftreten zu können und sich als kompetenter Gesprächspartner inszenieren zu können. Leitfragen sind zudem „ein Bindeglied zwischen den theoretischen Vorüberlegungen und qualitativen Erhebungsmethoden" (Gläser & Laudel 2010, S.90). Der Leitfaden ist zudem Hauptmerkmal der Differenz zu ethnographischen und biographisch-narrativen Interviews und ermöglicht somit die Fokussierung auf in einem bestimmten Funktionskontext situierte Handlungsstrategien und Entscheidungsroutinen. Aus diesem Grund wurde in den Interviews mit vorgegebenen Themen und Fragen gearbeitet, dennoch wurde darauf geachtet, einen möglichst natürlichen Gesprächsverlauf zu erzielen. Auf einen strikten Leitfaden ist verzichtet worden, ohne jedoch die Vorstrukturierung aus den Augen zu verlieren (vgl. Meuser & Nagel 2009, S.51). Ein Kern von acht Leitfragen wurde in jedem Interview eingesetzt, ohne dabei zwangsläufig eine bestimmte Reihenfolge einzuhalten. Die besagten Leitfragen der Interviews werden in den entsprechenden Kapiteln im weiteren Verlauf innerhalb der empirischen Ergebnisse (5) vorgestellt, da sie von Interviewgruppe zu Interviewgruppe variieren. Nachfragen und Exkurse waren erwünscht und sind jederzeit zugelassen worden. In einem nicht zu ausgedehnten Rahmen sind auch narrative Passagen zugelassen worden, da diese einen „heuristischen Mehrwert" (ebd. S.90) bringen können. So liefern Beispielerzählungen häufig wertvolle, teilweise auch unerwartete Informationen und „neben Erzählungen erweisen sich Berichte über Störungen des Routinebetriebs als besonders aufschlussreich" (Walter 1994, S.275). Diese Aussage hat sich in den Gesprächen der vorliegenden Untersuchung bestätigt. Es gab also ein gewisses Maß an Standardisierung, das jedoch nicht mit hoch standardisierten Formaten wie Fragebögen vergleichbar ist. Im Nachhinein ließ sich dennoch feststellen, dass die Daten in manchen Bereichen derart homogene Antworten enthielten, dass Vergleichsanalysen möglich waren.

Befragung

Das zuvor ermittelte Erkenntnisinteresse musste in die Interviewfragen
übersetzt werden. Hierbei sind vier Aspekte beachtet worden (vgl. Hopf
1978, S.99-110 und Gläser & Laudel 2010, S.115f):

- **Reichweite**: Das Spektrum der Befragung sollte innerhalb des The-
  menfeldes möglichst weit gefasst sein, um die Antworten nicht im
  Vorhinein zu sehr auf die Perspektive des Befragenden einzuengen.
- **Spezifität**: „Erst die Spezifizierung bestimmter Stellungnahmen (...)
  und die Erläuterung ihres Hintergrundes ermöglicht ein sinnhaftes
  Verstehen von Reaktionen" (Hopf 1978, S.100).
- **Tiefe**: Der Interviewte soll nach Möglichkeit auch seine affektiven,
  kognitiven und wertbezogenen Einstellungen zum Themenbereich
  äußern.
- **Personaler Kontext**: Der persönliche und soziale Kontext des Be-
  fragten muss mit einbezogen werden.

Bei der Formulierung der Fragen ist zunächst darauf geachtet worden,
mit der Fragestellung überpersönliches, funktions- und institutionsbezo-
genes Wissen anzusprechen. Dabei war eine Fokussierung auf die in dem
jeweiligen institutionellen Kontext (z.B. Partei oder Agentur) typische
Problemperspektive hilfreich. Fragen nach vollzogenen Entscheidungen
oder abgelaufenen Prozessen haben am ehesten Möglichkeiten eröffnet,
die Entscheidungs- oder Verfahrenslogik zu rekonstruieren. Wie bereits
erwähnt, kann Expertenwissen mit Ausnahme des Fachwissens nicht einfach abgefragt werden. Es muss aus den gesammelten Daten rekonstruiert werden (vgl. Meuser & Nagel 2010).

> „Der Prozesscharakter und die Nicht-Explizietheit eines großen Teils des
> Expertenwissens haben zur Konsequenz, dass dieses große Anteile von
> vortheoretischen Erfahrungswissen beinhaltende Wissen nicht einfach
> bzw. nur teilweise abgefragt werden kann. (...) Sie können über Entschei-
> dungsfälle berichten, auch Prinzipien benennen, nach denen sie verfahren;
> die über-individuellen, handlungs- bzw. funktionsbereichspezifischen
> Muster des Expertenwissens müssen jedoch auf der Basis dieser Daten re-
> konstruiert werden" (Meuser & Nagel 2009, S.51).

In diesem Zusammenhang muss noch einmal betont werden, dass Expertenwissen nicht den Anspruch auf Objektivität erheben kann:

> „Einen einfachen Ausweg daraus, dass Experten immer auch problemati-
> sche Informanten sind und diese Art offener Interviews eine Vielzahl von

Fallstricken mit sich bringt, kann es nicht geben" (Abels & Behrens 2009, S.175).

Quantität

Grundsätzlich gilt auch für das Experteninterview: je stärker das Vorhaben empirisch abgesichert ist, desto sicherer ist das Ergebnis.

„There are good reasons for consulting multiple experts, whenever possible" (Dorussen et al. 2005, S.317).

Da es sich jedoch um eine qualitative Untersuchung mitsamt den zuvor genannten Besonderheiten handelt, führen mehr Daten nicht zwangsläufig zu mehr Information (vgl. Mason 2010). Ab einem gewissen Punkt werden nur noch weitere Bestätigungen für zuvor Genanntes, jedoch keine neuen Fakten genannt. Feste Regeln für die Sample-Größe existieren nicht, sie müssen für jedes Projekt individuell erörtert werden. Für ein Arbeitsfeld werden zehn, im Optimalfall sogar fünfzehn bis zwanzig Interviews für angemessen gehalten (vgl. Meuser und Nagel 2010). Es wird jedoch auch darauf hingewiesen, dass in der Forschungspraxis oftmals nicht über eine mögliche Sättigung nachgedacht wird. Stattdessen werden bewusst größere Samples genommen, um die Ergebnisse „für alle Fälle" abzusichern. Zudem werden Sample-Größen häufig auf Zehnerstellen gerundet, ohne das dies näher begründet wird. Dies kann als Indiz dafür gewertet werden, dass Sample-Größe eher aus Gewohnheit als aus untersuchungsrelevanten Gründen festgesetzt werden (vgl. Mason 2010).

Unter Umständen macht die Einbeziehung mehrerer Gruppen von Experten mit unterschiedlichen Zugängen und Perspektiven zum Themenfeld Sinn, um Vergleiche, Überprüfungen oder Kontrastierungen zu ermöglichen. Um komplexe Prozesse zu rekonstruieren, ist es auf jeden Fall notwendig, mehrere Akteure zu befragen, „die aufgrund ihrer spezifischen Stellung in dem zu rekonstruierenden Prozess jeweils über andere Informationen verfügen" (Gläser & Laudel 2010, S.117). „Die Zahl der erforderlichen Interviews ergibt sich aus der Verteilung von Informationen unter den Akteuren und aus den Erfordernissen der empirischen Absicherung" (ebd. S.104). Es ist unwahrscheinlich, dass einzelne Akteure über alle relevanten Informationen verfügen. Zudem liefern unterschiedliche Perspektiven auf den selben Sachverhalt ein differenzierteres Bild. Diese „Cross-Examination" ist zur Qualitätssicherung der Untersuchung bzw. der Validität der Ergebnisse unbedingt erforderlich.

Auf die genannten Anforderungen ist in der vorliegenden Untersuchung eingegangen worden. Insgesamt wurden 25 Interviews mit 28 Personen durchgeführt, sechs in Bezug auf die Wahl in Hamburg (Gruppe I) und sechs aus dem Bereich der Online-Agenturen (Gruppe IV), dazu dreizehn aus dem Bereich der Bundestagswahlkampagnen (Gruppen II und III). Während die Anzahl der Experten in den Gruppen I, II und III durch die Begrenztheit des Untersuchungsfeldes (vgl. 4.1) klar definiert wurden, ist die Anzahl der Interviews in Gruppe IV im Vorfeld nicht näher begründet worden, sondern wurde zunächst einmal durch pragmatische Gründe (geographische Nähe, zeitliche Umsetzbarkeit, Erreichbarkeit) bedingt. Ursprünglich waren dort fünf Interviews geplant, durch die Hinzunahmen von TLGG wurden es dann sechs.

Im Nachhinein hat sich gezeigt, dass innerhalb der Antworten dieser sechs Interviews gewisse Parallelen festzustellen waren und im sechsten Interview nur wenig neue Aspekte abseits individueller Fallbeispiele hinzugekommen sind. So kann zumindest von einer annähernden Sättigung gesprochen werden. Der zweite Teil der Hauptstudie (Gruppen II und III) erfüllt zudem noch den formulierten Anspruch, bei komplexen Vorgängen mindestens zwei unterschiedliche Perspektiven auf den Sachverhalt zu erhalten. Insgesamt bieten die vier Interviewgruppen vier unterschiedliche Perspektiven auf das gesamte Untersuchungsfeld strategischer Online-Kommunikation. In einer vergleichbaren Studie (vgl. Zittel 2009, S.366ff) wurde bei einer ähnlichen Sample-Größe darauf hingewiesen, bei solch einer geringen Fallzahl keine generalisierbaren Aussagen zur Mediennutzung tätigen zu können. Allerdings bezog sich die Untersuchung auf einzelne Abgeordnete und nicht auf Organisationen, was den entscheidenden Unterschied ausmacht. Demnach stehen die dort aufgeführten Argumente keinesfalls im Widerspruch zu der hier formulierten Absicht, auch generalisierbare Aussagen treffen zu wollen.

4.4.7 Gesprächsteilnehmer, Rollen und Interaktionseffekte

Die Gesprächsteilnehmer in dem hier besprochen Verfahren bestanden nur aus Interviewer und Befragtem. Es gibt keine grundsätzlichen Empfehlungen dazu, ob es sinnvoll oder gar notwendig ist, einen zweiten Interviewer hinzuzuziehen (vgl. Gläser & Laudel 2010, S.154). Das Zwiegespräch ist für unproblematische Interviews auf jeden Fall ausreichend. In drei Fällen wurden die Gespräche mit zwei Interviewpartnern durchgeführt. Dies geschah in allen Fällen auf Vorschlag der Befragten, da der betreffende Arbeitsbereich unter beiden Teilnehmern aufgeteilt war und so umfassende Informationen zum Sachverhalt geliefert werden konnten. Bis auf kleinere Schwierigkeiten bei der Zuordnung der Gesprächsteilnehmer bei der Transkription ergaben sich daraus keine weiteren Probleme.

Für die Gesprächsführung, aber auch für die spätere Auswertung, ist es außerdem von Bedeutung, die Rolle und die Position von Fragesteller und Befragtem sowie deren Konstellation zu reflektieren. Unterschiede das Alter, den Status oder das Geschlecht betreffend, sind hierbei die dominanten Faktoren. Typische voraussetzungsvolle Konstellationen im Experteninterview in Bezug auf das Alter sind beispielsweise, „junger Interviewer befragt älteren Experten" oder in Bezug auf den akademischen Status, „nicht promovierter Interviewer befragt Promovierten" (vgl. Meuser & Nagel 2010). Dies kann bei der Befragung hinderlich sein und zu Interaktionseffekten führen. Konstellationen in Bezug auf das Geschlecht können ebenfalls eine Rolle spielen, vor allem für weibliche Interviewer ein relevanter und beachtenswerter Faktor. Hierbei ist anzumerken, dass immer noch eine geschlechtlich ungleiche Verteilung von Expertise zu beobachten ist, von der „Männlichkeit des Expertenstatus" (ebd.) ist sogar die Rede. Hinzu kommt, dass Experten in ihrem Beruf bzw. in dem Bereich, in dem sie über Expertenwissen verfügen, ranghohen Positionen einnehmen. Daher sind sie es im Normalfall nicht gewohnt, sich Gesprächsverläufe oder Themen vorgeben zu lassen.

Das Verhältnis zwischen Interviewer und Befragten wird von beiden Seiten individuell interpretiert, so das ein bestimmtes Rollenverständnis entsteht. Die Rolle, die dem Interviewer vom Befragten zugewiesen wird, kann auf den Verlauf der Befragung einen starken Einfluss haben. Bogner und Menz (2002, S.50ff) haben verschiedene gängige Typen identifiziert und beschrieben:

- **Co-Experte**: Der Befragende ist aus dem selben Arbeitsfeld oder wird durch seine Feldkenntnis als solcher wahrgenommen. Dementsprechend ist das Gesprächsniveau sehr hoch und das Rollenverhältnis vorteilhaft. In fast allen Interviews der Gruppen III und IV war dies der Fall.

- **Experte einer anderen Wissenskultur**:Dies ist der Fall, wenn der Befrager beispielsweise auf einen Wissenschaftler einer anderen Fachrichtungen oder auf einen praxisorientierten Experten trifft. Der Interviewer wird als Experte wahrgenommen, der jedoch geringeres Prozesswissen hat. Dies war zum Großteil bei den Interviews der Gruppen I und II der Fall.

- **Laie** : Der Experte nimmt an, dass der Interviewer sich im Arbeitsfeld nur ungenügend auskennt. Unvorteilhafte, asymmetrische Konstellation. Dieses Verhältnis wurde nicht angetroffen.

- **Autorität**: Ebenfalls eine asymmetrische Konstellation - der Interviewer wird als überlegener Fachexperte oder Evaluator wahrgenommen, mit der Folge, dass der Befragte unter Druck antwortet und sich genau überlegt, was er preisgibt. Dieser Umstand wurde bei einem Interview der Gruppe IV in Teilen angetroffen, war allerdings kaum problematisch und hat eher dazu geführt dem Interviewten „alles aus der Nase ziehen" zu müssen.

- **Potentieller Kritiker**: Der Interviewer wird als dem Experten und/oder seinem Arbeitsfeld kritisch gegenüberstehender Laie wahrgenommen, was dazu führt, dass seine Ausführungen von vornherein auch der Verteidigung dienen, was die Ergebnisse verzerrt. Dies war in einem Interview der Gruppe III der Fall. Der Umstand hat teilweise zu einer angespannten Gesprächssituation geführt, allerdings auch wertvolle Beiträge ermöglicht. So hat der Interviewte fast trotzig seine Frustration zum Ausdruck gebracht und so sensible Einblicke über schwierige Arbeitssituationen geliefert.

- **Komplize**: Der Interviewer wird ins Vertrauen gezogen und erhält ggf. Insiderwissen. Dies kann von großem Vorteil sein, unter Umständen muss aber geklärt werden inwieweit dieses Wissen genutzt werden darf. Dieses Verhältnis hat sich in dem zuvor schon erwähnten Interview ergeben, in dem der Befragte anonym bleiben wollte. In der Tat wurden dadurch Insider-Perspektiven mit teilweise stark kritischen Ansätzen ermöglicht.

In Interviews können aus dem Rollenverständnis oder aus anderen Umständen heraus die zuvor schon erwähnten Interaktionseffekte entstehen. Vogel (1995, S.79ff) sowie Abels und Behrens (2009, S.166ff) nennen typische Interaktionseffekte. Von den dort genannten Effekten konnten lediglich zwei während der geführten Interviews erfahren werden.

Zunächst der Katharsiseffekt in Gruppe III, der zuvor schon erwähnt wurde. Der Experte hat dort das Interview genutzt, um seinen Unmut über die Arbeitssituation zum Ausdruck zu bringen.

> „Kathartische Effekte treten unabhängig von der sozialen oder beruflichen Stellung des Befragten recht häufig auf. Demnach geht es nicht um bloße Informationsbeschaffung, sondern das Gespräch bietet auch Anreiz und Gelegenheit, Affekte abzureagieren" (Vogel 1995, S.80).

Das Interview ist jedoch nicht gescheitert, was unter diesen Umständen auch ein durchaus wahrscheinlicher Ausgang hätte sein können. Im Gegenteil, statt dessen wurden Aspekte geäußert, die unter anderen Umständen vielleicht nicht derart unverfälscht geäußert worden wären.

In dem schwierigen Interview in Gruppe IV kam es dagegen zu einem Eisbergeffekt. Der Befragte hat sich nicht ausführlich genug geäußert und ist auf relevante Punkte bewusst nicht eingegangen. Es war unklar, ob dieser Umstand Unkenntnis oder fehlender Willen zur Mitteilung geschuldet war. Dem ist, teilweise erfolgreich, mit demonstrativer Feldkenntnis entgegentreten worden.

4.4.8 Auswertung

Jedes Interview ist mit einem digitalen Aufnahmegerät aufgezeichnet worden. Die Aufzeichnung wurde kurz nach dem Interview bearbeitet. Dabei wurden Besonderheiten, die nicht Teil der Aufnahme waren, protokolliert, wie zum Beispiel Interaktionseffekte. Im Anschluss wurde eine in der gängigen Literatur beschriebene, chronologische Abfolge einzelner Arbeitsschritte zur Auswertung eingehalten (vgl. Bogner & Menz 2002, S.56):

1. **Transkription:** Dabei wurde die gesamte Aufnahme wörtlich niedergeschrieben. Undeutliche Passagen wurden mitunter vorsichtig bearbeitet, so dass der Sinn der Aussage klarer wurde. Hierbei wurde besonders darauf geachtet keine Verfälschung zu erzielen. Wortfreie Laute wie Lachen sind ebenfalls transkribiert worden.

2. **Kodierung:** Die Aussagen innerhalb der Bezugsgröße eines einzelnen Interviews wurden in einem ersten Durchlauf in thematische Bereiche unterteilt. In einem zweiten Durchlauf wurden schließlich aus der Theorie abgeleitete Kategorien (vgl. 4.4.8.2) bestimmten Aussagen zugeordnet. Dazu wurde die Software MaxQda genutzt, die einen schnellen Zugriff auf thematisch sortierte Bereiche und Kategorien unterschiedlicher Hierarchiegrade ermöglicht.

3. **Paraphrase:** Aus den kodierten Stellen wurden erkenntnisreiche wörtliche Zitate exportiert. Außerdem wurden andere relevante Passagen, die keine griffigen Formulierungen enthielten, sinngemäß umformuliert und paraphrasiert. Es ging dabei vor allem um die Reduktion von Komplexität.

4. **Thematischer Vergleich:** Im Anschluss wurden unterschiedliche Passagen aus verschiedenen, thematisch zusammenhängenden Interviews zur Bildung weiterer Kategorien (vgl. 4.4.8.2) genutzt, die sich aus den bearbeiteten Interviews ergeben haben.

5. **Soziologische Konzeptualisierung:** Schließlich wurde der Rekurs auf die vorher festgelegten theoretischen und empirischen Wissensbestände durchgeführt. In diesem Schritt wurde auch nach möglichen, empirischen Generalisierungen gesucht.

Bezüge und Kategorien

Die Auswertung der Interviews kann auf unterschiedliche Weise erfolgen, indem die einzelnen Ergebnisse verschiedenartig zueinander in Verbindung gebracht und somit spezielle Aspekte in den Vordergrund gestellt wurden. Zwei Varianten standen dabei im Vordergrund. So konnten die Aussagen einerseits fallbezogen analysiert, kontrastiert und präsentiert werden, andererseits war es möglich, die Daten verschiedenen Kategorien zuzuordnen, die sich aus den theoretischen und empirischen Vorüberlegungen ergeben haben.

Wurden die Daten der Interviews fallbezogen analysiert, sind, abhängig vom Untersuchungsbereich, wiederum verschiedene Aspekte fokussiert worden. Die Auswertung der Gruppen I und II konnte zum Beispiel die individuellen Perspektiven der einzelnen Parteien (SPD, CDU etc.) in dem betreffenden Wahlkampf (z.B. Hamburg 2011) illustrieren und so die Unterschiede der Arbeit der Parteien untereinander in diesem einen speziellen Wahlkampf hervorheben. Die erkenntnisbringende Funktion dieses Verfahrens gleicht dem Einsatz der Medienangebotsanalyse zuvor; der Beitrag kommt ebenfalls der deskriptiven, empirischen Nachbearbeitung der Wahlkampfführung im Internet zu Gute. Quantitative Nachbetrachtungen der entsprechenden Wahlkämpfe könne auf diese Weise um qualitative Aussagen ergänzt werden.

In der Auswertung der Gruppe IV könnten dagegen die Aussagen der verschiedenen Werbestrategen miteinander verglichen werden, um so die Arbeitsweise der Agenturen gegeneinander zu kontrastieren, was jedoch nicht gemacht wird, da hier kein Erkenntnisinteresse vorliegt. Auch konnte nicht sichergestellt werden, dass die Auswahl der Experten repräsentativ für die Branche ist, die Fallanzahl hätte ebenfalls höher angesetzt werden müssen. Die fallbezogene Analyse ist demnach nur in Bezug auf Wahlkampfführung durchgeführt worden, da hier ein Großteil der relevanten Akteure befragt werden konnte (vgl. 4.1).

Wenn die Daten bei der Analyse unterschiedlichen Kategorien zugeordnet wurden, konnten sie zu einem erweiterten, generellen Verständnis der strategischen Online-Kommunikation beitragen. Dafür war es zunächst erforderlich, die betreffenden Aspekte aus dem theoretischen Fundament und dem empirischen Wissensstand in einzelne Kategorien und Schlagwörter zu „destillieren". Daraus wurde ein Matrix erstellt, in der die Kernaussagen der verschiedenen Interviews Kategorien zugeordnet, miteinander in Verbindung gebracht und schließlich im weiteren Verlauf zu einer generelleren Aussage geformt werden konnten (vgl. 3.4 und Tabelle 3.4a). Gläser und Laudel (2010, S.273) sprechen hierbei von einer „Strukturierung (...) entlang theoretischer Dimensionen".

Die Terminologie der Interviewten wurde im Anschluss der Gespräche mit den Begrifflichkeiten aus dem theoretischen und empirischen
Rahmen abgeglichen. Ergaben sich aus den Interviews weitere, neue Bezeichnungen oder Ansätze, so wurden diese noch in die Matrix aufgenommen. Auf diese Weise konnte sicher gestellt werden, dass sich die
Auswertung der Daten nicht nur an der Perspektive des Forschenden,
sondern auch an der Perspektive des Befragten und somit der empirischen Umwelt orientiert hat. Die Matrix wurde für die einzelnen Interviewgruppen teilweise modifiziert, um die Aspekte auf die individuellen
Charakteristika der Gruppen anzupassen. Wie sich die Matrix bei der jeweiligen Gruppe zusammensetzt wird in den jeweiligen Kapiteln im Einzelnen erläutert.

Darstellung der Aussagen

Die Aussagen der Befragten wurden im weiteren Verlauf immer wieder
wörtlich zitiert, um die betreffenden Sachverhalte näher zu beleuchten
oder zu belegen. Außerdem sorgen sie dafür, dass die aus den Interviews
abgeleiteten Schlussfolgerungen nicht allzu abstrakt sind. Wörtliche Wie-
dergaben konnten aus Gründen des Umfangs, der Lesbarkeit und der
Übersichtlichkeit aber nur ausgewählt erfolgen. Welche Aussagen wörtlich zitiert wurden, ist von zwei Faktoren abhängig gemacht worden.
Entweder hat die gewählte Aussage einen erläuterten Umstand so präzise,
lebhaft oder kontrovers dargestellt, dass sie zum besseren Verständnis
des jeweiligen Aspekts beigetragen hat. Oder aber es handelt sich um eine
repräsentative Äußerung, die stellvertretend die im Zusammenhang erfolgten Schlussfolgerungen stützen konnte. Wurden Aussagen nicht wörtlich zitiert, so sind sie zu Schlussfolgerungen zusammengefasst worden,
die möglichst nah an den Aussagen der Interviewpartner waren. Dadurch
sollten sie leichter nachvollziehbar sein. Auf diese Weise konnten auch
Aussagen mehrerer Interviews in einen Sinnzusammenhang gestellt werden.
       Da auch eine Vielzahl von Aussagen getroffen wurde, die sich bei ei-
ner Veröffentlichung und Zurückführung als für die Aussagenden nachteilig erweisen könnten und die auch ohne direkte Zuweisung für die Untersuchung wertvoll waren, wurden die meisten Aussagen anonymisiert.
Entsprechend wurden mit einem Code-System gearbeitet, das zumindest
die Interviewgruppe transparent macht. Die erste römische Ziffer kenn-
zeichnet die entsprechende Interviewgruppe, die zweite Zahl dient lediglich der internen Übersichtlichkeit und lässt keinerlei Rückschlüsse auf
den Aussagenden zu (z.B. I.1 für ein Interview aus der ersten Gruppe).
Waren die Aussagen gänzlich unverfänglich oder den Befragten hat die

Veröffentlichung ihrer Aussagen keine Sorgen bereitet, so wurden sie entsprechend gekennzeichnet (z.B. I-Büttner für das Interview mit Matthias Büttner von der SPD Hamburg).

Qualität der Aussagen

Experten sind, wie zuvor schon erwähnt, keine Lieferanten objektiver Informationen. Daher war ein erhöhter Reflexionsbedarf von Nöten. Je höher die Abkehr von soliden Fakten hin zu latenten Bedeutungsinhalten, desto mehr steigt das Reflexionsbedürfnis (vgl. Bogner, Menz 2009, S.14). Obwohl anfangs, innerhalb des Prozesses zur Expertenbestimmung, schon überprüft wurde, inwieweit der Experte über forschungsrelevantes Wissen verfügt, so wurde auch nach der Befragung erneut kontrolliert, ob der Befragte den Erwartungen gerecht werden konnte.

> „Testing the reliability of experts should be a key element of expert interviews" (Dorussen et al. 2005, S. 315).

Die Ergebnisse wurden auf zwei Faktoren hin überprüft, die Qualität der Aussagen und die Qualität des Aussagenden. Mit der Qualität der Aussagen ist der vom Interviewer subjektiv wahrgenommene Informations- und Wahrheitsgehalt der Aussagen gemeint. Hierbei gab es in den Interviews kaum Probleme. Dort, wo der Verdacht aufkam, dass Aussagen nicht ganz wahrheitsgemäß waren oder bewusst ungenau formuliert wurden, wird an den betreffenden Stellen in Kapitel 5 darauf hingewiesen. Die Qualität des Aussagenden meint die Unterscheidung zwischen „guten" und „schlechten" Interviewpartnern, also ob sich der Befragte auf den Interviewer und sein Fragen eingelassen hat oder dazu befähigt war, Auskunft zu geben und zu reflektieren. Diese Aspekte wurden schon in 4.2.6 diskutiert. Der zuvor erwähnte Unterschied zwischen *Informants* (Spezialisten für bestimmte Konstellationen) und *Respondents* (Erfahrungen und Sichtweisen der Befragten selbst) spielt hierbei natürlich auch eine Rolle. Darüber hinaus spielt auch das Maß der fachlichen Qualifikation einzelner Experten, die Qualität ihres Expertenwissens in Bezug auf den Untersuchungsgegenstand Online-Kommunikation, eine übergeordnete Rolle in der vorliegenden Arbeit. Die Feststellung eben dieses Expertenwissens ist auch eine Aufgabe der Interviews, da sie möglicherweise maßgeblichen Einfluss auf das strategische Handeln hat.

4.5 Zusammenfassung

Im vorangegangen Abschnitt wurden die methodischen Überlegungen vorgestellt, die als Grundlage für die empirische Arbeit dienen. Es ging dabei zunächst einmal um die Vorstellung des Untersuchungsbereichs und die Gestaltung des Untersuchungsdesigns. Im Anschluss wurden die Forschungsinstrumente vorgestellt, aufgeteilt in die Arbeitsschritte Vor- und Hauptstudie. Dazu gehörte auch die Beschreibung der Möglichkeiten und Grenzen der Erhebungsverfahren sowie die Diskussion potentieller Aussagekraft. Auf die Ausgestaltung der Untersuchung, insbesondere die Gestaltung und Durchführung der Experteninterviews wurde ausführlich eingegangen. Dabei wurde klar, dass Experteninterviews ein hochwertiges Erhebungsverfahren sind, wenn die Grenzen und Möglichkeiten bewusst sind und bei der Umsetzung auch berücksichtigt werden.

5 - Untersuchungsergebnisse

Nachdem alle Grundlagen für die Untersuchung gelegt worden sind, werden im Folgenden nun die Forschungsergebnisse der einzelnen Studien nach dem im Vorfeld eingeführten Vorgehen vorgestellt.

5.1 Auswertung Teil I
- Strategische Online-Kommunikation im Bürgerschaftswahlkampf Hamburg 2011

5.1.1 Rahmenbedingungen Bürgerschaftswahlkampf Hamburg 2011

Hamburg ist ein Stadtstaat und nimmt somit unter den deutschen Bundesländern zusammen mit Bremen und Berlin einen Sonderstatus ein. Die daraus entstehenden Besonderheiten in Bezug auf die Wahlkampfführung der Parteien sind im Rahmen dieser Untersuchung größtenteils vernachlässigbar, da sie vor allem auf den unteren institutionellen Ebenen der Parteien im Zusammenhang mit der, im Verhältnis zu anderen Bundesländern, relativ kleinen geographischen Fläche wirken. Dennoch ist dieser Umstand in den Interviews am Rande thematisiert worden, um die Sichtweise der Akteure auf diesen Punkt mit einzubeziehen. Gleichzeitig sorgt dieser Aspekt für eine, wenn auch geringfügige, Einschränkung der Übertragbarkeit der Ergebnisse auf andere Bundesländer.

Der Hamburger Bürgerschaftswahlkampf 2011 ist zudem unter besonderen Bedingungen geführt worden, da die Wahl außerplanmäßig stattgefunden hat. Die CDU war fast zehn Jahre an der Macht, als die GAL die gemeinsame Koalition im November 2010 überraschend aufgekündigt hat. Ursächlich waren der Rücktritt des ersten Bürgermeisters Ole von Beust (CDU) und der Wechsel zahlreicher Senatoren auf Seiten der CDU. Daraufhin wurde die Neuwahl sehr kurzfristig auf den Februar 2011 festgesetzt. Zwischen dem Scheitern der Koalition am 28.11.2010 und dem Termin für die Neuwahlen am 20.2.2011 lagen nur knapp drei Monate. Entsprechend kurz fiel die Zeit für die Parteien aus, sich auf den Wahlkampf vorzubereiten. Hinzu kam, dass die CDU und der neue Bürgermeister Christoph Ahlhaus in der Zeit nach dem Rücktritt kein gutes Bild abgeben konnten, entsprechend eindeutig fielen sämtliche Umfragewerte vor der Wahl aus. Während die SPD dort schon frühzeitig als

Wahlsieger gehandelt wurde, fielen die Vorhersagen für die CDU drama-
tisch aus. Die Grünen mussten sich im Wahlkampf, resultierend aus der
gescheiterten Koalition, mit dem Vorwurf auseinander-setzen, nicht re-
gierungsfähig zu sein, während es für die FDP und die Linke vor allem
darum ging über die 5 Prozent Hürde zu kommen. Diese Aspekte hatten
naturgemäß Einfluss auf die Wahlkampfführung. Sie sind daher ebenfalls
in die Befragung eingeflossen und mussten bei der Einschätzung der
Kampagnen mit in Betracht gezogen werden.

5.1.2 Medienangebotsanalyse

Der erste Teil der Untersuchung war eine Prozess-begleitende, also parallel zum Wahlkampf stattfindende Medienangebotsanalyse der Online-
Präsenzen der fünf großen Parteien im Hamburger Wahlkampf. Wie zuvor beschrieben, wurde die Analyse in vier Schritten mit jeweils individu-
ellem Fokus durchgeführt (vgl. 4.3).

Online-Kanäle

Die ersten beiden Schritte der Medienangebotsanalyse haben zunächst
eine Übersicht der verschiedenen Online-Dienste ergeben, auf denen die
Parteien und die Spitzenkandidaten in der Zeit vom 7. bis zum 20.2.2011,
also in den zwei Wochen vor der Wahl, präsent waren und die als Kommunikationskanal genutzt wurden (vgl. Abb. 5.1.2.a und Tabelle 5.1.2.b).
   Insgesamt wurden alle Dienste, die im Vorhinein festgelegt wurden,
auch tatsächlich im Wahlkampfeinsatz vorgefunden. SPD und FDP waren
hierbei die einzigen Parteien, die sowohl mit dem Hamburger Landes-
band der Partei als auch mit ihrem Spitzenkandidaten auf allen Diensten
vertreten waren. Bei der FDP muss lediglich einschränkend erwähnt werden, dass das Facebookprofil der Spitzenkandidatin ein persönliches Profil (profile) und keine öffentliche Seite (page) war. Die CDU, die immer-
hin den Amtsinhaber zur Wiederwahl gestellt hat, war auf den wenigsten
Kanälen präsent. Sie hat lediglich die Partei-Webseite, die Webseite von
Christoph Ahlhaus und den Facebook-Kanal des Hamburger Landesver-
bandes genutzt. Die GAL und die Linke haben eine vergleichbare Präsenz
auf den Online-Kanälen. Beide haben einen größeren Wert auf die Be-
werbung der Partei und spezifischer Wahlkampf-Themen gelegt, als auf
die Präsentation der Spitzenkandidatinnen. Eentsprechend fielen hier die
Kandidaten-zentrierten Kanäle weg. Die GAL hat zwar eine separate Seite
für ihre Spitzenkandidatin gehabt, diese war jedoch nur eine Unterseite
der Landesverband-Präsenz. Die Linken waren neben SPD und FDP je-

doch die einzige Partei, die noch eine separate Kampagnenseite zur Wahl ins Netz gestellt hat.

Im Gesamtblick auf die genutzten Kanäle lässt sich festhalten, dass die Webpage und das Facebookprofil der Partei obligatorisch waren. Persönliche Social-Media-Kanäle der Spitzenkandidaten sind hingegen die Ausnahme und werden nur von denjenigen Parteien genutzt, bei denen die Spitzenkandidaten eine herausragende Rolle spielen.

	SPD	CDU	Grüne	FDP	Linke
Webpage Partei	Ja	Ja	Ja	Ja	Ja
Webpage Topkandidat	Ja	Ja	Ja	Ja	Nein
Webpage Kampagne	Ja	Nein	Nein	Ja	Ja
Twitter Partei	Ja	Nein	Ja	Ja	Ja
Twitter Topkandidat	Ja	Nein	Nein	Ja	Nein
Facebook Partei	Ja	Ja	Ja	Ja	Ja
Facebook Topkandidat	Ja	Nein	Nein	Ja	Nein
Flickr Partei	Ja	Nein	Ja	Ja	Ja
YouTube Partei	Ja	Nein	Ja	Ja	Ja

Tabelle 5.1.2a – Online-Kanäle der Parteien

Online-Aktivität

Der dritte Schritt der Medienangebotsanalyse hat die Aktivitäten auf den einzelnen Kanälen untersucht, wobei der Fokus dabei auf den sozialen Medien lag. Der bedeutendste Kanal waren hier die Facebook-Seiten („Pages") der Landesverbände der Parteien.

Alle fünf Parteien waren dort präsent und alle Seiten wurden regelmäßig mit aktuellen Meldungen ausgestattet. Die Linke war mit Abstand am aktivsten. Sie hat im betreffenden Zeitraum vor allem Meldungen mit Bezug zu Wahlkampfveranstaltungen gepostet. SPD und GAL waren ebenfalls sehr aktiv, etwas schwächer die FDP. Die CDU war recht wenig aktiv, nur am 16.2.11 gab es einen markanten Ausschlag mit vierzehn Beiträgen, die sich alle auf das TV-Duell der beiden Spitzenkandidaten von SPD und CDU bezogen haben. Die Interaktion in Form von Kommentaren und Diskussionen hat sich auf allen Profilen stark in Grenzen gehalten, besonders niedrig war sie auf den Profilen der Spitzenkandidaten. Eine bemerkenswerte Aktion war die Anpassung der Profilbilder aller SPD-Abgeordneten an die Kampagnen-CI, wodurch alle SPD-Abgeordneten auf den ersten Blick zu identifizieren waren und zugleich in eine gemeinsame Kommunikationsaktivität eingebunden wurden. Die Fotos entsprachen alle demselben Muster: die Abgeordneten wurden vor blauem Hintergrund, ein Schild mit ihrem handgeschriebenen Namen haltend, gezeigt. Außerdem gab es weitere Einzelaktionen, wie den „Kandidat der Woche" (siehe Abb. 5.1.2c).

Bis auf die CDU, die keinen Account hatte, waren alle Parteien auf Twitter recht aktiv. Die SPD hat den Kanal mit Abstand am aktivsten genutzt, Ausschläge gab es vor allem rund um das TV-Duell. Allerdings war verhältnismäßig wenig Interaktion in Form von „Re-Tweets" und „Replies" zu beobachten. Die Nutzung der andern Parteien war etwas weniger aktiv, aber dennoch vergleichbar. Auch hier ließ die Interaktion in Form von „Re-Tweets" und „Replies" zu wünschen übrig. Bemerkenswert ist der Umstand, das Katja Suding von der FDP neben Olaf Scholz die einzige unter den Spitzenkandidaten war, die einen individuellen Twitter-Kanal genutzt hat, wenn auch nur marginal. Die Twitter-Konten der Spitzenkandidaten waren klar als moderierte Kanäle gekennzeichnet, also Kanäle, die von einem redaktionellen Team und nicht vom Politiker selbst betreut wurden. Dieser Umstand mindert die Attraktivität eines Twitter-Kanals beträchtlich, da er nicht mehr als persönliches, authentisches Sprachrohr, sondern als PR-Instrument wahrgenommen wird.

YouTube als Plattform zur Bereitstellung von Wahlkampfspots und Videoberichten rund um die Wahl wurde von allen Parteien mit Einschränkung der CDU genutzt. Interessanterweise hatte die CDU Hamburg zwar einen YouTube-Kanal, auf diesem waren jedoch ausschließlich Spots vom derzeit bereits zurückgetretenen Ole von Beust zu sehen. Abgesehen davon, dass ausschließlich überalterte Spots zum Zeitpunkt des Wahlkampfs keinen guten Eindruck hinterlassen, ist die ausschließliche Darstellung eines zurückgetretenen Politikers bei gleichzeitiger Abwesenheit des derzeitigen Spitzenkandidaten aus kommunikationsstrategischer Perspektive extrem nachteilig. Ansonsten haben die Parteien Videos zwar genutzt, die Veröffentlichungs-Frequenz, das Angebot und die Qualität der Clips lassen allerdings darauf schließen, dass der Kanal keine besondere Bedeutung besitzt.

Abb 5.1.2c - Kandidat der Woche, Karl Schwinke, SPD-Fraktion Hamburg
(www.facebook.com/spdhamburg 2011)

Flickr wurde von der SPD, den Grünen und der FDP, neben Facebook, als Plattform zur Bereitstellung von Fotos und Foto-Streams rund um die Wahl genutzt. Der Großteil der Bilder zeigt Wahlkampfaktionen von Mitgliedern, Wahlkampfveranstaltungen und Zusammenkünfte des Landesverbands. Offizielle Fotomotive treten in den Hintergrund oder fehlen ganz, auch die Anzahl der Abbildungen der Spitzenkandidaten waren vergleichsweise gering. Die Motive legen nahe, dass der Kanal ausschließlich für die Kommunikation der Aktivisten untereinander genutzt wurde.

Abschließend lässt sich sagen, dass der Aktivitätsüberblick ein heterogenes und im Rahmen des Vorhabens auch aussagekräftiges Bild der Nutzung der einzelnen Kanäle ergeben hat. Die sozialen Medien sind auch auf Ebene der Landtagswahlen im Einsatz und werden, abhängig von Partei und Akteur, mehr oder minder aktiv genutzt. Interaktivität in einem bemerkenswerten Umfang konnte innerhalb dieser Analyse kaum beobachtet werden. Der Auftritt der CDU legt nahe, das die Partei, wahrscheinlich aufgrund der nahezu hoffnungslosen Ausgangslage, kaum Energie in die Online-Kampagne gesteckt hat. Bei den Grünen als auch der Linken war vor allem die thematische und weniger Personalorientierte Ausrichtung der Kommunikationsaktivitäten auffällig, gerade im Verhältnis zu den auf die Spitzenkandidaten fixierten Kampagnen von SPD und FDP. Im Rahmen dieser Analyse kam der Eindruck auf, dass Online-Kampagnen, die sich auf den Spitzenkandidaten konzentrieren, sich aufgrund ihrer Personen-Bezogenheit scheinbar leichter in die Kommunikationskultur der sozialen Medien einbetten lassen. Tabellen und Graphen zur Untersuchung sind im Anhang zu finden.

Abgeordnete in den sozialen Medien

Um das Bild der Social-Media-Nutzung im Hamburger Wahlkampf zu erweitern, wurde im vierten Schritt noch die Präsenz der Bürgerschaftsabgeordneten auf den entsprechenden Kanälen untersucht. Die Analyse ergab, dass rund 40 Prozent der Abgeordneten zur Wahlkampfzeit ein Profil auf Facebook hatten, allerdings im überwiegenden Maße nur ein persönliches Profil (profile), öffentliche Seiten(pages) hatten dagegen nur ca. 13 Prozent, ein Twitter-Profil nur ca. 12 Prozent. Auf dem Business-Netzwerk Xing waren mit ca. 17 Prozent hingegen sogar etwas mehr Abgeordnete vertreten, während die VZ-Netzwerke keine Rolle gespielt haben. Während diese Zahlen auf den ersten Blick vermuten lassen, dass die Abgeordneten die Kommunikation in den sozialen Medien vernachlässigen, muss man jedoch berücksichtigen, dass die Hamburger Bürgerschaft als „Feierabendparlament" gilt, da viele Abgeordneten ihre Tätigkeit nebenberuflich oder sogar ehrenamtlich ausüben. Dies erklärt auch den relativ hohen Anteil von persönlichen Facebook-Profilen und Xing-Präsenzen. Die Abgeordneten sind dort nicht in ihrer politischen Funktion, sondern aus privaten oder beruflichen Gründen vertreten.

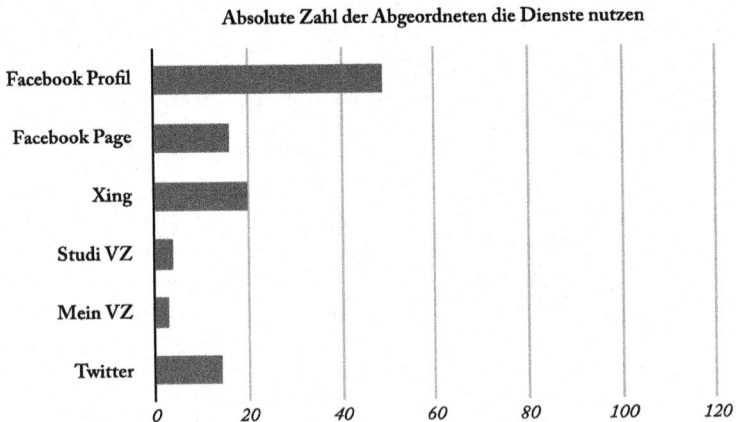

Abb. 5.1.2e – Absolute Zahl der genutzten Social Media Dienste der Hamburger Bürgerschaftsabgeordneten

Die Übersicht lässt erkennen, dass die sozialen Medien für eine ausgiebige Selbstpräsentation als Bürgerschaftskandidat außerhalb des persönlichen Umfelds kaum genutzt wurden. Einschränkend muss erwähnt werden, dass diese Aussage nur im Hinblick auf die relativ oberflächliche

Analyse getroffen werden konnte. Einzelanalysen der Profile konnten ebenso wenig durchgeführt werden, wie die Überprüfung, in welcher Form die persönlichen Profile eventuell für Wahlkampfzwecke genutzt wurden. Die im dritten Schritt wahrgenommene Präsentation einzelner Fraktions-Kandidaten auf der Facebookseite der SPD Hamburg ragt auch im Vergleich zu den hier wahrgenommenen Aktivitäten heraus.

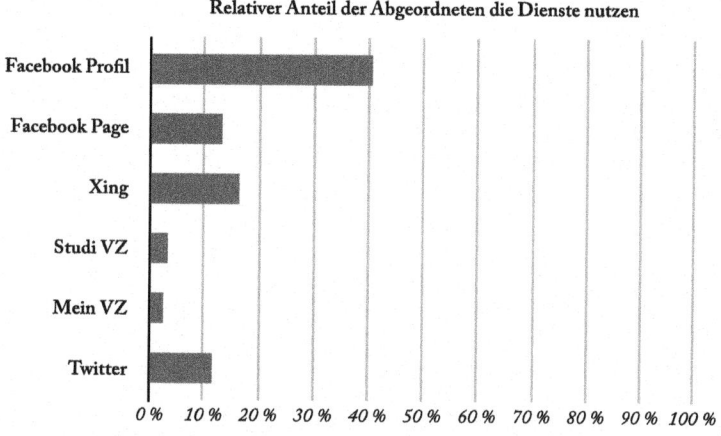

Abb. 5.1.2f – Relative Zahl der genutzten Social Media Dienste der Hamburger Bürgerschaftsabgeordneten

5.1.3 Online-Kommunikation aus Sicht der Kampagnenleiter der Parteien

Nachdem der Überblick über die Kampagnenaktivitäten im Internet aus Sicht eines Außenstehenden durchgeführt wurde, wechselt die Perspektive jetzt auf den eigentlichen Fokus der Untersuchung, nämlich die Sichtweisen der beteiligten Akteure. Zu diesem Zweck wurden die für die Online-Kampagne verantwortlichen Personen innerhalb der Parteizentralen der Hamburger Landesverbände befragt. Ursprünglich war geplant worden auch beteiligte Dienstleister und Agenturen in die Befragung einzubinden. Allerdings gab es in diesem Wahlkampf im Zusammenhang mit den für diese Untersuchung relevanten Aspekten keine nennenswerte Einbindung von Dienstleistern. Dementsprechend fiel diese Option aus.

Die Interviews mit den Kampagnenleitern wurden alle im Zeitraum bis maximal 4 Wochen nach der Wahl durchgeführt. Die Eindrücke sollten noch frisch und der Wahlkampf möglichst präsent sein. Noch aussagekräftiger wären die Gespräche gewesen, wenn sie kurz vor oder während des Wahlkampfs hätten stattfinden können. Dies war jedoch nur in zwei Fällen umsetzbar gewesen. Selbst wenn die Wahlen planmäßig stattgefunden hätten, sind Strategen und Planer in dieser Phase dermaßen gefordert und eingebunden, dass weder Zeit für Gespräche vorhanden noch die notwendige Ruhe für Reflexion gegeben gewesen wäre. Die unplanmäßige Wahl hat diesen Umstand noch verschärft. Abgesehen davon waren die Kommunikationsplaner insgesamt stark eingebunden und hatten wenig zeitliche Freiräume. Insofern kann der Umstand, die Planer aller Parteien so kurz nach der Wahl für ausführliche Gespräche gewinnen zu können, alleine schon als Erfolg gewertet werden. Dass die strategischen Konzeptionen und vorherigen Planungen im Nachhall der Kampagne von den Akteuren mitunter verklärt oder umgedeutet werden konnten, musste bei der Befragung berücksichtigt werden. Hinweise, dass dies der Fall hätte sein können, wurden jedoch kaum wahrgenommen.

5.1.3.1 Befragungs- und Auswertungsgestaltung Interviewgruppe I: Kampagnenleiter der Parteien

Insgesamt wurden sechs Gespräche mit acht Experten geführt, aufgezeichnet und ausgewertet (siehe Tabelle 5.1.3.1a). Zwei Interviews wurden dabei mit jeweils zwei Gesprächspartnern zusammengeführt. Dazu zählen die Gespräche mit den beiden Verantwortlichen auf Seiten der CDU sowie mit den beiden Planern der FDP. In beiden Fällen waren die Interviewten jeweils zusammen verantwortlich für die Planung, Konzeption und Umsetzung der Online-Kampagnen. Die Gespräche mit den beiden Experten der SPD wurden hingegen separat geführt, da sie auch nicht zusammen gearbeitet haben. Während Matthias Büttner hauptverantwortlich in die Online-Kampagne von Olaf Scholz und der SPD eingebunden war, hat Valentin Tomaschek verschiedene Bürgerschafts-, Bundestags- und Europaparlamentsabgeordnete beraten und bei der Umsetzung ihrer Online-Kommunikation geholfen. Daher bezog sich sein Interview weniger umfangreich auf den dargelegten Fall als die anderen Gespräche. Allerdings waren seine anderweitigen Aussagen nicht nur wertvoll im Hinblick auf die Analysen der Online-Kommunikation der Bürgerschaftsabgeordneten (vgl. 5.1.2.3), sondern auch, weil sie insgesamt hilfreiche Einblicke und Insider-Wissen aus dem Bereich politischer Online-Kommunikation geliefert haben.

Partei	Name	Interview
SPD	Valentin Tomaschek	I-Tomaschek
SPD	Matthias Büttner	I-Büttner
Linke	Dirk Prösdorf	I-Prösdorf
FDP	Gerhold Hinrichs-Henkensiefken	I-FDPHH
FDP	Matthias Still	
CDU	Martin Wielgus	I-CDUHH
CDU	Gregor Jäcke	
Grüne	Holger Michel	I-Michel

Tabelle 5.1.3.1a – Interviewgruppe I

#	Frage
1	Können sie sich kurz vorstellen?
2	Inwieweit waren sie im Bürgerschaftswahlkampf 2011 eingebunden?
	Präzisieren: Kompetenzen
3	Beschreiben sie bitte kurz den Bürgerschaftswahlkampf 2011 aus ihrer Sicht.
4	Inwieweit haben sie das Internet in ihre Wahlkampfkampagne eingebunden?
5	Wie wurde die Online-Kampagne von der Planung bis zur Umsetzung organisiert und konzeptioniert?
6	Wer ist im Ablauf involviert? Wer trifft welche Entscheidungen?
7	Waren dabei Agenturen oder Dienstleister eingebunden?
	Präzisieren: konzeptionelle und inhaltliche Verantwortlichkeiten
8	Was sind die besonderen Herausforderungen der Online-Kampagne?
9	Welche Online-Kanäle und -Plattformen haben sie genutzt?
10	Warum haben sie genau diese Kanäle ausgewählt?
	Präzisieren: Webseite, E-Mail, journalistische Medien, Social Media
11	Würden sie die Online-Kampagne als erfolgreich einstufen?
12	Wie beurteilen sie den Erfolg?
	Präzisieren: Qualitätskriterien
13	Inwieweit hat die Berichterstattung über den digitalen Wahlkampf ihre Arbeit beeinflusst? Stichwort Obama.
14	Wie wird sich Online-Kommunikation in den nächsten Jahren entwickeln?
15	Wie gehen sie mit der schnellen Entwicklung des Mediums um?
	Präzisieren: rationale und intuitive Herangehensweisen

Tabelle 5.1.3.1b – Leitfaden der Interviewgruppe I

Um die im Vorhinein festgelegten Erkenntnisinteressen der Untersuchung in konkrete Interviewfragen umsetzen zu können (vgl. 4.4.6), wurde zuvor eine Analysematrix konzipiert (vgl. 3.4), die über Bezüge und
Kategorien auch eine anschließende systematische Auswertung der Aussagen ermöglicht (vgl. 4.4.8). Die Matrix wurde auf die jeweilige Interviewgruppe angepasst und ist im Vergleich zur Grundversion um eine
weitere Spalte (Abbildung im Interview) ergänzt worden (siehe Tabelle
5.1.3.1c im Anhang). In dieser wird aufgeführt, in welchen Aussagen innerhalb der Interviews Bezüge zu dem Aspekt zu finden waren. Nennungen weisen in diesem Zusammenhang darauf hin, dass es lediglich um die
Erwähnung und Auflistung bestimmter, präziser, direkt abrufbarer Informationen und Fachwissen geht. Beschreibungen bezeichnen eine aus-
führlichere Schilderung überwiegend nicht direkt abrufbarer Informationen wie Prozesswissen, während Reflexionen die persönliche, weiter gefasste Sichtweise und das Deutungswissen des Akteurs in den Vordergrund stellen (vgl. 4.4.5). Diese Verweise bringen einerseits zum Ausdruck, wie die entsprechenden Informationen erlangt wurden und verdeutlichen andererseits, dass die Befragung im Bereich sensibler Themen
nicht direkt auf bestimmte Aspekte gezielt hat, sondern vielmehr versucht
hat, aus dem Kontext einer allgemeineren Frage heraus die betreffenden
Informationen zu erhalten. Dies gilt beispielsweise für die beiden Aspekte
aus dem Themenbereich Komplexität (#18 und #19).

Aus den Kategorien der Matrix konnten Fragestellungen und Aspekte
abgeleitet werden, die in einem Interviewleitfaden zusammengefasst
wurden (siehe Tabelle 5.1.3.1b). Auch der Leitfaden wurde für jede Gruppe separat entwickelt. Der Fragebogen enthält drei Kategorien von Fragen. Die acht dick gedruckten Fragen sind die elementaren Leitfragen, die
in jedem Interview zur Sprache gebracht wurden. Dabei ging es nicht um
die wörtliche sondern mehr um die inhaltliche Wiedergabe. Die anderen
Fragen wurden gestellt, wenn auf die betreffenden Aspekte nicht eingegangen wurde oder Punkte nicht weit genug ausgeführt worden sind. Die
kursiven Anmerkungen sind Erinnerungsstützen, die während des Ge-
sprächs dabei geholfen haben, wichtige Fokuspunkte im Blick zu halten.
Diese wurden nicht direkt angesprochen, sollten aber dennoch im Gespräch behandelt werden, indem das Gespräch dann mit allgemeineren
Fragen zu dem Thema gelenkt wurde. Zum Beispiel waren die Fragen #14
und #15 u.a. mit der Absicht verbunden, mehr über den Umgang mit den
komplexen Möglichkeiten der Online-Kommunikation zu erfahren. Ob in
diesem Zusammenhang beispielsweise eher rationale oder intuitive Her-
angehensweisen zum Einsatz kommen. Dabei sollten sämtliche Begriffe
mit inhaltlicher Nähe zu Komplexität, Intuition und Rationalität möglichst nicht genannt werden, um die Aussage nicht zu beeinflussen. Ein

Grund dafür war die Vermutung, dass Kommunikationsstrategen, die es in ihrem Arbeitsumfeld gewohnt sind, Planungsbemühungen auf Grundlage rationaler Entscheidungen zu beschreiben, wahrscheinlich kaum oder nur widerstrebend auf rein intuitive Entscheidungsfindungen eingehen werden. Nachfolgend werden die Auswertungen der Gespräche nach den in der Analysematrix vorgegebenen Themenfeldern sortiert aufgeführt.

5.1.3.2 Akteure & Struktur

Die Online-Aktivitäten waren in allen Kampagnen der Hamburger Bürgerschaftswahl fester Bestandteil. Alle Parteien hatten mindestens eine Position, die die kommunikationsstrategische Verantwortung für die Online-Aktivitäten verantwortete. Die betreffenden Personen konnten alle identifiziert und befragt werden. In der Regel gab es eine konkrete Position, die die konzeptionelle Verantwortung der Online-Kampagne trug und die gleichzeitig auch ausführend tätig war, bei CDU und FDP verteilte sich diese Verantwortung auf zwei Stellen. Alle Parteien hatten einen Wahlkampfstab, in der die Online-Kommunikationsaktivitäten mit den klassischen Kommunikationsmaßnahmen und der globalen Kampagnenstrategie abgestimmt wurden. In der Regel bestand dieser Wahlkampfstab nur aus wenigen Personen. Meist gehörten außer dem Online-Strategen auch der Spitzenkandidat, der Landesgeschäftsführer sowie der Pressesprecher dazu. Die konkreten Verantwortlichkeiten wurden aufgrund fehlender entsprechender Planungen häufig ad-hoc und pragmatisch verteilt.

> „Und dann gibt es ja zu allerlei Themen (...) auch permanent Anfragen, Wahlprüfsteine und so etwas, das war zum Beispiel ein Schwerpunktgebiet gewesen vom Landesgeschäftsführer. Die Beantwortung war thematisch, und für die Presse hatten wir einen Pressesprecher. Für das Internet war das in ganz vielen Fällen ich gewesen, wenn es jetzt nicht um eine Pressemitteilung ging, dann war es eben auch mal der Pressesprecher" (I.4).

Lediglich eine der Parteien, die SPD, hatte eine separate Stelle, die sich speziell um Internet und Social Media (im Wahlkampf und darüber hinaus) gekümmert hat. Die Linke hatte ebenfalls einen speziell im Bereich der Online-Kommunikation tätigen Experten, der jedoch keine fixe Stelle innerhalb der Parteiorganisation hatte, sondern als Freiberufler nur dann hinzugezogen werden konnte, wenn es seine berufliche Eingebundenheit zuließ. Bei den Anderen lag diese Verantwortung bei Stellen mit anderen Hauptaufgaben. Bei der CDU war beispielsweise der Büroleiter des Landesvorsitzenden für die Online-Kommunikation zuständig. Entsprechend unterschiedlich war auch die fachliche Qualifikation, also inwieweit die Verantwortlichen wirkliche Spezialisten für Online-Kommunikation waren, ausgeprägt. Fundierte fachliche Kenntnisse konnten nur bei drei der acht Interviewpartner zugesprochen werden, auch wenn Beurteilungen dieser Art mitunter schwierig auszuweisen sind und eine subjektive Beeinflussung nicht ausgeschlossen werden kann (vgl. 4.4.8). Im Rahmen dieser Untersuchung wurde die fachliche Qualifikation auf Grundlage des Sachverstands in Bezug zum zuvor erläuterten Wissensstand beurteilt (vgl. 3). In zwei Fällen gab es im weiteren parteilichen Umfeld offenbar andere Personen, die die fehlende Expertise mitbrachten und beratend aktiv waren. Fehlende fachliche Kenntnisse wurden in diesen Fällen nicht durch das Engagement von entsprechend qualifizierten Dienstleistern ausgeglichen. Einerseits weil den Betroffenen ihre fachlichen Defizite nicht unbedingt bewusst waren (oder sie dies zumindest nicht zu erkennen gegeben haben), andererseits, weil die Wahlkampfbudgets dies nicht zugelassen hätten. Überhaupt kamen für kommunikative Aufgaben keine Dienstleister zum Einsatz, viele Aufgaben wurden stattdessen von freiwilligen Wahlkampfhelfern übernommen. Insgesamt wurde die organisatorische Arbeit dadurch geprägt, dass, wie in der Hamburger Politik üblich, größtenteils ehrenamtlich gearbeitet wurde (vgl. 5.1.2).

> „Jetzt im Wahlkampf war ich auch im Kampagnenteam, das nur aus wenigen Leuten bestand, und habe im Prinzip die internen Abläufe gemanagt, auf die Logistik geachtet und dafür gesorgt, dass das, was ersonnen, gedacht und gemacht worden ist, auch umgesetzt wird (...) und das ganze ehrenamtlich" (I.4).

Lediglich für die grafische Gestaltung der Online-Medien, die visuelle Umsetzung der Corporate Identity, waren Agenturen im Einsatz. Einfluss auf kommunikationsstrategische Prozesse hatten diese allerdings kaum bis gar nicht.

5.1.3.3 Kommunikationsstrategie

Wie umfassend Online-Kommunikation in die globale Kampagnenstrategie eingebunden worden ist, wurde nur bei der SPD vorab strategisch konzeptioniert und geplant. Bei den anderen Kampagnen erfolgte die Implementierung ohne vorherige Planung während des Betriebs und wurde, wie zuvor schon erwähnt, meist im Wahlkampfstab ausgehandelt. Dies ist sowohl dem Faktor Zeit geschuldet, aufgrund der kurzen Wahlkampfvorlaufzeit, als auch dem Umstand, dass die personellen und finanziellen

Möglichkeiten und somit auch der Umfang der kommunikationsstrategischen Planungsmöglichkeiten der Landesverbände in Hamburg
begrenzt sind.

> „Dieser Punkt, wo man gemütlich da sitzt und sagt: So, jetzt haben wir
> hunderttausend zur Verfügung und jetzt planen wir mal ganz strategisch,
> wie wir das ausgeben, ist nicht ganz so, sondern es ist permanent dieser
> Abgleich: ‚Kriegen wir die Spender rein, die wir vorher eingeplant hatten?'
> Und das ist eine permanente, parallele Arbeit" (I.4).

Interessanterweise, obwohl Wahlkampfspenden anscheinend ein wichtiger Bestandteil der Kampagnenfinanzierung waren, hat keine Partei in
weitreichendem Umfang auf die Spendengenerierung im Internet gesetzt.
Die SPD hat Online-Kommunikation als einzige der Parteien vorab als
wichtiges Kampagnenelement deklariert und dabei auch klar umrissene,
detaillierte Kommunikationsziele definiert. Sie war auch die einzige Partei, die schon im Vorfeld, also vor dem Scheitern der Vorgängerregierung,
entsprechende Strukturen geschaffen hat.

> „Herr Scholz hat schon ziemlich früh erkannt, dass das Internet und vor
> allem die sozialen Medien immer wichtiger werden im Miteinander mit
> den Bürgern, also er setzt ja sehr auf den Austausch mit Bürgerinnen und
> Bürgern, deswegen hat er ja auch immer seine Stadtteilgespräche gemacht
> als Abgeordneter in Altona und dann später auch im Wahlkampf jetzt die-
> se Gespräche. Also wir hatten immer Bürgergespräche und die Idee war
> eben, das in den sozialen Medien fortzusetzen" (I-Büttner).

Oftmals wurde in den weiteren Aussagen deutlich, dass Online-
Kommunikation zwar „irgendwie wichtig ist", aber noch keinen wahlentscheidenden Einfluss hat. So konnte offenbar meist keine klare kommunikationsstrategische Konzeption gefunden werden, da sich der mögliche
Einfluss auf die entscheidenden Kampagnenziele, also die Beeinflussung
der Meinung der Wähler und letztendlich die Wahlentscheidung, den
Planern nicht direkt erschlossen hat.

> „Der richtige Wahlkampf, also in Anführungsstrichen, der ‚richtige' Wahl-
> kampf wird immer noch draußen bei den Leuten stattfinden, einfach weil
> wir noch nicht so weit fortgeschritten sind, dass das Internet wirklich in
> der Politik oder bei der Wahlentscheidung das Massenmedium ist" (I.1).

Ob Online-Medien als die „richtigen" Kanäle wahrgenommen worden
sind, um sowohl die Wählerschaft als auch die Anhänger zu erreichen,
war Partei-abhängig unterschiedlich ausgeprägt. Die CDU hatte bei-

spielsweise einige wichtige Zielgruppen, u.a. Senioren, die nicht über das
Internet erreicht werden sollten (und konnten). Wenn der Anteil der
Zielgruppen in der Wählerschaft, die nicht als Internet-affin gelten, besonders hoch war, wurde auch entsprechend weniger Augenmerk auf die
Online-Kommunikation bei der Ausgestaltung der Kampagnenaktivitäten
gelegt - so bei der CDU oder auch bei der Linken. Obwohl die Zielgruppen
der Grünen grundsätzlich als sehr online-aktiv gelten, wurde Online-
Kommunikation abseits der Online-Media-Relations bei der zentralen
Planung überraschenderweise nicht übermäßig wichtig eingeschätzt. Für
die kleineren Parteien sind die Online-Kanäle ansonsten als Alternative
zu Massenmedien wie den Tageszeitungen wichtig, da sie dort nicht immer so präsent in Erscheinung treten, wie sie sich das wünschen.

> „Ich sage mal so, ich dachte, am Anfang des Wahlkampfes wird es mit den
> klassischen Medien schwieriger als es dann geworden ist. Es wurde leich-
> ter eigentlich, mit den Hamburger Tageszeitungen, als ich beispielsweise
> befürchtet hatte. Insofern bin ich mal zunächst am Anfang des Wahlkamp-
> fes davon ausgegangen, wir müssen viel, viel mehr im Internet machen,
> um sozusagen da einen Ausgleich herzustellen" (I.4).

Ein wichtiger Aspekt für die meisten Planer war die Einbeziehung der
Parteistrukturen abseits des Zentrums rund um den Spitzenkandidaten.
Parteien sind keine leicht steuerbaren, klar strukturierten und einheitlichen Organisationen, sondern vielfach nur lose vernetzt. Die Bedeutung
dieses Umstands wurde in den Gesprächen mehrfach deutlich. Entsprechend komplex konnte sich die Aufgabe der Einbeziehung der unteren
Ebenen gestalten. Im besonderen Maße galt dies für die beiden Volksparteien SPD und CDU, die eine entsprechend starke Verbandsstruktur, sei-
en es parteiinterne Orts- oder parteinahe Interessen-Verbände, haben.
Folglich haben auch die Vertreter beider Parteien zu Protokoll gegeben,
dass eine gut organisierte Vermittlung der Online-Strategie in die weit
verzweigten Winkel der Partei so unverzichtbar wie schwer zu bewerkstelligen war. Während der Vertrieb von Werkzeugen wie digitalen Flyern
und Webseitenvorlagen offenbar relativ gut gelang, funktionierte die
Vermittlung kommunikationsstrategischer Ansätze aufgrund der dafür
notwendigen umfangreichen und komplexen Kommunikation kaum.

> „Jetzt, selbst jetzt im Wahlkampf, weiß man als normales Parteimitglied
> oder selbst als, sag ich mal, als einigermaßen eingebundenes Parteimit-
> glied nicht, was kommen wird im Online-Bereich, also wenn, dann nur
> über inoffizielle Kanäle" (I.1).

5.1.3.4 Konzeption & Umsetzung

Den Blick auf den Prozess der Kanalwahl zu legen war für einige Befragte ungewöhnlich. Entsprechend war die Kanalwahl nicht Teil der strategischen Konzeption, wurde nicht bewusst durchgeführt und konnte so in der Befragung nicht nachvollzogen werden. Es ging für diese Planer in der Regel einfach darum, all die Kanäle zu bespielen, die sie in ihrem beruflichen und privaten Alltag selbst nutzen. Die Kanalwahl erfolgte also rein intuitiv und mehr oder minder unbewusst, zumindest in der prozessorientierten, strategischen Perspektive. Diejenigen, die eine relativ hohe fachliche Kompetenz hatten, konnten ihre Auswahlverfahren dagegen recht gut rekonstruieren. Die Verbreitung und Sichtbarkeit bestimmter Kanäle im persönlichen, beruflichen und medialen Umfeld spielten dabei eine entscheidende Rolle. Mehrfach wurden auch die besondere Bedeutung von wichtigen Multiplikatoren in Zusammenhang mit Twitter und der Zwang, bei neuen Entwicklungen mitmachen zu müssen, geäussert. Die Aussagen in diesem Zusammenhang waren sehr präzise und aufschlussreich.

„Also da ich mich ja täglich viele Stunden vor dem Internet aufhalte und auch natürlich sehr genau die Diskussion auf Twitter verfolge und auf Twitter sind nun mal die Multiplikatoren unterwegs, kriegt man das eigentlich mit. Man kriegt das einfach mit. (...) Ja, ein gutes Beispiel ist zum Beispiel Foursquare. Foursquare ist ja auch noch nicht lange da und ist halt über Twitter bekannt geworden. Und so bin ich, wie wahrscheinlich alle anderen, die sich dafür interessieren, auch darauf gekommen - Aha, Foursquare taucht immer öfter auf, schau ich mir auch mal an. Ich bin mittlerweile auch bei foursquare, log mich ein und so weiter" (I.2).

„Also wenn da anfangen alle möglichen Leute/ also wenn in amerikanischen Krimis, wie CIS und ähnlichem, über Facebook berichtet wird, bis die deutsche Version hier auftaucht, dann kriegt das so langsam eine Durchdringung in der Bevölkerung, auf einmal fangen alle um einen herum an, einen Facebook-Account zu haben, das war vor ein paar Jahren mit Xing, also gerade in meinem Umfeld, nicht anders. (...) Also wenn man dann merkt, es gibt immer ein paar Leute, das ist auch in Parteien nicht anders, die dann so ‚Early Adopters' darstellen, also die so ganz am Anfang schon dabei sind (...) dann gucke ich mir das an, weiß auch noch nicht so richtig was damit anzufangen, und irgendwann kommen dann die Massen da rein, und gucken sich das auch an. Also wir haben bis heute eigentlich auch noch nicht, dass wir eine Linie für Facebook gefunden nach dem Motto Was machen wir damit jetzt wirklich eigentlich. Also es läuft viel über dieses ‚Wir wissen nicht was wir damit tun, wir wissen aber, wenn man es nicht hat, ja, weil also nicht dabei sein geht auch nicht" (I.3).

Eine eigene Webseite, die das Zentrum der Online-Kampagne darstellt, wurde bei allen Kampagnen als Grundvoraussetzung gesehen. Von der Webseite aus sollten alle Informationen bezogen und alle weiteren Kanäle erreicht werden können. Spezielle Kampagnenseiten wurden von einigen als wichtig eingestuft - in erster Linie um den Routinebetrieb offenkundig vom Wahlkampfbetrieb abzugrenzen. Lediglich ein Planer, der grundsätzlich eine kritische Haltung der Online-Kommunikation gegenüber hatte, hat die Nutzung der Webseiten als überbewertet eingestuft. Dieser Interviewpartner hat in Zusammenhang mit dieser Aussage auch seine begrenzten fachlichen Kenntnisse zum Ausdruck gebracht, indem der Nutzen einer Webseite einzig und allein der individuellen Informationsgewinnung sowie Entscheidungsfindung unentschlossener Wähler zugerechnet wurde:

> „Also ich erlebe es sehr sehr oft, das unglaubliche Summen in die Homepage gesteckt werden, was ich wirklich für Geldverschwendung halte. Es gibt keine Studie, die sagt, dass ich Wähler, die nicht festgelegt sind, großartig über Partei-Homepages informieren" (I.6).

Newsletter wurden in allen Kampagnen genutzt. Sie waren vor allem für die zuvor schon angesprochene parteiinterne Kommunikation zu den Unterstützern und Verbänden wichtig. Interessanterweise war der Einsatz des Newsletters offenbar dermaßen obligatorisch, dass alle Planer erst darauf angesprochen werden mussten, weil sie den Einsatz als so grundsätzlich betrachtet haben, dass sie ihn nicht von sich aus erwähnenswert empfunden haben. Teilweise wurde der Gebrauch des Newsletters sogar nicht als Teil der Online-Aktivitäten wahrgenommen, sondern als Teil der klassischen Kommunikationsbemühungen.

Im Unterschied dazu haben die meisten Planer unter „Online-Kommunikationsaktivitäten" vor allem den Einsatz von Social Media und dabei vor allem Facebook verstanden. Facebook war für alle Planer ein wichtiger Kanal und stand weitaus mehr im Vordergrund der Gespräche als alle anderen Online-Aktivitäten.

> „Da ist glaube ich Facebook immer noch, gerade auch weil es die Kandidaten selber sowieso meistens nutzen, privat, oder halt dazu gezwungen wird, immer noch besser. Das können sie auf ihrem iPhone machen, das haben sie dann immer mit" (I.1).

Plattformen wie Youtube oder Flickr wurden ebenfalls genannt, ihnen wurde allerdings kaum eine kommunikationsstrategische Funktion zugewiesen. Sie galten vielmehr als nützliche Speicherplattformen, um Medi-

en wie Kampagnenfotos zu archivieren. Distributions- und Kommentar-
funktionen hatten nur eine nachrangige Bedeutung. Twitter wurde immer
wieder genannt, allerdings weniger als breitenwirksamer Kanal wie Facebook, sondern eher als ein spezialisierter Kanal zur Erreichung bestimmter exklusiver Zielgruppen wie Journalisten und Multiplikatoren. Entsprechend konnten diejenigen Planer, die zu wenig Expertenwissen in
Bezug auf Twitter-Nutzung hatten, wenig mit diesem Werkzeug anfangen.
Wenn andere Teilnehmer des Wahlkampfstabs, hierbei ist vor allem der
Spitzenkandidat zu nennen, die Nutzung von Twitter nicht verstanden
haben, war dies offenbar auch hinderlich für eine Implementierung.
Überhaupt spielte es offenbar eine entscheidende Rolle, wie sehr die Nutzung der einzelnen Kanäle den jeweiligen Kandidaten liegt. Dies wurde
von allen Planern in unterschiedlicher Ausprägung geäußert.

> „Wir haben darüber diskutiert, wo ist der Mehrwert für uns, sich auf hun-
> dertsechzig Zeichen zu begrenzen, also wo ist der Mehrwert einer Twitter-
> Nachricht, für uns als Partei, anstatt das bei Facebook mit einer längeren
> Nachricht oder mit einem Foto darzustellen. Natürlich kann es additiver
> Mehrwert sein, einfach ‚mehr'. Wir haben aber letztlich nicht diese Mög-
> lichkeit gesehen, zu sagen, mit diesen hundertsechzig Zeichen können wir
> etwas ganz Tolles herausbringen. Kann sich natürlich ändern, wenn man
> mit dem Spitzenkandidaten jemanden hat, der wirklich den Mehrwert leis-
> ten wollte. Ich biete einfach jeden Tag ein bisschen Infos von mir. Unser
> Kandidat ist aber auch nicht der Mensch dafür, der in hundertsechzig Zei-
> chen sagt: ‚So, ich bin gerade da und die Sonne scheint'" (I.5).

Die VZ-Netzwerke spielten aufgrund der schwindenden Mitgliederzahlen
und der überholten technischen Ausgestaltung überhaupt keine Rolle.
Insofern war es auch richtig, sie in der vorherigen Medienangebotsanalyse kaum zu berücksichtigen.

> „StudiVZ ist meiner Meinung nach tot" (I.1).

Alle Planer haben zudem nachdrücklich auf die extrem hohen und nicht
ansatzweise zu erfüllenden zeitlichen und personellen Anforderungen bei
der Betreuung der Social-Media-Kanäle hingewiesen. Dieser Umstand sei
auch verantwortlich dafür gewesen im Regelfall nur auf ein oder zwei Kanäle zu setzen.

> „Ich sag da eher, Facebook auf jeden Fall, Twitter wenn du Lust hast, alles
> andere hast du keine Zeit für" (I.1).

Der Evaluationsprozess hat sich sehr differenziert dargestellt. Dort, wo mehr fachliches Expertenwissen vorlag, wurde auch reflektierter über Evaluation gesprochen. Für die meisten bestand die Basis der Bewertung aus der Analyse von Zugriffs- und Nutzerzahlen, auch im Vergleich zu den anderen Bewerbern sowie in Zusammenhang mit anderen medialen Ereignissen wie Presseberichten oder TV-Duellen. Die Befragten mit fachlicher Expertise haben zudem auf tiefgreifendere Evaluationsmethoden wie die Bewertung der Zusammensetzung der Publika auf den einzelnen Kanälen (z.B. ob es mehr eigene Parteimitglieder, eher Journalisten oder unentschlossene Wähler sind) oder wie die Bewertung von Rückläufen (z.B. Sentiments bei Kommentaren oder Weiterleitung von Beiträgen) zurückgegriffen. Allerdings erfolgten diese Bewertungen weder systematisch noch organisiert, sondern eher stichprobenartig und intuitiv, professionelle Software kam nicht zum Einsatz. Überhaupt spielte die individuelle intuitive Wahrnehmung, das Bauchgefühl, eine große Rolle. In manchen Fällen wurde auch noch der allgemeine Austausch mit Kollegen einbezogen. Innerhalb der Gespräche verfestigte sich der Eindruck, dass, umso weniger Fachkenntnisse vorhanden waren desto mehr darauf hingewiesen wurde, dass der Erfolg von Kommunikations-maßnahmen ohnehin objektiv schwer zu messen sei.

> „Wobei man ja nie messen kann, welche Wahlkampfmethode oder welche Technik am Ende dann jetzt zum Erfolg geführt hat. Das ist ja ein Traum eines jeden Wahlkampfmanagers, herauszukriegen, inwieweit sich die Plakate in einem Wahlergebnis widergespiegelt haben, inwieweit Internetcampaigning, inwieweit soziale Medien und solche Sachen. Man wird es ja am Ende des Tages nie genau messen können oder herausfinden, was jetzt den Ausschlag gegeben hat, aber ich würde auch sagen: Erfolgreich war das" (I.5).

5.1.3.5 Online-Kommunikation

Die zuvor adressierten, tiefgreifenden Vorteile und Synergien, die sich aus Online- und speziell Social-Media-Kommunikation ergeben können, wurden in den Gesprächen kaum erwähnt und wenn, dann eher in der Beschreibung nicht umgesetzter Pläne. Ein Planer war geradezu frustriert darüber, wie sehr die Kampagnenplanung und -durchführung Top-Down organisiert war und wie wenig untere Ebenen mit einbezogen werden konnten. Partizipation wurde von allen Befragten kaum bis gar nicht wahrgenommen, lediglich die Grünen haben ein vorsichtig positives Feedback gezogen. Sie haben von der guten Vernetzung mit der Bundespartei und deren professionellem wie erfahrenem Umgang mit der politisch-kommunikativen Nutzung des Internets profitiert. Wie zuvor schon erwähnt, wurde Online-Kommunikation abseits der Online-Media-Relations bei der zentralen Planung nicht übermäßig wichtig eingeschätzt. Da allerdings Aktionen wie „3 Tage wach", die vergleichbar mit den Bürgergesprächen der SPD waren und von den Bundes-Grünen übernommen wurden, nahezu unabhängig vom Wahlkampfstab von Aktivisten und Mitgliedern durchgeführt worden sind, ist die Aktion ein Beleg für die mögliche und erfolgsversprechende Einbindung von Bottom-Up-Ansätzen. Auch, wenn diese Ansätze nur daraus bestehen, andernorts bereits existierende Konzepte zu adaptieren.

Den meisten Parteien hatten bei der Nutzung der einzelnen Online-Kanäle offenbar vorrangig im Sinn, eine zusätzliche Informations- und Kontaktmöglichkeit mit niedriger Zugangs-Barriere zu schaffen. Tatsächliche Dialog-Orientierung gab es vor allem bei den Grünen und der SPD, die den Austausch mit verschiedenen Zielgruppen aktiv gefördert haben, allerdings in einem überschaubaren Rahmen. Viele Maßnahmen und Wirkungsweisen waren auch hier nicht geplant, sondern haben sich eher zufällig ergeben. Teilweise konnten dadurch aber das mögliche Potential von Bottom-Up-Ansätzen aufgezeigt werden.

> „Die Aktivierung der unteren Ebenen hat eine große Rolle gespielt. Aber nicht von uns gesteuert, das ist einfach passiert. Es haben sich Gruppen gegründet. (...) Leute haben angefangen, eigene Sticker zu entwerfen und sich zu treffen und sich verabredet zu Veranstaltungen zu gehen und so weiter. Also da ist viel Interaktion passiert, was wir auch nicht gesteuert haben" (I.2).

Lediglich ein Interviewpartner hat auf Medientrainings hingewiesen, die im großen Maßstab für alle Organisationsebenen mit dem Ziel angeboten wurden, möglichst viele Mitarbeiter für den Umgang mit den Online-Medien zu schulen. Von einem Interviewpartner wurden die Vorteile des Online-Wahlkampfs in städtischen Gebieten aufgrund der höheren Internet-Verbreitung gegenüber den ländlichen Regionen hervorgehoben. Der Planer hatte Erfahrungen mit Landtagswahlkämpfen in anderen Bundesländern und hat dies als ein massives Pro-Argument für den Einsatz von Online-Kommunikation bei Wahlkämpfen in städtischen Regionen gewertet. Das Publizitätsparadox wurde von keinem angesprochen. Die meisten Planer gehen von einer insgesamt schwierigen Ausgangslage aus, wenn es darum geht, Themen und Personen im Sinne der Kampagne gezielt kommunikationsstrategisch für eine breite Masse wahrnehmbar medial zu inszenieren.

5.1.3.6 Komplexität

Die Rahmenbedingungen der Online-Kommunikation wurden von allen Befragten insgesamt als komplex eingestuft, ohne allerdings eine nähere Haltung dazu einzunehmen. Ein konkreter Aspekt, der von all den Planern, die auch ausführend beteiligt waren, also bei der Betreuung der Online-Kanäle aktiv mitgewirkt haben, angemerkt wurde, war die hohe Arbeitsbelastung der Aufgabe. So war es offenkundig kaum zu bewerkstelligen, die Kanäle adäquat zu betreuen und dabei noch umfassendes Monitoring zu gewährleisten. Zudem sei der Zeitdruck extrem hoch gewesen. Und selbst wenn der Zeitplan nicht so eng gestrickt gewesen wäre, würden die Kommunikationsgewohnheiten der neuen Medienwelt immer noch für ausreichend Strapazen sorgen und die strategische Kommunikationsplanung erschweren.

> „Der Druck auf politische Entscheidungsträger, schnell zu bestimmten Ereignissen eine Aussage zu treffen, wird natürlich auch in Zukunft noch steigen. Also wenn sozusagen die Wahlergebnisse vom Bundespräsidenten mal vorab per Twitter rausgehen oder wenn live aus irgendwelchen Vorstandssitzungen getwittert wird, über Facebook Informationen raus gegeben werden, führt das natürlich dazu, dass, das sag ich jetzt mal so, (...) dass man früher auch mal Zeit hatte, wenigsten ein paar Stunden oder mal eine Tag lang über irgendeine Sache nachzudenken (...) weil dann ist die Entscheidung, die man trifft, vielleicht von so einer Tragweite in einem bestimmten Politikbereich ist, das es auch einfach gut ist, da ein bisschen mal die Nachdenklichkeit einkehren zu lassen. Das wird, glaube ich, heutzutage schwieriger werden, weil wie gesagt, die Information ist so schnell draußen, so schnell verbreitet, und es wächst natürlich wirklich der Druck auf die politischen Entscheidungsträger, schnell eine Aussage zu treffen, sich vielleicht wenig abstimmen zu können, oder mal vielleicht die eine Sekunde, die man mal braucht, noch mal nachzudenken, weil der, der als erstes gefragt wird, muss auch als erstes was sagen, sonst verliert man auch die Deutungshoheit über bestimmte Themen. Also will sagen, wenn aus einer Sitzung etwas raus getwittert wird und dann stehe draußen die Journalisten, kann man halt nicht sagen: Ich muss dann jetzt erst mal, in drei Stunden kommt eine Presseerklärung. Sondern ich muss dann irgendwas sagen, sonst tun es andere. Also will sagen, es wird schon hektischer und da muss man sich natürlich dann anpassen" (I.5).

Der Umgang mit den komplexen Aspekten strategischer Online-Kommunikation wurde schon in den vorigen Punkten deutlich - dort wo es zu komplex wird, wird entweder einfach weggeschaut oder mit Bauchgefühl entschieden. In vielen Fällen geschieht dies allerdings ohne ein ausgeprägtes Bewusstsein für dieses Vorgehen.

„Am Anfang war überhaupt erst mal gucken, und jetzt während des Wahlkampfes ist keine Strategie zu entwickeln, da läuft eigentlich glaube ich
viel über Instinkt, das ist bis jetzt gut gegangen, da gehe ich auch davon
aus, dass das weiter noch gut geht, weil da ja auch die Beteiligten alles Pro-
fis sind, und ich glaube, dass wir nach dem Wahlkampf uns mal überlegen
müssen, was haben wir da überhaupt gehabt"
(I.3).

5.1.3.7 Wahlkampf

Auf die Rahmenbedingungen des Wahlkampfs ist im Vorfeld bereits
mehrfach eingegangen worden. Prägende Faktoren waren der enge Zeitplan und die unterschiedliche Ausgangsposition der einzelnen Parteien,
beides begründet durch das plötzliche Scheitern der Koalition. Dennoch
haben alle Befragten ausgesagt, dass sie versucht haben, so gut es in der
vorhandenen Zeit eben möglich war, eine reguläre Wahlkampfkampagne
zu gestalten. Ausgangspunkt der Planungen war dabei zum Beispiel die
Frage nach der Ausrichtung der Kampagne, ob also der Kandidat, bestimmte Themen oder parteispezifische Aspekte im Vordergrund stehen
sollten.

„Wobei das vom Ablauf her so war, dass eine bestimmte Idee und bestimmte strategische Ansätze am Anfang standen, bei der Überlegung: Wie
vermarkten wir unsere Kandidatin, welche Themenschwerpunkte haben
wir und wie positionieren wir uns gegenüber anderen Parteien, und alle
Kanäle, um die es dann dabei geht, Internet als einer davon, folgt dann
sozusagen dieser Leitlinie in dem Konzept"
(I.4).

SPD, CDU, und FDP haben den Schwerpunkt auf ihren Spitzenkandidaten gelegt, die Grünen und die Linke haben dagegen Themen in den Vordergrund gestellt. Personenfixierte Kampagnen waren, mit Ausnahme der
CDU, stärker auf Online-Kanäle fixiert als die anderen Parteien.

„Also es war ein Personenwahlkampf, der war sehr auf den Spitzenkandidaten fokussiert, auch in den klassischen Medien, also auch in den Offli-
nemedien, Plakate und so weiter, das haben Sie sicher alles gesehen, und
gerade dann ist es natürlich wichtig auch den persönlichen Kontakt in den
Onlinemedien aufzumachen" (I.2).

Auch die Einstellung des Spitzenkandidaten zu den neuen Medien hatte
einen nachhaltigen Einfluss darauf, wie stark Online-Medien in die Kampagne einbezogen worden sind. Wurde dagegen eine themenzentrierte
Kampagne geführt, so waren dies entweder die klassischen Wahl-

kampfthemen der Parteien, beispielsweise bei den Linken die Themen „Kinderarmut" und „Einkommensgefälle", oder aber netzspezifische Themen wie „Netzneutralität" und „Internetsperrung". Diese netzspezifischen Themen spielten eine herausragende Rolle, da damit die so wichtigen Multiplikatoren im Internet erreicht werden konnten. Dieser Faktor hat auch im Bundestagswahlkampf eine besondere Rolle gespielt (vgl. 5.2). Die persuasive Wirkung der Online-Kampagne im Bezug auf eine direkte Beeinflussung der Wahlentscheidung wurde als nicht besonders stark eingeschätzt, wobei dieser Aspekt von mehreren Befragte geäußert wurde. Doch auch die simple Informationsbereitstellung hat in manchen Fällen, aufgrund der Zeitnot, nicht so funktioniert, wie sich die Planer das erwünscht hatten.

> „Also die Masse erreicht man nicht. (...) man kann schon was erreichen, man kann die sogenannten Multiplikatoren im Netz ansprechen. Wobei ich nicht glaube, dass es wirklich so viel Sinn macht, weil die berichten zwar von positiven Sachen, aber ich glaube sie selber sind sowieso relativ gefestigt meistens in ihrer politischen Einstellung" (I.1).

Dass die amerikanische Wahlkampfführung, im Besonderen Barack Obamas Kampagne von 2008, Einfluss auf ihre Arbeit hatte, haben alle Planer bestätigt. Dieser Einfluss hat sich auf zwei Wegen verdeutlicht. Einerseits haben sie sich die Verantwortlichen selbst von der Kampagnenführung und den dort gezeigten Möglichkeiten, speziell im Bereich Social Media, inspirieren lassen. Andererseits wurde auch das gesamte Umfeld davon beeinflusst, was wiederum zum Teil zu überhöhten oder unangemessenen Erwartungen geführt hat. Dies gilt besonders für die journalistische Berichterstattung über den Online-Wahlkampf. Alle Planer hatten bezüglich der amerikanischen Vorbildfunktion jedoch eine sehr reflektierte und differenzierte Meinung, die unter dem Strich als „nicht übermäßig einflussreich" beschrieben werden kann.

> „Ja, ich glaube auch nicht, dass man alles, was im Obama-Wahlkampf funktioniert hat, hierhin übertragen kann" (I.3).

> „Also ich sehe und höre auch immer immer wieder den Vergleich mit den USA, den ich für den größten planerischen, strategischen Fehler halte. A, weil die Offenheit des Bekenntnis ‚Welche Partei wähle ich?' in den USA eine andere ist als in Deutschland. Also in Deutschland weiß ich ja teilweise von Freunden nicht genau. Da weiß ich die Richtung, aber ob sie jetzt nachher Linkspartei oder Grüne oder SPD wählen oder vielleicht doch die CDU, das weiß man nicht so genau. In den USA ist es sehr viel deutlicher kommuniziert. (...) Und natürlich Polarisierungen, in den USA habe ich

zwei Parteien in Deutschland habe ich fünf, die ganzen kleinen Parteien weggerechnet" (I.6).

5.1.4 Zusammenfassung

Der erste Teil der Auswertung hat ein vielschichtiges und aufschlussreiches Bild der Online-Kommunikationsbemühungen im Rahmen der Bürgerschaftswahl 2011 zeichnen können. Die Medienangebotsanalyse hat zunächst einen empirisch gefestigten Überblick über die öffentlich wirksamen Aktivitäten der Parteien im Internet geliefert. Dabei wurden die im Vorfeld getätigte Auswahl relevanter Dienste bestätigt, entsprechend konnte die Befragung wie geplant durchgeführt werden.

Dieser Teil der Untersuchung sollte sich noch nicht mit dem Faktor Interaktivität beschäftigen, dennoch konnten Anzeichen dafür gefunden werden, dass dialogische Kommunikation in den Kanälen der sozialen Medien nicht in bedeutendem Ausmaß stattgefunden hat. Weitere Erkenntnisse waren, dass die Kandidaten- bzw. Themenzentrierung der Kampagnen offenbar einen gewissen Einfluss hat und dass die unteren Ebenen der Parteien nicht weitläufig in die Kampagne eingebunden sind. Somit hat die Medienangebotsanalyse ihre Funktion erfüllt und eine solide Wissensbasis für die nachfolgenden Interviews geliefert.

Die Interviews selbst haben einen detaillierten Überblick über die kommunikationsstrategischen Prozesse aus Sicht der Akteure geboten. So wurde deutlich, dass finanzielle und personelle Beschränkungen neben dem zeitlich engen Rahmen die bedeutendsten Faktoren waren, die auf die Umsetzung der Online-Kommunikation eingewirkt haben. Die zeitlichen und personellen Anforderungen waren demnach zu hoch, als dass die Kampagnen wünschenswert hätten umgesetzt werden können. Aus diesem Grund wurde wahrscheinlich auch weitaus stärker auf Informationsbereitstellung als auf dialogische Kommunikation gesetzt. Letztere steckt im Rahmen der hier untersuchten Kampagnen auch noch eindeutig in einer frühen Entwicklungsphase fest. So ist teilweise zwar schon der erklärte Wille zur Umsetzung geäußert worden, spätestens an der dafür notwendigen weitreichenden Strategievermittlung scheiterte es dann jedoch. Dasselbe gilt im übrigen für partizpative Elemente und Bottom-Up-Strategien. Bei diesen Aspekten waren die Unterschiede zwischen den Parteien besonders ausgeprägt.

Insgesamt wird Online-Kommunikation im überwiegenden Maß zwar als bedeutender, jedoch nicht als herausragend wichtiger Bestandteil der globalen Kommunikationsstrategie wahrgenommen. Aus Sicht der Planer ist ihr Einfluss noch nicht wahlentscheidend. In der Medienangebotsanalyse wurde es schon angedeutet, dass die Kandidaten- bzw.

Themenzentrierung stilprägend für die Online-Kommunikation ist. Dieser Eindruck konnte hier nachhaltig bestätigt werden. Demnach nutzten kandidatenzentrierte Kampagnen weitaus umfangreicher und offenbar auch erfolgreicher das Internet, insbesondere die sozialen Medien.

Es wurde außerdem deutlich, dass der Prozess der Kanalwahl häufig nicht bewusst durchgeführt wird, sondern anscheinend eher intuitiv erfolgt. Die Anzahl der genutzten Kanäle folgt dabei dem Umfang des Personals, dass zur Betreuung zur Verfügung steht. Bei manchen Kampagnen waren auch die Nutzungsgewohnheiten der Planer ausschlaggebend. Auch der Bereich der Evaluation ist, neben der Fokussierung auf Kennzahlen, von intuitiven Befunden geprägt. Weitreichende und innovative Formen der Evaluation haben nicht stattgefunden. Innerhalb der meisten praxisnahen Aspekte war erkennbar, dass das spezifische Fachwissen bei den Befragten mitunter erheblich variiert. Dadurch wurde ein weiteres Mal deutlich gemacht, wie voraussetzungsvoll der Bereich strategischer Online-Kommunikation und wie umfangreich das dafür notwendige Wissen ist. Überraschend war dennoch, wie stark das Gefälle zwischen den einzelnen Experten teilweise war. In diesem Zusammenhang hat sich auch gezeigt, dass die Interviewpartner mit der größeren fachlichen Qualifikation mehr Prozess- und vor allem Deutungswissen hatten oder es zumindest besser zum Ausdruck bringen konnten und somit qualitativ hochwertige als auch für die Untersuchung wichtige Gesprächspartner waren. Dieser Faktor ist bedeutend für die Analyse und wird im weiteren Verlauf daher weiter besondere Beachtung finden.

Der Blickwinkel der Untersuchung konnte zum Teil auch auf generelle Sichtweisen jenseits des konkreten Fallbeispiels ausgeweitet werden. Insgesamt waren die Erkenntnisse in Bezug auf die in diesem Zusammenhang interessanten *spezifischen* Aspekte allerdings nicht so ergiebig wie erhofft. Deutungswissen konnte abseits politikfeldspezifischer Aspekte, die nicht im Zentrum dieser Untersuchung stehen, nicht in größerem Umfang abgefragt werden.

Das Komplexität für die Akteure ein Faktor ist, konnte zwar gezeigt werden, es gab jedoch kaum erkenntnisreiche Aussagen zum Umgang mit Komplexität und den spezifischen, komplexen Bedingungen von Online-Kommunikation. Dies kann allerdings dem Umstand geschuldet sein, dass die interviewten Experten derart umfassend in den pragmatischen Aspekten der Umsetzung gefangen waren, dass für derlei reflexive Betrachtungen kein Raum war. Vor der folgenden Hauptstudie ist deshalb noch einmal überprüft worden, wie diese Aspekte besser hätten abgefragt werden können oder ob sie unter Umständen keine Praxisrelevanz besitzen.

Bedauerlich war der Umstand, dass es keine eingebundenen Dienstleister gab, die zu den betreffenden Punkten hätten interviewt werden
können. Dieser zusätzliche subjektive Blickwinkel hätte wohlmöglich eine
noch umfassendere und differenziertere Analyse der Aussagen zugelassen.

5.2 Auswertung Teil II
- Strategische Online-Kommunikation in Bundestagswahl-
kampagnen

Während in der Medienangebotsanalyse das Bild einer konkreten Wahlkampfkampagne nachgezeichnet werden sollte, hat sich im Anschluss der
Fokus verschoben. In der Analyse der Interviewgruppe I im vorigen Kapitel wurde bereits eine allgemeinere Perspektive eingenommen, in dem die
Prozesse des konkreten Fallbeispiels zum Anlass genommen wurden, eine
erweiterte Sichtweise der Akteure in Bezug auf Online-Kommunikation
abzufragen. Um dabei fokussiert als auch orientiert vorzugehen, wurde
dieser Ansatz durch die Anbindung an die Analyse-Matrix methodisch
abgesichert. Das gleiche Vorgehen soll in der Hauptstudie nun noch ver-
tieft werden. Die Kampagnentätigkeit im Bundestagswahlkampf 2009 hat
in den Interviews als Bezugspunkt gedient und um sich an präzisen Bei-
spielen orientieren zu können, dennoch standen die generellen Aspekte
hier stärker im Fokus.

5.2.1 Rahmenbedingungen Bundestagswahl 2009

Der Bundestagswahlkampf 2009 wurde in der Forschung bereits ausführlich behandelt, das gilt auch für den Wahlkampf im Internet (vgl. 3.3).
Obwohl der Bundestagswahlkampf nicht im Zentrum des Erkenntnisinteresses liegt, so dient er doch als zentraler Bezugspunkt der Befragung, da
es der letzte Wahlkampf war, in dem die befragten Akteure aktiv in eine
Kampagne diesen Ausmaßes eingebunden waren. Aus diesem Grund
werden hier noch einmal die wichtigsten Rahmenbedingungen kompakt
zusammen gefasst.
   Die Online-Präsenzen der Parteien im Bundestagswahlkampf 2009
waren weder „reichweitenstarke Wahlkampfarenen noch leistungsfähige
Zweitstrukturen" für den Offline-Wahlkampf (Bieber 2011, S.78). Die Informationsbereitstellung stand kommunikationsstrategisch an erster
Stelle, bei der zielgruppenorientierten Kommunikation gab es jedoch
noch weitreichendes Entwicklungspotential. Auch bei der Integration von
Bottom-Up-Ansätzen, der Förderung von partizipativen Strukturen sowie

der wichtigen On-/Offline-Verknüpfung der Kampagne hatten die Partei-
en noch erhebliche Defizite aufzuweisen (vgl. Rottbeck 2012, S.327ff).

Von einem „Wahlkampf 2.0", also einem umfangreichen Wahlkampf
in den sozialen Medien, konnte ebenfalls noch nicht die Rede sein. Stattdessen standen die Webseiten im Zentrum der Kampagnen. Engagierte
Aktivierungs-, Mobilisierungs- und Spendenaktionen waren ebenfalls
kaum zu verzeichnen. Lediglich die Aktion „3 Tage wach" der Grünen
konnte andeuten, was im Internet möglich gewesen wäre (vgl. Bieber
2011, S.79ff). Dennoch haben die Parteien erstmals überhaupt eigenstän-
dige Social Media Kampagnen auf Bundesebene durchgeführt. Ein Aktivi-
täts- und Themenindex der genutzten Social Media Kanäle der Face-
book-, Twitter- und YouTube-Kanäle im Parteien- und Kandidatenumfeld
hat gezeigt, dass auf Facebook vor allem personengebundene Aktivität
stattgefunden hat. Das Unterstützerverhalten war allerdings auch sehr
einseitig und die Interaktionsmöglichkeiten wurden kaum genutzt (vgl.
Fischoeder 2009). Twitter hingegen ist im Rahmen des Wahlkampfs zu
einem „bedeutenden Mittel der politischen Partizipation" herangewach-
sen, dass von „politisch Aktiven in großem Umfang genutzt wurde" (ebd.
S.15). Doch Twitter war kein Tool, um Wählergruppen im großen Umfang
zu erreichen. Vielmehr wurde in diesem Zusammenhang klar, dass sich
die politische Online-Kommunikation 2009 hauptsächlich innerhalb des
politischen Betriebs abspielt und das lediglich Journalisten, Multiplikatoren und andere Involvierte (oder zumindest besonders Interessierte) umfassend daran teilhatten. Die Kampagne Barack Obamas hatte starken
Einfluss, sowohl auf die Konzeptionen der Online-Kampagnen als auch
auf die Erwartungshaltungen der Wahlkampf-Akteure und wahlkampf-
begleitenden Medien.

Bedeutende inhaltliche Themen in den sozialen Medien waren on-
line-spezifische Themen wie „Internetsperren" oder generell die „Pira-
tenpartei" sowie die „Dienstwagenaffäre" von Ulla Schmidt. Der CDU
wurde ein starkes Engagement in den sozialen Medien bescheinigt, das
sich jedoch vorrangig auf Information beschränkt hat. Die Partei profi-
tierte auf den Kanälen in besonderem Ausmaß von dem Amtsinhaberbo-
nus. Die SPD war ebenfalls auf allen Kanälen aktiv, hatte jedoch Defizite
bei der Koordination der einzelnen Kanäle und setzte gleichfalls mehr auf
Information statt auf Dialog. Im Gegensatz zu CDU und SPD waren die
Grünen in der Blogosphäre nicht sehr präsent, hatten dafür aber eine besonders aktive Präsenz auf Twitter. Ähnlich die FDP, die sich mit hohen
Video-View-Raten auf YouTube ausgezeichnet hat. Den Linken wurde nur
eine geringfügige Aktivität im Bereich Social Media attestiert, die sich
durch die Wählerstruktur erklären ließ (vgl. ebd. S.15ff). Den Parteien
wird insgesamt eine ausgedehnte wie einseitige Nutzung der sozialen

Medien bei der Wahl attestiert. Kommunikationsstrategisch ging es vor allem um Eigenpräsentation und die Ansprache neuer Zielgruppen, sowie, in geringerem Maße, auch um die Akquise von Unterstützern (vgl. Unger 2012, S.229).

> „Die Kommunikation und Interaktion zwischen Parteien bzw. Politikern und Nutzern der sozialen Netzwerke – und somit zwischen Sendern und Empfängern – war (noch) nicht umfassend ausgeprägt. Ansätze waren im Bundestagswahlkampf 2009 zwar zu erkennen, die Potentiale des direkten Austauschs wurden jedoch (...) nicht ausgeschöpft" (ebd. S.233).

5.2.2 Online-Kommunikation aus Sicht der Kampagnenleiter der Parteien sowie der strategischen Planer der eingebundenen Agenturen

Vergleichbar zu dem Vorgehen im vorigen Kapitel (vgl. 5.1.3) wird die Perspektive wieder auf den eigentlichen Fokus der Untersuchung, nämlich die Sichtweisen der beteiligten Akteure und ihre strategischen Konzeptionen, gelenkt. Im Folgenden werden die Gespräche mit den Interviewgruppen II und III zusammengefasst und analysiert. Die Interviewgruppe II setzt sich aus ausgewiesenen Online-Experten aus den Parteizentralen der fünf großen Parteien in Berlin zusammen, die alle federführend in die Online-Kommunikation ihrer Partei während der Bundestagswahl 2009 eingebunden waren.

In der Interviewgruppe III wurden Online-Strategen in führender Positionen derjenigen Agenturen befragt, die für die Parteien im Wahlkampf 2009 als Dienstleister im Bereich Online-Kommunikation tätig waren. Da der Bezugspunkt der beiden Interviewgruppen identisch ist, nämlich die Wahlkampfkampagne 2009, werden auch die Ergebnisse beider Analysen im Anschluss zusammen präsentiert. So kann aus den beiden Perspektiven ein umfassendes Gesamtbild gezeichnet werden. Innerhalb der einzelnen Themenfelder wird auch auf das Zusammenspiel der beiden Akteure zu- und miteinander eingegangen.

Die Interviews wurden im Zeitraum von etwa zwei Jahren nach der Wahl durchgeführt. Unter diesen Voraussetzungen war klar, dass die Eindrücke nicht mehr frisch und der Wahlkampf möglicherweise nicht mehr in allen Details präsent gewesen ist. Diese Nachteile waren jedoch verkraftbar, da, wie zuvor schon erwähnt, die Wahl 2009 in erster Linie als Bezugspunkt gedient hat, sich das Erkenntnisinteresse jedoch auch auf die individuellen Sichtweisen der Akteure jenseits des Wahlkampfs 2009 konzentrieren sollte. Diese Aussagen waren für die vorliegende Untersuchung unter Umständen noch wertvoller, da sie durch ein gewisses

Maß an Abstand und Reflexion anstatt durch die noch frisch nachwirken-
den, Wettkampf-orientierten Einstellungen geprägt worden waren. Außerdem war es für die Untersuchung wichtig, möglichst zeitgemäße Informationen abzufragen, damit die Aussagen auch den aktuellen Stand
der technischen Entwicklung reflektieren konnten.

Alle befragten Akteure waren nach der Wahl ihrem Arbeitsbereich
treu geblieben und haben sich somit zum Zeitpunkt der Befragung auch
immer noch mit vergleichbaren Aspekten in ihrem beruflichen Alltag
auseinandergesetzt. Somit sind sie sowohl in Bezug auf den Wahlkampf
2009 als auch in Bezug auf strategische Online-Kommunikation im Allgemeinen als Experten anzusehen.

5.2.2.1 Befragungs- und Auswertungsgestaltung Interviewgruppe II: Kampagnenleiter der Parteien

Es wurden Gespräche mit sieben Experten geführt, aufgezeichnet und
ausgewertet (vgl. Tabelle 5.2.2.1a). Alle Interviews waren Einzelgespräche. Von allen Parteien konnte mindestens ein Gesprächspartner gewonnen werden, der in leitender Position für die Online-Kampagne zuständig
war. Von Seiten der SPD als auch der CDU konnten jeweils zwei Experten
interviewt werden. Bei der CDU wurden zwei Akteure befragt, da die Partei als einzige der Bundesparteien im Wahlkampf keinen externen Dienstleister für strategische Online-Kommunikation beschäftigt hat. Stattdessen wurden die entsprechenden Aufgaben intern vergeben. Um dennoch
zwei Perspektiven auf die Kampagne zu haben, wurden zwei involvierte
Personen aus unterschiedlichen Hierarchieebenen befragt. Oliver Röseler
war Leiter des Bereichs „Marketing und interne Kommunikation", in
dem die gesamte Online-Kommunikation der Partei verantwortet wird.
Stefan Hennewig war in der Wahlkampfzeit verantwortlicher Leiter des
Bereichs „Web 2.0" und der Wahlkampf-Kampagne „teAM Deutschland" („AM" für Angela Merkel).

Dass mit Vertretern der SPD ebenfalls zwei Gespräche zustande gekommen waren, ist mehr oder minder dem Zufall zu verdanken. Das Interview mit Sebastian Reichel, dem Bereichsleiter „Online" im Willy-
Brandt-Haus, war als solches geplant. Mathias Richel sollte hingegen ursprünglich als unabhängiger Experte für politische Online-Kommunikation interviewt werden. Nach der Kontaktaufnahme hatte sich dann
jedoch herausgestellt, dass er sowohl Mitglied der SPD als auch im Wahlkampf 2009 für die Agentur Butter tätig war, ein Dienstleister der SPD im
Wahlkampf. Demnach befindet er sich genau in der Schnittstelle zwischen den Gruppen II und III. Da er sich nach eigener Aussage jedoch der
Partei zugehörig fühlt und viele Partei-interne Abläufe kennt und ver-

steht, ist er in der Gruppe II verortet worden. Richel war außerdem zum
Zeitpunkt des Interviews bei der Agentur Ressourcenmangel beschäftigt,
die wiederum Agentur der Grünen im Bundestagwahlkampf 2009 war.
Richel hat jedoch nachhaltig betont, dort in „keinem grünen Projekt" involviert zu sein, um somit keinerlei Interessenkonflikt zu unterliegen.

Dieser Aspekt ist ein gutes Beispiel dafür, wie eng das Internet-
politische Berlin miteinander vernetzt ist. Viele der Interviewpartner
kannten sich untereinander, manche schätzten sich auch gegenseitig,
auch über Parteigrenzen hinweg. Überhaupt hinterließen die meisten Interviewpartner den Eindruck, sehr reflektiert und jenseits der Parteibril-
len über die Kampagnen und den Bundestagswahlkampf 2009 sprechen
zu können, was der Untersuchung äußerst differenzierte Aussagen und
somit einen zuvor nicht unbedingt erwartbaren Mehrwert eingebracht
hat. Dieser Umstand ist wahrscheinlich auch dem zeitlichen Abstand zum
Wahlkampf geschuldet. Von Seiten der Grünen, der Linken und der FDP
konnten jeweils die Bereichsleiter für Kommunikation interviewt werden.
Alle Gesprächsteilnehmer sind in Tabelle 5.2.2.1a aufgelistet.

Partei	Name	Interview
Grüne	Robert Heinrich	I-Heinrich
Linke	Mark Seibert	I-Seibert
CDU	Oliver Röseler	I-Röseler
CDU	Stefan Hennewig	**I-Hennewig**
SPD	Matthias Richel	**I-Richel**
SPD	Sebastian Reichel	**I-Reichel**
FDP	Thomas Scheffler	**I-Michel**

Tabelle 5.2.2.1a – Interviewgruppe II

Die in Kapitel 5.1.3.1 benutzte Matrix kommt auch in der Analyse dieses
Datensatzes unverändert zum Einsatz (Tabelle 5.2.2.1c im Anhang). Während bei der Konzeption der Interviewführung leicht nachgebessert wurde, um zielgerichtete Informationen im Hinblick auf die untersuchungsrelevanten Aspekte zu erhalten, war dies bei der Matrix nicht von Nöten.
Die Befragten hatten im Untersuchungskontext vergleichbare Positionen
wie diejenigen in Gruppe I, entsprechend war das Erkenntnisinteresse
ähnlich gelagert. Da bestimmte Themenfelder allerdings schon in anderen Untersuchungen bearbeitet worden sind (vgl. 5.2.1), wurden diese bei
der Analyse weniger intensiv behandelt und nur dann ergründet, wenn
sich signifikante Unterschiede zu den Erkenntnissen der anderen Arbeiten abgezeichnet haben. Dazu zählt ein Großteil des Themenfelds *Kon-*

zeption & Umsetzung (#8 bis #11) als auch Kategorien des Feldes *Wahl-kampf* (#20 und #21).

Wie im vorigen Kapitel wurde aus den einzelnen Aspekten der Matrix ein separater Leitfaden für die Interviewgruppe entwickelt. Die Fragen wurden in Anbetracht der zuvor geäußerten Verbesserungsvorschläge in Bezug auf die Aussagen zu den Kategorien „Kanalwahl" und „Komplexität" modifiziert (siehe Tabelle 5.2.2.1b).

#	Frage
1	Können sie sich kurz vorstellen?
2	Was ist ihre Position und wie war ihre Aufgabe im Bundestagswahlkampf 2009?
	Präzisieren: Kompetenzen
3	Wie nutzt ihre Parte das Internet im Wahlkampf und darüber hinaus?
4	Inwieweit haben sie das Internet in ihre Wahlkampfkampagne 2009 eingebunden?
5	Wie wurde die Online-Kampagne von der Planung bis zur Umsetzung organisiert und konzeptioniert?
6	Wer ist im Ablauf involviert? Wer trifft welche Entscheidungen?
7	Waren dabei Agenturen oder Dienstleister eingebunden?
	Präzisieren: konzeptionelle und inhaltliche Verantwortlichkeiten
8	Was sind die besonderen Herausforderungen der Online-Kampagne?
9	Welche Online-Kanäle und -Plattformen haben sie genutzt?
10	Warum haben sie genau diese Kanäle ausgewählt?
	Präzisieren: Prozess der Kanalwahl
11	Würden sie die Online-Kampagne als erfolgreich einstufen?
12	Wie beurteilen sie den Erfolg?
	Präzisieren: Qualitätskriterien
13	Inwieweit hat die Berichterstattung über den digitalen Wahlkampf ihre Arbeit beeinflusst? Stichwort Obama.
14	Wie wird sich Online-Kommunikation in den nächsten Jahren entwickeln?
15	Wie gehen sie mit der schnellen Entwicklung des Mediums um?
	Präzisieren: rationale und intuitive Herangehensweisen, Komplexität

Tabelle 5.2.2.1b – Leitfaden der Interviewgruppe II

5.2.2.2 Befragungs- und Auswertungsgestaltung Interviewgruppe III: Dienstleister der Parteien

Für die Interviewgruppe III konnten sechs Online-Strategen in führender Positionen derjenigen Agenturen für die Befragung gewonnen werden, die für die Parteien im Wahlkampf 2009 als Dienstleister im Bereich Online-Kommunikation tätig waren oder die im Allgemeinen Experten aus dem Bereich der Dienstleistung für politische Online-Kommunikation sind.

Alle Interviews waren Einzelgespräche. Drei Gesprächspartner waren leitende Personen der Agenturen, die die Online-Kampagnen der SPD, Grünen sowie Linken beim Bundestagswahlkampf 2009 betreut haben. Ein weiterer Interviewpartner, der anonym bleiben wollte, war bei einer Agentur tätig, die Teil des Dienstleister-Konsortiums war, das der FDP bei der Umsetzung der Online-Kommunikation zur Bundestagswahl geholfen hat. Die FDP ist somit ein Ausnahmefall, da sie keine einzelne, führende Online-Agentur, sondern ein Potpourri unterschiedlichster Agenturen beschäftigt hat. Dennoch, oder auch gerade deswegen, konnte der Interviewpartner interessante Einblicke liefern.

Der zweite Ausnahmefall ist die CDU. Wie zuvor schon erwähnt, hat die CDU keinen ausführenden Dienstleister für die Online-Kommunikation beschäftigt. Lediglich im Rahmen der allgemeine Kampagnenarbeit waren die beiden Hamburger Agenturen Kolle-Rebbe und Shipyard eingebunden, hatten jedoch laut Aussage der beiden Interviewpartner der CDU keinen kommunikationsstrategischen Einfluss auf die Konzeption der Online-Kampagne. Dennoch war der Versuch unternommen worden, Ansprechpartner der Agenturen zu interviewen. Diese haben die anvisierten Gespräche jedoch, nach Rücksprache mit ihrem damaligen Auftraggeber (also der CDU) abgesagt. Zur Begründung wurde mitgeteilt, dass Agenturmitarbeiter in der Vergangenheit offenbar gegenüber Journalisten zu freizügig über die Zusammenarbeit mit der CDU gesprochen hätten und dies zu Problemen mit der Partei geführt hätte, die nun vermeiden werden sollten. Daher wären sie nicht mehr für Interviews zu diesem Thema zu haben.

Zusätzlich zu diesen vier Gesprächen sind noch zwei weitere Interviews mit Experten gemacht worden, die zwar nicht in dienstleistender Funktion für die Parteien im Rahmen des Wahlkampfs aktiv waren, die aber nichtsdestotrotz wertvolle Aussagen zu den Themenfeldern liefern konnten. Ein Gesprächspartner war Klas Roggenkamp, Mitinhaber der Medienagentur Compuccino, die für das Wahlinformationsportal „wahl.de" verantwortlich ist, auf dem während der Wahl '09 umfassendes Monitoring der Online-Aktivitäten nahezu aller Kandidaten und Parteien

betrieben wurde. Zudem konzipiert die Agentur auch Online-Kampagnen
für Parteien, Kandidaten und Organisationen. Der andere zusätzliche Gesprächspartner war Ole Seidenberg von der Agentur Nest, die Online-
Kampagnen politischer Organisationen und NGOs betreuen und beispielsweise die Online-Landtagswahlkampagne der Grünen 2011 in Berlin
strategisch verantwortet haben. Beide brachten Expertenwissen in den
Bereichen Online-Kommunikation und politische Kampagnenarbeit mit,
waren aber nicht direkt in die Kampagnen 2009 eingebunden und haben
somit noch einmal einen anderen Blickwinkel zugelassen. Alle Gesprächspartner der Interviewgruppe III sind in Tabelle 5.2.2.2a aufgelistet.

Agentur	Partei	Name	Interview
Anonym	FDP	Anonym	I-Anonym
A-B Face2Net	SPD	Malte Hasse	I-Hasse
Dig Berlin	Linke	Volker Ludwig	I-Ludwig
Ressourcenmangel	Grüne	Benjamin Minack	I-Minack
Compuccino	-	Klas Rogenkamp	I-Rogenkamp
Nest (jetzt Wig-	(Grüne)	Ole Seidenberg	I-Seidenberg

Tabelle 5.2.2.2a – Interviewgruppe III

Die Matrix wurde für die Interviewgruppe III in Bezug auf zwei Kategorien leicht abgeändert (siehe Tabelle 5.2.2.2c im Anhang). Die vorherige
Kategorie #2 *(Dienstleister)* fällt weg, da der Dienstleister selbst der Befragte ist. Kategorie #21, in der die *Auslagerung von Kampagnenver-
antwortung* fokussiert wird, hat nun ein etwas anders geartetes Erkenntnisinteresse als zuvor. Nun soll die Zusammenarbeit mit dem Auftraggeber aus Sicht des Dienstleisters beschrieben werden. Dabei geht es um die
Weitläufigkeit der Kompetenzen, also inwieweit beispielsweise die Vermittlungsrollen verteilt waren, als auch um die Beurteilung des Sachver-
ständnisses des Auftraggebers und inwieweit dies von Vorteil war oder zu
Schwierigkeiten bei der Zusammenarbeit geführt hat. Wie in Interviewgruppe II wurde das Themenfeld *Konzeption & Umsetzung* (#7 bis #10)
als auch Kategorien des Feldes *Wahlkampf* (#19 und #20) aus den selben
Gründen wie zuvor nachrangig behandelt.

Entsprechend der Matrix wurden auch die Leitfragen für die Interviewgruppe III abgeändert (siehe Tabelle 5.2.2.2b). Inhaltlich konzentrieren sich die Interviewfragen dabei noch stärker auf die Fachgebiete
der Interviewpartner, also auf die präzise Ausgestaltung der Online-

Kampagne, auf die kommunikationsstrategischen Aspekte der Agentur-
arbeit als auch auf technische Aspekte der Evaluation und Kanalwahl.

#	Frage
1	**Können sie sich kurz vorstellen?**
2	**Was ist ihre Position? Was war ihre Aufgabe und die ihrer Agentur im Bundestagswahlkampf 2009?**
	Präzisieren: Kompetenzen
3	**Inwieweit war das Internet in die Wahlkampfkampagne 2009 eingebunden?**
4	**Wie wurde die Online-Kampagne von der Planung bis zur Umsetzung organisiert und konzeptioniert?**
5	**Wer ist im Ablauf involviert? Wer trifft welche Entscheidungen?**
6	**Was sind die besonderen Herausforderungen der Online-Kampagne?**
	Präzisieren: konzeptionelle und inhaltliche Verantwortlichkeiten, redaktionelle Hoheit
7	**Welche Online-Kanäle und -Plattformen wurden genutzt?**
8	**Warum haben sie genau diese Kanäle ausgewählt?**
	Präzisieren: Prozess der Kanalwahl
9	**Würden sie die Online-Kampagne als erfolgreich einstufen?**
10	**Wie beurteilen sie den Erfolg?**
	Präzisieren: Qualitätskriterien
11	**Inwieweit hat die Berichterstattung über den digitalen Wahlkampf ihre Arbeit beeinflusst? Stichwort Obama.**
12	**Wie wird sich Online-Kommunikation in den nächsten Jahren entwickeln?**
13	**Wie gehen sie mit der schnellen Entwicklung des Mediums um?**
	Präzisieren: rationale und intuitive Herangehensweisen, Komplexität
15	Wie gehen sie mit der schnellen Entwicklung des Mediums um?
	Präzisieren: rationale und intuitive Herangehensweisen

Tabelle 5.2.2.2b – Leitfaden der Interviewgruppe III

5.2.2.3 Akteure & Struktur

Die strategische Konzeption der Online-Kampagne im Bundestagswahlkampf war personell ähnlich verantwortet wie im Hamburger Wahlkampf, nur, aufgrund der weitaus umfangreicheren organisatorischen
Rahmenbedingungen, natürlich anders skaliert. In der Regel waren die

Wahlkampfstäbe die strategischen Zentren in der die Online-Verantwortlichen mit den Kampagnenleitern, dem Führungspersonal der Partei und Vertreter der beteiligten Dienstleister zusammen die kommunikationsstrategische Ausrichtung besprochen haben. Je nach Größe der Partei waren die verantwortlichen Zirkel umfangreicher oder übersichtlicher.

Dienstleister waren bei der Konzeption und Ausgestaltung der Online-Kommunikation bei allen Parteien, mit Ausnahme der CDU, eingebunden. Bei den Linken hatte die Agentur allerdings nur begrenztem Einfluss auf die strategischen Aspekte der Online-Kommunikation, da diese hauptverantwortlich bei der Partei lagen. Alle Parteien hatten eine Lead-Agentur, also eine Werbe- oder Kommunikationsagentur, die federführender Dienstleister für die gesamten Kommunikationsmaßnahmen der Partei beim Wahlkampf war. Hinzu kam dann meist noch eine spezialisierte Online-Agentur und teilweise auch noch ein rein technischer Dienstleister für durchführende Aspekte wie Webseiten-Programmierung. Die CDU beschäftigte offenbar nur Dienstleister für technische Aspekte und die visuelle Außendarstellung. Allerdings wurde ein Großteil dieser Aufgaben von einer CDU-eigenen Firma, der Unions-Betriebs-GmbH, übernommen.

In den Gesprächen hat sich heraus gestellt, dass die schnelle, zuverlässige und kompetenzgerechte Koordination der einzelnen Verantwortungsbereiche scheinbar eine der größten und wichtigsten Herausforderungen bei der Konzeption und Umsetzung der Kampagne war.

> „Wir hatten in der Vergangenheit schlechte Erfahrung mit zweierlei Kombinationen gemacht. Erstens eine Klassikagentur, die aber Online nicht im Kerngeschäft hatte, das heißt, die haben dann teilweise Ideen entwickelt, die nicht funktioniert haben und, das andere Extrem, eine Klassikagentur und eine Onlineagentur, die aber eigentlich nichts miteinander zu tun hatten und die deswegen oft aneinander vorbei gearbeitet haben" (I.1).

Je mehr Dienstleister involviert waren und je größer der Stab an internen Mitarbeitern war, desto schwieriger haben sich Abstimmungsprozesse gestaltet, weshalb auf möglichst effiziente, interne Kommunikations-Wege geachtet wurde. Bei der SPD haben die Mitarbeiter der Agenturen beispielsweise im Zeitraum der Kampagne einen Arbeitsplatz in der Parteizentrale gehabt und von dort aus gearbeitet. Auch andere Parteien haben verschiedene Kommunikationsverantwortungen örtlich zusammengelegt, um zu gewährleisten, dass die Ansprüche integrierter Kommunikation erfüllt werden können. Demnach gab es ein inneres kommunikationsstrategisches Zentrum, den Wahlkampfstab, und ein äußeres strategisches Zentrum, die Kommunikationsabteilung der Kampagne.

> „Für den Wahlkampf wurden die Ressourcen, die relevant sind für die Kampagne (...) zusammengezogen, also damit die Arbeitseinheiten nicht vereinzelt im Büro sitzen. Das kreiert an sich schon eine sehr dichte und sehr enge Arbeitsweise. Der Kampagnenleiter saß zwei Tische hinter mir und man hat auch immer einen direkten Zugang zu ihm. Es war schon von Anfang an klar, dass wir einen integrierten Onlinewahlkampf führen wollten. (...) Die Agenturen, an die wir viele Sachen outsourcen, sitzen direkt mit in der Kampagne. Wir hatten eben eine Onlineagentur und wir hatten eine klassische Agentur. Aus diesem Agenturpool zusammen mit den Verantwortlichen wurde dann eben die Kampagne konzipiert und auch durchgeführt" (II.6).

Die Grünen haben aus eben diesen Gründen auf eine Online-Agentur gesetzt, die Ableger der Lead-Agentur ist und insofern eine ähnliche Organisations- und Kommunikationskultur hat. Bei einer Partei fiel auf, dass der Vertreter des Dienstleisters eine andere, nämlich bedeutendere Vorstellung von der Eingebundenheit und den Verantwortlichkeiten seiner Agentur hatte, als der Vertreter der Partei dies umschrieb. Hier gab es eine markante Differenz. Aufgrund dieser und anderer Aussagen wurde der Eindruck erweckt, dass der Dienstleister seine Rolle und die seiner Agentur in ein übermäßig wohlwollendes Licht rücken wollte (jenseits des Bereichs, die in einem Gespräch dieser Art den Akteuren aufgrund ihrer Profession ohnehin zugestanden wird). Dieser Umstand ist in der Bearbeitung seiner Aussagen berücksichtigt worden.

Zum Fall der FDP wurde ausgesagt, dass die Einbindung mehrerer Agenturen, die mehr oder minder gleichberechtigt nebeneinander gearbeitet haben, vielfach zu Problemen geführt hat. Hier wurde teilweise um die Durchführung von Einzelaufträgen konkurriert, da die Partei im Verlauf der Kampagne bestimmte Aufgaben immer wieder ausgeschrieben hat, um die die Dienstleister dann „pitchen" mussten. Unter diesen Voraussetzungen war es aus Sicht der Dienstleister wohl schwer, die Tätigkeiten im Sinne integrierter Kommunikation zu koordinieren und aufeinander abzustimmen.

> „Im Rahmen eines Agenturpools, wir waren da Mitglied gewesen, und es wurden dann Anfragen gestellt, an diesen Agenturpool, Vorschläge zu machen zur Umsetzung. Das konnten Vorschläge sein konzeptioneller Art, oder auch schon was Umsetzung und graphische Dinge angeht. (...) Es waren Aufgaben auf Zuruf gewesen, das heißt wir waren abgekoppelt von dem großen Konzept" (I-Anonym).

Über die Entscheidungsprozesse betreffend der Konzeption und Planung können, im Gegensatz zur Hamburger Gruppe, kaum Aussagen getroffen

werden, da die Befragten darüber, auch auf Nachfrage, kaum präzise Angaben gemacht haben. In den Gesprächen fiel es insgesamt merklich
schwerer als in der vorigen Gruppe Insider-Informationen und Prozesswissen abzufragen. Die Haltung der Interviewpartner kann als sehr professionell beschrieben werden. Ihnen konnte angemerkt werden, dass sie
es als Mitglieder des politischen Zentrums in Berlin gewohnt sind, Interviews zu führen und dabei immer im Auge zu behalten nicht allzu eindeutige Aussagen in Bezug auf sensible Bereiche zu machen. Dies gilt insbesondere für die Gesprächspartner bei den Parteien. Dieser Umstand hat
den Wert der Interviews jedoch nur am Rande geschmälert, da der Informationsgehalt nichtsdestotrotz sehr hoch war.

Was im Rahmen einiger Gespräche explizit geäußert wurde und in
fast allen anderen Interviews durchschien, war die große Bedeutung von
meist jüngeren, oft freiwilligen Mitarbeitern, die als Netz-Spezialisten
galten. Dabei handelte es sich um „digital natives", die nahezu permanent
online sind, die Mechanismen der Netzkommunikation außerordentlich
gut kennen, selbst tief in der Online-Community verwurzelt sind und ein
gutes Bewusstsein gegenüber neuen Technologien besitzen. Einige der
Interviewpartner fielen auch in diese Kategorie und haben ihre Rolle auch
selbsteinschätzend entsprechend umschrieben:

> „Es gibt halt in jeder Partei so Onlinevorreiter, die bestimmte Dinge halt
> als erste machen, weil sie eher auch aus der Onlinewelt kommen und dann
> in die Politik gegangen sind" (III.5).

> „Aber wir haben auch (...) sehr viel mit den Ideen unserer eigenen Freiwil-
> ligentruppe hier im Haus gearbeitet. Da gab es so eine gewisse Eigendy-
> namik mit ein paar sehr Web-2.0-affinen Leuten. Das wussten wir auch
> schon vorher, deswegen haben wir sie geholt. Aber es ist natürlich immer
> in den strategischen Entscheidungsrahmen hier eingebunden worden"
> (II.3).

5.2.2.4 Kommunikationsstrategie

Online-Kanäle sind ein fester Bestandteil der strategischen Kommunikationsbemühungen aller Parteien. Dabei ist Online-Kommunikation mittlerweile kein Alleinstellungsmerkmal oder Symbol für Modernität mehr,
sondern absolutes Pflichtprogramm. In direktem Bezug auf den Wahlkampf 2009 wurde jedoch eingeräumt, dass viele Bemühungen doch eher
erzwungen als zweckdienlich waren, auch da viele Strukturen noch auf
ausschließlich klassische Kommunikation eingespielt sind und gerade
ältere Mitarbeiter diese „altbewährten" Methoden nur ungern modifizie-
ren wollen.

„Also da wo wir 2009 noch Selbstverständlichkeit herbeigeredet haben
und gesagt haben, das ist für uns ein selbstverständlicher Teil der Wahl-
kampfarbeit, ist es sie heute tatsächlich. Damals war es sie natürlich de
facto nicht, weil alle Parteien vor erst kurz vor dem Wahlkampf begonnen
haben" (II.5).

Alle Beteiligten haben zudem ausgesagt, dass sie klassische Kommunikationsaktivitäten wichtiger einschätzen. So wurde mehrfach explizit auf
Wahlplakate und -aufsteller hingewiesen, die beispielsweise weitaus be-
deutungsvoller eingeordnet wurden als Kanäle der Online-Kommunikation.

„Also es wird immer noch mehr Geld für Plakate ausgegeben, als für On-
linekampagnen. Da wird sich auch auf absehbare Zeit nichts dran ändern.
Ich glaube auch nicht, dass es erforderlich ist. (...) So wie wir eben auch
Plakate, Broschüren und Flyer machen, so gehören eben diese Onlineprä-
senzen mit zum Wahlkampfbestandteil. Um möglichst viele Leute zu erreichen, (...) muss ich eben auch dort präsent sein. Das hat nichts mit ‚Ich will
modern gelten, weil ich da bin' zu tun" (II.4).

Interessanterweise fiel in diesem Zusammenhang nie der in der Forschung so oft thematisierte Vergleich mit dem Fernsehen. Stattdessen
haben alle Beteiligten zum Ausdruck gebracht, dass sie vornehmlich zwischen Medienberichterstattung und direkter Kommunikation unterscheiden. Die Medienberichterstattung fällt dabei in den Arbeitsbereich der
Pressearbeit, ob online oder klassisch. In den Bereich der direkten Kommunikation fallen ansonsten alle anderen Kanäle der Online-
Kommunikation und sind strategisch auch dort verordnet. In Bezug auf
die Blogosphäre mischt sich diese scheinbar klare Aufteilung allerdings
wieder.

Während das Netz für die beiden großen Parteien ein zusätzliches In-
strument ist um den Medienmix zu vervollständigen, haben die kleineren
Parteien darauf hingewiesen, dass Online-Kommunikation für sie besonders wichtig ist, da sie aus Kostengründen im klassischen Bereich der Di-
rektkommunikation (Plakatwerbung etc.) mit den finanzstarken großen
Parteien nicht mithalten können. In Bezug auf Online-Kommunikation
würden die Unterschiede der finanziellen Ressourcen nicht so stark ins
Gewicht fallen. Die Parteien haben ansonsten vor allem dann auf Online-
Kanäle gesetzt, wenn ihre Anhängerschaft dort entsprechend vertreten
gewesen ist; ein Aspekt der auch schon im Hamburger Wahlkampf verdeutlicht wurde.

> „Wir gelten als, glaube ich, eher modern, und eher als eine Netz-affine Partei, und wir sind es auch. Also wir sind überdurchschnittlich Netz-affin in unserer Wählerschaft, das wissen wir, das haben wir rausbekommen, da haben wir Umfragen zu gemacht" (II.1).

Der Prozess der strategischen Durchführung glich sich bei allen Parteien, abgesehen von Details. Zu Beginn des Wahlkampfzeitraums wurde ein großes strategisches Kommunikationskonzept abgefasst, dass der Wahlkampfstab ausgearbeitet hat und in dem auch die Online-Kommunikation eingebunden war. Im weiteren Verlauf wurden dann tagesaktuelle Anforderungen aufgegriffen, für die dann bestimmte Aktivitäten intensiviert, bestehende Arbeitsweisen verändert oder neue Ansätze eingebracht wurden. Der Kampagnenstrategie ist somit immer ein Höchstmaß an Flexibilität abverlangt worden. Ablauftechnisch wurden die Prozesse in der Regel derart gestaltet, dass die Dienstleister Vorschläge zu präsentieren hatten, die dann im Wahlkampfstab diskutiert wurden. Das Verhältnis vom Kunden zum Dienstleister, die gegenseitige Anerkennung der Problemlösungskompetenz spielte bei der Entscheidungsfindung eine bedeutende Rolle.

> „Dann hat natürlich der Kunde auch seine eigenen Vorstellungen, sagt: ‚Ich würde aber gerne da und da rein gehen und das lieber so und so machen.' Und im Zweifel wird dann da raus das gestaltet, was man dann am Ende macht. Das ist ja nie so eine Einwegsache - Kunde befiehlt, Agentur macht, Agentur legt vor, Kunde sagt Ja und Amen. Das ist ja realitätsfremd. Sondern in der Praxis - natürlich ist es Aufgabe der Agentur, Plattformen vorzuschlagen, eine Dramaturgie vorzuschlagen, eine Strategie vorzuschlagen - natürlich hat der Kunde auch eigene Vorstellungen, und daraus entwickelt sich das halt. Wenn Sie jetzt Versicherungen verkaufen wollen, dann machen Sie das einmal und dann wird das irgendwie durchgezogen. In so einem Wahlkampf machen Sie heute einen Plan und übermorgen ist der hinfällig, das darf man ja auch nicht vergessen. Weil es immer tagesaktuell ist. Wie ist die politische Lage? Welches Problem ist irgendwo aufgetaucht? Welches Skandälchen ist irgendwo aufgetaucht und was hat die Konkurrenz gesagt? Was muss man jetzt machen? Entsprechend schnell muss man reagieren, all diese Dinge" (III.2).

5.2.2.5 Konzeption & Umsetzung

Inwieweit die unterschiedlichen Online-Kanäle im Wahlkampf '09 zum Einsatz gekommen sind, ist in der Forschung bereits ausgiebig behandelt worden (vgl. 3.3.3 und 5.2.1). Daher werden im Folgenden in erster Linie die Aspekte der Kanalwahl und Evaluation thematisiert. Die Kanalwahl wurde, wie auch schon im Hamburger Fall beschrieben, maßgeblich durch die zur Verfügung stehenden personellen Ressourcen beeinflusst. Demnach wurden so viele Kanäle bespielt, wie es die personelle Situation zuließ.

> „Letztendlich ist es immer am Ende eine Ressourcenfrage. Sie machen so viel wie Sie können, und Sie haben ein bestimmtes Budget, darauf arbeitet eine Zahl x von Leuten, die arbeiten fast 24/7 da für einen bestimmten Zeitraum, und wenn Sie dann ein größeres Budget haben, dann werden Sie einfach das Team vergrößern und können dann entweder Kanäle noch intensiver bespielen oder dann noch ein paar Kanäle dazu." (III.2)

Problematisch war dabei nicht nur der finanzielle Aspekt, dem durch die Einbindung von Freiwilligen oder studentischen Hilfskräften versucht wurde entgegen zu treten, sondern vor allem die Herausforderung genug ausreichend qualifiziertes Personal für die oftmals hochsensiblen Kommunikationsaufgaben zu bekommen. Hochsensibel aus zwei Gründen: Zum einen weil Online-Kommunikation direkt öffentlich wirksam ist und unbedachte oder verfängliche Äußerungen unmittelbare Krisen auslösen können. Zum anderen, weil die im Social Web erforderliche Authentizität nur dann gegeben ist, wenn die Arbeitskräfte sowohl das notwendige politische Wissen als auch die entsprechende Einstellung mitbringen.

> „Also wir wollen jetzt nicht einfach irgendwo standardisiert antworten oder vorgefertigte Antworten raushauen, sondern haben uns stattdessen wirklich nur auf die größten Kanäle konzentriert." (II.7)

Ein weiterer Aspekt war die Bereitschaft der politischen Akteure, sich auf einen bestimmten Kanal einzulassen. Neben den Gruppenkanälen der Partei-Accounts gab es bekanntermaßen auch immer die Notwendigkeit Kanäle zu implementieren, die Einzelpersonen zugeordnet waren, zum Beispiel Twitter- oder Facebook-Konten. Bei dem Spitzenpersonal lag die kommunikationsstrategische Verantwortung über diese Kanäle ebenfalls, zumindest teilweise, bei den Experten im strategischen Kommunikationszentrum. Für alle politischen Akteure unterhalb des Spitzenpersonals wurden hier kommunikationsstrategische Leitlinien entworfen, die aber keinesfalls zwingend waren sondern eher als Empfehlungen ausgegeben wurden.

> „Wir haben Twitter zum Beispiel nur als Institution genutzt. Nicht mit Personen-Accounts in 2009. Das haben wir überlegt, waren auch in der Planung relativ weit und dann kam diese unsägliche Bundespräsidentenwahl, wo dann aus der Zielkommission getwittert wurde ‚Leute, ihr könnt Fußballspielen gehen.' Und ein anderer dann gleich die ganzen Zahlen ge-

twittert hat. Damit war das Ding verbrannt. Ja, und dann konnten Sie natürlich keinem Politiker ernsthaft vorschlagen jetzt in dieses ‚seriöse' Medium einzusteigen" (II.4).

Neben der schon im Vorfeld thematisierten Angst vor Kontrollverlust im
Zusammenhang mit der Informationsgeschwindigkeit im Online-Zeitalter
wurden hier auch die Grenzen der zentralen kommunikationsstrategischen Planung sichtbar. Sie wirkte stark auf die unmittelbar involvierten
Akteure, ließ sich aber in einem institutionell losen Verbund wie einer
Partei in Bezug auf die mittelbar involvierten Akteure nur begrenzt steu-
ern. Und letztendlich blieb auch fraglich, ob Politiker in höheren Positionen überhaupt die Zeit haben, einen persönlichen Account strategisch
sinnvoll zu nutzen sowie selbst adäquat und individuell zu pflegen.

Bei der Identifikation von neuen Kanälen, die für strategische Online-
Kommunikation relevant werden könnten, setzten alle Befragten auf
ihre Erfahrung und Intuition. Außerdem wurden noch der interpersonale
Austausch mit anderen Experten und der Besuch von institutionellen
Treffen wie Fachkonferenzen erwähnt. Im Zusammenhang mit der Kanalwahl wurde auch mehrmals davon berichtet, dass hier eine größere
Risikobereitschaft besteht und auch gerne mal etwas ausprobiert wird,
um zu sehen, ob neue Kanäle schon respektive ältere Kanäle noch funktionieren - „man fällt mal auf die Nase oder auch nicht." (II.7)

Die Dienstleister haben erklärtermaßen in diesem Bereich ihr Fachgebiet und haben daher die Aufgabe, zu antizipieren welche Entwicklungen für den Kunden relevant sind oder werden könnten. Ob die Empfehlungen für den Kunden praktikabel waren und ihnen tatsächlich entsprochen wurde, ist in der Regel im Wahlkampfstab oder in kleiner Runde
entschieden worden.

„Wenn es klappt, dann war es Strategie, und wenn es nicht klappt, dann
war es Pech" (II.5).

Evaluation war für alle Experten ein hochinteressantes wie auch schwierig zu handhabendes Thema. Auch die Notwendigkeit von umfassendem
Monitoring auf allen Online-Kanälen wurde hervorgehoben. Allen Befragten war bewusst, dass die Online-Kommunikationsmaßnahmen evaluiert
werden müssen und alle haben als Ausgangspunkt ihrer Evaluation die
quantitative Erhebung von Messzahlen und Kontakten angegeben. Allerdings wurden sie mit dem Hinweis versehen, dass der „Race for Followers" nur kurzzeitig ein Erfolgskriterium gewesen sei, mit dem sich die
Parteien zu Anfang der Kampagne 2009 von den Gegnern abheben woll-
ten und der mittlerweile überholt wäre.

„Der Fokus auf Zahlen war viel höher als tatsächlich der Nutzen von Menschen in sozialen Netzwerken, aber auf allen Seiten, sowohl bei den Leuten, die das interpretiert haben, also journalistisch, als auch die Leute, die es hätten nutzen können, hier kampagnenseitig. Zahlen waren wichtig, Inhalten weniger" (II.5).

Nur ein Interviewpartner ist auf die Möglichkeiten der Einbindung von weitreichenden Daten wie Alterskohorten oder Wohnortbezug bei der Evaluation eingegangen. Das muss im Umkehrschluss allerdings nicht heißen, dass die anderen Vertreter diese Daten nicht nutzen bzw genutzt haben.

Den meisten Gesprächspartnern war bewusst, dass über quantitative Evaluation hinaus der eigentliche Mehrwert von Online-Kommunikation erfasst werden musste, wie die Qualität in Bezug auf Interaktivität, Vernetzung und die interne wie externe Mobilisierungskraft. Hierbei stach die CDU heraus, die zu Evaluationszwecken extra eine (mehr oder minder) unabhängige Beratungsagentur beauftragt hat, die einen öffentlich zugänglichen Bericht verfasst hat, der auch eine aufwendige qualitative, Software-gestützte Analyse zur Bewertung der Social-Media-Kommunikation enthalten hat (vgl. Fischoeder 2009). Ob die Online-Kampagnen damit allerdings wirklich umfassend bewertet werden konnten, haben die meisten Experten bezweifelt. Der Bericht würde zwar eine gute Perspektive, einen ersten weiter reichenden Ansatz liefern. Eine bundesweite Kampagne mit den derzeitig zur Verfügung stehenden Mitteln adäquat zu analysieren sei jedoch kaum möglich. Dies sei ein viel zu komplexes Vorhaben, als dass es in einem sinnvollen Zeit-Kosten-Nutzen-Verhältnis durchgeführt werden könnte. Ein Dienstleister reagierte über die Frage nach Evaluation geradezu aufgebracht und unterstrich damit, wie sensibel dieses Thema ist:

„Und da ist immer die Frage, wie misst man das? Da kommt dann noch ein Medienwissenschaftler, dann kommen irgendwie noch die Betriebswirte, dann wird es ganz schlimm, die irgendwelche Scorecards erwerben wollen. Es gibt ja immer Versuche, das in irgendwelche Raster zu pressen, nur wird das ja zunehmend schwieriger. Also A - die andere Art der Kommunikation und B - die Zersplitterung von Zielgruppen auf möglichst viele Kanäle. Das wird immer schwieriger zu monitoren. Und es sind ja auch nicht mehr Auflagenzahl und Einschaltquoten in so einer One-Way-Kommunikation. Da kann ich das ja noch messen, aber in dem Moment, wo es nicht mehr One-Way ist, sondern plötzlich dialogisch wird, ja wie will ich es denn dann messen, weil nämlich nur die Zahl reicht dann nicht, sondern dann geht es ja auch um die Qualität und das ist ja schon wieder subjektiv, die dann zu messen" (III.2).

Um zumindest Anhaltspunkte einer Wirkungsmessung zu haben, haben die großen Parteien auf Meinungsforschung, Umfragen und Fokusgruppen gesetzt. Diese wurden im Rahmen der Wahlkampfkampagne ohnehin durchgeführt und dann entsprechend auf die Aspekte der Online-Kommunikation erweitert. Eine dennoch kaum zu lösende Herausforderung ist die von den anderen Kommunikationsbemühungen der Kampagne losgelöste Bewertung der Online-Aktivitäten. Den weniger reflektierten Interviewpartnern war dieser Aspekt scheinbar gleichgültig, denn teilweise hielten sie eine rein quantitative Messung der Online-Kanäle für ausreichend, um den Mehrwert für die gesamte Kampagne benennen zu können oder setzten auf Gespräche mit Beteiligten, deren Meinungsbild eine Bemessung des Erfolgs zuließen („Kompetenzillusion"). Einige Gesprächspartner ließen auf Nachfrage durchblicken, dass die fehlenden Möglichkeiten den Nutzen im Gesamtkontext herausbilden zu können für große Unsicherheit sorgt und flüchteten sich in Sarkasmus:

> „Sonst ist Wirkungsmessung immer unglaublich schwierig, auch zu sagen: ‚Wie viel hat jetzt der Webwahlkampf gebracht?' Im Vergleich zum klassischen Wahlkampf und so. Also ehrlich gesagt, das ist alles Knochenwerfen auf hohem Niveau" (II.3).

Die eher reflektiert antwortenden Interviewpartner haben dagegen ausgesagt, dass dies ein Schwachpunkt ist, mit dem es umzugehen gilt. Sie haben betont, dass im Vorfeld der Kampagne ein bestimmter Erwartungshorizont, also mehr oder minder konkret definierte Ziele, die über Online-Kommunikation im Rahmen der Gesamt-Kampagne erreicht werden sollen, definiert werden mussten. An diesen galt es sich zu orientieren, sie sollten als Grundlage der Erfolgsmessung dienen. Im Bezug auf die Kampagne '09 wurde in diesem Zusammenhang vor allem eine gelungene organisatorische und logistische Umsetzung der Kampagne genannt, also die umfassende strukturelle Einbindung aller Ebenen und Bereiche, qualitative redaktionelle Arbeit sowie eine routinierte Einbindung möglichst vieler Kanäle.

5.2.2.6 Exkurs - Fachliche Qualifikation, Praxiswissen und Insider-Kenntnisse

Die Frage nach Kanalwahl und Evaluation konnte bei der Befragung, wie im Hamburger Fall zuvor, besonders anschaulich die fachliche Qualifikation als auch die Fähigkeit des Umgangs mit komplexen Situationen illustrieren. Auch hier konnten die Experten aufgrund unterschiedlich gearteten Expertenwissens in zwei grobe Kategorien eingeordnet werden.

Die Einen hatten durchaus einen relevanten Wissensumfang im Bereich Online-Kommunikation und konnten sowohl über den Themenbereich im Allgemeinen als auch über spezifischere Aspekte, wie die Dialog-Orientierung von Social-Media-Kommunikation, teilweise sogar ausgiebig, berichten. Ging es allerdings an die kritische Auseinandersetzung mit tiefgreifenden und jenseits der Arbeitsalltagsroutine angesiedelten Aspekten der Online-Kommunikation wurde schnell klar, dass diejenigen Experten das Thema zwar mutmaßlich in Sitzungen, Kundengesprächen oder Interviews verkaufen konnten als auch die richtigen Schlagworte fließend beherrschen, sie in der eigentlichen Materie hatten allerdings kaum tiefgreifende Praxiserfahrung und dementsprechend auch nicht das daraus resultierende Insiderwissen hatten. Folglich gestaltete sich auch eine umfassende Reflexion und die Abfrage von Deutungswissen in Bezug auf Online-Kommunikation schwierig. Der Schwerpunkt ihrer fachlichen Qualifikation lag je nach Einzelfall vielmehr im Umgang mit der organisatorisch-institutionellen Einbindung dieser Themen, der Vermittlung an Entscheidungsträger mit keinerlei bis kaum ausgeprägten fachlichen Kenntnissen oder der globalen kommunikationsstrategischen Verankerung der Online-Aktivitäten.

Die andere Kategorie von Experten zeichnete sich durch ihr explizites, tiefgreifendes Fachwissen über Online-Kommunikation aus. Sie waren die zuvor schon erwähnten Digital Natives, die sich im Netz immer auf Augenhöhe mit den aktuellsten Entwicklungen bewegen und nahezu permanent online sind. Auch berufsbezogene Online-Experten, die einen großen praktischen Erfahrungsschatz mitbringen gehören in diese Kategorie, genauso wie Fachleute mit akademischem Hintergrund, die zusätzlich zu ihrer Alltagserfahrung noch Einblick oder Teilhabe an wissenschaftlichen Diskursen haben. Die Gesprächspartner dieser Kategorie konnten in den Interviews auch Deutungswissen einfliessen lassen, sich zur kritischen Auseinandersetzung mit kontroversen Themenbereichen äußern und Aspekte abseits des Arbeitsalltags reflektierend erläutern. Interessanterweise haben sich beide Gruppen auch durch die Wahl ihrer Worte identifizieren lassen. So konnten die zuvor genannten Signalworte, die zur Bestimmung der potentiellen Kompetenz im Umgang mit Komplexität genannt wurden eindeutig zugeordnet werden. Auch andere Merkmale erfolgreicher Problemlöser in komplexen Situationen konnten diesen Experten zugerechnet werden (vgl. 2.1.2.4). Hier bestanden also signifikante Ähnlichkeiten.

5.2.2.7 Online-Kommunikation

In den vorherigen Abschnitten ist schon deutlich geworden, dass neben der nach wie vor wichtigen Bereitstellung von Informationen mittlerweile stark darauf geachtet wird, die Online-Kampagne Dialog-freundlich zu gestalten. In diesem Zusammenhang haben die reflektierten Interviewpartner darauf hingewiesen, dass nicht alle Aspekte Dialog-offen sein müssen. Bestimmte Bereiche, beispielsweise Newsticker auf der Webseite, sind nur als One-Way-Kanal konzipiert und sollen auch nicht durch unpassende, aufoktroyierte Dialog-Möglichkeiten verwässert werden. Im Gegenzug müssen die für dialogische Kommunikation konzipierten Bereiche diese Offenheit auch unmissverständlich umsetzen, dabei ist auch der Faktor Authentizität maßgeblich. Ein weiterer Aspekt ist der Umstand, dass politische Kommunikation im Internet nutzerfreundlich aufbereitet werden sollte:

> „Wir haben versucht, uns zu lösen von der klassischen Politikpropaganda und stärker politische Inhalte eingebunden, die natürlich eine parteipolitische Färbung hatten, aber dabei haben wir versucht, mit journalistischen Stilmitteln, mit Erklärvideos, mit Bildergalerien, mit Infografiken, mit Interviews, bunter, lebendiger, ansprechender, verständlicher zu arbeiten" (II.1).

Wie auch im Hamburger Fall ist den Planern die interne Mobilisierung wichtiger als die externe. Es geht eher um das Gewinnen von Freiwilligen sowie den Aufbau einer aktiven Unterstützerbasis als um die Überzeugung von Unentschiedenen und Wechselwählern. Eine damit im Zusammenhang stehende weitere Zielsetzung ist die möglichst umfassende interne Vernetzung, die Einbindung der weitverzweigten Ebenen der Partei sowie angegliederter oder kooperierender Organisationen und Verbände.

> „Und wenn ich über die Kampagne rede / immer so ein schönes Chart so konzentrische Kreise sind, weil die Wirkung eben sozusagen, durch die Kreise erfolgen soll. Kleines Kärtchen hier im Haus, dann gibt es einen Kreis der Webvolunteers das ist schon ein innerer Zirkel mit dem man auch mal über eine Strategie reden kann wo das gleich weitergeht. Dann gibt es Unterstützer, das sind die große Gruppe derer, die sich zum Beispiel auf facebook und MeinVZ als Fans outen, da außen rum kommen dann irgendwann die Wählerinnen und Wähler" (II.4).

Die Aktivierung der Unterstützer wird dabei von einigen Experten differenzierter wahrgenommen als von anderen. Während manchem Planer nur daran liegt, multiplikative Verteiler von Informationen für die Kampagnenarbeit zu gewinnen, ist für andere „wirkliche Partizipation" wichtiger als das bloße Klicken und Weiterleiten von Beiträgen:

> „Also wenn oftmals von Mitmachen Online die Rede ist, dann ist es entweder Klick-Aktivismus, der überhaupt nichts bringt, oder es ist so was wie die dolle Nummer, die die FDP gemacht hat, die online ihre Leute dazu aufrief: ‚Geht am Wochenende während des Wahlkampfes mit einer gelben Badehose ins Schwimmbad!' Das ist Pseudopartizipation" (II.2).

Dabei ist der Ansatz der FDP („gelbe Badehosen"), der vorab kritisiert wurde, dennoch ein Hinweis auf ein essentielles strategisches Zwischenziel, das die meisten Interviewpartner genannt haben - die Verbindung von Online-Inhalten zu Offline-Themen und -Aktionen. Die Bedeutung des crossmedialen Ansatzes bzw. die Grundlagen integrierter Kommunikationsstrategien waren dementsprechend ebenfalls allen Akteuren geläufig. Die Online-Kampagne wurde als Bestandteil des Orchesters wahrgenommen, nicht als Solist. Ein interessanter Befund der Gespräche war, dass die Spendenakquise im Internet weitaus wichtiger und aus Sicht der Akteure auch erfolgreicher war, als in der Forschung beschrieben (vgl. 5.2.1). Die Mehrheit der Interviewpartner hat Online-Spendengenerierung als geplantes Kampagnenziel angegeben und war mit dem Erlös auch zufrieden. Auch wenn die Beträge natürlich noch längst keinen wahlentscheidenden Umfang hatten, so waren die zusätzlichen Mittel für die kleineren Parteien durchaus bedeutsam.

Online-Kommunikation als Image-Faktor, moderne Web-Technologie als Symbol für Modernität - auch dieser Faktor war nach wie vor wichtig, allerdings nicht mehr so bedeutend wie in den Jahren zuvor:

> „Insofern hat der Imagefaktor natürlich eine Rolle gespielt in dem Wahlkampf, aber es war nicht der Hauptfaktor. Also ich hätte diesen Onlinewahlkampf auch gemacht, wenn kein einziger Journalist drüber geschrieben hätte, weil er einfach für die interne Mobilisierung wichtig war, für den direkten Kontakt zum Wähler auch. Natürlich hat das geholfen, dass die Medien darüber berichtet haben, das ist überhaupt keine Frage" (II.4).

Die Bewertung der journalistischen Berichterstattung über die Online-Kampagnen fiel durchweg negativ aus, teilweise sogar drastisch. Die Experten bemängelten nicht nur die überhöhte und falsch ausgerichtete Erwartungshaltung vieler Journalisten, sondern vor allem die fehlende Kompetenz im Bereich politischer sowie strategischer Online-Kommunikation. Für besonders großen Verdruss sorgte der in den Medien immer wieder bemühte, aber gänzlich fehlleitende direkte Vergleich mit der Internet-Kampagne Obamas 2008.

Alle Gesprächspartner standen den Rahmenbedingungen der Online-Kommunikation und des Social Web verhältnismäßig entspannt gegenüber. Das Entwicklungstempo hat den Akteuren teilweise schon Mühe bereitet, aber es wurde eher als willkommene Herausforderung denn als schwer lösbare Aufgabe empfunden. Schwierigkeiten haben sich eher aus den Anforderungen politischer Kommunikation ergeben, beispielsweise durch die Größe der Zielgruppe oder die Vielzahl an relevanten Themen. Ein daraus resultierendes konkretes Problem bei der Umsetzung war beispielsweise der hohe personelle Aufwand bei der kommunikativen Betreuung der vielen unterschiedlichen Bereiche und Felder. Ein weiteres, das Publizitätsparadox, war allen Befragten, wenn auch nicht unter diesem Begriff, ebenfalls bewusst. Gerade in Wahlkampfzeiten, in denen das Maß an Politik-bezogener Information und Kommunikation, das auf die meisten Wähler einprasselt, ohnehin schon sehr hoch ist, war es gerade auf den Online-Kanälen schwierig, die gewünschte Aufmerksamkeit zu erzielen. Zudem bereiteten den Planern ein weiteres Mal alte Mediennutzungs-gewohnheiten Schwierigkeiten:

> „Politiker neigen halt immer gerne dazu, eher eine Information zu viel als eine zu wenig rauszuschicken und das ist gerade für Online natürlich extrem schwer, weil wenn Sie dann weggeklickt oder ausgeblendet werden - dann können Sie schicken, was Sie wollen" (II.7).

Ein aus Forschungsperspektive sehr spannender Aspekt war die Ausgestaltung der Kommunikator-Rollen, da die Ansätze der einzelnen Parteien hier zum Teil sehr weit auseinander lagen. Das betrifft sowohl die Bereitschaft der Einbindung von Bottom-Up-Ansätzen bei Konzeption und Umsetzung der Kampagne als auch das Ausmaß an redaktioneller Verantwortung bei der inhaltlichen Betreuung, das an Dienstleister und Freiwillige abgegeben wurde.

Zunächst hatten alle Interviewpartner das Mantra des Social Web in den Gesprächen standesgemäß wiedergegeben und darauf verwiesen, wie wichtig es sei, Kontrolle abzugeben und Bottom-Up-Impulse nicht nur zuzulassen sondern auch zu fördern. Die explizite Nachfrage auf die Ausgestaltung dieser Ansätze sowie Aussagen in anderen Themenfeldern in diesem Zusammenhang haben jedoch den Rückschluss zugelassen, dass einigen Kampagnen offenbar doch nicht daran lag, Kontrolle abzugeben. Es konnte nicht beantwortet werden, ob die Interviewpartner hier bewusst versucht haben, einen vermeintlich innovativen Eindruck zu erzeugen, ohne dass die Kampagne dieses Innovationspotential gehabt hätte oder ob die Planer aus ihrer Sicht tatsächlich den Eindruck hatten, sie wären in diesem Bereich sehr innovationsfreudig und würden nach ihrem

Verständnis schon sehr viel Kontrolle abgeben - was bei sehr kontrollori-
entiert agierenden Akteuren durchaus der Fall gewesen sein könnte.

Der Eindruck dieser Untersuchung zeigt jedoch, dass die CDU beispielsweise das mit Abstand größte Kontrollbedürfnis hatte, während die
Grünen oder die Linken einen vergleichsweise ungehemmten Umgang
mit dieser Materie hatten. Der Zugang zu den Interviewpartnern und die
Offenheit bei der Befragung gaben erste Anzeichen in diese Richtung (vgl.
5.2.2.2). Die Aussagen zur Organisationsstruktur und die Einbindung von
Dienstleistern waren weitere Hinweise darauf. Während zum Beispiel
sämtliche Online-Redakteure der CDU in einem Glaskasten im Konrad-
Adenauer-Haus saßen, haben die Grünen große Bereiche der redaktionellen Betreuung an Dienstleister und Freiwillige abgegeben. Die Grünen
und Linken haben viele Dialoge und Diskussionen in offenen Netzwerken
wie Twitter geführt, während ein maßgeblicher Anteil der Dialog-Kommunikation der CDU im geschlossenen Netzwerk von TeAM Deutschland
stattgefunden hat. Im Zusammenhang mit der Einbindung von Nutzern
in Konzeption und Content-Generierung wurde auf der einen Seite von
der freizügigen Bereitschaft gesprochen, die „redaktionelle Hoheit aus der
Hand" (II.2) zu geben, während an anderer Stelle lediglich „die Zügel etwas lockerer" (II.3) gelassen wurden. Allein die Wortwahl verdeutlicht
schon die Differenzen, die hier vorzufinden waren. Wiederum an anderer
Stelle wurde versucht ein Kompromiss in Form von Leitlinien zu finden:

> „Kraut und Rüben will man nicht, aber stalinistische Gleichschaltung ist
> auch suboptimal, und deshalb sagt man dann: Ja, ihr könnt das im We-
> sentlichen so machen, aber hier habt ihr mal so ein paar Guidelines an die
> Hand gegeben und schaut mal, dass ihr das umsetzen könnt" (III.2).

Dieser Aspekt zeugt von der grundsätzlich sehr unterschiedlichen Kommunikationskultur der einzelnen Parteien und unterstreicht, dass organisationsspezifische Kommunikationsnormen eine bedeutsame Rahmenbedingung für Konzeption und Umsetzung der Online-Kommunikationsstrategie sind.

5.2.2.8 Komplexität

Das strategische Kommunikation im Internet, noch dazu im Zusammenhang mit Wahlkampf, ein komplexes Unterfangen ist, wurde von nahezu
allen Interviewpartnern bestätigt. Manche haben es direkt ausformuliert:

> „Der Wahlkampf wird durch das digitale noch komplexer" (III.3).

Andere haben die Schwierigkeiten ihrer Arbeit so umschrieben, dass der Rückschluss, die Komplexität der Aufgabe sei sehr hoch, ebenfalls auf der Hand lag. Dabei wurden bestimmte komplexitätsgenerierende Aspekte immer wieder genannt, beispielsweise das umfangreiche Geflecht an Kommunikationskanälen:

> „Also es ist sehr komplex. Mittlerweile kann man nicht mehr sagen, welche Plattform habt ihr bespielt, sondern das ist mittlerweile ein sehr komplexes Netzwerk" (II.6).

Die Vielzahl der zu nutzenden Kanäle war ein Gesichtspunkt, der nicht nur an sich kompliziert zu handhaben war, zum Beispiel die Kanalwahl oder die Kompetenz in Bezug auf einen bestimmten Dienst betreffend, sondern der auch weitere, daraus resultierende Herausforderungen nach sich zog. Denn Online-Kommunikation ermöglichte zwar eine weiträumige, direkte und zielgenaue Ansprache, im selben Atemzug sorgte die Zersplitterung der Zielgruppen jedoch dafür, dass dafür ein sehr hoher organisatorischer, planerischer und personeller Aufwand betrieben werden musste. Die Koordination der individuellen Kommunikationsaktivitäten auf der Vielzahl von Kanälen war demnach eine hoch anspruchsvolle Aufgabe. Verstärkt wurde dieser Aspekt noch, wenn versucht wurde die Kommunikation dialogfreundlich zu gestalten.

> „Und wir haben halt gesagt: Wer uns auf facebook oder auf MeinVZ eine Frage stellt, kriegt eine Antwort und wer uns eine E-Mail schickt kriegt auch eine Antwort. Und wer unser Kontaktformular nutzt kriegt auch eine Antwort und irgendwann ist der Kanal voll, weil wir eben nur eine begrenzte Anzahl von Studenten bezahlen können, die sich jeder einzelnen Frage individuell annehmen und die beantworten. Und Twitter können wir leider nicht auch noch so bespielen" (II.4).

Der Umgang mit diesen Herausforderungen ist von den Planern auf verschiedene Arten gehandhabt worden. Wie in der Aussage zuvor auch, haben einige dazu tendiert, die Anzahl der Kanäle soweit zu reduzieren, dass sie mit den zur Verfügung stehenden Ressourcen zu bewältigen war:

> „Dann lieber einen Kanal und den gut pflegen" (III.6).

Andere setzten darauf, alle Kanäle so gut zu bespielen, wie es eben möglich war und einfach auszuprobieren, ob sie damit erfolgreich hätten sein können:

> „Also wir haben eher auf Quantität als auf Qualität gesetzt. Und wenn man das irgendwie schon ein paar Jahre macht, das Business, dann hat man

gewisse Erfahrungswerte, um zu sehen: Ja, das macht irgendwie Sinn und das macht keinen Sinn. Man muss halt mal gucken, man fällt mal auf die Nase oder auch nicht" (III.2).

Erfahrung ist demnach ein wichtiger Faktor, was auch an anderen Stellen mehrfach bestätigt wurde. Im selben Ausmaß ist auf die Notwendigkeit verwiesen worden, als Planer für Online-Kommunikation seinem Bauchgefühl vertrauen zu können. Eine gut ausgeprägte, selbstbewusste Intuition war demnach eine weitere Schlüsselqualifikation. Intuitive Entscheidungsfindungen wurden häufig dann zu Rate gezogen, wenn die Entscheidungslage aufgrund von Dynamik und Intransparenz zu komplex geworden war. Wenn explizit auf intuitive Entscheidungsfindungen verwiesen wurde, hatten die Befragten in der Regel auch das Bedürfnis sich in besonderem Maße dafür zu rechtfertigen:

> „Natürlich ist es ganz viel Bauchgefühl, aber das Bauchgefühl speist sich aus Erfahrung und Beobachtung" (III.3).

Inwieweit bestimmte Entscheidungsprozesse von den Interviewpartnern zum Zeitpunkt der Gespräche tatsächlich noch exakt nachzuvollziehen waren, konnte jedoch nicht zweifelsfrei geklärt werden. So ist es möglich, dass Aspekte, die im Rückblick nicht mehr klar zu bestimmen waren, intuitiven Entscheidungsfindungen zugeschrieben wurden, obwohl auch andere Gesichtspunkte dabei hineingespielt haben könnten.

5.2.2.9 Wahlkampf

Zwei Punkte wurden im Rahmen des Themenfelds „Wahlkampf" besonders häufig und ausführlich angesprochen. Ein Punkt steht in Verbindung mit der Betreuung personengebundener Profile in den sozialen Medien. Wie zuvor schon mehrfach erwähnt, war eine authentische und dialogorientierte Kommunikation am ehesten dann möglich, wenn sie persönlich verantwortet und umgesetzt wurde. Im Hamburger Fall wurde davon berichtet, wie Abgeordnete und Kandidaten sich selbst oder mit Hilfe von Beratern die Nutzung von Diensten wie Twitter angeeignet haben. Dort wurde auch erwähnt, dass die Adaption mitunter recht schnell und problemlos erfolgte und sich gut in die täglichen Abläufe integrieren ließ. Gleiches wurde auch an mehreren Stellen in diesen beiden Interviewgruppen berichtet. Eine weitere Parallele ist, dass das politische Spitzenpersonal, aufgrund zu geringer zeitlicher Ressourcen, in der Regel nicht in der Lage war, sich mit derlei Aktivitäten der direkten öffentlichen Kommunikation auseinander zu setzen. Die Profile des Spitzenpersonals wurden daher meist von Redakteuren betreut. Mit diesem Malus an Authentizität entfiel natürlich ein großer Anzugspunkt dieser Dienste. Nichtsdestotrotz haben diese Profile, beispielsweise im Vergleich zu den Parteiseiten, immer noch Anziehungskraft:

> „Und da eben das Social Web 2009 eine große Rolle gespielt hat, sind Sie natürlich auf Persönlichkeiten angewiesen, also können Sie ja durch die Bank vergleichen, die Personenseiten haben natürlich immer mehr Follower, mehr Unterstützer, mehr Likes als die Institutionsseiten sonst wäre es ja auch kein Social Web" (II.4).

Da weder im Rahmen der Profile der Institutionen noch über die betreuten Personenprofile des Spitzenpersonals persönliche, authentische Nachrichten verbreitet werden konnten, haben sich stattdessen die in der Kampagne tätigen Menschen, also die Planer, Helfer und Aktivisten, persönlich eingebunden. Dies galt vor allem für Beiträge oder Dialoge mit humorvollen, negativen oder stark kontroversen Inhalten:

> „Vieles geht auch gar nicht offiziell über einen Parteiaccount, vieles ist natürlich Guerilla (...) da eignet sich natürlich ein privater Account, wo alle es zu verorten wissen, wo nicht zwingend immer ein kampagnenbezogener Absender auf den ersten Blick sichtbar sein muss oder sollte, eignet sich natürlich viel besser als offizielle Kanäle. Völlig okay, so" (II.5).

Der zweite Punkt, der in jedem Interview zur Sprache kam, war der Einfluss, den die Online-Kampagne von Barack Obama 2008 auf den Wahlkampfbetrieb hatte. Die Befunde waren vergleichbar zu denen im Hamburger Fall. Der Einfluss hatte positive und negative Auswirkungen auf die Arbeit der Online-Kampagnenplaner. Ein bedeutender positiver Aspekt war die durch die Berichterstattung über die Obama-Kampagne erzeugte Aufmerksamkeit auf politische Online-Kommunikation. So wuchs die Bereitschaft der politischen Akteure sich dem Internet, insbesondere Social Media, weiter zu öffnen, den Online-Kampagnen mehr Ressourcen zuzugestehen als auch sich selbst dort zu involvieren. Aktivisten und Unterstützern wurden Wege aufgezeigt, auf denen sie sich für ihre Partei oder ihren Kandidaten einsetzen konnten. Und nicht zuletzt wurde dadurch auch vielen Wählern bewusst gemacht, wie das Internet helfen kann, sich über den Wahlkampf zu informieren, mit den Parteien und Kandidaten in Kontakt zu treten oder selbst partizipativ oder engagiert tätig zu werden.

> „Also es gibt zwei Sachen, die an der ganzen Obama-Diskussion nützlich waren. (...) Das eine ist in der Tat, dass durch die ganze Vorfeldberichter-

stattung aus 2008 die Akzeptanz seitens der Bevölkerung, Onlinemedien zur politischen Kommunikation zu nutzen, gewachsen sind. Also vieles, was jetzt als ganz neu da steht, haben wir schon teilweise 1998 gemacht, aber es wurde damals nicht akzeptiert. (...) Diesmal war die Akzeptanz allerdings deutlich gewachsen und dann konnte man auch ganz anders mit bestimmten Plattformen halt umgehen. Viel interessanter war allerdings, (...) dass man Unterstützerinnen und Unterstützer ermächtigt und sie in die Lage versetzt, selbst Partei zu ergreifen für die Politiker oder für die Partei, die sie unterstützen wollen" (II.2).

Doch der „Obama-Effekt" hatte auch negative Auswirkungen. Allen Interviewpartnern hatten, wie im Hamburger Fall, bezüglich der amerikanischen Vorbildfunktion eine sehr reflektierte und differenzierte Meinung. Dies galt aber offenbar nicht für alle Beteiligten im Arbeitsumfeld. So waren die Erwartungen in der netzaktiven Bevölkerung, in den Medien und teilweise auch im politischen Betrieb selbst stark überhöht. Diese Erwartungshaltung hat zusätzlichen Druck auf die Umsetzer ausgeübt. Die Obama-Kampagne war aufgrund der andersartigen Rahmenbedingungen, in Bezug auf die politische Kultur, aber auch in Bezug auf andere Faktoren wie Online-Nutzungsverhalten, nur eingeschränkt als Blaupause für die Kampagnenführung im Netz hierzulande zu gebrauchen. Dennoch wurde sie an manchen Stellen genau so interpretiert. Unter dem Strich war das Thema für die meisten Befragten deswegen überwiegend negativ belegt.

„Also Obama (...) irgendwann haben wir so eine Obamakasse eingeführt. Wir haben halt immer, wenn jemand Obama sagt, fünf Euro eingefordert, auch und gerade in Journalistenrunden. (...) Der Obama-Vergleich hat 2009 alle erschlagen, also alle Erwartungen hoch gehangen, und die Enttäuschungen auch bestätigt sozusagen, und das war völlig fehl am Platz. (...) Obama hat es auf die Agenda gehoben, aber Obama hat innerlich überhaupt nicht geholfen, weil an diesem Vergleich kann man ja nur scheitern" (II.5).

5.2.3 Zusammenfassung

Der zweite Teil der Auswertung hat ausdrucksstarke Befunde aus der Sicht der kommunikationsstrategischen Planer der Bundestagswahl 2009 geliefert. Viele Aussagen reihten sich in die Ergebnisse des ersten Teils der Studie ein, auch wenn die Perspektive in diesem Teil weitaus facettenreicher sowie umfassender und somit auch aussagekräftiger war.

Der gesteigerte Erkenntnisgewinn war zwei Faktoren geschuldet. Einerseits hat die Einbindung eines zweiten Blickwinkels, gewährleistet durch die Einbeziehung der Dienstleister, das Bild erwartungsgemäß differenzierter erscheinen lassen. Andererseits wurde deutlich, dass die Akteure auf Bundesebene nicht nur weitaus professioneller vorgegangen sind, was ebenso zu erwarten gewesen war, sondern auch mehr qualifizierte Fachkenntnisse und Expertenwissen mitgebracht haben. Entsprechend konnte neben Fach- und Prozesswissen auch Deutungswissen, die kommunikationsstrategischen Aspekte betreffend, abgefragt werden. Zu allen Punkten und Themenfeldern konnten relevante Aussagen getroffen werden, die zuvor geäußerte Sorge, bestimmte anvisierte Aspekte könnten keine Praxis-Relevanz haben, hat sich somit nicht bestätigt.

Nicht alle Parteien haben für Aufgaben der strategischen Online-Kommunikation Dienstleister eingesetzt. Auch der Umfang und die Organisation der Verantwortlichkeiten variierte zwischen den einzelnen Fällen erheblich. Die gegenseitige Anerkennung der Problemlösungskompetenz zwischen Auftraggeber und Dienstleister war in Bezug auf die Zusammenarbeit ein interessanter wie richtungsweisender Aspekt. Es hat sich gezeigt, wie wichtig die online-affinen Mitarbeiter, die „Digital Natives" für die Kampagnen waren. Das gilt vor allem für die Fälle wo keine Dienstleister zum Einsatz kamen.

Je mehr Dienstleister involviert waren und je größer der Stab an internen Mitarbeitern war, die die Online-Kommunikation verantwortet haben, desto schwieriger gestalteten sich jedoch die Abstimmungsprozesse. Die organisatorische, institutionelle Aufstellung sowie Koordination war demnach eine der größten Herausforderungen. Ansonsten waren personelle und auch finanzielle Ressourcen maßgeblich dafür verantwortlich, wie umfangreich, authentisch und dialogorientiert kommuniziert werden konnte. Umso mehr Kommunikation statt fand und umso mehr Kanäle bespielt wurden, desto komplexer wurde dieses Unterfangen. Dabei sorgten vor allem alte Mediennutzungsgewohnheiten für Schwierigkeiten, beispielsweise in Anbetracht des Publizitätsparadoxes oder bei der Ausgestaltung authentischer sowie dialogorientierter Kommunikation. Dies wurde teilweise auch als Generationskonflikt innerhalb der Partei gekennzeichnet. Der Respekt vor der Informationsgeschwindigkeit im Netz und die Angst vor Kontrollverlust wurde in diesem Zusammenhang deutlich.

Die parteispezifische Kommunikationskultur hat sich in diesem Bereich besonders klar abgezeichnet, wobei abermals große Unterschiede zwischen den Parteien festgestellt werden konnten. Dadurch wurde unterstrichen, dass die organisationsspezifische Kommunikationskultur eine bedeutsame Rahmenbedingung für die Konzeption und Umsetzung der Online-Kommunikationsstrategie sind. Es wurde ebenso deutlich, dass Wahlkampfkampagnen als Innovationstreiber fungieren, da viele Entwicklungen erst im Rahmen sich abzeichnender Wahlkämpfe angeschoben werden. Dies war vor allem in den sozialen Medien hinderlich, da hier langfristig aufgebaute Strukturen erforderlich gewesen wären. Der Wahlkampf 2009 ist von den Akteuren daher auch als Einstiegswahlkampf im Bereich der sozialen Medien bezeichnet worden.

Kommunikationsstrategisch wurde die interne Ausrichtung der Online-Kanäle weitaus stärker bewertet als die externe. Die umfassende strukturelle Einbindung aller Ebenen und Bereiche war aus diesem Grund nicht nur eine besondere Herausforderung sondern auch ein übergeordnetes strategisches Ziel. Die Kanalwahl, auch in Bezug auf neue Kanäle, erfolgte teilweise geplant und teilweise intuitiv. Intuition spielte bei allen Aspekten im Zusammenhang mit Komplexität eine Rolle. Hierbei gab es starke Differenzen zwischen den einzelnen Interviewpartnern, genau so, wie bei den Aussagen zur Evaluation.

Über die Evaluationsmaßnahmen wurde allerdings vergleichsweise wenig Prozesswissen geteilt. Vornehmlich wurde Input und Output gemessen, Outcome und Impact wurde nur über allgemeine Wahlkampfumfragen ermittelt. Zum Ausdruck gebracht wurde, dass die fehlenden Möglichkeiten zur Bewertung einzelner Kommunikationsaktivitäten im Gesamtkontext zu schaffen gemacht haben. Neben Mediennutzungszahlen wurden deshalb auch innovative und pragmatische Evaluationsansätze, die sich nicht direkt auf die Zielgruppe, sondern stärker auf eine qualitative Umsetzung anhand vorab bestimmter Kriterien bezogen haben genannt. Dazu zählen beispielsweise gelungene Online-Offline-Transformation, also Online-Maßnahmen die zu Offline-Aktionen führen („gelbe Badehosen"). Auch eine Beurteilung abseits ergebnisgetriebener Erfolgsfaktoren hinsichtlich der Qualität der Maßnahmen eine sinnvolle Alternative. Hierbei wird bewertet, inwieweit die vorab geplanten Maßnahmen auch tatsächlich entsprechend der Vorgaben umgesetzt wurden, ähnlich der Programmevaluation im Rahmen des integrierten PR-Evaluationsmodells (vgl. 3.2.1.1). Daraus resultieren dann Kriterien wie eine parteiweite, institutionelle Einbindung bestimmter Instrumente oder Konzepte, die Einbeziehung möglichst weiter Teil der Parteistruktur in die Umsetzung oder auch eine subjektive Beurteilung darüber, wie gut Informationen zugänglich gemacht worden sind oder wie schnell und umfassend Anfragen beantwortet werden konnten. Die Themen Kanalwahl und Evaluation stießen bei nahezu allen Beteiligten auf großes Interesse und waren gleichzeitig, wie im Fall zuvor, klare Kristallisationspunkte für das Expertenwissen der Befragten. Dass die Qualität des Expertenwissens und die individuelle Problemlösungskompetenz besonders relevant für die Untersuchung sind, hat sich in diesem Zusammenhang daher gesondert abgebildet.

5.3 Auswertung Teil III
- Strategische Online-Kommunikation in der Werbekommunikation

In dem dritten und letzten Teil der Auswertung der empirischen Untersuchung wurde der Fokus noch einmal verändert. Nun lag den Gesprächen kein Bezugspunkt in Form einer konkreten Kampagne mehr zugrunde. Zwar sollten die Experten sich bei der Befragung an ihrer tatsächlichen Arbeit, also auch an bestimmten Kampagnen oder Aufträgen orientieren, dennoch gibt es nun nicht mehr „den einen Fall", auf den sich alle Interviews bezogen. Auch das Feld der politischen Kommunikation wurde nun verlassen, alle befragten Experten kamen stattdessen aus dem Bereich der Dienstleistung für Werbe-, Marken- und Marketingkommunikation. Demnach standen in diesem Teil weniger die exakte Nachzeichnung der Umsetzung von Kommunikationsarbeit als die erweiterten Sichtweisen, das Deutungswissen der Akteure in Bezug auf strategische Online-Kommunikation im Blickfeld.

5.3.1 Rahmenbedingungen der Werbekommunikation im Internet

Die relevanten Rahmenbedingungen für Werbekommunikation im Internet wurden schon im Vorfeld, bei der Beschreibung der Grundzüge strategischer Kommunikation im Zusammenhang mit der Bedeutung von externen Dienstleistern sowie der Rolle des Managements (vgl. 2.2.1), umrissen. Diese Vorbedingungen gelten sowohl für das Feld politischer Kommunikation als auch für die strategische Kommunikation anderer Akteure, wie zum Beispiel werbetreibenden Unternehmen. Letztgenannte wird mit den Begriffen Werbe-, Marken- oder auch Marketing-Kommunikation umschrieben, auch der Begriff der PR-Kommunikation fällt in diesem Zusammenhang immer wieder. Die Grenzen der einzelnen Kommunikations-Bereiche sind wenig trennscharf, daher wurde dieser Aspekt auch in der Befragung noch einmal aufgegriffen. Im Feld der Werbekommunikation gelten, wie schon angedeutet, dieselben Voraussetzungen wie in den vorangegangenen Arbeitsbereichen:

> „In einer zunehmend komplexen Online-Marketing-Umgebung (...) werden täglich neue Marketing-Potenziale beschworen und -Nischen erschlossen. Dies bringt eine neue Komplexität mit sich und stellt Marketingverantwortliche vor eine Herausforderung, die häufig nicht gemeistert wird:

Die strategische Integration der immer zahlreicher werdenden Marketing-Möglichkeiten im Sinne einer interdisziplinären Online-Marketing-Kampagne" (Ubitzka 2011, S. 160).

Im Bereich der Produktion von Inhalten und der Distribution von Mitteilungen im Rahmen von Werbekommunikation ist die Einbeziehung von Dienstleistern üblich. Diese Aufgaben werden in der Regel von Kreativ- und Media-Agenturen umgesetzt (vgl. Tropp 2011, S.129ff). In den letzten Jahren hat sich neben diesen beiden großen Agenturtypen noch ein dritte Gruppe etabliert, die der zunehmenden Bedeutung von Digital- und Online-Kommunikation Rechnung trägt: die Digitalagenturen. Auf Prozesse und Sichtweisen dieser dritten Gruppe konzentriert sich die Untersuchung.

Die zunehmende Diversifizierung relevanter Kanäle und die stetige Entwicklung neuer Werbeformen steigert die Notwendigkeit von integrierten, strategisch fundierten Kommunikationskonzepten. Diese Entwicklung hat in den letzten Jahren einen umfassenden Wandel des Arbeitsfelds bedingt. Daher bündeln große Agenturen mittlerweile viele spezialisierte Handlungsbereiche unter einem Dach und „orchestrieren" die gesamten Kommunikationsmaßnahmen strategisch (ebd. S.170). Sind mehrere Dienstleister für einen Kunden aktiv, werden diese wiederum, entweder von einer Lead-Agentur oder einer anderen strategisch planenden Instanz, koordiniert. Dies führt u.a. dazu, dass es eine Fülle von Berufsrollen innerhalb der Kommunikationsbranche gibt, die sich mit der strategischen Kommunikationsplanung auseinandersetzt: die Planer (vgl. ebd. S.152). Aus dem Feld der Planer für strategische Online-Kommunikation wurde die Interviewgruppe IV zusammengestellt.

5.3.2 Online-Kommunikation aus Sicht von Strategen der Werbe- und Markenkommunikation

Im Folgenden werden die Gespräche der Interviewgruppe IV zusammengefasst und analysiert. Die Gruppe setzt sich aus strategischen Kommunikationsplanern von Agenturen zusammen, die Dienstleister im Bereich digitaler Kommunikation sind. Die Interviews sind im zeitlichen Verlauf der Untersuchung als letztes geführt worden. Sie fanden zwischen Ende 2012 und Anfang 2013 statt.

Die Perspektive der Untersuchung wurde, wie schon in den vorigen beiden Kapiteln, bei den Sichtweisen einzelner Akteure verortet. Entsprechend wurden die jeweiligen Konzeptionen und Wahrnehmungen auch wieder verglichen und miteinander in Verbindung gebracht. Allerdings hat sich das Erkenntnisinteresse der Untersuchung im Vergleich zum vorigen Kapitel noch einmal verschoben. Die Nachzeichnung eines konkreten Kampagnenverlaufs war nun komplett entfallen, stattdessen ist der Fokus noch weiter gefasst worden und hat sich stärker auf generelle Aspekte strategischer Online-Kommunikation konzentriert. Der Bezug zu den Themenfeldern der konkreten Kommunikationsarbeit blieb jedoch bestehen, da die Befragten immer wieder Beispiele aus dem Arbeitsalltag beschrieben oder Rückschlüsse auf Grundlage konkreter Fälle gezogen haben.

5.3.2.1 Befragungs- und Auswertungsgestaltung Interviewgruppe IV: Strategen der Werbe- und Markenkommunikation

Die Interviewgruppe IV bestand aus fünf Online-Strategen führender deutscher Digitalagenturen. Die zentralen Arbeitsbereiche der Interviewten variierten dabei leicht. So konnte der Schwerpunkt mal auf digitaler Markenstrategie und ein anderes mal auf Social-Media-Strategie liegen. Alle Interviewpartner hatten nichtsdestotrotz eine erweiterte Expertise im Bereich strategischer Online-Kommunikation, wenn auch mit teilweise leicht unterschiedlichen Spezialgebieten. Dies hatte keinerlei negativen Einfluss auf die Untersuchung. Zu den Themenfeldern, die eine Schnittmenge des Expertenwissens der Befragten gebildet haben, konnten alle Gesprächspartner erkenntnisreiche Beiträge beisteuern.

Alle Interviews waren Einzelgespräche. Obwohl auch Agenturen grundsätzlich in Konkurrenz zueinander stehen, war die Wahrnehmung der Wettbewerbssituation weniger ausgeprägt als in den Interview-Gruppen zuvor. Außerdem fehlte der gemeinsame Bezugspunkt eines Kampagnenzeitraums, in dem gegeneinander angetreten worden ist, was diesen Faktor zusätzlich abgemildert hat. Dies war ein großer Vorteil für die Ausführung der Interviews, da die Interviewpartner viel unbefangener sprachen und weitaus direkter befragt werden konnten. Überhaupt war die Qualität der Aussagen sehr hoch. Viele Aspekte berührten offenbar wichtige Themen aus dem Berufsalltag der Befragten. Deshalb konnten sie einerseits viel wissenswertes beisteuern, andererseits hatten sie großes Interesse an einem fachlichen Austausch. Dies spiegelt sich auch im Umfang der Einbindung wörtlicher Zitate wieder. Einige Aussagen waren derart repräsentativ und präzise, dass eine Paraphrase nur einen Aussageverlust zur Folge gehabt hätte. Daher wurden mehr und auch umfangreichere wörtliche Zitate eingebunden als in den Kapiteln zuvor. Alle Gesprächspartner der Interviewgruppe IV sind in Tabelle 5.3.2.1a aufgelistet.

Partei	Name	Interview
Unique / Syzygy	Holger Schneider	I-Schneider
Serviceplan / Plan-Net	Anna Maierski	I-Maierski
Razorfish	Kathrin Stiehler	I-Ludwig
Pilot	Peer Wörpel	I-Wörpel
TLGG	Kathrin Hesse	I-Hesse

Tabelle 5.3.2.1a – Interviewgruppe IV

Wie zuvor auch schon, wurde sowohl der Fragenkatalog als auch das Ana-
lyseraster aus einer Matrix abgeleitet, durch die Rückführung auf die theoretischen Konzeptionen gewährleistet werden konnte. Die Matrix wurde
für die Interviewgruppe IV jedoch stark verändert. Zuvor wurde schon
angedeutet, dass die Kategorien verändert werden könnten, wenn sich
dies durch die Befragung aufdrängen würde (vgl. 4.4.8.2). Dies war hier
der Fall. Durch die Erkenntnisse der zuvor analysierten Interviews als
auch durch das veränderte Erkenntnisinteresse wurden einige Aspekte
heraus genommen und andere ergänzt (siehe Tabelle 5.3.2.1c im Anhang).
   Im Vergleich zur Ursprungsmatrix (vgl. Tabelle 3.4a) sind die Kategorien #1, #2, #4, #8 bis #11 und #20 bis #23 heraus genommen worden,
da sie sich auf eine konkrete Kampagne, auf einen bestimmten Wahlkampf oder auf politische Kommunikation im allgemeinen bezogen haben. Die übrigen Kategorien wurden teilweise der Interviewgruppe entsprechend modifiziert. Die Themenfelder Akteure & Struktur, Kommunikationsstrategie, Konzeption & Umsetzung, Online-Kommunikation und
Komplexität sind geblieben. Das Themenfeld Werbe- & Markenkommunikation hat jetzt das Feld Wahlkampf ersetzt und widmet sich den pra-
xisbezogenen, branchen-spezifischen Aspekten der Untersuchung. Entsprechend der Interviewgruppe und dem Erkenntnisinteresse sind weitere Aspekte hinzu gekommen, die im Folgenden aufgelistet werden:

- **Arbeitsfelder der Dienstleister** (#1a): Innerhalb dieser Kategorie
  wurden die Dienstleistungsfelder der Agenturen abgebildet, um einen
  genauen Eindruck der Kompetenz- und Arbeitsbereiche der Akteure
  zu erhalten. Hiermit sollte den Rahmenbedingungen in Form der
  Diversifizierung des Arbeitsfelds Rechnung getragen werden.
- **Kommunikationsstrategie** (#3a): Hier wurden die Kategorien
  Kommunikationsziele und Kampagnenstrategie in einem generelleren Kontext zusammen gefasst und aus der Eingrenzung auf eine bestimmte Kampagne heraus genommen.

- **Digitalkommunikation** (#4a): Diese Kategorie hat sich aus den Interviews ergeben. Hierunter werden die Unterschiede in den Konzepten klassischer und digitaler Marketing-Kommunikation thematisiert.

- **Online-Kommunikationsstrategie** (#5a): Diese Kategorie ist vom Themenfeld Online-Kommunikation in das Themenfeld Strategie bewegt worden, da nun eine generellere Sichtweise auf die Konzeption von Online-Kommunikationsstrategien im allgemeinen gefragt war. So konnten die Aussagen direkt in Bezug zu den anderen strategischen Kategorien des Themenfeldes gesetzt werden.

- **Neue Kanäle** (#7a): Die Fokussierung einzelner Kanäle wurde vernachlässigt, statt-dessen wurde, bedingt durch die hohe Kompetenz der Interviewpartner in diesem Bereich, noch stärker der Aspekt beleuchtet, wie neue Online-Kanäle eingeordnet werden und auf Grundlage welcher Kriterien deren Relevanz eingeschätzt wird.

- **Rahmenbedingung Online-Kommunikation** (#10a): Hier wurden die Rahmenbedingung Online-Kommunikation und Rahmenbedingung Social Media zusammen gefasst, da diese Unterscheidung in den Interviews nicht so viel Gewicht hatte.

- **Politische Online-Kommunikation** (#13a): Innerhalb dieses Aspekts sollten die Befragten ihre Einschätzung zu dem zuvor in dieser Untersuchung behandelten Arbeitsfeld geben. Hiermit sollten die Unterschiede und Gemeinsamkeiten der Interviewgruppen III und IV herausgestellt und zugleich einer weiteren aussenstehenden Perspektive Raum gegeben werden.

- **Rahmenbedingung Werbe- und Markenkommunikation** (#16a): Diese Kategorie ersetzt die Rahmenbedingung Wahlkampf. Hier wurden die Rahmenbedingungen der Werbe- und Markenkommunikation reflektiert.

- **Auftraggeberkompetenz** (#18a): Die Bedeutung dieses Aspekts, dem Verständnis der Auftraggeber für das Themenfeld strategischer Online-Kommunikation, wurde schon in der Analyse der Interviewgruppe III deutlich und hat sich im Verlauf dieser Gespräche noch weiter verstärkt. Daher wurde er separat aufgeführt.

Entsprechend der Matrix wurde der Fragenkatalog für die Interviewgruppe IV abgeändert. Inhaltlich konzentrierten sich die Interviewfragen, wie bereits im Erkenntnisinteresse formuliert, noch stärker auf das Fachgebiet der Interviewpartner, also auf die allgemeinen Aspekte von Online-Kommunikation sowie kommunikations-strategischer Dienstleistungen als auch die spezifischeren Aspekte Evaluation und Kanalwahl (siehe Tabelle 5.3.2.1b) zu sehen.

#	Frage
1	**Kannst du dich kurz vorstellen?**
2	**Was ist deine Position? Was sind deine Aufgaben in der Agentur?**
	Präzisieren: Kompetenzen
3	**Wie ist die Arbeit an einer Online-Kampagne organisiert? Es geht um den Prozess, wer ist beteiligt, wie sind die Abläufe?**
4	**Wie ist das Verhältnis zum Kunden? Wie ist die Arbeitsverteilung?**
5	**Wie umfassend verstehen die Kunden die Materie?**
	Präzisieren: konzeptionelle und inhaltliche Verantwortlichkeiten, redaktionelle Hoheit
6	**Was sind die besonderen Herausforderungen von Online-Kommunikation?**
7	**Welche Online-Kanäle und -Plattformen werden aus welchem Grund eingesetzt?**
8	**Wann entscheidest du, dass eine neuer Kanal oder eine neue Plattform für euch relevant ist?**
	Präzisieren: Prozess der Kanalwahl
9	**Wie gehst du persönlich mit der schnellen Entwicklung des Mediums um?**
	Präzisieren: rationale und intuitive Herangehensweisen, Komplexität
10	**Wie beurteilen sie den Erfolg?**
	Präzisieren: Qualitätskriterien
11	**Wie wird sich Online-Kommunikation in den nächsten Jahren entwickeln?**
12	**Bist du bei der letzten Wahl online mit dem Wahlkampf in Kontakt gekommen?**

Tabelle 5.3.2.1b – Leitfaden der Interviewgruppe IV

5.3.2.2 Akteure & Struktur

Alle Interviewpartner haben sich im Rahmen ihrer Arbeitsstelle mit Kommunikationsstrategien in digitalen Kanälen auseinandergesetzt. Entweder werden sie direkt von Kunden beauftragt, ein strategisches Konzept für die Online-Kommunikation zu erstellen oder aber sie arbei-

ten beratend, für externe Kunden wie auch für andere Agenturen innerhalb des Agenturnetzwerks.

> „Kunden sind auf uns zu gekommen und haben gesagt: Ja irgendwie fehlt
> uns ... wir brauchen erst mal eine Strategie" (IV.1).

> „Wir sind Briefing-Empfänger, aber unsere Aufgabe ist halt nicht nur, alles
> aufzunehmen und umzusetzen, sondern natürlich auch den Kunden stra-
> tegisch zu beraten, das heißt auch proaktiv auf ihn zu zu gehen mit neuen
> Themen" (IV.3).

Dabei können die externen Auftraggeber kleinere oder mittlere Organisationen bis hin zu weltweit aktiven Unternehmen sein. Auch der Umfang
der Betreuung variiert von Kunde zu Kunde, von Agentur zu Agentur, von
Fall zu Fall. Hier gibt es keine generellen Arbeitsweisen. Je kleiner die
beauftragenden Unternehmen sind, desto umfassender kommt die Beratung aus einer Hand. Um so größer ein Unternehmen ist, desto mehr andere strategiebestimmende Akteure, beispielsweise eine interne Marke-
ting- und Kommunikationsabteilung oder eine Lead-Agentur, greifen mit
in die Planungen ein:

> „Vielfach bei Kunden, die eben nicht so riesig große Unternehmen sind,
> die ganze Marketingabteilungen haben, sondern wo es vielleicht eine klei-
> ne Abteilung gibt, oder nur eine Person gibt, oder der Chef selber irgend-
> wie das Gefühl hat: ‚Wir wissen gar nicht so genau, wer wir sind, oder wo-
> für wir stehen, kann uns da mal jemand beraten?'" (IV.1)

Die Dienstleistung der Agentur beschränkt sich dabei oftmals nicht nur
auf die Entwicklung einer Digital-Strategie über einzelne oder mehre Kanäle hinweg, sondern auch auf andere Strategiebereiche wie mobile
Kommunikation oder betreuende Bereiche wie Community-Management,
SEO-, SEA- und Customer-Relationship-Marketing. Hinzu kommen
technologische Beratung oder die Anleitung technischer Umsetzungs-
dienstleistungen wie Webpage- oder App-Programmierung.

Wenn es um die Konzeption von strategischer Kommunikation in
den sozialen Medien geht, so haben mehrere Interviewpartner darauf
hingewiesen, dass es häufig notwendig ist, Veränderungen in der Organisationsstruktur der Kunden zu bewirken, damit erfolgreich gearbeitet
werden kann. Insofern kann die strategische Konzeption auch Arbeitsweisen von Unternehmensberatungen beinhalten, indem Veränderungs-
prozesse der Organisationsstruktur auf Kundenseite initiiert werden:

„Und häufig geht es dann auch noch so weit, dass, wenn die Marke dann wirklich ernsthaft und aufrichtig und transparent im Netz auftreten soll, dass man auch noch Change-Management im Unternehmen betreiben muss. Also es greift eigentlich alle Punkte des Marketings, der PR, des Datenmanagement, an" (IV.5).

Der Umfang des Arbeitsauftrags bestimmt demnach auch die Organisationsstruktur zwischen Kunde und Dienstleister. In größeren Organisationen gibt es auf Kundenseite meist eine Abteilung oder einen Verantwortlichen, der den Bereich auf Kundenseite betreut und der in die Konzeption mit eingebunden ist. Ein Interviewpartner hat in diesem Zusammenhang auch darauf hingewiesen, dass es meist von Vorteil ist, wenn es einen Organisations-internen Mitstreiter gibt, der die Strukturen und Prozesse innerhalb der Organisation einschätzen und betreuen kann. Dies ist vor allem dann wichtig, wenn, wie beim Zusammenspiel von integrierter Kommunikation und sozialen Medien unabdingbar, viele Ebenen und Abteilungen zusammen arbeiten müssen.

„Das hat sich mittlerweile auf jeden Fall etabliert, jedenfalls bei größeren Marken, dass die Leute sich im Bereich digitaler Kommunikation auch auf verschiedene Bereiche festlegen und sagen: ,OK - unser Social Media-Verantwortlicher ist der XY.' Und diese Person soll halt auf Unternehmensseite das Thema treiben. Das heißt also erstmal, ein Bewusstsein zu schaffen, auch intern. Deswegen sind wir darauf angewiesen, dass wir auf Kundenseite immer jemanden haben, der die Schnittstellen zu anderen relevanten Abteilungen öffnet und da das Bewusstsein Konzernentsprechend für Social Media schafft" (IV.3).

Interessanterweise haben mehrere Interviewpartner darauf hingewiesen, dass bestimmte Kanäle der Online-Kommunikation strukturell gar nicht mehr eindeutig bestimmten Organisations- oder Arbeitsbereichen zugewiesen werden können. Entsprechend werden manche Kommunikationsaktivitäten mal beim Marketing, mal im Bereich der PR verantwortet, unabhängig davon ob und welche Dienstleister mit eingebunden sind. Dieser Umstand würde die gezielte Umsetzung integrierter Kommunikation mitunter beträchtlich erschweren.

5.3.2.3 Kommunikationsstrategie

Im Unterschied zu der Interviewgruppe III betreuen die Experten dieser Gruppe nicht nur Kampagnen sondern auch permanente Marken- und Organisationskommunikation. Diejenigen Gesprächspartner, die sich in erster Linie mit Social Media befassen, haben auch zum Ausdruck gebracht, dass langfristige Zusammenarbeit in diesem Bereich weitaus fruchtbarer ist, da nur so die für ein authentisches Auftreten notwendigen Strukturen geschaffen werden können. Von allen Gesprächspartner wurde jedoch in irgendeiner Form zum Ausdruck gebracht, dass langfristige Zusammenarbeit präferabel, aber im digital-strategischen Bereich meist noch nicht üblich sei:

> „Der nächste Schritt ist, das bei den Kunden noch stärker als dauerhafte Leistung zu verankern, was nicht so ganz ohne ist, weil man zwar Strategie auf der klassischen Agenturseite im Budget verankert hat, aber das bei Digitalagenturen noch nicht unbedingt so etabliert ist. Und für uns ist das natürlich eine Herausforderung, wenn man sagt: ,Naja, ich hatte vorher keine Strategieabteilung, die mich beraten hat, warum brauche ich die jetzt plötzlich?' Auf der anderen Seite merken wir aber bei ganz vielen Kunden ganz viel Verunsicherung darüber wie mit den ganzen Kanälen umgegangen wird, was man da machen muss. Da ist Bedarf" (IV.1).

Die übergeordnete Zielsetzung der Betreuung ist unabhängig davon, ob sie nur in beratender Funktion erfolgt oder eine ganzheitliche konzeptionelle Betreuung beinhaltet. In den Gesprächen wurden in der Hauptsache drei strategische Kommunikationsziele im Hinblick auf digitale Kanäle benannt: die Generierung von Aufmerksamkeit und Sichtbarkeit für die Marke, eine inhaltliche Markenpositionierung und eine nachhaltige Markenkommunikation. Einige Interviewpartner haben zudem zum Ausdruck gebracht, dass bei den von ihnen betreuten Aufträgen oftmals auch der unmittelbare Abverkauf von Produkten oder Dienstleistungen das konkrete Ziel der Maßnahmen ist, also klassisches Marketing. In anderem Zusammenhang wurde darauf hingewiesen, dass die Aktivitäten vor allem auf ein umfassendes „PR-Echo" hingezielt haben. Auch in diesem Zusammenhang wurde also einmal mehr deutlich, wie stark die Grenzen zwischen den einzelnen Kommunikationsfeldern, in diesem Fall Marketing und PR, verschwimmen.

Wie bei der Aussage zuvor schon angedeutet wurde, spielen auch die Unterschiede zwischen klassischer und digitaler Kommunikationsdienstleistung immer wieder eine Rolle. Die Grenzen sind mitunter fließend und die Verantwortlichkeiten entsprechend schwierig zu trennen. Da die Bereiche jedoch von unterschiedlichsten Stellen im Unternehmen oder von unterschiedlichen Dienstleistern betreut werden, muss gewährleistet werden, dass alles koordiniert und miteinander abgestimmt abläuft ohne die Anforderungen der jeweiligen Kommunikationskultur aus den Augen zu verlieren - was mitunter schwierig zu bewerkstelligen ist und zur Hauptaufgabe der strategischen Planung geraten kann.

„Im besten Falle geht das Hand in Hand. (...) Also der größte Unterschied
zur Klassik ist, man hat halt in der Klassik irgendwie einen Insight und eine Leitidee und versucht alles auf den Punkt zu bringen. Und das vor allen
Dingen auch emotional aufzuladen und eine Kernidee in den Köpfen der
Menschen zu verankern. Und online ist das halt noch ein bisschen diversi-
fizierter. Also da muss man je nach Kanal gucken: ‚Okay was ist denn da
jetzt eigentlich die Hauptrolle und die Hauptaussage, die ich dort vertrete?
Die ich dort einnehme? Und welche Kanäle machen überhaupt für mich
Sinn?'" (IV.5)

Die unterschiedlichen Kommunikationskulturen können auch für Kon-
flikte bei der Abstimmung sorgen. Ein Interviewpartner hat auf die unterschiedliche Herkunft der Strategen hingewiesen, was die Arbeitsweise
umfassend beeinflussen würde, so sind einige durch die klassische Werbung geprägt worden und konzentrieren sich eher auf markenstrategische
Aspekte, andere sind ausschließlich in digitaler Kommunikation bewan-
dert und konzentrieren sich eher auf technische Aspekte. Ein weiterer
Gesprächsteilnehmer hat auf die Unvereinbarkeit beider Kommunikationskulturen in bestimmten Aspekten hingewiesen:

„Also man muss schon oft noch das Bewusstsein schärfen, dass gewissen
Abläufe, Mechaniken, wie wir sie aus klassischer Kommunikation kennen,
online einfach nicht funktionieren" (IV.2).

Wenn es um die konkrete Konzeption der Online-Kommunikationsstrategie so teilt sich die Ausgestaltung in der Regel in mehrere Bereiche
auf. Übergreifend gibt es eine Hauptstrategie, die eine Leitidee beinhaltet,
die Zielgruppen definiert und die Online-Kommunikation mit den anderen kommunikationsstrategischen Aktivitäten in Verbindung bringt. Davon ausgehend werden dann eine Kanalstrategie und eine Inhaltsstrategie
entworfen. Ein Interviewpartner hat jedoch darauf hingewiesen, dass es,
gerade im Bereich der sozialen Medien, auch erstmal nur darum geht,
umfassendes Monitoring zu betreiben ohne selbst aktiv zu werden. Und
unter Umständen kann es auch bei der passiven Präsenz bleiben, da es
sich nicht zwangsläufig für jedes Unternehmen lohnt, den umfangreichen
Aufwand aktiver Social-Media-Kommunikation zu betreiben.

„Man kann nicht jetzt jedem Kunden sagen, ihr müsst auf die und die
Plattform und es geht ja auch nicht nur um: ‚Seid auf dieser Plattform aktiv und habt eine eigene Präsenz dort!' Sondern: ‚Guckt generell, wo über
euch gesprochen wird.' Und dann muss man auch nicht unbedingt aktiv
auf dieser Plattform sein, sondern man kann sich auch ganz zurückhalten
und einfach nur zu hören. (...) Monitoring. Und das halt eben plattform-
übergreifend" (IV.3).

Wird die Kommunikation aktiv betrieben, so ist, neben der bloßen Präsenz sowie der Erzeugung von Aufmerksamkeit und Reichweite, das Auslösen von Engagement eines der Hauptziele von Online-Kommunikation. Dies gilt im Besonderen für den Bereich Social Media. Worauf das Engagement abzielt, ob es nur Selbstzweck im Sinne einer messbaren Weiterverbreitung der Inhalte ist, sondern auch auf nachhaltige Markenpositionierung oder gar weiterführende Unternehmens-Ziele hinlenkt, ist dabei oft nicht klar definiert:

> „Wie sieht eine vernünftige, nachhaltige Marktkommunikation aus, im Social Web? (...) Weil es einfach das Problem gibt, dass das Marken sozusagen einfach Mist kommunizieren in Anführungsstrichen. Gebt mir ein ‚like' für dieses tolle Katzenfoto und sonst was, und wenn das irgendeine Marke macht, dann zahlt es nicht wirklich auf die Markenstrategie oder auf die Markenkommunikation ein, das ist dann einfach plattes Engagement. (...) Reichweiten war halt mal das Thema, das mal ganz groß war. Jetzt ist es im Moment Engagement um jeden Preis. Deswegen kommen wir zu solchen platten Postings, wie Katzencontent, Hundecontent, GIFs, sonst was, von allen möglichen Marken. (...) Hauptsache es geht irgendwie in irgendeiner Art und Weise viral. Scheiß auf die Botschaft" (IV.4).

In mehreren Gesprächen wurde auch die kommunikationsstrategische Bedeutung der Shitstorms thematisiert, der massenhaften, öffentlichen Entrüstung in Bezug auf ein bestimmtes Thema oder einen bestimmten Akteur hin, die, meist innerhalb der sozialen Medien, virale Verbreitung erfährt. Shitstorms sind demnach eine extreme, wenn auch zum Teil massiv negativ gefärbte, Form des Engagements. Ein Shitstorm führt oftmals zu einer kommunikationsstrategischen Krise im klassischen Verständnis, die entsprechende Krisenkommunikation erforderlich macht. Die interviewten Experten haben die Bedeutung der Shitstorms jedoch ambivalent gesehen:

> „Man kann jeden Shitstorm im Endeffekt auch auffangen und in etwas positives umdrehen. Wir haben auch Windenergie, und das beruht auch auf Stürmen und Wind und insofern muss ich nur sozusagen den Sturm vernünftig auffangen, in die richtigen Bahnen lenken und kann daraus eine Menge positives ziehen" (IV.4).

Die prozessuale Ausgestaltung der Kampagne konnte in den Gesprächen nicht umfassend thematisiert werden, da diese laut Aussage der Interviewten von Fall zu Fall erheblich variieren kann. Ein Aspekt, der für die Umsetzung der Kommunikationsaktivitäten wichtig ist, wurden jedoch mehrfach erwähnt und heraus gestellt: der Einsatz von Marktforschungs-

und Meinungsstudien. Dieser spielt in der Werbekommunikation als systematische Grundlage zur Informationsgewinnung seit jeher eine übergeordnete Rolle (vgl. Tropp 2011,S.203). Und obwohl bei Online-Kommunikation große Mengen an Daten inhärent zur Verfügung stehen, ist die Aufbereitung der Daten und die zusätzliche Datengewinnung durch die Marktforschungsinstitute für die Agenturen unerlässlich. Sie wird beispielsweise dazu genutzt, Informationen bezüglich der Interessen von Zielgruppen, der Relevanz bestimmter inhaltlicher Themen oder der Nutzung von Online-Kanälen zu gewinnen.

> „Also die Marktmediastudien, die werden ja von unserer Media eingekauft. Über die kriegen wir die Zahlen, die wir brauchen, die können uns das ganz genau sagen. Oder einfach in der Verbraucheranalyse, da sehe ich ganz genau, wie hoch die Mobildichte ist in bestimmten Tools. Aber ich bediene mich jetzt auch kostenloser Tools, was weiß ich, wie Google Adwords, oder so" (IV.2).

5.3.2.4 Konzeption & Umsetzung

Die Kanalwahl war, anders als in der Interviewgruppe III, für alle Interviewpartner dieser Gruppe ein bedeutender genereller Aspekt wie auch entscheidender Faktor in der Konzeption der Online-Kommunikation. Gleichzeitig wurde betont, dass die Kanalwahl schwierig zu handhaben sei, zumal sie oftmals nicht zu Anfang des Konzeptionsprozesses separat behandelt werden kann, obwohl dies wünschenswert wäre. Häufig steht der, in der Regel strategisch wenig fundierte, Wunsch eines Kunden, einen bestimmten Kanal zu bespielen, im Vordergrund und von diesem Punkt aus wird die Kommunikation dann konzipiert. Zudem wurde von einem Interviewpartner auch noch darauf hingewiesen, dass die strategischen Abläufe von der Planung über die Konzeption bis hin zur Umsetzung nur in den wenigsten Fällen klar strukturiert und geordnet ablaufen würden:

> „Kanalwahl, das ist natürlich schwierig. Das ist auch eines der ganz ganz großen theoretischen Themen und noch nicht so groß in der Praxis, obwohl die Bedeutung von allen erkannt ist, weil es eben relativ selten, sozusagen, den einen auf der Kundenseite gibt, der das betreut und die eine Abteilung auf der Agenturseite, die das miteinander ausdealen. Das macht es immer ein bisschen schwieriger. Dadurch ist gegenüber der Theorie, wo man erkennt, dass man das alles irgendwie am Anfang des gesamten Kommunikationsprozesses dann auch sauber aufsetzen müsste und genau sich überlegen müsste, welche Zielgruppen sind eher wo zu erreichen, welche Themen kann ich besser wo spielen. Das ist nicht so sehr etabliert. Das

muss man davor schon wissen, dass das nicht sozusagen diesen, diesen ganz theoretischen Reinzustand gibt, das man auf der einen Seite ganz genau alles einmal durchplant und auf der anderen, also der Kundenseite auch jemand ist, der das mit einem gemeinsam macht. Weil das so ein bisschen die Voraussetzung wäre, wirklich dann ganz in Ruhe zu sagen, Okay uns ist es ja eigentlich egal, wo welche Kommunikation stattfindet und dementsprechend können wir ganz in Ruhe überlegen, was sind denn unsere Kriterien" (IV.1).

Die in Kapitel 3.3.3.5 genannten als auch in der Vorstudie behandelten Standard-Kanäle wurden in den Gesprächen bestätigt. Neben der nach wie vor zentralen Webpage wurde vor allem Facebook, aber auch YouTube und Twitter als die relevantesten Kanäle betrachtet. Allerdings ist nicht jeder Kanal für jeden Kunden brauchbar, so wurde explizit erwähnt, das selbst der Einsatz von Facebook nicht für jedes Unternehmen sinnvoll ist. Letztendlich steht die Kanalwahl immer im Zusammenhang mit der vorab definierten Kommunikationsstrategie:

„Wofür ist eigentlich welcher Kanal wichtig? Welche Rolle spielt meine Website, meine eigenen Kanäle? Welche Rolle spielt Social Media in dem Zusammenhang? Also Facebook, oder was auch immer man macht. Also ist es, klassisch zum Beispiel etwas nur um Traffic zu liefern, möglichst schnell auf die Seite zu kommen. (...) Oder nehme ich das dezentralere eher an und muss dann halt genauso auf Facebook meine gesamte Kommunikation unterbringen können. Und danach wird dann meist entschieden, wie wir versuchen, das inhaltlich aufzulösen" (IV.1).

Die Trennung zwischen Social Media und den etablierten Online-Kanälen verschwimmt zunehmend. Daher sollten die Aktivitäten auf den unterschiedlichen Kanälen im Sinne integrierter Kommunikation möglichst übergreifend miteinander verzahnt sein. Letzten Endes ist die Bandbreite der genutzten Kanäle, wie ebenfalls zuvor mehrfach bestätigt, immer eine Frage des Budgets. Ansonsten orientiert sich die Wahl der Kanäle an Markt- und Mediastudien auf Basis der zu erreichenden Zielgruppe oder an selbst durchgeführten Monitoring-Aktivitäten („Wo wird über die Marke gesprochen?"). Die Reichweite der einzelnen Kanäle ist dementsprechend ein gewichtiges Auswahlkriterium. Außerdem steht die Wahl der Kanäle auch im Zusammenhang mit den Inhalten, die dort eigebunden werden müssen, denn Content-Kreation ist aufwendig und kostenintensiv.

„Es hängt zum einen davon ab, wo ist meine Zielgruppe unterwegs? Was habe ich für Inhalte, die ich grundsätzlich schon habe, also das typische Thema ist auch einfach Zweitverwertung. Habe ich viel Bewegtbild, dann komme ich an YouTube nicht drumherum. Will ich meine Zielgruppe sehr sehr spitz erreichen zum Beispiel, dann ist Facebook eigentlich der perfekte Kanal, weil ich sehr sehr genau targetten kann. Grundsätzlich kommt man an facebook sowieso fast nicht vorbei, weil die einfach diese riesigen Reichweiten haben. (...) Crossmedia bedeutet auch, ich benutze jeden Kanal, aber die Verzahnung lässt im Endeffekt erst die richtige Performance entstehen. Und genau das hast du im Bereich SocialMedia auch. Wie vernetze ich einen YouTube-Account mit einem Facebook-Account mit einem Twitter-Account dann für Echtzeitkommunikation? Und genau da muss man immer den richtigen Mix finden. Und den halt anhand von Zielgruppen und dem was an Content da ist, beim Kunden, oder auch was an Ressourcen da ist beim Kunden, umsetzen" (IV.4).

Neben der Nutzung der etablierten Kanäle ist die frühzeitige Erkennung neuer, potentiell relevanter Kanäle ein weiteres wichtiges Feld für die Agenturen. Das Monitoring innerhalb neuer Kanäle spielt dabei genau so eine Rolle wie die Abwägung über eine mögliche aktive Nutzung. In den Gesprächen ist ein bemerkenswertes wie aussagekräftiges Phänomen aufgetreten - ausnahmslos jeder der Befragten hat in Bezug auf die Relevanz neuer Kanäle die exakt selbe Phrase in seine Antwort einfließen lassen:

„Ich bin jetzt kein Freund davon jeder digitalen Sau im Dorf hinterherzurennen."

Dieser Satz lässt in Verbindung mit den umliegenden Aussagen die Rückschlüsse zu, dass es um neue Kanäle eine Menge überbewertenden Rummel („Hype") gibt, dass die Masse an Innovationen groß sowie unübersichtlich ist und dass die Planer eine entsprechende Gelassenheit mitbringen müssen, um Relevantes von Irrelevantem zu unterscheiden - ein komplexes Unterfangen, dass ein gewisses Maß an Erfahrung vorraussetzt. Der Prozess der Entscheidungsfindung ob einer möglichen Relevanz läuft dabei üblicherweise in mehreren Schritten ab. Zunächst werden beim gewohnheitsmäßigem Monitoring diverser Blogs und Twitter-Feeds neue, interessante Applikationen entdeckt, diese werden dann versuchsweise ausprobiert um die Funktionalität zu verstehen und zu testen, dann werden die potentiell nützlichen Kandidaten auf eine Merkliste gesetzt und schließlich systematisch aufbereitet als auch eingesetzt, wenn Signale aus dem Umfeld, den sozialen Netzwerken oder aus Studien darauf hindeuten, dass eine kritische Reichweite damit erzeugt werden kann.

„In meinem Beruf muss ich ja sowieso die Augen offen halten, was passiert da draußen? Das heißt, ich kriege Veränderungen relativ schnell mit. Aber auch, weil ich es selber interessant finde und probiere das dann mal aus und gucke dann Mhm, alles klar, was passiert denn da drauf? Ist das jetzt eher so eine Hypegeschichte, die morgen wieder keine Sau interessiert, oder ist das etwas, was so langfristig interessant sein könnte. Denn, wenn wir Marken, unseren Kunden empfehlen, sich irgendwo zu etablieren, dann immer natürlich nur mit einem langfristigen Aspekt. Also so temporäre Aktionen und dann legt man sich wieder schlafen, das empfehlen wir eben nicht" (IV.3).

Dabei spielt auch eine Rolle, ob der betreffende Kanal ausser zusätzlicher Reichweite tatsächlich einen Mehrwert für die Kommunikation eines bestimmten Kunden darstellt, ob also die Nutzweise auch zur betreffenden Marke passt. Als Beispiel für einen relativ neuen Kanal, der relevant geworden ist, wurde in allen Gesprächen das Bilder-Netzwerk „Pinterest" genannt - dieses ist vor allem für Marken relevant, die starke Bildwelten haben und für Frauen interessant sind - Kleidung und Kosmetik beispielsweise. Wenn frühzeitig ein neuer Kanal erfolgreich genutzt wird, so kann man sich als „First Moder" präsentieren und Kunde wie Agentur können von der dadurch ausgelösten Berichterstattung profitieren:

„Ja, also richtig toll ist das, wenn man als erster erkennt, dass dieser Kanal relevant ist für das Marketing. Also wenn es eine neue Technologie im Internet gibt, dann nenne ich das Technology Insight. (...) Weil es gibt ja verschiedene Insights, Consumer Insight, Cultural Insights et cetera und ich nenne das Technology Insights, wenn man herausfindet, okay, diesen Kanal kann ich jetzt so und so vielleicht auch anders nutzen, als er ursprünglich gedacht war" (IV.5).

Das Thema Evaluation haben die Interviewpartner als ähnlich bedeutend eingeschätzt wie die Kanalwahl. Im Vorfeld wurden die potentiellen Schwierigkeiten bei der Evaluation von Online-Kommunikation, speziell im Bereich von Social Media, erwähnt (vgl. 3.2). Entgegen der dort geäußerten Einschätzung war den Experten der Anspruch und die Komplexität dieses Vorhabens bewusst, in der Praxis schienen diese Anforderungen jedoch überwindbar zu sein. Demnach wird Evaluation auch umfassend und zufriedenstellend betrieben. Quantitative Messungen bilden dabei dir Grundlage, vor allem die inhärenten Messmöglichkeiten der etablierten Online-Kanäle, aber auch die der sozialen Medien. Dass hierbei auch die Nutzung umfassender Daten („Big Data") in Zukunft ein Rolle spielen wird, wurde ebenfalls bestätigt, allerdings sei man dort in Deutschland noch ganz am Anfang. Auch in diesem Zusammenhang wurde einmal mehr die Bedeutung von Marktforschungsstudien in den Vordergrund gestellt, auch der Einsatz von Fokusgruppen wurde erwähnt.

Zudem wurde auch die regelmäßige Nutzung von Social-Media-Monitoring-Tools erwähnt.

Die Nutzung von KPIs wurden in allen Interviews ähnlich beschrieben, sie bilden einen wichtigen Eckpunkt der Evaluation und werden grundsätzlich zu Beginn der Arbeit festgelegt. Dies ist nicht nur zur Überprüfung der eigenen Arbeitsweise wichtig, sondern erklärtermaßen auch, um sich dem Auftraggeber gegenüber rechtfertigen zu können. Dabei kommt eine Viezahl von unterschiedlichen Kennzahlen zum Einsatz, die mehr oder minder aussagekräftig sind:

> „Engagement als oberstes Ziel und dementsprechend misst man dann halt, wie hoch ist die Talking-about-Rate, wobei man die auch immer kritisch sehen muss. Weil die Talking-about-Rate kann man auch mit Apps steigern. (...) Also deswegen muss man auch immer die Sentiments noch mitmessen. Es ist schon eine Mischung aus verschiedenen Erfolgsmetriken, die man dort zusammenstellen muss. Manchmal mussten wir dann auch so Forecasts machen, kann man aber nur begrenzt vielleicht für das Fan-Wachstum auf Basis der Ad-Schaltung machen. Dann kann man, sagen wir mal so, schlechtes Szenario, mittleres Szenario und Idealszenario, wo dann eine gewisse Viralität mit eingerechnet wird" (IV.5).

Bei verkaufsorientierten Marketing-Maßnahmen wird der letztendliche Erfolg ohnehin über Messzahlen wie Abverkaufssteigerungsraten gemessen. An mancher Stelle wurde jedoch auch die übermäßige Wertschätzung von Kennzahlen kritisiert. Wenn die Orientierung an Kennzahlen wie Engagement und Reichweite nämlich nicht mehr in Verbindung zu den eigentlichen Unternehmenszielen steht, sondern als unabhängiger Wert Erfolg und Misserfolg ausdrücken soll, verlieren sie ihren Bezug und somit ihre Aussagekraft.

Über die Möglichkeiten, einen präzisen ROI zu bestimmen waren die Aussagen hingegen, wie erwartet, kontrovers. Manche sahen kein Problem darin diesen zu bestimmen, andere hielten es nicht für umsetzbar:

> „ROI - Also man kann den definieren. Und das ist halt das, was man am Anfang machen muss. Es gibt da so ein schönes Slide, was ich immer zeige, da steht auf einmal so ein Reh in so einer PowerPoint-Präsentation und dann steht da drüber: „Warum bekommst du immer diesen Ausdruck, wenn wir dich nach dem ROI fragen bei SocialMedia und so?' Also das typische Reh vor dem Scheinwerfer" (IV.4).

> „Dass wir das direkt schon mit einer Bewertung, einer wie auch immer ROI-Bewertung machen - da ist natürlich immer ein Ruf nach KPIs. Aber das funktioniert nicht wirklich" (IV.1).

5.3.2.5 Online-Kommunikation

In den Gesprächen wurde wiederholt deutlich gemacht, dass das Thema
Social Media immer noch relativ neu ist und gerade in eine erste Phase
der Normalisierung kommt. Ein Experte hat zum Beispiel erklärt, dass es
noch bis vor 1 bis 2 Jahren in der Hauptsache darum ging, das Wesen,
den Nutzen und die Funktionalität von Social Media im Grundsätzlichen
zu erklären - nicht nur bei den Kunden, sondern auch bei anderen, vor-
zugsweise klassischen Agenturen. Mittlerweile seien die Grundzüge jedoch weitläufig bekannt. An anderer Stelle wurde beschrieben, dass die
Berührungsängste etablierter Marken in Bezug auf soziale Medien erst
seit kurzem nachlassen:

> „Ich bin seit 2006, 2007 im Bereich digitale Kommunikation tätig und
> damals hat man noch nicht unbedingt von Social Media gesprochen, da
> schwirrte so das Web2.0 als Begriff immer mal rum und man hat eher so
> über großen Teich geschaut, was die Marken dort machen und wie da mit
> usergenerated Content umgegangen wird. Da gab es hierzulande noch gro-
> ße Debatten - Blogs und das ist alles gefährlich für die Marken und so wei-
> ter - und man hat sich dem eben noch gar nicht so geöffnet. Das wurde
> eher als Bedrohung angesehen. Das heißt, die Agenturen waren eher in der
> Rolle, tatsächlich den Kunden aufzuklären und zu sagen, warum Social
> Media oder generell die Kommunikation mit Leuten in diesem Internet re-
> levant ist und wo die Chancen liegen auch für eine Marke. Also da ging es
> eher so um eine Aufklärungsarbeit und um eine Heranführung eines Kun-
> den, der da noch nicht so Bescheid weiß (...) auch Begeisterung zu schaf-
> fen" (IV.3).

Die meisten Experten haben einen gewissen Respekt gegenüber der technischen Entwicklungsgeschwindigkeit geäußert, der jedoch immer mit
Vorfreude die zukünftigen Kommunikationsmöglichkeiten betreffend
einherging. Als Problem wurde das Innovationstempo nicht aufgefasst,
eher als herausfordernder und belebender Aspekt des Arbeitslebens.
Großes Entwicklungspotential haben die Interviewpartner in der Weiterentwicklung mobiler Online-Nutzung, in der Verknüpfung von Online-
Offline-Aktivitäten und im Bereich des „Internet-of-Things" gesehen.
Letzteres bezeichnet die Verknüpfung von physischen Objekten mit Online-
Strukturen. Ein bereits praktiziertes Beispiel dafür ist Online-Paketverfol-
gung, zukünftige Visionen sind beispielsweise mit Chips ausgestattete
Tabletten die Wirksamkeitsrückmeldungen geben. Ein Gesprächs-
partner hat auch auf die zunehmend verschwimmenden Grenzen
zwischen Online- und Offline-Zuständen hingewiesen:

„Studien sagen, dass die Leute immer weniger sagen, sie gehen ins Netz. Dann wundert man sich und dann stellt man fest, dass man es einfach selber nicht mehr wahrnimmt. Zwischendurch an der Bushaltestelle stehen und kurz ins Netz gehen und surfen. Das ist üblich geworden" (IV.1).

Auf den Aspekt der verschwimmenden Rollen von Kommunikatoren und Rezipienten wurde kaum eingegangen, auch die Rolle von Bottom-Up-Ansätzen war offensichtlich kaum bedeutsam. Dieser Umstand hat anscheinend vor allem damit zu tun, dass die befragten Dienstleister vornehmlich für Unternehmen und kommerziell ausgerichtete Organisationen tätig sind und diese Ansätze hier kaum eine Rolle spielen. Der einzig vergleichbare Aspekt, der in den Gesprächen genannt wurde, war das Engagement besonders aktiver Kunden, der Fans und Markenbotschafter:

„Wir möchten die guten Fans haben, die dann auch nachher wirklich für Dialog auf der Seite sorgen und Dinge weiter verteilen und unsere Markenbotschafter werden" (IV.5).

Das Publizitätsparadox stellt vor allem die Social-Web-Kommunikation vor Probleme. Wenn es um authentische Kommunikation geht, sollten Angehörige der Zielgruppe möglichst eigenständig auf die Kommunikationsangebote aufmerksam werden und auch aus Eigeninteresse heraus in Dialog treten. Hierzu langt es nicht, ausschließlich auf Authentizität zu setzen, auch Originalität, Innovationsfreudigkeit, redaktionelles Geschick und ein gutes Verständnis der Zielgruppe sind entscheidend:

„Ja, weil es eben nicht einfach Kommunikation ist, dass ich irgendetwas raus blase, sondern ich dann ja auf freiwilliges Interesse bauen muss. Dementsprechend muss ich irgendetwas relevantes anbieten" (IV.1).

Auf die Frage nach der Wahrnehmung politischer Online-Kommunikation während vergangener Wahlkämpfe haben alle Interviewpartner zum Ausdruck gebracht, dass sie davon mehr oder minder nicht erreicht worden wären. Ursächlich dafür war, dass die Online-Angebote der Politiker und Parteien sie nicht interessiert hätten. So haben die meisten, zumindest zeitweise, durchaus die entsprechenden Feeds auf Twitter oder Facebook abonniert, aber doch recht schnell wieder das Interesse verloren. Ein Experte hat sogar ausgesagt, dass er politische Kommunikation mehr über klassische Kanäle wahrnehmen würde, da er sie komplett aus seinen Online-Kanälen verbannt hat. Überwiegend wurde die Meinung vertreten, dass größeres Interesse entstehen würde, wenn die Kommunikation, vor allem die einzelner Personen, persönlicher, transparenter und authentischer erfolgen würde:

„Twitter ist schon ein Kanal, wo ich zeitweise mal irgendwo mal dem einen oder anderen Bundestagsabgeordneten gefolgt bin oder meinetwegen dem Pressesprecher von Angela Merkel, oder sonst irgendsoetwas. Habe das aber bewusst irgendwann relativ schnell wieder reduziert, beziehungsweise entfolgt, weil es mir dann auf den Keks gegangen ist. Also diese öffentlichen Verlautbarungen über Twitter fand ich nervig. Fand ich es spannender, wenn da jemand bei ist, wo man das Gefühl hat, der redet so halbwegs privat. Also als Privatmensch, der zwar Politiker ist und so (...) im Prinzip der Grundwunsch ist ja eher der nach einer authentischeren Sichtweise. Weil das, was wir als Bürger oder Wähler natürlich letztlich zu verantworten haben, was alle beklagen, dass irgendwie immer so Sprechblasen abgesondert werden. So relativ vorgefertigte Meinungen. Das ist in der Politik ganz besonders so, gilt aber auch schon bei 18-jährigen Fußballspielern, die vom Platz kommen, die auch schon eintrainiert bekommen haben, das und das darfst du sagen. Weil klar ist, sobald mal einer einen Schritt daneben geht, wird es aufgegriffen und kriegt eine ganz eigene Dynamik und dann denkt man sich, dann lasse ich es halt. Es gibt ganz wenige Politiker, die da vielleicht ein bisschen rausgehen und die das auch fast schon zu Markenzeichen dann gemacht haben" (IV.1).

Dennoch wurde auch mehrfach erwähnt, dass die Online-Kommunikation politischer Akteure, vor allem im Social Web, aufgrund der andersartigen kommunikations-strategischen Ausrichtung durchaus inspirativ aufgenommen wird, dass es also Raum für gegenseitiges Lernpotential gibt. In diesem Zusammenhang fiel natürlich auch das Stichwort Obama - allerdings hatte der Begriff längst nicht so ein Gewicht wie in den Interviewgruppen zuvor und wurde entsprechend nicht weiter ausgeführt.

5.3.2.6 Komplexität

Dass Teile der Arbeitsbereiche komplex sind, dass diese Komplexität auch wahrgenommen und mit ihr umgegangen wird, wurde u.a. schon im Rahmen der Aspekte Kanalwahl und Evaluation deutlich. Die Komplexität des Themenfelds hat allerdings nicht nur Auswirkungen auf die direkte Arbeit der Dienstleister, sondern auch auf den Auftraggeber. Die Organisationen, auch das wurde schon im Vorfeld betont, sollten nicht nur die vielen zur Verfügung stehenden Möglichkeiten abwägen, sondern auch die Umsetzung innerhalb der eigenen Strukturen umsetzen. Das dies trotz der Beratung und Betreuung durch die Die. Vor allem die konsequente Umsetzung integrierter Kommunikation wurde als ein in diesem Zusammenhang bedeutender wie voraussetzungsvoller Aspekt genannt. Im Umgang mit der Komplexität die Innovationsgeschwindigkeit betreffend wurden auch die Services von Trend-Agenturen angesprochen. Keiner der interviewten Dienstleister hat diese Möglichkeit jedoch aktiv genutzt, lediglich ein Interviewpartner wusste davon zu berichten, dass ein früherer Arbeitgeber, ein sehr großes Agenturnetzwerk, diese kostspielige Option nutzt. In den Gesprächen wurde stattdessen betont, dass diese Kompetenz schließlich eine der Schlüsselqualifikationen ihres Arbeitsbereichs wären und somit selbst geleistet werden würde.

Der Umgang mit den weiteren komplexen Herausforderungen wurde in den jeweiligen Abschnitten zuvor schon beschrieben, dass dabei die Intuition der Befragten immer wieder ein Rolle spielt ebenfalls. Die Interviewten sprachen dabei größtenteils auch recht unbefangen davon, dass die Entwicklung eines verlässlichen, intuitiven Urteilsvermögens ebenfalls eine Schlüsselkompetenz wäre, da viele Entscheidungsfindungen sonst nicht effizient vollzogen werden könnten. Diese Form der Offenheit wurde in den Interviewgruppen zuvor kaum angetroffen und wenn, dann ebenfalls nur im Dienstleister -Kontext.

> „Es ist mehr schon noch ein, na ich will es nicht nur Bauchgefühl nennen, aber es ist halt ein Nachdenken und subjektiv bewerten, und nicht nach knallharten Kriterien zu ordnen" (IV.1).

5.3.2.7 Werbe- und Markenkommunikation

Von mehreren Interviewpartnern wurde bestätigt, dass selbst die innovationsfreudigen Kommunikationsagenturen auf struktureller Ebene kaum noch Schritt halten können mit dem durch technische Neuerungen bedingten, schnellen Entwicklungstempo. Es gestaltet sich demnach schwierig, die Strukturen, Berufsbilder, Arbeitsbezeichnungen und Positionen den Anforderungen entsprechend anzupassen:

> „Also die klassischen Rollen, die es auch in der Agenturwelt gab, die verschwimmen zusehends und im Arbeitsfeld müssen immer neue Positionen gesucht werden" (IV.4).

Die Auslagerung redaktioneller Kommunikationsverantwortung ist für den Arbeitsbereich der in dieser Gruppe interviewten Dienstleister im Gegensatz zu den Akteuren im politischen Spektrum ein vollkommen natürlicher Prozess, der einzig und allein pragmatischen Aspekten folgt. Die meisten Interviewpartner haben es als gängige Praxis beschrieben, dass das Community-Management zu Anfang einer Zusammenarbeit von der Agentur betreut wird und dann nach der Einführungsphase wieder zum Kunden übertragen wird. Meist werden innerhalb des Übergabeprozesses auch noch Medientrainings mit dem Personal des Auftraggebers durchge-

führt. Inwieweit Kunden selbst in der Lage sind, die funktionelle und redaktionelle Betreuung der Online-Kommunikation erfolgreich zu übernehmen, hängt von den organisatorischen Strukturen und den individuellen Kompetenzen der jeweiligen Mitarbeiter ab. Hier haben die Interviewpartner unterschiedliche Sichtweisen vertreten. Einige sahen ihre
Kunden auf einem guten Weg, andere die eigenverantwortliche Betreuung noch kritisch:

> „Ich glaube, wir sind gerade in so einer Zwischenphase, wo der Kunde
> noch nicht so weit ist, dass er das selbst bedienen kann. Natürlich gibt es
> auf Kundenseite Leute, die sich mit Facebook auskennen und vielleicht
> auch einmal einen Twitter-Account bedient haben. Aber alleine durch die-
> sen Edge-Rank bei Facebook und viele kleine Kniffe, gibt es halt einfach
> Möglichkeiten eher in den Stream zu kommen und spannende Kommuni-
> kation zu machen. Klar kann jeder ein Posting schreiben, aber es geht auch
> um die Inhalte und um eine redaktionelle Planung. (...) Insofern ist das
> auch so die Herausforderung, ob das jemand auf Kundenseite leisten kann.
> Mittelfristig muss die Agentur dann im Moment immer noch Partner sein
> und challengen und wir haben hier auch zwei Community-Manager sitzen,
> die im Endeffekt nichts anderes machen, außer Redaktionspläne machen
> und posten. Reaktives Community-Management und aktives Community-
> Management, da sind wir gerade an so einem Werdegang, sozusagen. Dass
> die Leute im Unternehmen noch nicht so weit sind" (IV.4).

Im Vorfeld einer inhaltlichen Betreuung durch den Dienstleister wird zusammen mit dem Auftraggeber normalerweise ein Redaktionsplan mit
möglichen Frage-Antwort-Szenarien erstellt. Dies kann, je nach Kunde
und der Weitläufigkeit der Thematik, ein sehr anspruchsvoller Vorgang
sein. Gerade bei komplexen, technischen Produkten, wie zum Beispiel
Automobilen, kann die Verwirklichung eines derartigen Plans zu einem
höchst aufwendigen Projekt geraten. Nicht nur inhaltlich, sondern auch
organisatorisch kann eine derartige Betreuung eine große Herausforderung sein. Bei größeren, internationalen Kunden ist beispielsweise eine
redaktionelle Rund-Um-Die-Uhr-Betreuung üblich:

> „Wir haben da tagsüber ein Team, das dann auch mehr mit plant und so,
> und dann haben sie aber auch noch so ein Aushilfsteam nachts, das haupt-
> sächlich dann nur irgendwelche anderen Bilder so liked und so (lacht) und
> so diese Standardantworten gibt. Aber da gibt es ganz krasse Prozesse. Al-
> so da wird vorher auf so eine Matrix aufgezeichnet bei welchen Antworten
> darf das Community Management antworten. Bei welchen Fragen muss
> dann jemand vom Kunden gefragt oder informiert werden und bei welchen
> ist dann wirklich Krise. Also das muss alles gut vorbereitet sein und auf

verschiedenen Szenarien durchgespielt werden, damit man auch da eventuelle Shitstorms verhindern kann" (IV.5).

Das Sachverständnis des Auftraggebers wirkt sich jedoch nicht nur auf
den Umfang der Auslagerung der Kommunikationsverantwortung, auf
die Umsetzungsphase aus. Ein grundsätzliches Verständnis der Bedeutung und Funktionsweisen von Online-Kommunikation muss beim Kunden gegeben sein, um insgesamt erfolgreich arbeiten zu können, sonst
kommt es schon bei der Planung und Konzeption zu Problemen:

> „Manche Kunden denken, sie hätten wirklich so die Bedeutung verstan-
> den. Also allen ist irgendwie klar, dass ist jetzt irgendwie größer und ir-
> gendwie nachhaltiger und irgendwie muss man damit umgehen, aber ab
> da ist es selten, so mein Eindruck bisher, dass bei Kunden wirklich ein kla-
> rer Plan (...) ein klarer Kurs, ein klares Verständnis, eine gewisse Sicher-
> heit mit den verschiedenen Angeboten ist nicht da. Ich meine gar nicht so
> sehr, alles zu kennen, jedes neueste Angebot, jede neueste Plattform. Aber
> ein klarer Kurs darüber, wofür mache ich das, welche Rolle spielt es in
> meiner Kommunikation, was ist mir wichtig, worauf setze ich, was sind
> meine Ziele?" (IV.1)

Wieviel Sachverständnis die Kunden durchschnittlich mitbringen, darüber konnten keine generelle Aussagen getroffen werden, da die Varianz
scheinbar sehr groß ist. Fehlt in einigen Teilen des Unternehmens eine
gewisse Bereitschaft, sich auf Veränderungen einzulassen und sich strukturell so aufzustellen, dass effektive Online-Kommunikation betrieben
werden kann, so führt dies möglicherweise zu einem sehr langen und
aufwendigen Betreuungsprozess. Wenn die Mitarbeiter auf Kundenseite
wenig Interesse an der Thematik zeigen, gestaltet sich auch der Wissens-
transfer, das Verständnis der sozialen Medien und die Umsetzung der
Kommunikationsstrategie betreffend, schwierig. Interessanterweise haben mehrere Interviewpartner beschrieben, dass oftmals erlebt wurde,
dass einzelne Mitarbeiter starke Befürworter umfangreicher Online-
kommunikation sind und dieses Thema dann, teilweise auch gegen starke
Widerstände, im Unternehmen voranbringen. Manchmal übernimmt der
Dienstleister in diesen Fällen sogar nur die Funktion eines unabhängigen
Gutachters:

> „Es gibt Kunden, die haben da sehr wenig Verständnis für und es gibt wel-
> che, die sind echt fit. Aber das ist häufig dann auch nicht, bei der Marke
> sitzen jetzt nur Fitte und bei der nur Unfitte. Sonder das sind immer ein-
> zelne Personen, die halt wirklich so da so Innovationstreiber sind. Die ja
> dann meistens auch die Agenturen heranholen um ihre eigenen Argumen-

te noch unterstützen zu können, durch die Argumente der Agentur. Also häufig sagen wir gar nichts neues, sondern wir bestätigen noch einmal das, was vielleicht Andere schon intern im Unternehmen gesagt haben. (...) Da haben wir ganz oft Dinge gesagt, wo dann ein paar in der Runde saßen und genickt haben und sich gefreut haben, dass die Agentur das jetzt auch noch einmal bestätig" (IV.5).

5.3.3 Zusammenfassung

Der dritte und letzte Teil der Untersuchung hat das Erkenntnisspektrum der Arbeit noch einmal bedeutend erweitert. Die Aussagen der Interviewpartner waren so umfassend wie aufschlussreich und haben die Erkenntnisse der vorherigen beiden Kapitel durch die Perspektive auf ein weiteres Arbeitsfeld weitläufig ergänzt. Es wurde deutlich, dass die Arbeitsweisen zwar Unterschiede aufweisen, die Parallelen in der strategischen Denkweise jedoch überwiegen, so dass sich die Befunde gut in die bisherigen Erkenntnisse eingliedern ließen. Ähnlich wie im ersten Teil der Auswertung wäre die Einbindung wechselseitiger Ansichten des Gegenparts, in diesem Fall die der Kunden, auch hier möglicherweise zusätzlich aufschlussreich gewesen, vor allem in Bezug auf die prozessorientierte Perspektive. Da die Interviews in diesem Teil jedoch kaum Prozesswissen, sondern in überwiegendem Maße Fach- und vor allem Deutungswissen thematisiert haben und dies auch im Sinne der Untersuchung war, lässt sich das Fehlen dieser zusätzlichen Information verschmerzen.

Ein großer Unterschied zu den Gesprächen im vorherigen Abschnitt war die Tatsache, dass hier nicht nur über die Zusammenarbeit im Rahmen von Kampagnen, sondern auch über längerfristige Engagements gesprochen werden konnte. Dabei wurde unterstrichen, dass das Bedürfnis nach, vor allem längerfristig angelegter, strategischer Kommunikationsberatung stetig steigt.

Die Dienstleister sind jedoch nicht nur beratend sondern auch ausführend tätig. Die Auslagerung redaktioneller Verantwortung im Feld kommerziell tätiger Unternehmen wird von den Stakeholdern, im Gegensatz zum politischen Feld, in keinster Weise kritisch betrachtet. Das Ausmaß der den Dienstleistern übertragenen Verantwortung variiert beträchtlich, teilweise werden nur bestimmte Produkte durch Marketingmaßnahmen unterstützt, teilweise wird die Kommunikation ganzer Organisationen, vergleichbar mit klassischer PR, betreut. Die Beratungsaktivitäten der Agenturen erstrecken sich zum Teil sogar, ähnlich der Arbeit von Unternehmensberatungen, auf die gesamte Organisationsstruktur der Kunden.

Dieser Umstand versinnbildlicht den ganzheitlichen Aspekt, den On-line-Kommunikation mittlerweile einnimmt und der beispielsweise durch die weitläufige Implementation von Social Media Guidelines in den betreffenden Organisationen unterstrichen wird. Dies führt u.a. auch dazu, dass die Grenzen der klassischen Kommunikationsdisziplinen verschwimmen, dass viele Arbeitsfelder und -stellen sich mit Aspekten der Organisationskommunikation auseinandersetzen (müssen).

Das Feld gewinnt durch diese institutionelle Verästelung, zusätzlich verstärkt durch die immer umfassendere Einbindung von externen Experten, zunehmend an Komplexität. In Bezug auf die Umsetzung strategischer Konzepte wurde in den Interviews verstärkt darauf hingewiesen, dass ein Mindestmaß von Fachwissen auf Seiten der Kunden den Themenkomplex betreffend, erforderlich ist, da die weitläufige Implementierung der kommunikations-strategischen Konzepte ansonsten nicht gelingen kann. Das selbe gilt für die Dienstleister, die die Grundzüge der individuellen organisatorischen und strukturellen Bedingungen des Kunden kennen sollten. Das wechselseitige Verständnis der Sichtweisen von Kunde und Dienstleister ist daher ein entscheidendes Kriterium für den Erfolg strategischer Online-Kommunikation. In Bezug auf diesen Aspekt wird der derzeitige Entwicklungsstand als eine Phase der Normalisierung umschrieben - Social Media muss meist nicht mehr grundsätzlich erklärt werden, bestimmtes Basiswissen ist weitläufig vorhanden. Das Entwicklungstempo des Bereichs sorgt eher auf struktureller als auf inhaltlicher Ebene für Probleme. Die Themen Kanalwahl und Evaluation wurden von den Experten ebenfalls als besonders wichtig eingestuft. Bei beiden Aspekten war ersichtlich, dass in dieser Gruppe umfangreicheres und spezialisierteres Expertenwissen vorlag als in den Gruppen zuvor. Entsprechend konnten auch ausgiebigere Erkenntnisse zur Relevanz neuer Kanäle, viraler Kommunikation und die Diskussion um den ROI strategischer Kommunikation gewonnen werden. Es wurde zum Ausdruck gebracht, dass fundierte und verständliche Evaluation von Seiten der Dienstleister ein elementarer Bestandteil des Gewerbes ist und dass die Agenturen ihre Evaluationskompetenz auch als Abgrenzungsmerkmal zu Mitbewerbern sehen. Die Bewertung einzelner Aktivitäten wird jedoch im hohen Maße individuell konzeptioniert, insofern konnten hierzu kaum generelle Aussagen getroffen werden. Es wurde lediglich klar, dass quantitative wie qualitative Verfahren zum Einsatz kommen und das die Bewertung offenbar grundsätzlich auf globale Kommunikationsziele ausgerichtet sind. Dagegen hatten die Dienstleister in diesem Bereich weitaus weniger Erfahrung und Wissen um die Einbindung von Bottom-Up-Ansätzen und partizipativen Strukturen. Diese Aspekte spielen bei nicht-kommerziell aktiven Organisationen verständlicherweise eine weitaus größere Rolle als bei Marketing und Unternehmenskommunikation. Im Umgang mit komplexen Situationen wurde Intuition vergleichsweise hoch bewertet, allerdings etwas selbstbewusster und fundierter als in den Gruppen zuvor. Komplexität war insgesamt kein so kritischer Faktor wie im politischen Feld. Die Zielpublika der kommunikationsstrategischen Ausrichtung waren für die Dienstleister in Gruppe IV in der Regel auch kleiner und leichter zu fassen als in Gruppe III. Zudem wurde ein bedeutsamer Aspekt bei der Reduzierung von Unsicherheit deutlich: Die Agenturen dieser Gruppe haben im Schnitt bedeutend umfangreichere finanzielle Ressourcen zur Verfügung als die in Gruppe III. So können weitaus kleinere Zielgruppen weitaus aufwendiger, nämlich über Umfragen und Meinungsforschung, evaluierend untersucht werden. Die Einschätzung der kommunikationsstrategischen Qualität politischer Internet-Kommunikation in Deutschland fiel sehr zurückhaltend und kritisch aus. Hier wurde vor allem das Fehlen persönlicher und authentischer Kommunikation hervorgehoben.

6 – Abschließende Gedanken

In diesem Vorhaben ging es darum, sich mit strategisch handelnden Akteuren auseinanderzusetzen und zu versuchen nachzuzeichnen, wie im Rahmen der komplexen Bedingungen von Online-Kommunikation Kommunikationsstrategien geplant, organisiert, umgesetzt und evaluiert werden. Die Ergebnisse der empirischen Untersuchung sind in Kapitel 5 einzeln vorgestellt worden.

Im Folgenden werden die gesammelten Aussagen nun noch einmal explizit und konzentriert in Verbindung zu den leitenden Fragestellungen gebracht. Dabei sollen auch Implikationen für die Praxis in den Vordergrund gerückt werden, außerdem, inwieweit sich die Resultate auf andere Forschungs- und Praxisfelder übertragen lassen. Das methodische Vorgehen als auch die Untersuchungsgestaltung wird kritisch reflektiert bevor ein abschließendes Fazit gezogen werden kann.

6.1 Rückführung auf das Forschungsinteresse

In der vorangegangen Untersuchung konnte ein detailliertes Bild der Strukturen, Prozesse und Umweltbedingungen bei der Planung, Organisation, Umsetzung und Evaluation von Online-Kommunikationsstrategien gezeichnet werden. Die subjektiven Einstellungen und Sichtweisen strategisch relevanter Akteure waren Ausgangspunkt dieser Betrachtung und standen dabei auch selbst im Blickpunkt.

Expertise

Die vorab formulierte Problemstellung konnte in allen drei Studien vorgefunden werden - die Konzeption und Durchführung strategischer Online-Kommunikation ist zweifellos eine anspruchsvolle wie komplexe Tätigkeit. Dies drückt sich im besonderen Maße im Aspekt der individuellen Expertise der Interviewpartner aus. Selbst in einem Feld ausgewiesener Experten konnten große Unterschiede in der individuellen fachlichen Qualifikation als auch in der Qualität des jeweiligen Expertenwissens ausgemacht werden. Das relevante theoretische sowie praxisbezogene Wissen ist also derart umfangreich, dass es Raum für Differenzen eines derartigen Ausmaßes bietet, ohne dass die Akteure am Ende der Skala

ihren Status als Experte verlieren. Diejenigen Experten denen ein hohes
Maß an fachlicher Qualifikation im Rahmen der Befragung attestiert
wurde, haben ähnliche Merkmale erkennen lassen wie typische erfolgreiche Problemlöser komplexer Situationen. Insofern kann zweifellos darauf
verwiesen werden, dass die Handlungsempfehlungen für komplexe Situationen auch in diesem Bereich hilfreich sein können.

Struktur & Akteure

Die Untersuchungsperspektive war zunächst deskriptiv ausgerichtet. Die
Organisationsstruktur konnte nachgezeichnet und die strategisch relevanten Akteure konnten identifiziert werden. Außerdem wurden weite
Teile des kommunikationsstrategischen Prozesses nachvollzogen. Die genannten Aspekte haben sich im Bereich des politischen Arbeitsfeldes im
Vergleich zwischen den einzelnen Parteien recht homogen dargestellt.
Von der Skalierung einmal abgesehen war das auch im Vergleich zwischen der Bundes- und Landesebene überwiegend der Fall. Im Bereich
der Werbe- und Markenkommunikation wurden diese deskriptiven Aspekte nicht so stark beleuchtet. Dennoch war ersichtlich, dass die Zu-
sammentreffen zwischen Kunde und Agentur, die Briefings und Mee-
tings, vergleichbar mit den Wahlkampfstäben sind. Sie sind die kommunikationsstrategischen Zentren, in denen ein Großteil der strategischen
Entscheidungen getroffen oder zumindest fundiert werden.

Die Sicht auf die strategisch relevanten Akteure ließ einmal mehr erkennen, sowohl im politischen als auch im werbebezogenen Umfeld, wie
wichtig einzelne Akteure mit hoher fachlicher Qualifikation für die strategische Ausgestaltung der Online-Kommunikation sind. Das waren nicht
zwangsläufig ranghohe Entscheider oder Personen aus dem Management.
Das Gegenteil war eher der Fall. Die eingebundenen externen Dienstleister oder interne online-affine Fachkräfte haben in allen Fällen eine wichtige Rolle gespielt. Für kleinere Organisationen ist es weniger problematisch, wenn die fachliche Qualifikation ausschließlich auf Seiten der
Dienstleister gelagert ist. Es hat sich gezeigt, dass sich das Fehlen von
fachlicher Expertise bei großen Organisationen jedoch nachteilig aus-
wirkt. Eine auf die individuellen Voraussetzungen der Organisation abge-
stimmte Konzeption und Implementierung der Strategie wird dadurch
anscheinend erschwert oder unterbunden.

Dienstleistung

Für das Zusammenspiel zwischen Dienstleister und Kunde ist ein größtmögliches gegenseitiges Verständnis der Einstellungen und Motive grundsätzlich vorteilhaft. Dies gilt insbesondere im politischen Umfeld. In der Untersuchung wurde in Bezug darauf heraus gefunden, dass Dienstleister mitunter recht umfangreiche kommunikative Verantwortung sowie gestalterische Freiheiten haben. Diese Erkenntnis stützt einen Teil der Professionalisierungsthese, die zunehmenden Einfluss von Akteuren von außerhalb des politischen Systems auf die Außendarstellung von Parteien und Politikern sieht. Demokratiekritische Aspekte im Zusammenhang mit der Einbindung von Dienstleistern konnten im Rahmen der vorliegenden Studien indes nicht explizit ausgemacht werden. Was allerdings nicht heißt, dass es dafür keine Ansatzpunkte gegeben hätte. Um Aussagen darüber treffen zu können, hätten jedoch präzise Analysen im Zusammenhang mit programmpolitischen Aspekten durchgeführt werden müssen. Dies wäre beispielsweise über inhaltsanalytische Betrachtungen redaktioneller Beiträge in den Online-Medien möglich gewesen. Hier bestehen demgemäß Anschlussmöglichkeiten für weitere Forschungsprojekte. Im Gegensatz dazu wurden jedoch demokratiefördernde Aspekte von Online-Kommunikation ausgemacht. In diesem Zusammenhang sind in erster Linie partizipative Strategien oder die Einbindung von Bottom-Up-Ansätzen zu nennen. Die Ausrichtung von Online-Kommunikation an den Erfolgskriterien innovativer Social-Media-Kommunikation, beispielsweise Offenheit und Authentizität, wirkt in die gleiche Richtung.

Digitale Innovation

Für große Organisationen, also Bundesparteien oder vergleichbar große Unternehmen, ist eine kommunikationsstrategisch fundierte Online-Präsenz sehr aufwendig und voraussetzungsvoll. Die notwendigen Prozesse zur Einführung neuer und der Betrieb bereits etablierter Online-Dienste gestaltet sich alles andere als trivial. Je größer Organisationen sind, desto schwerfälliger sind sie auch bei der Einbindung und Umsetzung innovativer Internet-Dienste, dies gilt insbesondere für Anwendungen aus dem Bereich der sozialen Medien. Diese erfordern eine umfassende und weitreichende Verknüpfung mit allen Ebenen der Organisation um ihr volles Potenzial entfalten zu können. An dieser zweifellos komplexen Aufgabe scheitern derzeit offenbar noch viele Organisationen. Mit dem unweigerlich zunehmenden Anteil der Digital Natives an den Organisationsmitgliedern wird sich dies in Zukunft wohlmöglich ändern.

Organisationsstrategie

Dass Online-Aktivitäten im Rahmen strategischer Planungen grundsätzlich auf die übergeordneten Ziele der Organisation ausgerichtet werden,
dass sie also integraler Teil der globalen Kommunikationsstrategie sind
und ihre Evaluation auch dahingehend erfolgt, ist als essentieller Erfolgsfaktor ausgemacht worden. In den Studien wurden in Bezug darauf
höchst unterschiedliche Ausprägungen vorgefunden. Im Bereich der
Werbe- und Markenkommunikation wird die Orientierung an globalen
Zielen mitunter durch Briefings im Rahmen der Auftragsvergabe verortet.
Dies gilt zumindest wohl immer dann, wenn es eine höher gestellte, koor-
dinierende Instanz gibt, beispielsweise eine Kommunikationsabteilung
innerhalb der Organisation oder eine Lead-Agentur. Wird aus dem Unternehmen heraus der Wunsch formuliert einen bestimmten Kanal zu
bespielen („Wir brauchen jetzt auch mal einen Facebook-Auftritt."), ohne
dass eine übergreifende Zielausrichtung vorliegt oder eine koordinieren-
de Instanz mitwirkt, so ist dies oftmals nicht gewährleistet.

Grundsätzlich leidet die Qualität strategischer Online-Kommunikation besonders dann, wenn die Implementation bestimmter Kanäle nicht
aus einer vorab festgelegten, präzisen kommunikationsstrategischen Motivation heraus erfolgt, sondern ausschließlich dem Wunsch entspringt,
einen bestimmten Kanal um seiner selbst willen zu nutzen, beispielsweise
um Innovationskraft zu demonstrieren. Diese Herangehensweise ist im
Arbeitsfeld politischer Online-Kommunikation teilweise angetroffen worden. Je weniger fachliche Qualifikation und praktische Erfahrung bei den
strategiebildenden Akteuren der Studien vorlag, desto höher war die Gefahr, dass die Online-Kanäle nicht in die globale Kommunikationsstrategie eingebunden waren, sondern meist nur aufgrund eines bestimmten
Modernitätsanspruchs betrieben wurden.

Kanalwahl

Ein entscheidendes Qualitätskriterium von Online-Kommunikation ist
demzufolge auch eine strategisch fundierte, an substantiellen Kriterien
orientierte Kanalwahl. Dass die Kanalwahl ein strategisch wichtiger Pro-
zessschritt ist, haben die hoch qualifizierten Experten bestätigt. Einigen
Akteuren war der Aspekt jedoch überhaupt nicht geläufig, andere hatten
Schwierigkeiten, ihn nach strategischen Kriterien auszurichten. Dieser
Umstand verdeutlicht noch einmal, dass eine systematische Aufbereitung
dieses Themas eine hohe Praxisrelevanz besitzt.

Auf neue Dienste oder Kanäle möglichst früh zu setzen, ist nur dann
von Bedeutung, wenn durch den „First Move" Modernität demonstriert

oder daraus resultierende Berichterstattung erzeugt werden soll. Da der Einsatz innovativer Dienste auch immer mit Risiken behaftet ist, ist ein geduldiges Abwarten und Beobachten häufig empfehlenswerter als ein vorschnelles Agieren. Je größer die Organisation und je größer der Kreis der Stakeholder, desto eher ist längerfristiges Monitoring zur Abwägung eines aktiven Einstiegs nicht nur sinnvoll, sondern auch zwingend erforderlich um keine relevante Konversation zu verpassen.

Politik und Werbung

Die Anzahl der aktiv betriebenen Kanäle wird in der Regel durch finanzielle und personelle Ressourcen limitiert. Im politischen Bereich wird viel eher der Zwang wahrgenommen, auf möglichst vielen Kanälen aktiv präsent zu sein um die dortigen Diskurse mitgestalten zu können. Akteure im Umfeld der Werbe- und Markenkommunikation können hingegen abwägen, ob eine koordinierte Beobachtung zunächst ausreichend ist oder ob der Kanal überhaupt für die relevanten Zielgruppen bedeutsam ist.

Dieser Aspekt zeigt ein grundsätzliches Unterscheidungskriterium der strategischen Kommunikation in Politik und Werbung auf. In beiden Fällen sollte eine permanente Beobachtung des Bereichs fortwährend stattfinden, um keine maßgeblichen Entwicklungen zu verpassen. Während Bundespolitik, zumindest potentiell, jedoch die gesamte wahlberechtigte Bevölkerung Deutschlands als relevante Zielgruppe mitsamt ihren unterschiedlichsten Diskursen betrachtet und daher ein weites Themenfeld bearbeiten muss, konzentriert sich die Werbe- und Markenkommunikation auf stärker eingegrenzte Zielgruppen oder zumindest weitaus kleinere Themenbereiche.

Insofern ist es nicht verwunderlich, dass die Akteure aus dem Werbeumfeld die schnellen Innovationszyklen der Online-Kommunikation als Herausforderung begreifen und sogar begrüßen - schließlich ist jeder neue Kanal nicht nur ein neues Spielfeld, sondern auch eine potentielle neue Ertragsquelle. Für Akteure der politischen Kommunikation wird dieser Umstand dagegen viel mehr als Belastung wahrgenommen. Dies gilt auch für die externen Dienstleister im politischen Spektrum, denn die ihnen zur Verfügung gestellten Budgets sowie personellen Ressourcen sind sehr begrenzt und selten ausreichend, um alle relevanten Kanäle aktiv zu nutzen. De facto werden die Zielgruppen politischer Kommunikation zwar ebenfalls begrenzt, beispielsweise das Wechselwahlpotential oder bestimmte Alterskohorten betreffend. Dennoch sind die Zielgruppen äußerst umfangreich, heterogen und wechselhaft.

Eine bedeutende und besonders sensible Zielgruppe politischer Online-Kommunikation sind die eigenen Parteimitglieder und -aktivisten.

Aus diesem Grund haben die Bundesparteien auch eigene soziale Netzwerke, die nicht öffentlich zugänglich sind. Dennoch wurde in den Studien deutlich, dass ein Großteil der Kommunikation in den öffentlich zugänglichen sozialen Medien ebenfalls auf die eigenen Strukturen abzielt. Ansonsten stehen hauptsächlich Journalisten und Multiplikatoren im Zielfokus der Bemühungen. Im Zuge der zunehmenden Normalisierung im Umgang mit Social Media bleibt abzuwarten, wie sich dieser Aspekt entwickeln wird. Nimmt die Wahrnehmung und die Relevanz der Online-Kanäle zu, beispielsweise bei der Zielgruppe der Wechselwähler, so müssen die Kommunikationsstrategien entsprechend angepasst werden. Dies könnte der Bedeutung der Online-Medien im Rahmen von Wahlkampfkommunikation weiteren Auftrieb geben.

Evaluation

Evaluationsmaßnahmen nehmen in den untersuchten Arbeitsfeldern strategischer Online-Kommunikation einen hohen Stellenwert ein. Eine Online-Kampagne ist jedoch ein sehr diffuses Gebilde aus vielen ambivalenten Instrumenten, entsprechend anspruchsvoll fällt die Evaluation aus. So werden Vorteile wie die relativ leichte Datengewinnung in den digitalen Kanälen dadurch konterkariert, dass die Kommunikationsaktivitäten immer kleinteiliger werden. Der Einfluss des Impacts einzelner Kanäle auf den übergreifenden Outcome kann somit kaum bestimmt werden.

Im Bereich der Werbe- und Markenkommunikation kommen neben technisch getriebener Evaluation daher vielfach aufwendige sozialwissenschaftliche Verfahren wie Umfragen oder Fokusgruppen zum Einsatz. Teilweise werden auch Marktforschungsinstitute beauftragt, umfangreiche Studien anzufertigen, damit eigene Evaluation ergänzt oder ersetzt werden kann. Die Evaluationsverfahren im politischen Umfeld haben es nicht zugelassen, ein einheitliches Bild zu zeichnen, die Ansätze unterschieden sich mitunter stark. Im Rahmen von Wahlkampfkommunikation können die zuvor genannten kostspieligen Verfahren in der Regel nicht eingesetzt werden. Nur die Bedingungen von Bundestagswahlkämpfen lassen es zu, dass die Online-Planer der finanzstarken Parteien, sich, wenn auch im begrenzten Umfang, Verfahren dieser Art bedienen können.

Ein interessanter Aspekt sind die alternativen Evaluationskriterien, die offenbar immer dann zum Einsatz kommen, wenn, trotz fehlender Möglichkeiten zur präzisen Bestimmung des Impact oder Outcome, ein Fazit der Online-Bemühungen gezogen werden soll. Der im Vorfeld abgebildete Wissensstand der PR-Forschung zum Thema Kommunikationsevaluation war den meisten Experten nur in Ansätzen oder gar nicht geläufig. Dies entspricht den Einschätzungen der PR-Forschung zur Implementation in der Praxis.

Komplexität

Komplexe Bedingungen haben sich in allen Phasen der untersuchten strategischen Prozesse abgezeichnet und das Handeln beeinflusst. Innerhalb der Planungsphasen sind vor allem die inhärenten komplexitätsfördernden Merkmale von Online-Kommunikation zu nennen. Die schnellen Innovationszyklen gestalten die Auswahl sowie Adaption relevanter Kanäle schwierig. Aspekte, die die Kanalwahl betreffend, werden von den Akteuren überwiegend auf Grundlage intuitiver Entscheidungen getroffen - zum Teil bewusst, zum Teil unbewusst. Die aktive Nutzung einer großen Anzahl von Kanälen macht die institutionelle Einbindung, vor allem in großen Organisationen, zu einem organisatorischen Kraftakt.

Je stärker auf dialogische Kommunikation gesetzt wird, desto komplexer wird eine an strategischen Planungen orientierte Umsetzung. Ab einer bestimmten Anzahl von Kanälen und einem bestimmten Umfang dialogischer Kommunikation ist die Reduktion von Kontrolle, beispielsweise über die Einbindung von Bottom-Up-Ansätzen, unumgänglich. Evaluation wird vor allem dann durch komplexe Bedingungen beeinflusst, wenn sie über die Messung des Outputs hinaus geht und wenn die Effektivität einzelner Kanäle, isoliert vom Gros der restlichen Online-Kommunikation und rückwirkend auf die globalen Kommunikationsziele hin, bewertet werden soll.

Die Qualität strategischer Online-Kommunikation wird außerdem durch unterschiedlichste individuelle Dynamiken beeinträchtig, die verhindern, dass koordiniert, planerisch und prozessorientiert vorgegangen wird. In allen drei Studien wurden Umstände beschrieben, die für teils immensen Zeitdruck gesorgt haben. Je weniger Zeit und Raum für die Konzeption und Planung der Online-Aktivitäten zur Verfügung steht und je weniger losgelöst die Planungsphase von der aktiven Umsetzung ist, desto komplexer und weniger erfolgsversprechend gerät Online-Kommunikation. In diesem Zusammenhang sollte erwähnt werden, dass klar geordnete Planungs-, Umsetzungs- und Evaluationsphasen in der Praxis gemeinhin nur selten vorzufinden sind. Am ehesten ist dies noch bei klar begrenzten Kampagnen mit vorausschaubarem Timing, wie beispielsweise im Wahlkampf, der Fall.

Der Umgang mit den komplexen Bedingungen wurde von den verschiedenen Akteuren höchst unterschiedlich behandelt. Ob die Akteure in den Arbeitsfeldern strategischer Kommunikation in optimaler Weise auf das Handeln unter komplexen Bedingungen eingestellt sind, musste demnach im Einzelfall geklärt werden und kann nicht generell beantwortet werden. So haben einige Akteure bestimmte komplexe Situationen tatsächlich analog zu den Handlungsempfehlungen aus Kapitel 2.1.2.3 umgesetzt, in anderen Fällen wurden genauso modelhaft symptomatische Fehler begangen.

Diejenigen Akteure, die mehr Fachwissen respektive einen größeren praktischen Erfahrungsschatz besitzen, konnten in der Regel auch besser mit den komplexen Voraussetzungen umgehen und dementsprechend die vorhandenen Möglichkeiten besser ausnutzen. Wenn nicht in angemessener Weise auf die komplexen Bedingungen eingegangen wird, scheint es nicht möglich zu sein, das kommunikationsstrategische Potenzial der Online-Aktivitäten auszuschöpfen. Vor allem im Bereich der Evaluation sind weitläufig große Defizite im Umgang mit den komplexen Bedingungen festgestellt worden, während die Prozessschritte der Information, der Planung und der Ausführung vergleichsweise gut bearbeitet wurden. Der Themenbereich Evaluation würde von einem theoretisch stärker gefestigten Umgang mit dem Thema, in dem auch der Bezug auf globale Kommunikationsziele eine zentrale Rolle spielt, stark profitieren. Genau so ist der bewusste, reflektierte Umgang mit komplexitätsbringenden Faktoren und intuitiven Entscheidungsfindungen ein Schlüsselfaktor. Auch hier gibt es ein entsprechend großes Entwicklungspotenzial.

6.2 Übertragbarkeit der Ergebnisse

Dass politische Online-Kommunikation auf der einen und Marken- und Werbekommunikation im Internet auf der anderen Seite aufgrund unterschiedlicher kommunikationsstrategischer Stärken wechselseitiges Lernpotenzial besitzen, wurde bereits an mehreren Stellen deutlich. Die Online-Strategen der Parteien haben wertvolle und reichhaltige Erfahrungen bei der institutionellen Einbindung der strategischen Konzepte. Sie schaffen es, diese Konzepte innerhalb einer großen, unübersichtlichen und weit verzweigten Organisation zu verbreiten, zur Anwendung zu bringen und auch gegebenenfalls zu kontrollieren. Das richtige Maß an Kontrolle und Freiraum für die mehr oder minder unabhängigen Strukturen abseits der Parteizentrale ist hierbei ein Schlüssel des Erfolgs. Obwohl es auch im politischen Sektor noch viel Entwicklungspotenzial für Bottom-Up-Strategien und partizipative Ansätze gibt, sind die Kenntnisse hier weitaus stärker ausgebildet als im unternehmerischen Bereich. Vor allem große, national oder international agierende Unternehmen mit einer Vielzahl von Standorten, die für sich erkennen, dass ihre eigenen Mitarbeiter wichtige Botschafter im Sinne der globalen Organisationsziele sein können, könnten von diesem Erfahrungsschatz profitieren.

Auf der anderen Seite haben Werbe- und Markenstrategen umfassende Erfahrung in der zielgerichteten digitalen Kanalwahl und bei der präzisen Wirkungskontrolle einzelner Aktivitäten mithilfe aufwendiger Verfahren und moderner Technologien. Hier konnten im politischen Bereich im Gegenzug die größten Defizite festgestellt werden. Auch die pragmatische Einbindung von externen Experten und Dienstleistern erfolgt offenbar weitaus routinierter und somit zielgerichteter als im politischen Betrieb.

Die komplexen Bedingungen von Online-Kommunikation sind für alle kommunikationsstrategischen Akteure bedeutungsvoll. Abseits der sehr konkreten Übertragbarkeit zwischen den beiden in dieser Untersuchung behandelten Arbeitsfeldern bieten die Ergebnisse daher auch für alle weiteren Arbeitsbereiche, die sich mit Organisationskommunikation, vor allem digitaler, auseinandersetzen, wertvolle Erkenntnisse. Der systematische Blick auf das Themenfeld und die genannten Ansätze aus der Kognitionspsychologie können hierbei einen besonderen Mehrwert darstellen. Auch der Blick auf den Erfahrungsschatz sowie die Probleme anderer Planer und Strategen kann für Akteure aus diesem Feld erkenntnisreich sein.

Auf theoretischer Ebene bieten sich ebenfalls einige Anschlusspunkte und Transfermöglichkeiten an. Das vorgestellte Modell zur Analyse strategischer Online-Kommunikation kann gut als Blaupause bei der Untersuchung verschiedenster Fallbeispiele dienen. Die kommunikationstheoretische Systematik des Modells ist flexibel genug, um unabhängig von der Entwicklungsgeschwindigkeit im Bereich der Online-Kommunikation zu sein. Die Untersuchung anderer Wahlkampf- oder Kommunikationskampagnen liegt beispielsweise nahe. Gleichzeitig wurde deutlich, dass der Themenkomplex viel Potenzial für eine interdisziplinäre Auseinandersetzung bietet. Der Ansatz, strategische Kommunikation anhand thematischer und theoretischer Gerüste anstatt innerhalb der Grenzen bestimmter Forschungsdisziplinen zu betrachten, kann an dieser Stelle gar nicht stark genug ans Herz gelegt werden.

6.3 Kritische Aspekte

Es gibt zahlreiche Untersuchungen, die sich mit Wahlkampfkampagnen im Internet auseinander setzen. Diese wurden bislang aber weder im Hinblick auf die Vielfältigkeit des Untersuchungsgegenstands kommunikationstheoretisch abgesichert, noch gab es eine explizite theoretische Fundierung der kommunikationsstrategischen Ausgestaltung der Kampagnen. Beides wurde in diesem Buch als wichtig eingestuft und daher auch entsprechend umgesetzt. Das theoretische Fundament hat sich als nützlich und notwendig für die Bearbeitung der Fragestellungen erwiesen. Die Verbindung der beiden theoretischen Ansätze „strategische Kommunikation" und „strategisches Handeln unter komplexen Bedingungen" war dabei besonders erkenntnisleitend. Neben klaren Kriterien und Kategorien für die Untersuchung konnten auch Handlungsempfehlungen aus dem Stand der Forschung abgeleitet werden. Dem erklärten Ziel dieser Arbeit, praxisorientierten Nutzen zu bieten, wurde somit entsprochen.

Die Abbildung des Wissensstands in Empirie und Praxis hätte gemäß der komplexen Thematik auch weitaus umfangreicher ausfallen können. Die getroffene Auswahl hat sich jedoch als ausreichend erwiesen. Zumindest ist dieser Eindruck während der Bearbeitung der einzelnen Aspekte und im Verlauf der Experteninterviews entstanden und bekräftigt worden. Dem Themenfeld „Evaluation von Online-Kommunikation" ist verhältnismäßig viel Platz eingeräumt worden. Dies ist jedoch aus dem Wissen heraus geschehen, dass der Aspekt eine große Praxisrelevanz besitzt und dass die Erkenntnisse der verschiedenen Fachrichtungen bisher nicht in dieser Weise zusammengefügt und systematisch geordnet worden sind. Das Kapitel hat also nicht nur relevante Grundlagen für die empirische Untersuchung geliefert, sondern enthält auch einen Eigenwert durch die kompakte Abbildung des Wissensstands. Dies gilt ebenso, wenn auch in beschränkterem Umfang, für die Beschreibung des Wissensstands rund um die strategische Konzeption von Online-Kommunikation.

Die Methodik der empirischen Untersuchung hat die erwarteten Ergebnisse geliefert. Der praxisnahe Einstieg über die Medienangebotsanalyse hat das notwendige Fundament für die Befragungen geschaffen. Gleichzeitig wurde sichergestellt, dass das implizite Vorwissen anhand eines empirischen Fallbeispiels explizit aufgezeigt und gleichzeitig überprüft werden konnte. Die Untersuchung wurde ansonsten ausschließlich auf Grundlage subjektiver, akteursbezogener Perspektiven durchgeführt. Dieses Vorgehen bringt bekanntermaßen Vor- und Nachteile mit sich. Vorteilhaft in diesem Fall war der klare Fokus auf die Motive und Einstellungen der Akteure, denen somit ausreichend Raum gegeben werden konnte. Die individuellen Sichtweisen konnten detailliert illustriert als auch in ihrer Mehrschichtig- und Vieldeutigkeit abgebildet werden. Diese Detailnähe war wichtig und wird als besondere Qualität der Untersuchung betrachtet. Die zuvor genannte theoretische Systematisierung wäre unter anderen Umständen, wie beispielsweise bei einer Einbeziehung der Rezipienten-Perspektive, wohl aus Gründen des Umfangs nicht möglich gewesen. Hier liegt gleichzeitig auch die Schwäche des gewählten Vorgehens. Der isolierte Blick auf die Kommunikatoren lässt relevante Fragen nach der Wahrnehmung der Empfänger oder anderer Dialog-Partner aufkommen. Diese konnten innerhalb des gewählten Bezugsrahmens nicht berücksichtigt werden. Hier bietet sich jedoch ein guter Anschlusspunkt für weitere Untersuchungen, die den Rezipienten stärker in den Mittelpunkt stellen und die mit den hier vorgestellten Zielsetzungen und Wahrnehmungen kontrastiert werden können.

Experteninterviews haben sich als die passende Methode herausgestellt, um die gewünschte Dichte an Informationen zu erhalten, die notwendig war, um die leitenden Fragen zu beantworten. Am aufschlussreichsten war die Methode im Rahmen des Vergleichs zwischen den Interviewgruppen II und III. Mehrere unterschiedliche Akteursperspektiven auf den selben Arbeitsprozess abbilden zu können hat die Qualität der Untersuchung maßgeblich gesteigert. Ein vergleichbares Vorgehen wäre auch im Rahmen der Interviewgruppe IV zusätzlich aufschlussreich gewesen - allerdings hätte dies den Umfang des Buchs gesprengt. Die theoretischen und empirischen Fundamente der Werbe- und Markenkommunikation hätte hierfür weitaus umfangreicher dargestellt werden müssen.

Ob mehr Experten hätten interviewt werden müssen, um weitere Informationen zu erhalten, kann nicht mit Sicherheit gesagt werden. Mehr Daten sorgen grundsätzlich für mehr Absicherung, aber auch für Redundanz. In den Gruppen I bis III hat sich dies ohnehin von vornherein nahezu ausgeschlossen. Hier hätte höchstens noch weiteres Spitzenpersonal aus dem Wahlkampfstab interviewt werden können. Allerdings hätten diese Gespräche höchstwahrscheinlich kein zusätzliches Wissen sondern nur Wiederholungen geliefert. Die in vielen Punkten weitestgehend homogenen Aussagen der anderen Interviewpartner lassen diese Vermutung zu. Auch bei Gruppe IV kam nach dem dritten bis vierten Gespräch der Eindruck auf, kaum noch neue Informationen zu erhalten. Insofern scheint auch hier die Zahl der Interviews ausreichend gewesen zu sein. Im Nachklang der Arbeit kam der Gedanke auf, dass eine weitere Interviewgruppe mit Experten aus dem Bereich der (klassischen) PR bestimmt noch weitere interessante Ansatzpunkte zu verschiedenen relevanten Aspekten hätte liefern können. Eine Kontrastierung mit diesem Arbeitsfeld ist ebenfalls ein Ansatzpunkt für weitere Forschungsvorhaben.

6.4 Fazit

Unmittelbare, persönliche, authentische und offene Kommunikation ist ein Erfolgsschlüssel in der vernetzten, digitalen Welt. Ob sich dieser, zugegebenermaßen idealistische Ansatz in der strategischen Kommunikation politischer Akteure tatsächlich umfassend durchsetzen kann, bleibt abzuwarten. Wünschenswert wäre es allemal, denn er könnte mit großer Wahrscheinlichkeit ein Schlüssel zur Lösung dringlicher Probleme moderner Demokratien werden: Die Rückgewinnung von Glaubwürdigkeit, die Erzeugung von mehr Verständnis für politische Prozesse sowie die Förderung politischer Partizipation, vor allem in jungen Altersklassen.

So zweifelsfrei Aufmerksamkeit und Vertrauen gewonnen werden können, so unmissverständlich sind bei Entscheidungsträgern, sowohl in der Politik als auch in großen Organisationen, auch immer noch Argwohn und altbewährte Denkmuster verankert. Diese sorgen dafür, dass jegliche Aktivitäten im Rahmen öffentlicher Kommunikation penibel auf mögliche Nutzen oder Gefahren hin abgewogen werden. Das ist nicht nur langwierig sondern fördert im Gegenzug auch Passivität und Tatenlosigkeit. Bedeutung wird geplant und künstlich konstruiert anstatt sie aus realitätsnaher Reflexion abzuleiten. Diese Einstellung macht offene und authentische Kommunikation unmöglich, obwohl viele Beispiele gezeigt haben, wie gut andersartige Strategien funktionieren können. Ob sich in Zukunft ein grundsätzlicher Wandel der Kommunikationskultur abzeichnen kann, ist derzeit nicht prognostizierbar. Wenn sich die Begeisterung für neue und innovative Technologien etwas abgekühlt hat, wenn mehr Routine im Umgang mit digitalen wie sozialen Medien einkehrt ist und wenn die Nativ-Digitalen auch in höhere Altersstufen Einzug gehalten haben, dann kann, und spätestens dann sollte auch, eine kritische Bewertung erfolgen.

Gegenwärtig ist es schwer vorstellbar, dass sich deutsche Wähler über Online-Kanäle mit dem Ausmaß an Begeisterung von politischen Akteuren mobilisieren lassen, wie es die Kampagne Obamas 2008 und, mit Abstrichen, auch 2012 geschafft hat. Lebendige und aktive Unterstützer-Kampagnen im Netz, so wie sie beispielsweise bei der Bundespräsidentenwahl 2010 um Joachim Gauck entstand, sind im Rahmen von deutschen Wahlkämpfen die absolute Ausnahme. Ursächlich dafür sind allerdings nicht nur kommunikationsstrategische Defizite oder fehlendes Wissen im Umgang mit Online-Kommunikation, sondern vielmehr die angesprochenen, altbewährten Denkmuster auf Seiten der politischen Akteure sowie die politische Kultur in Deutschland im Allgemeinen.

Moderne Online-Kommunikation bietet Organisationen zweifellos schier endlose Möglichkeiten ihre Stakeholder und Zielgruppen zu erreichen, sich mit ihnen zu vernetzen und auszutauschen. Diese Möglichkeiten sind Chancen die es zu nutzen gilt, auch wenn die Umsetzung alles andere als trivial ist und der Erfolg maßgeblich von personellen, finanziellen und strukturellen Ressourcen sowie dem richtigen Know-How und nicht zuletzt der Organisationskultur abhängig ist.

Die Anforderungen und Schwierigkeiten im Umgang mit zielgerichteter Online-Kommunikation sind ausgiebig erläutert worden, genau so wie die Alternativlosigkeit, zumindest für große Organisationen, sich mit immer neuen Kommunikationsarenen in der digitalen Welt auseinandersetzen zu müssen, um ihren kommunikationsstrategischen Ansprüchen gerecht werden zu können. Nach den Erkenntnissen der vorliegenden Ergebnisse kommt man somit nicht umhin, sich auch kritisch damit auseinanderzusetzen inwieweit diese Möglichkeiten unter dem Strich für viele, vor allem kleinere Organisationen, keine Zugewinne sondern vor allem Zusatzbelastungen darstellen. Die Einstiegsbarriere ist niedrig, der Zugang verhältnismäßig leicht zu bewältigen, doch ein kommunikationsstrategisch sinnvoller Einsatz erfordert auch entsprechende Ressourcen, um sich in der Informationsflut der digitalen Welt wunschgemäß zu präsentieren. Daher mehren sich selbst in Kreisen professioneller Online-Kommunikatoren Stimmen, die die negativen Aspekte der digitalen Kommunikationskultur, des „Always On" und die Bürde des Information-Overload hervorheben. Kleinere Organisation sollten demnach genau abwägen, ob ein weitreichendes Engagement für sie strategisch wichtig und vom notwendigen Aufwand her realisierbar ist.

Gleichzeitig bleibt abzuwarten, ob Menschen weiterhin so viel Zeit in sozialen Netzwerken verbringen und entsprechend auch dort angesprochen werden können oder ob sich die Kommunikationsgewohnheiten in eine, wie auch immer geartete, andere Richtung entwickeln werden. Sicher ist lediglich, dass sich die technischen Rahmenbedingungen kontinuierlich weiterentwickeln werden. Daher werden sich auch stetig neue Chancen und Herausforderungen für Kommunikationstreibende ergeben. Neue technische Entwicklungen, die in naher Zukunft eine bedeutende Rolle spielen werden, sind beispielsweise, neben der fortschreitenden mobilen Nutzung, die Handhabung großer Datenmengen oder der weite Bereich des Internet of Things. Moderne Netzwerk-, Kommunikations- und Informationstechnik werden sich außerdem in immer mehr Bereiche des Lebens, wie Medizin, Gesundheit und Mobilität ausdehnen. Viele Organisationen und Unternehmen werden dementsprechend nicht nur ihre Kommunikationsaktivitäten an die Schrittgeschwindigkeit digital getriebener Innovationen anpassen müssen, auch ihre eigenen Geschäftsfelder werden davon betroffen sein. Uber und Amazon sind nur zwei populäre Beispiele, die diesen Einfluss eindrucksvoll für sich genutzt haben. Ohne ein zumindest grundlegendes Verständnis der Veränderungs- und Entwicklungsprozesse und dem entsprechend ausgerichteten strategischen Umgang mit den komplexen Auswirkungen wird kaum eine Organisation langfristig erfolgreich sein können.

Anhang

Themenfeld	#	Empirische	Theoretischer Kontext	Theoretische Kategorie	Erkenntnisinteresse
Akteure und Struktur	1	Prozessbeteiligte Akteure	Strategieanalyse, strategische Kommunikation	Strategischer Akteur	Identifikation aller relevanten und im strategischen Prozess der Konzeption, Planung, Umsetzung und Evaluation von Online-Kommunikation involvierten Akteure
	2	Prozessbeteiligte Dienstleister	Strategieanalyse, strategische Kommunikation	Strategischer Akteur, spezifischer Aspekt	Identifikation aller relevanten im strategischen Prozess der Konzeption, Planung, Umsetzung und Evaluation von Online-Kommunikation involvierten Dienstleister
	3	Organisationsstruktur	Strategieanalyse, strategische Kommunikation	Strategischer Akteur, strategisches Handeln	Beschreibung der institutionellen Rollen, der Arbeits- und Verantwortungsverteilung aller Prozessbeteiligten sowie der organisatorischen Struktur
Kommunikationsstrategie	4	Kommunikationsziele	Strategieanalyse, strategische Kommunikation	Strategisches Ziel	Beschreibung der globalen Zielsetzungen der Kommunikationsaktivitäten
	5	Kommunikationsstrategie	Strategieanalyse, strategische Kommunikation	Strategisches Ziel, Ziel-Mittel-Umwelt-Kalkulation, strategisches Handeln	Beschreibung der globalen Kommunikationsstrategie und inwieweit Online-Kommunikation darin eingebunden ist
	6	Kommunikationsprozess	Strategieanalyse, strategische Kommunikation	Strategisches Handeln	Beschreibung der prozessualen Kommunikationsaktivitäten (Information, Planung, Umsetzung, Evaluation)
Konzeption und Umsetzung	7	Kanalwahl	Strategieanalyse, strategische Kommunikation, Kommunikation im Internet	Strategisches Mittel, strategisches Handeln, spezifischer Aspekt	Beschreibung der Prozesse und Kriterien bei der Auswahl der Online-Dienste
	8	Webseiten	Strategieanalyse, strategische Kommunikation, Kommunikation im Internet	Strategisches Mittel, strategisches Handeln	Beschreibung des Einsatzes von Webseiten
	9	E-Mails	Strategieanalyse, strategische Kommunikation, Kommunikation im Internet	Strategisches Mittel, strategisches Handeln	Beschreibung des Einsatzes von E-Mails und Newsletter

Tabelle 3.4 – Analysematrix

Themenfeld	#	Empirische Kategorie	Theoretischer Kontext	Theoretische Kategorie	Erkenntnisinteresse
Konzeption und Umsetzung	10	Journalistische Online-Medien	Strategieanalyse, strategische Kommunikation, Kommunikation im Internet	Strategisches Mittel, strategisches Handeln, strategische Umwelt	Beschreibung der Online-Media-Relations
	11	Social Media	Strategieanalyse, strategische Kommunikation, Kommunikation im Internet	Strategisches Mittel, strategisches Handeln	Beschreibung des Einsatzes von Social-Media-Diensten
	12	Evaluation	Strategieanalyse, strategische Kommunikation, Kommunikation im Internet, Kommunikationsevaluation	Strategisches Mittel, strategisches Handeln, spezifischer Aspekt	Beschreibung der Evaluationsprozesse sowie der dabei zum Einsatz kommenden Konzepte, Kriterien und Instrumente
Online-Kommunikation	13	Online-Kommunikationsstrategie	Strategieanalyse, strategische Kommunikation, Kommunikation im Internet	Strategisches Ziel, Ziel-Mittel-Umwelt-Kalkulation, strategisches Handeln	Beschreibung der kommunikationsstrategischen Ausrichtung der Online-Kommunikation sowie einzelner Kanäle (Information, Persuasion, Dialog, Konsens)
	14	Rahmenbedingungen Online-Kommunikation	Strategieanalyse, strategische Kommunikation, Kommunikation im Internet	Strategische Umwelt, spezifischer Aspekt	Beschreibung der Besonderheiten von Online-Kommunikation
	15	Rahmenbedingungen Social-Media-Kommunikation	Strategieanalyse, strategische Kommunikation, Kommunikation im Internet	Strategische Umwelt, spezifischer Aspekt	Beschreibung der Besonderheiten von Social-Media-Kommunikation
	16	Kommunikatoren und Rezipienten	Strategieanalyse, strategische Kommunikation, Kommunikation im Internet	Strategischer Akteur, strategisches Handeln, strategische Umwelt, spezifischer Aspekt	Beschreibung der Wahrnehmung sowie Auswirkungen der verschwimmenden Rollen von Kommunikatoren und Rezipienten im Rahmen von Online-Kommunikation, Beschreibung des Einsatzes partizipativer Kommunikation und von Bottom-Up-Ansätzen

Fortsetzng von Tabelle 3.4 – Analysematrix

Themen-feld	#	Empirische Kategorie	Theoretischer Kontext	Theoretische Kategorie	Erkenntnisinteresse
Komplexität	17	Publizitätsparadox	Strategieanalyse, strategische Kommunikation, Kommunikation im Internet	Strategisches Handeln, strategische Umwelt, spezifischer Aspekt	Beschreibung des Umgangs mit Hürden der Wahrnehmbarkeit von Online-Kommunikations-angeboten
	18	Online-Kommunikation und Komplexität	Strategieanalyse, strategische Kommunikation, Kommunikation im Internet, Strategisches Handeln in komplexen Situationen	Strategisches Handeln, strategische Umwelt, spezifischer Aspekt	Beschreibung der Wahrnehmung von und des Umgangs mit komplexitätsbringenden Aspekten von Online-Kommunikation
	19	Intuition	Strategieanalyse, strategische Kommunikation, Kommunikation im Internet, Strategisches Handeln in komplexen Situationen	Strategisches Handeln, spezifischer Aspekt	Identifikation von Entscheidungen und Bewertungen, die nicht auf rationaler Basis, sondern intuitiv getroffen werden
Wahlkampf	20	Rahmenbedingungen Wahlkampf	Strategieanalyse, strategische Kommunikation, Kommunikation im Internet, Professionalisierter Wahlkampf	Strategische Umwelt, spezifischer Aspekt	Beschreibung der wahlkampfspezi-fischen Rahmenbedingungen, die Auswirkungen auf strategische Online-Kommunikation haben
	21	Kampagnenaus-richtung	Strategieanalyse, strategische Kommunikation, Kommunikation im Internet, Professionalisierter Wahlkampf	Strategischer Akteur, strategisches Handeln, spezifischer Aspekt	Beschreibung der Ausrichtung der Kampagne auf den Spitzenkandidaten sowie daraus resultierende Folgen für die Kampagnenkonzeption
	22	Auslagerung von Kommunikationsverantwortung	Strategieanalyse, strategische Kommunikation, Kommunikation im Internet, Professionalisierter Wahlkampf	Strategischer Akteur, strategisches Handeln, spezifischer Aspekt	Beschreibung der Prozesse und Kriterien bei der Einbeziehung von Dienstleistern sowie Auswirkungen der Auslagerung von Kommunikations-verantwortung
	23	Obama-Faktor	Strategieanalyse, strategische Kommunikation, Kommunikation im Internet, Professionalisierter Wahlkampf	Strategische Umwelt, spezifischer Aspekt	Beschreibung der Wahrnehmung des Einflusses der Obama-Kampagne 2008

Fortsetzung von Tabelle 3.4 – Analysematrix

Themen-feld	#	Empirische Kategorie	Theoretischer Kontext	Theoretische Kategorie	Erkenntnisinteresse	Abbildung im Interview
Online-Kommunikation	1	Prozessbeteiligte Akteure	Strategieanalyse, strategische Kommunikation	Strategischer Akteur	Identifikation aller relevanten und im strategischen Prozess der Konzeption, Planung, Umsetzung und Evaluation von Online-Kommunikation involvierten Akteure	Nennung relevanter Akteure und Individuen im kommunikationsstrategischen Zentrum
	2	Prozessbeteiligte Dienstleister	Strategieanalyse, strategische Kommunikation	Strategischer Akteur, spezifischer Aspekt	Identifikation aller relevanten im strategischen Prozess der Konzeption, Planung, Umsetzung und Evaluation von Online-Kommunikation involvierten Dienstleister	Nennung relevanter Akteure und Individuen aus dem Bereich der Kommunikations-Dienstleistung
	3	Organisations-struktur	Strategieanalyse, strategische Kommunikation	Strategischer Akteur, strategisches Handeln	Beschreibung der institutionellen Rollen, der Arbeits- und Verantwortungsverteilung aller Prozessbeteiligten sowie der organisatorischen Struktur	Nennung der Verantwortlichkeiten, Tätigkeitsbereiche und Kompetenzen, Beschreibung der Aufgaben-profile und Aufgabenverteilung
Kommunikationsstrategie	4	Kommunikations-ziele	Strategieanalyse, strategische Kommunikation	Strategisches Ziel	Beschreibung der globalen Zielsetzungen der Kommunikationsaktivitäten	Nennung beabsichtigter, bewusst anvisierter sowie ausformulierter Ziele, Reflexion über Nutzen der Kommunikationsarbeit sowie Rekonstruktion und Rückschlüsse aus anderen Aussagen
	5	Kommunikations-strategie	Strategieanalyse, strategische Kommunikation	Strategisches Ziel, Ziel-Mittel-Umwelt-Kalkulation, strategisches Handeln	Beschreibung der globalen Kommunikationsstrategie und inwieweit Online-Kommunikation darin eingebunden ist	Nennung und Beschreibung ausformulierter Konzepte und Zielerreichungsstrategien sowie Rekonstruktion und Rückschlüsse aus anderen Aussagen

Tabelle 5.1.3.1c – Matrix Gruppe I

Themenfeld	#	Empirische Kategorie	Theoretischer Kontext	Theoretische Kategorie	Erkenntnisinteresse	Abbildung im Interview
Konzeption und Umsetzung	6	Kommunikationsprozess	Strategieanalyse, strategische Kommunikation	Strategisches Handeln	Beschreibung der prozessualen Kommunikationsaktivitäten (Information, Planung, Umsetzung, Evaluation)	Beschreibungen der Umsetzung und des Kampagnenverlaufs
	7	Kanalwahl	Strategieanalyse, strategische Kommunikation, Kommunikation im Internet	Strategisches Mittel, strategisches Handeln, spezifischer Aspekt	Beschreibung der Prozesse und Kriterien bei der Auswahl der Online-Dienste	Beschreibung der Informations- und Konzeptionsprozesse im Zusammenhang mit der Auswahl genutzter Kanäle
	8	Webseiten	Strategieanalyse, strategische Kommunikation, Kommunikation im Internet	Strategisches Mittel, strategisches Handeln	Beschreibung des Einsatzes von Webseiten	Beschreibung des Einsatzes von Webseiten
	9	E-Mails	Strategieanalyse, strategische Kommunikation, Kommunikation im Internet	Strategisches Mittel, strategisches Handeln	Beschreibung des Einsatzes von E-Mails und Newsletter	Beschreibung des Einsatzes von E-Mails und Newsletter
	10	Journalistische Online-Medien	Strategieanalyse, strategische Kommunikation, Kommunikation im Internet	Strategisches Mittel, strategisches Handeln, strategische Umwelt	Beschreibung der Online-Media-Relations	Beschreibung der Online-Media-Relations
	11	Social Media	Strategieanalyse, strategische Kommunikation, Kommunikation im Internet	Strategisches Mittel, strategisches Handeln	Beschreibung des Einsatzes von Social-Media-Diensten	Beschreibung des Einsatzes von Social-Media-Diensten
	12	Evaluation	Strategieanalyse, strategische Kommunikation, Kommunikation im Internet, Kommunikationsevaluation	Strategisches Mittel, strategisches Handeln, spezifischer Aspekt	Beschreibung der Evaluationsprozesse sowie der dabei zum Einsatz kommenden Konzepte, Kriterien und Instrumente	Bewertung der Kampagne, Nennung spezifischer Instrumente, Reflexion über Nutzen der Kommunikationsarbeit sowie Rekonstruktion und Rückschlüsse aus anderen Aussagen

Fortsetzung von Tabelle 5.1.3.1c – Matrix Gruppe I

Themen-feld	#	Empirische Kategorie	Theoretischer Kontext	Theoretische Kategorie	Erkenntnisinteresse	Abbildung im Interview
Akteure und Struktur	13	Online-Kommunikations-strategie	Strategieanalyse, strategische Kommunikation, Kommunikation im Internet	Strategisches Ziel, Ziel-Mittel-Umwelt-Kalkulation, strategisches Handeln	Beschreibung der kommunikationsstrategischen Ausrichtung der Online-Kommunikation sowie einzelner Kanäle (Information, Persuasion, Dialog, Konsens)	Beschreibungen der Umsetzung und Nutzungsabsichten der Online-Kommunikation sowie des Kampagnenverlaufs
	14	Rahmenbedingungen Online-Kommunikation	Strategieanalyse, strategische Kommunikation, Kommunikation im Internet	Strategische Umwelt, spezifischer Aspekt	Beschreibung der Besonderheiten von Online-Kommunikation	Reflexion über Internet, Online-Kommunikation und Entwicklungsgeschwindigkeit
	15	Rahmenbedingungen Social-Media-Kommunikation	Strategieanalyse, strategische Kommunikation, Kommunikation im Internet	Strategische Umwelt, spezifischer Aspekt	Beschreibung der Besonderheiten von Social-Media-Kommunikation	Reflexionen über Social Media
	16	Kommunikatoren und Rezipienten	Strategieanalyse, strategische Kommunikation, Kommunikation im Internet	Strategischer Akteur, strategisches Handeln, strategische Umwelt, spezifischer Aspekt	Beschreibung der Wahrnehmung sowie Auswirkungen der verschwimmenden Rollen von Kommunikatoren und Rezipienten im Rahmen von Online-Kommunikation, Beschreibung des Einsatzes partizipativer Kommunikation von und von Bottom-Up-Ansätzen	Beschreibung der Einbindung von Nutzern, Reflexionen über interaktive Kommunikation und Kontrollverlust
	17	Publizitätsparadox	Strategieanalyse, strategische Kommunikation, Kommunikation im Internet	Strategisches Handeln, strategische Umwelt, spezifischer Aspekt	Beschreibung des Umgangs mit Hürden der Wahrnehmbarkeit von Online-Kommunikationsangeboten	Reflexion über die Wirksamkeit der Kommunikationsarbeit
Komplexität	18	Online-Kommunikation und Komplexität	Strategieanalyse, strategische Kommunikation, Kommunikation im Internet, Strategisches Handeln in komplexen Situationen	Strategisches Handeln, strategische Umwelt, spezifischer Aspekt	Beschreibung der Wahrnehmung von und des Umgangs mit komplexitätsbringenden Aspekten von Online-Kommunikation	Reflexionen über das Erkennen von und den Umgang mit unübersichtlichen Bedingungen im Rahmen von Online-Kommunikation sowie Rekonstruktion und Rückschlüsse aus anderen

Fortsetzung von Tabelle 5.1.3.1c – Matrix Gruppe I

Themenfeld	#	Empirische Kategorie	Theoretischer Kontext	Theoretische Kategorie	Erkenntnisinteresse	Abbildung im Interview
Wahlkampf						Aussagen
	19	Intuition	Strategieanalyse, strategische Kommunikation, Kommunikation im Internet, Strategisches Handeln in komplexen Situationen	Strategisches Handeln, spezifischer Aspekt	Identifikation von Entscheidungen und Bewertungen, die nicht auf rationaler Basis, sondern intuitiv getroffen werden	Beschreibungen von Entscheidungsprozessen und Bewertungskriterien sowie Rekonstruktion und Rückschlüsse aus anderen Aussagen
	20	Rahmenbedingungen Wahlkampf	Strategieanalyse, strategische Kommunikation, Kommunikation im Internet, politische Kommunikation, Professionalisierter Wahlkampf	Strategische Umwelt, spezifischer Aspekt	Beschreibung der wahlkampfspezifischen Rahmenbedingungen, die Auswirkungen auf strategische Online-Kommunikation haben	Beschreibung der wahlkampfspezifischen Rahmenbedingungen, die Auswirkungen auf strategische Online-Kommunikation haben
	21	Kampagnenausrichtung	Strategieanalyse, strategische Kommunikation, Kommunikation im Internet, politische Kommunikation, Professionalisierter Wahlkampf	Strategischer Akteur, strategisches Handeln, spezifischer Aspekt	Beschreibung der Ausrichtung der Kampagne auf den Spitzenkandidaten sowie daraus resultierende Folgen für die Kampagnenkonzeption	Beschreibung der Kampagnenschwerpunkte
	22	Auslagerung von Kommunikationsverantwortung	Strategieanalyse, strategische Kommunikation, Kommunikation im Internet, politische Kommunikation, Professionalisierter Wahlkampf	Strategischer Akteur, strategisches Handeln, spezifischer Aspekt	Beschreibung der Prozesse und Kriterien bei der Einbeziehung von Dienstleistern sowie Auswirkungen der Auslagerung von Kommunikationsverantwortung	Beschreibung der Zusammenarbeit mit Dienstleistern sowie Rekonstruktion und Rückschlüsse aus anderen Aussagen
	23	Obama-Faktor	Strategieanalyse, strategische Kommunikation, Kommunikation im Internet, politische Kommunikation, Professionalisierter Wahlkampf	Strategische Umwelt, spezifischer Aspekt	Beschreibung der Wahrnehmung des Einflusses der Obama-Kampagne 2008	Reflexionen über die Obama-Kampagne 2008

Fortsetzung von Tabelle 5.1.3.1c – Matrix Gruppe I

Themen-feld	#	Empirische Kategorie	Theoretischer Kontext	Theoretische Kategorie	Erkenntnisinteresse	Abbildung im Interview
Online-Kommunikation	1	Prozessbeteiligte Akteure	Strategieanalyse, strategische Kommunikation	Strategischer Akteur	Identifikation aller relevanten und im strategischen Prozess der Konzeption, Planung, Umsetzung und Evaluation von Online-Kommunikation involvierten Akteure	Nennung relevanter Akteure und Individuen im kommunikationsstrategischen Zentrum
	2	Prozessbeteiligte Dienstleister	Strategieanalyse, strategische Kommunikation	Strategischer Akteur, spezifischer Aspekt	Identifikation aller relevanten im strategischen Prozess der Konzeption, Planung, Umsetzung und Evaluation von Online-Kommunikation involvierten Dienstleister	Nennung relevanter Akteure und Individuen aus dem Bereich der Kommunikations-Dienstleistung
	3	Organisationsstruktur	Strategieanalyse, strategische Kommunikation	Strategischer Akteur, strategisches Handeln	Beschreibung der institutionellen Rollen, der Arbeits- und Verantwortungsverteilung aller Prozessbeteiligten sowie der organisatorischen Struktur	Nennung der Verantwortlichkeiten, Tätigkeitsbereiche und Kompetenzen, Beschreibung der Aufgaben-profile und Aufgabenverteilung
Kommunikationsstrategie	4	Kommunikationsziele	Strategieanalyse, strategische Kommunikation	Strategisches Ziel	Beschreibung der globalen Zielsetzungen der Kommunikationsaktivitäten	Nennung beabsichtigter, bewusst anvisierter sowie ausformulierter Ziele, Reflexion über Nutzen der Kommunikationsarbeit sowie Rekonstruktion und Rückschlüsse aus anderen Aussagen
	5	Kommunikations-strategie	Strategieanalyse, strategische Kommunikation	Strategisches Ziel, Ziel-Mittel-Umwelt-Kalkulation, strategisches Handeln	Beschreibung der globalen Kommunikationsstrategie und inwieweit Online-Kommunikation darin eingebunden ist	Nennung und Beschreibung ausformulierter Konzepte und Zielerreichungsstrategien sowie Rekonstruktion und Rückschlüsse aus anderen Aussagen
	6	Kommunikations-prozess	Strategieanalyse, strategische Kommunikation	Strategisches Handeln	Beschreibung der prozessualen Kommunikationsaktivitäten (Information, Planung,	Beschreibungen der Umsetzung und des Kampagnenverlaufs

Tabelle 5.2.2.1c – Matrix Gruppe II

Themenfeld	#	Empirische Kategorie	Theoretischer Kontext	Theoretische Kategorie	Erkenntnisinteresse	Abbildung im Interview
					Umsetzung, Evaluation)	
Konzeption und Umsetzung	7	Kanalwahl	Strategieanalyse, strategische Kommunikation, Kommunikation im Internet	Strategisches Mittel, strategisches Handeln, spezifischer Aspekt	Beschreibung der Prozesse und Kriterien bei der Auswahl der Online-Dienste	Beschreibung der Informations- und Konzeptionsprozesse im Zusammenhang mit der Auswahl genutzter Kanäle
	8	Webseiten	Strategieanalyse, strategische Kommunikation, Kommunikation im Internet	Strategisches Mittel, strategisches Handeln	Beschreibung des Einsatzes von Webseiten	Beschreibung des Einsatzes von Webseiten
	9	E-Mails	Strategieanalyse, strategische Kommunikation, Kommunikation im Internet	Strategisches Mittel, strategisches Handeln	Beschreibung des Einsatzes von E-Mails und Newsletter	Beschreibung des Einsatzes von E-Mails und Newsletter
	10	Journalistische Online-Medien	Strategieanalyse, strategische Kommunikation, Kommunikation im Internet	Strategisches Mittel, strategisches Handeln, strategische Umwelt	Beschreibung der Online-Media-Relations	Beschreibung der Online-Media-Relations
	11	Social Media	Strategieanalyse, strategische Kommunikation, Kommunikation im Internet	Strategisches Mittel, strategisches Handeln	Beschreibung des Einsatzes von Social-Media-Diensten	Beschreibung des Einsatzes von Social-Media-Diensten
	12	Evaluation	Strategieanalyse, strategische Kommunikation, Kommunikation im Internet, Kommunikationsevaluation	Strategisches Mittel, strategisches Handeln, spezifischer Aspekt	Beschreibung der Evaluationsprozesse sowie der dabei zum Einsatz kommenden Konzepte, Kriterien und Instrumente	Bewertung der Kampagne, Nennung spezifischer Instrumente, Reflexion über Nutzen der Kommunikationsarbeit sowie Rekonstruktion und Rückschlüsse aus anderen Aussagen
Akteure und Struk-	13	Online-Kommunikations-strategie	Strategieanalyse, strategische Kommunikation, Kommunikation im Internet	Strategisches Ziel, Ziel-Mittel-Umwelt-Kalkulation, strategisches Handeln	Beschreibung der kommunikationsstrategischen Ausrichtung der Online-Kommunikation sowie einzelner Kanäle (Information, Persuasion, Dialog, Konsens)	Beschreibungen der Umsetzung und Nutzungsabsichten der Online-Kommunikation sowie des Kampagnenverlaufs

Fortsetzung von Tabelle 5.2.2.1c – Matrix Gruppe II

Themenfeld	#	Empirische Kategorie	Theoretischer Kontext	Theoretische Kategorie	Erkenntnisinteresse	Abbildung im Interview
Komplexität	14	Rahmenbedingungen Online-Kommunikation	Strategieanalyse, strategische Kommunikation, Kommunikation im Internet	Strategische Umwelt, spezifischer Aspekt	Beschreibung der Besonderheiten von Online-Kommunikation	Reflexion über Internet, Online-Kommunikation und Entwicklungsgeschwindigkeit
	15	Rahmenbedingungen Social-Media-Kommunikation	Strategieanalyse, strategische Kommunikation, Kommunikation im Internet	Strategische Umwelt, spezifischer Aspekt	Beschreibung der Besonderheiten von Social-Media-Kommunikation	Reflexionen über Social Media
	16	Kommunikatoren und Rezipienten	Strategieanalyse, strategische Kommunikation, Kommunikation im Internet	Strategischer Akteur, strategisches Handeln, strategische Umwelt, spezifischer Aspekt	Beschreibung der Wahrnehmung sowie Auswirkungen der verschwimmenden Rollen von Kommunikatoren und Rezipienten im Rahmen von Online-Kommunikation, Beschreibung des Einsatzes partizipativer Kommunikation und von Bottom-Up-Ansätzen	Beschreibung der Einbindung von Nutzern, Reflexionen über interaktive Kommunikation und Kontrollverlust
	17	Publizitätsparadox	Strategieanalyse, strategische Kommunikation, Kommunikation im Internet	Strategisches Handeln, strategische Umwelt, spezifischer Aspekt	Beschreibung des Umgangs mit Hürden der Wahrnehmbarkeit von Online-Kommunikationsangeboten	Reflexion über die Wirksamkeit der Kommunikationsarbeit
	18	Online-Kommunikation und Komplexität	Strategieanalyse, strategische Kommunikation, Kommunikation im Internet, Strategisches Handeln in komplexen Situationen	Strategisches Handeln, strategische Umwelt, spezifischer Aspekt	Beschreibung der Wahrnehmung von und des Umgangs mit komplexitätsbringenden Aspekten von Online-Kommunikation	Reflexionen über das Erkennen von und den Umgang mit unübersichtlichen Bedingungen im Rahmen von Online-Kommunikation sowie Rekonstruktion und Rückschlüsse aus anderen Aussagen
	19	Intuition	Strategieanalyse, strategische Kommunikation, Kommunikation im Internet, Strategisches	Strategisches Handeln, spezifischer Aspekt	Identifikation von Entscheidungen und Bewertungen, die nicht auf rationaler Basis, sondern intuitiv getroffen	Beschreibungen von Entscheidungsprozessen und Bewertungskriterien sowie Rekonstruktion und Rück-

Fortsetzung von Tabelle 5.2.2.1c – Matrix Gruppe II

Themenfeld	#	Empirische Kategorie	Theoretischer Kontext	Theoretische Kategorie	Erkenntnisinteresse	Abbildung im Interview
			Handeln in komplexen Situationen		werden	schlüsse aus anderen Aussagen
Wahlkampf	20	Rahmenbedingungen Wahlkampf	Strategieanalyse, strategische Kommunikation, Kommunikation im Internet, politische Kommunikation, Professionalisierter Wahlkampf	Strategische Umwelt, spezifischer Aspekt	Beschreibung der wahlkampfspezifischen Rahmenbedingungen, die Auswirkungen auf strategische Online-Kommunikation haben	Beschreibung der wahlkampfspezifischen Rahmenbedingungen, die Auswirkungen auf strategische Online-Kommunikation haben
	21	Kampagnenausrichtung	Strategieanalyse, strategische Kommunikation, Kommunikation im Internet, politische Kommunikation, Professionalisierter Wahlkampf	Strategischer Akteur, strategisches Handeln, spezifischer Aspekt	Beschreibung der Ausrichtung der Kampagne auf den Spitzenkandidaten sowie daraus resultierende Folgen für die Kampagnenkonzeption	Beschreibung der Kampagnenschwerpunkte
	22	Auslagerung von Kommunikationsverantwortung	Strategieanalyse, strategische Kommunikation, Kommunikation im Internet, politische Kommunikation, Professionalisierter Wahlkampf	Strategischer Akteur, strategisches Handeln, spezifischer Aspekt	Beschreibung der Prozesse und Kriterien bei der Einbeziehung von Dienstleistern sowie Auswirkungen der Auslagerung von Kommunikationsverantwortung	Beschreibung der Zusammenarbeit mit Dienstleistern sowie Rekonstruktion und Rückschlüsse aus anderen Aussagen
	23	Obama-Faktor	Strategieanalyse, strategische Kommunikation, Kommunikation im Internet, politische Kommunikation, Professionalisierter Wahlkampf	Strategische Umwelt, spezifischer Aspekt	Beschreibung der Wahrnehmung des Einflusses der Obama-Kampagne 2008	Reflexionen über die Obama-Kampagne 2008

Fortsetzung von Tabelle 5.2.2.1c – Matrix Gruppe II

Themen-feld	#	Empiri-sche Kategorie	Theoretischer Kontext	Theoretische Kategorie	Erkenntnisinteresse	Abbildung im Interview
Online-Kommunikation	1	Prozessbe-teiligte Akteure	Strategieanalyse, strategische Kommunikation	Strategischer Akteur	Identifikation aller relevanten und im strategischen Prozess der Konzeption, Planung, Umsetzung und Evaluation von Online-Kommunikation involvierten Akteure	Nennung relevanter Akteure und Individuen im kommunikationsstrategischen Zentrum
	2	Organisationsstruktur	Strategieanalyse, strategische Kommunikation	Strategischer Akteur, strategisches Handeln	Beschreibung der institutionellen Rollen, der Arbeits- und Verantwortungsverteilung aller Prozessbeteiligten sowie der organisatorischen Struktur	Nennung der Verantwortlichkeiten, Tätigkeitsbereiche und Kompetenzen, Beschreibung der Aufgaben-profile und Aufgabenverteilung
Kommunikationsstrategie	3	Kommuni-kationsziele	Strategieanalyse, strategische Kommunikation	Strategisches Ziel	Beschreibung der globalen Zielsetzungen der Kommunikationsaktivitäten	Nennung beabsichtigter, bewusst anvisierter sowie ausformulierter Ziele, Reflexion über Nutzen der Kommunikationsarbeit sowie Rekonstruktion und Rückschlüsse aus anderen Aussagen
	4	Kommuni-kationsstrategie	Strategieanalyse, strategische Kommunikation	Strategisches Ziel, Ziel-Mittel-Umwelt-Kalkulation, strategisches Handeln	Beschreibung der globalen Kommunikationsstrategie und inwieweit Online-Kommunikation darin eingebunden ist	Nennung und Beschreibung ausformulierter Konzepte und Zielerreichungsstrategien sowie Rekonstruktion und Rückschlüsse aus anderen Aussagen
	5	Kommuni-kationsprozess	Strategieanalyse, strategische Kommunikation	Strategisches Handeln	Beschreibung der prozessualen Kommunikationsaktivitäten (Information, Planung, Umsetzung, Evaluation)	Beschreibungen der Umsetzung und des Kampagnenverlaufs

Tabelle 5.2.2.2c – Matrix Gruppe III

Themen-feld	#	Empiri-sche Kategorie	Theoretischer Kontext	Theoretische Kategorie	Erkenntnisinteresse	Abbildung im Interview
Konzeption und Umsetzung	6	Kanalwahl	Strategieanalyse, strategische Kommunikation, Kommunikation im Internet	Strategisches Mittel, strategisches Handeln, spezifischer Aspekt	Beschreibung der Prozesse und Kriterien bei der Auswahl der Online-Dienste	Beschreibung der Informations- und Konzeptionsprozesse im Zusammenhang mit der Auswahl genutzter Kanäle
	7	Webseiten	Strategieanalyse, strategische Kommunikation, Kommunikation im Internet	Strategisches Mittel, strategisches Handeln	Beschreibung des Einsatzes von Webseiten	Beschreibung des Einsatzes von Webseiten
	8	E-Mails	Strategieanalyse, strategische Kommunikation, Kommunikation im Internet	Strategisches Mittel, strategisches Handeln	Beschreibung des Einsatzes von E-Mails und Newsletter	Beschreibung des Einsatzes von E-Mails und Newsletter
	9	Journalistische Online-Medien	Strategieanalyse, strategische Kommunikation, Kommunikation im Internet	Strategisches Mittel, strategisches Handeln, strategische Umwelt	Beschreibung der Online-Media-Relations	Beschreibung der Online-Media-Relations
	10	Social Media	Strategieanalyse, strategische Kommunikation, Kommunikation im Internet	Strategisches Mittel, strategisches Handeln	Beschreibung des Einsatzes von Social-Media-Diensten	Beschreibung des Einsatzes von Social-Media-Diensten
	11	Evaluation	Strategieanalyse, strategische Kommunikation, Kommunikation im Internet, Kommunikationsevaluation	Strategisches Mittel, strategisches Handeln, spezifischer Aspekt	Beschreibung der Evaluationsprozesse sowie der dabei zum Einsatz kommenden Konzepte, Kriterien und Instrumente	Bewertung der Kampagne, Nennung spezifischer Instrumente, Reflexion über Nutzen der Kommunikationsarbeit sowie Rekonstruktion und Rückschlüsse aus anderen Aussagen

Fortsetzung von Tabelle 5.2.2.2c – Matrix Gruppe III

Themenfeld	#	Empirische Kategorie	Theoretischer Kontext	Theoretische Kategorie	Erkenntnisinteresse	Abbildung im Interview
Akteure und Struktur	12	Online-Kommunikationsstrategie	Strategieanalyse, strategische Kommunikation, Kommunikation im Internet	Strategisches Ziel, Ziel-Mittel-Umwelt-Kalkulation, strategisches Handeln	Beschreibung der kommunikationsstrategischen Ausrichtung der Online-Kommunikation sowie einzelner Kanäle (Information, Persuasion, Dialog, Konsens)	Beschreibungen der Umsetzung und Nutzungsabsichten der Online-Kommunikation sowie des Kampagnenverlaufs
	13	Rahmenbedingungen Online-Kommunikation	Strategieanalyse, strategische Kommunikation, Kommunikation im Internet	Strategische Umwelt, spezifischer Aspekt	Beschreibung der Besonderheiten von Online-Kommunikation	Reflexion über Internet, Online-Kommunikation und Entwicklungsgeschwindigkeit
	14	Rahmenbedingungen Social-Media-Kommunikation	Strategieanalyse, strategische Kommunikation, Kommunikation im Internet	Strategische Umwelt, spezifischer Aspekt	Beschreibung der Besonderheiten von Social-Media-Kommunikation	Reflexionen über Social Media
	15	Kommunikatoren und Rezipienten	Strategieanalyse, strategische Kommunikation, Kommunikation im Internet	Strategischer Akteur, strategisches Handeln, strategische Umwelt, spezifischer Aspekt	Beschreibung der Wahrnehmung sowie Auswirkungen der verschwimmenden Rollen von Kommunikatoren und Rezipienten im Rahmen von Online-Kommunikation, Beschreibung des Einsatzes partizipativer Kommunikation und von Bottom-Up-Ansätzen	Beschreibung der Einbindung von Nutzern, Reflexionen über interaktive Kommunikation und Kontrollverlust
	16	Publizitätsparadox	Strategieanalyse, strategische Kommunikation, Kommunikation im Internet	Strategisches Handeln, strategische Umwelt, spezifischer Aspekt	Beschreibung des Umgangs mit Hürden der Wahrnehmbarkeit von Online-Kommunikationsangeboten	Reflexion über die Wirksamkeit der Kommunikationsarbeit
Komplexität	17	Online-Kommunikation und Komplexi-	Strategieanalyse, strategische Kommunikation, Kommunikation im Internet, Strategisches Handeln in	Strategisches Handeln, strategische Umwelt, spezifischer Aspekt	Beschreibung der Wahrnehmung von und des Umgangs mit komplexitätsbringenden Aspekten von Online-	Reflexionen über das Erkennen von und den Umgang mit unübersichtlichen Bedingungen im Rahmen von Online-

Fortsetzung von Tabelle 5.2.2.2c – Matrix Gruppe III

Themenfeld	#	Empirische Kategorie	Theoretischer Kontext	Theoretische Kategorie	Erkenntnisinteresse	Abbildung im Interview
Wahlkampf		tät	komplexen Situationen		Kommunikation	Kommunikation sowie Rekonstruktion und Rückschlüsse aus anderen Aussagen
	18	Intuition	Strategieanalyse, strategische Kommunikation, Kommunikation im Internet, Strategisches Handeln in komplexen Situationen	Strategisches Handeln, spezifischer Aspekt	Identifikation von Entscheidungen und Bewertungen, die nicht auf rationaler Basis, sondern intuitiv getroffen werden	Beschreibungen von Entscheidungsprozessen und Bewertungskriterien sowie Rekonstruktion und Rückschlüsse aus anderen Aussagen
	19	Rahmenbedingungen Wahlkampf	Strategieanalyse, strategische Kommunikation, Kommunikation im Internet, politische Kommunikation, Professionalisierter Wahlkampf	Strategische Umwelt, spezifischer Aspekt	Beschreibung der wahlkampfspezifischen Rahmenbedingungen, die Auswirkungen auf strategische Online-Kommunikation haben	Beschreibung der wahlkampfspezifischen Rahmenbedingungen, die Auswirkungen auf strategische Online-Kommunikation haben
	20	Kampagnenausrichtung	Strategieanalyse, strategische Kommunikation, Kommunikation im Internet, politische Kommunikation, Professionalisierter Wahlkampf	Strategischer Akteur, strategisches Handeln, spezifischer Aspekt	Beschreibung der Ausrichtung der Kampagne auf den Spitzenkandidaten sowie daraus resultierende Folgen für die Kampagnenkonzeption	Beschreibung der Kampagnenschwerpunkte
	21	Auslagerung von Kommunikationsverantwortung	Strategieanalyse, strategische Kommunikation, Kommunikation im Internet, politische Kommunikation, Professionalisierter Wahlkampf	Strategischer Akteur, strategisches Handeln, spezifischer Aspekt	Beschreibung der Prozesse und Ausgestaltung der Zusammenarbeit mit dem Auftraggeber, Beschreibung der Bedeutung des wechselseitigen Sachverstands	Beschreibung der Zusammenarbeit mit dem Auftraggeber sowie Rekonstruktion und Rückschlüsse aus anderen Aussagen
	22	Obama-Faktor	Strategieanalyse, strategische Kommunikation, Kommunikation im Internet, politische Kommunikation, Professionalisierter Wahlkampf	Strategische Umwelt, spezifischer Aspekt	Beschreibung der Wahrnehmung des Einflusses der Obama-Kampagne 2008	Reflexionen über die Obama-Kampagne 2008

Fortsetzung von Tabelle 5.2.2.2c – Matrix Gruppe III

Themen-feld	#	Empirische Kategorie	Theoretischer Kontext	Theoretische Kategorie	Erkenntnisinteresse	Abbildung im Interview
Online-Kommunikation	1a	Arbeitsfelder der Dienstleister	Strategieanalyse, strategische Kommunikation	Strategischer Akteur, strategisches Handeln	Identifikation und Beschreibung der Arbeitsfelder der Dienstleister	Beschreibung des Leistungsspektrums der Agentur, Beschreibung von Fallbeispielen
	2a	Organisationsstruktur	Strategieanalyse, strategische Kommunikation	Strategischer Akteur, strategische Umwelt	Beschreibung der institutionellen Rollen, der Arbeits- und Verantwortungsverteilung aller Prozessbeteiligten sowie der organisatorischen Struktur	Nennung der Verantwortlichkeiten, Tätigkeitsbereiche und Kompetenzen, Beschreibung der Aufgaben-profile und Aufgabenverteilung
Kommunikationsstrategie	3a	Kommunikationsstrategie	Strategieanalyse, strategische Kommunikation	Strategisches Ziel, Ziel-Mittel-Umwelt-Kalkulation, strategisches Handeln	Beschreibung der globalen Kommunikationsstrategie und inwieweit Online-Kommunikation darin eingebunden ist	Nennung und Beschreibung ausformulierter Konzepte und Zielerreichungsstrategien sowie Rekonstruktion und Rückschlüsse aus anderen Aussagen
	4a	Digitalkommunikation	Strategieanalyse, strategische Kommunikation	Strategisches Handeln, strategische Umwelt, spezifischer Aspekt	Beschreibung der Unterschiede zwischen den kommunikations-strategischen Konzepten klassischer sowie digitaler Werbe- und Markenkommunikation	Beschreibung der Unterschiede zwischen den kommunikations-strategischen Konzepten klassischer sowie digitaler Werbe- und Markenkommunikation
	5a	Online-Kommunikationsstrategie	Strategieanalyse, strategische Kommunikation, Kommunikation im Internet	Strategisches Ziel, Ziel-Mittel-Umwelt-Kalkulation, strategisches Handeln	Beschreibung der kommunikationsstrategischen Ausrichtung der Online-Kommunikation sowie einzelner Kanäle (Information, Persuasion, Dialog, Konsens)	Beschreibungen der Umsetzung und Nutzungsabsichten der Online-Kommunikationsaktivitäten
	6a	Kommunikationsprozess	Strategieanalyse, strategische Kommunikation	Strategisches Handeln	Beschreibung der prozessualen Kommunikationsaktivitäten (Information, Planung, Umsetzung, Evaluation)	Beschreibungen der Umsetzung und des Verlaus von Kommunikationsaktivitäten

Tabelle 5.3.2c – Matrix Gruppe IV

Themenfeld	#	Empirische Kategorie	Theoretischer Kontext	Theoretische Kategorie	Erkenntnisinteresse	Abbildung im Interview
Konzeption und Umsetzung	7a	Kanalwahl	Strategieanalyse, strategische Kommunikation, Kommunikation im Internet	Strategisches Mittel, strategisches Handeln, spezifischer Aspekt	Beschreibung der Prozesse und Kriterien bei der Auswahl der Online-Dienste	Beschreibung der Informations- und Konzeptionsprozesse im Zusammenhang mit der Auswahl genutzter Kanäle
	8a	Neue Kanäle	Strategieanalyse, strategische Kommunikation, Kommunikation im Internet	Strategisches Mittel, strategisches Handeln, spezifischer Aspekt	Beschreibung des Prozesses und der Auswahlkriterien bei der Berücksichtigung neuer Online-Dienste	Beschreibung des Prozesses und der Auswahlkriterien bei der Berücksichtigung neuer Online-Dienste
	9a	Evaluation	Strategieanalyse, strategische Kommunikation, Kommunikation im Internet, Kommunikationsevaluation	Strategisches Mittel, strategisches Handeln, spezifischer Aspekt	Beschreibung der Evaluationsprozesse sowie der dabei zum Einsatz kommenden Konzepte, Kriterien und Instrumente	Bewertung der Kampagne, Nennung spezifischer Instrumente, Reflexion über Nutzen der Kommunikationsarbeit sowie Rekonstruktion und Rückschlüsse aus anderen Aussagen
Akteure und Struktur	10a	Rahmenbedingungen Online-Kommunikation	Strategieanalyse, strategische Kommunikation, Kommunikation im Internet	Strategische Umwelt, spezifischer Aspekt	Beschreibung der Besonderheiten von Online-Kommunikation	Reflexion über Internet, Online-Kommunikation und Entwicklungsgeschwindigkeit
	11a	Kommunikatoren und Rezipienten	Strategieanalyse, strategische Kommunikation, Kommunikation im Internet	Strategischer Akteur, strategisches Handeln, strategische Umwelt, spezifischer Aspekt	Beschreibung der Wahrnehmung sowie Auswirkungen der verschwimmenden Rollen von Kommunikatoren und Rezipienten im Rahmen von Online-Kommunikation, Beschreibung des Einsatzes partizipativer Kommunikation und von Bottom-Up-Ansätzen	Beschreibung der Einbindung von Nutzern, Reflexionen über interaktive Kommunikation und Kontrollverlust
	12a	Publizitätsparadox	Strategieanalyse, strategische Kommunikation, Kommunikation im Internet	Strategisches Handeln, strategische Umwelt, spezifischer Aspekt	Beschreibung des Umgangs mit Hürden der Wahrnehmbarkeit von Online-Kommunikationsangeboten	Reflexion über die Wirksamkeit der Kommunikationsarbeit

Fortsetzung von Tabelle 5.3.2c – Matrix Gruppe IV

Themenfeld	#	Empirische Kategorie	Theoretischer Kontext	Theoretische Kategorie	Erkenntnisinteresse	Abbildung im Interview
Komplexität	13a	Politische Online-Kommunikation	Strategieanalyse, strategische Kommunikation, Kommunikation im Internet, politische Kommunikation, Professionalisierter Wahlkampf	Strategische Umwelt, spezifischer Aspekt	Beschreibung der Wahrnehmung von politischer Online-Kommunikation während vergangener Wahlkämpfe	Beschreibung der Wahrnehmung von und Reflexion über politische Online-Kommunikation während vergangener Wahlkämpfe
	14a	Online-Kommunikation und Komplexität	Strategieanalyse, strategische Kommunikation, Kommunikation im Internet, Strategisches Handeln in komplexen Situationen	Strategisches Handeln, strategische Umwelt, spezifischer Aspekt	Beschreibung der Wahrnehmung von und des Umgangs mit komplexitätsbringenden Aspekten von Online-Kommunikation	Reflexionen über das Erkennen von und den Umgang mit unübersichtlichen Bedingungen im Rahmen von Online-Kommunikation sowie Rekonstruktion und Rückschlüsse aus anderen Aussagen
	15a	Intuition	Strategieanalyse, strategische Kommunikation, Kommunikation im Internet, Strategisches Handeln in komplexen Situationen	Strategisches Handeln, spezifischer Aspekt	Identifikation von Entscheidungen und Bewertungen, die nicht auf rationaler Basis, sondern intuitiv getroffen werden	Beschreibungen von Entscheidungsprozessen und Bewertungskriterien sowie Rekonstruktion und Rückschlüsse aus anderen Aussagen
Wahlkampf	16a	Rahmenbedingungen Werbe- und Markenkommunikation	Strategieanalyse, strategische Kommunikation, Kommunikation im Internet	Strategische Umwelt, spezifischer Aspekt	Beschreibung der branchenspezifischen Rahmenbedingungen, die Auswirkungen auf strategische Online-Kommunikation haben	Beschreibung der branchenspezifischen Rahmenbedingungen, die Auswirkungen auf strategische Online-Kommunikation haben
	17a	Auslagerung von Kommunikationsverantwortung	Strategieanalyse, strategische Kommunikation, Kommunikation im Internet, politische Kommunikation, Professionalisierter Wahlkampf	Strategischer Akteur, strategisches Handeln, spezifischer Aspekt	Beschreibung der Prozesse und Kriterien bei der Einbeziehung von Dienstleistern sowie Auswirkungen der Auslagerung von Kommunikationsverantwortung	Beschreibung der Zusammenarbeit mit Dienstleistern sowie Rekonstruktion und Rückschlüsse aus anderen Aussagen
	18a	Auftraggeberkompetenz	Strategieanalyse, strategische Kommunikation, Kommunikation im Internet	Strategischer Akteur, strategische Umwelt, strategisches Handeln	Beschreibung von Aspekten das Sachverständnis des Auftraggebers betreffend	Beschreibung der Zusammenarbeit mit dem Auftraggeber sowie Rekonstruktion und Rückschlüsse aus anderen Aussagen

Fortsetzung von Tabelle 5.3.2c – Matrix Gruppe IV

	Posts Facebook-Seite SPD	Posts Facebook-Seite CDU	Posts Facebook Seite Grüne	Posts Facebook Seite FDP	Posts Facebook Seite Linke	Summiert
07.02.11	4	1	8	0	6	19
08.02.11	4	0	4	3	6	17
09.02.11	5	0	6	3	3	17
10.02.11	7	0	8	2	12	29
11.02.11	4	1	5	2	5	17
12.02.11	1	0	0	2	1	4
13.02.11	2	0	0	2	9	13
14.02.11	3	1	6	1	7	18
15.02.11	3	0	2	3	7	15
16.02.11	6	14	3	2	4	29
17.02.11	3	0	6	3	6	18
18.02.11	5	1	4	3	1	14
19.02.11	4	0	1	3	8	16
20.02.11	4	3	4	3	3	17
Gesamt	55	21	57	32	78	243

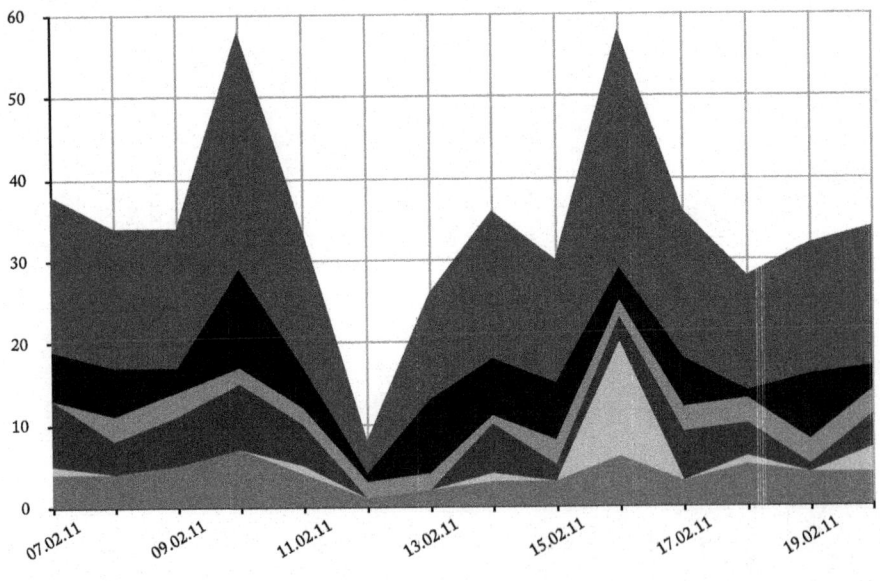

- Summiert
- Posts Facebook Seite Linke
- Posts Facebook Seite FDP
- Posts Facebook Seite Grüne
- Posts Facebook-Seite CDU
- Posts Facebook-Seite SPD

Tabelle 5.1.2x – Facebook-Aktivität der Parteien im Hamburger Wahlkampf

	Tweets SPD	Tweets Grüne	Tweets FDP	Tweets Linke	Tweets Olaf Scholz	Tweets Katja Suding	Summiert Tweets
07.02.11	9	7	4	5	3	2	25
08.02.11	8	5	4	5	0	1	22
09.02.11	9	6	2	16	5	0	33
10.02.11	12	7	4	9	4	0	32
11.02.11	6	6	2	3	0	0	17
12.02.11	1	0	1	1	0	0	3
13.02.11	0	0	4	1	0	0	5
14.02.11	5	6	4	8	2	1	23
15.02.11	7	2	1	4	9	0	14
16.02.11	22	4	3	1	14	0	30
17.02.11	21	6	2	5	5	1	34
18.02.11	5	7	3	12	2	0	27
19.02.11	8	7	7	5	0	0	27
20.02.11	9	8	3	0	3	0	20
Gesamt	122	71	44	75	47	5	312

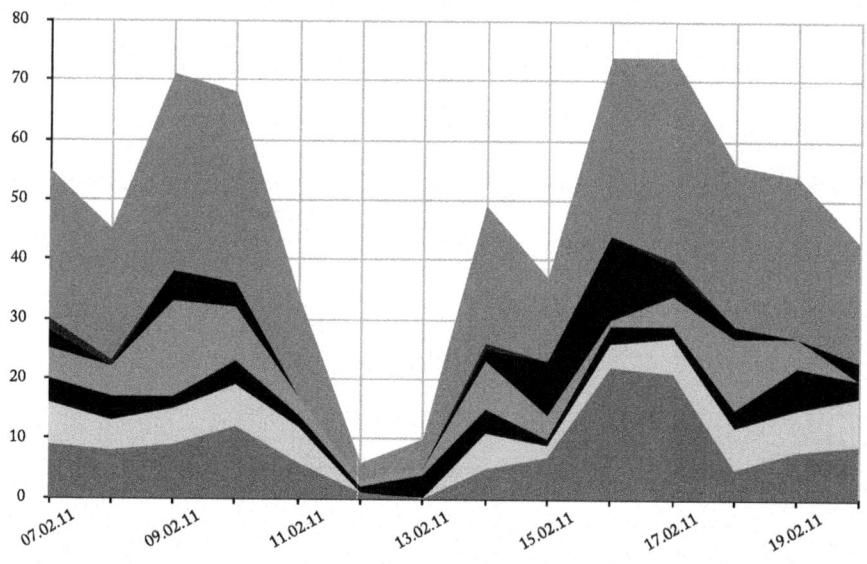

Summiert Tweets
Tweets Katja Suding
Tweets Olaf Scholz
Tweets Linke
Tweets FDP
Tweets Grüne
Tweets SPD

Tabelle 5.1.2y – Twitter-Aktivität der Parteien im Hamburger Wahlkampf

	YouTube Filme SPD	YouTube Filme Grüne	YouTube Filme FDP	YouTube Filme Linke	Summiert
vor dem 7.2.11	11	3	4	13	31
07.02.11	0	0	0	0	0
08.02.11	0	0	1	0	1
09.02.11	0	0	0	2	2
10.02.11	1	0	0	0	1
11.02.11	1	0	0	0	1
12.02.11	0	0	0	0	0
13.02.11	0	0	0	0	0
14.02.11	0	0	0	0	0
15.02.11	1	0	0	0	1
16.02.11	0	0	0	0	0
17.02.11	0	0	0	0	0
18.02.11	2	2	0	1	5
19.02.11	0	0	0	4	4
20.02.11	0	0	0	0	0
Gesamt	16	5	5	20	46

	Flickr Fotos SPD	Flickr Fotos Grüne	Flickr Fotos FDP	Summiert
vor dem 7.2.11	90	75	17	182
07.02.11	0	0	0	0
08.02.11	0	0	5	5
09.02.11	0	0	0	0
10.02.11	0	0	8	8
11.02.11	0	0	2	2
12.02.11	0	0	2	2
13.02.11	0	0	31	31
14.02.11	0	11	0	11
15.02.11	14	0	0	14
16.02.11	0	0	0	0
17.02.11	0	30	12	42
18.02.11	10	0	76	86
19.02.11	0	0	9	9
20.02.11	0	0	29	29
Gesamt	114	116	191	421

Tabelle 5.1.2z – YouTube- und Flickr-Aktivität der Parteien im Hamburger Wahlkampf

Abkürzungen

Abb.	-	Abbildung
bzw.	-	beziehungsweise
ebd.		ebenda
KPI	-	Key Performance Indicators
PR	-	Public Relations
ROI	-	Return on Investment
s.	-	siehe
Tab.	-	Tabelle
u.a.	-	unter anderem
URL	-	Uniform Resource Locator (Internet-Adresse)
vgl.	-	vergleiche
WWW	-	World Wide Web

Literatur

Abels, Gabriele; Behrens, Maria (2009): ExpertInneninterviews in der Politikwissenschaft. Eine sekundäranalytische Reflexion über geschlechtertheoretische und politikfeldanalytische Effekte. In: Bogner, Alexander (Hrsg.): Das Experteninterview : Theorie, Methode, Anwendung. Opladen: Leske + Budrich

Abraham, Leif; Behrendt, Christian (2010): Oh My God WhatHappened And What Should I Do? 2010,URL:
   http://www.ohmygodwhathappened.com/dl/www.OhMyGodWhatHappened.com_E N.pdf [Zugriff: 25.8.2011]

Gruner & Jahr (2010): Who Clicks Who - Agof Internet Facts 2010-IV. 2010, URL: http://ems.guj.de/uploads/tx_hnemsstudy/WCW_if2010-IV.pdf [Zugriff: 28.4.2011]

Agre, Philip E. (2002): Real-time Politics: The Internet and the Political Process. In: The Information Society, Ausgabe 18, 2002

Albers, Hagen (2009a): Politik im „Social Web" - Der Onlinewahlkampf 2009. In: Das Parlament, Ausgabe 51, 2009

Albers, Hagen (2009b): Wahlkämpfe im digitalen Zeitalter : eine explorative Studie zum Wandel der Internetwahlkämpfe bei den Bundestagswahlen 2002, 2005 und 2009. Stuttgart: ibidem-Verl.

Albrecht, Steffen (2011): Wahlblogs revisited: Nutzung von Weblogs im Bundestagswahlkampf 2009. In: Schweitzer, Eva Johanna; Albrecht, Steffen (Hrsg.): Das Internet im Wahlkampf. Verlag für Sozialwissenschaften

Albrecht, Steffen; Lubcke, Maren; Hartig-Perschke, Rasco (2007): Weblog Campaigning in the German Bundestag Election 2005. In: Social Science Computer Review, Band 25, Ausgabe 4, 2007

Althoff, Jens (2008): Der Faktor Glaubwürdigkeit in Wahlkämpfen: Aufbau, Verlust und Verteidigung durch professionalisierte Kommunikationsstrategien. Berlin: LIT Verlag

Altman, Micah; Klass, Gary M. (2005): Current Research in Voting, Elections, and Technology. In: Social Science Computer Review, Band 23, Ausgabe 3, 2005

Anderson, Chris (2004): The Long Tail. URL:
   http://www.wired.com/wired/archive/12.10/tail.html [Zugriff: 5.2012]

Anderson, Eric (2010): Social Media Marketing. Berlin: Springer Verlag

Arikan, Akin (2011): Multichannel Marketing - Metrics and Methods for On and Offline Success. Indianopolis: Wiley

Aßmann, Stefanie (2010a): Instrumente des Social-Media-Monitoring - Eine kritische Bestandsaufnahme. Hochschule Darmstadt

Aßmann, Stefanie (2010b): Die Sache mit den Kennzahlen. URL: http://social-media-monitoring.blogspot.de/2010/07/die-sache-mit-den-kennzahlen.html   [Zugriff: 1.5.2012]

Avery, Elizabeth; Lariscy, Ruthann; Sweetser, Kaye D.(2010): Social Media and Shared - or Divergent - Uses? A Coorientation Analysis of Public Relations Practitioners and Journalists. In: International Journal of Strategic Communications, Band 4, 2010

Avram, Abel (2012): Gartner's Software Hype Cycles for 2012. 24.8.2012, URL: http://www.infoq.com/news/2012/08/Gartner-Hype-Cycle-2012 [Zugriff: 24.8.2012]

Ayaß, Ruth; Bergmann, Jörg (2011): Qualitative Methoden der Medienforschung. In: Verlag für Gesprächsforschung, 2011

Bachl, Marko (2011): Erfolgsfaktoren politischer YouTube-Videos. In: Schweitzer, Eva Johanna; Albrecht, Steffen (Hrsg.): Das Internet im Wahlkampf. Wiesbaden: Verlag für Sozialwissenschaften

Badke, Petra; Kühle, Hans Jürgen (1986): Die Entwicklung von Lösungsvorstellungen in komplexen Problemsituationen und die Gedächtnisstruktur. In: Sprache und Kognition, Ausgabe Heft 2, 1986

Barger, Christopher (2011): The Social Media Strategist: Build a Successful Program from the Inside Out. New York: McGraw-Hill

Barko, Julie; Wells, Kevin (2004): The Political Consultants' Online Fundraising Primer. 2004, URL: http://www.ipdi.org/UploadedFiles/online_fundraising_primer.pdf [Zugriff: 14.1.2008]

Barocas, Solon (2012): The price of precision: Voter microtargeting and its potential harms to the democratic process. In: PLEAD '12 Proceedings of the First Edition Workshop on Politics, Elections and Data. New York: ACM

Barton, Allen H.; Lazarsfeld, Paul F. (1979): Einige Funktionen von qualitativer Analyse in der Sozialforschung. In: Hopf, Christel; Weingarten, Elmar (Hrsg.): Qualitative Sozialforschung. Stuttgart: Klett Cotta

Barzilai-Nahon, Karine; Hemsley, Jeff; Walker, Shawn; Hussain, Muzammil (2010): Fifteen Minutes of Fame: The Place of Blogs in the Life Cycle of Viral Political Information. In: Policy & Internet, Ausgabe September 2010

Baur, Nina; Lamnek, Siegfried (2005): Einzelfallanalyse. In: Mikos, Lothar; Wegener, Claudia (Hrsg.): Qualitative Medienforschung. Konstanz: UVK Verlagsgesellschaft

Beaudoin, Christopher E (2008): Explaining the Relationship between Internet Use and Interpersonal Trust: Taking into Account Motivation and Information Overload. In: Journal of Computer-Mediated Communication, Band 13, Ausgabe 3, 4.2008

Beck, Klaus (2006): Computervermittelte Kommunikation im Internet. München: Oldenbourg

Beck, Klaus (2010): Soziologie der Online-Kommunikation. In: Beck, Klaus; Schweiger, Wolfgang (Hrsg.): Handbuch Online-Kommunikation. Verlag für Sozialwissenschaften

Beck, Klaus; Schweiger, Wolfgang (2010): Handbuch Online-Kommunikation. Wiesbaden: Verlag für Sozialwissenschaften

Beckedahl, Markus; Lüdke, Falk; Zimmermann, Julian (2009): Politik im Web 2.0. URL: http://www.netzpolitik.org/wp-upload/kurzstudie-politik-im-web-2-auflage5.pdf [Zugriff: 18.3.2011]

Beer, Dr David (2008): Social network(ing) sites...revisiting the story so far: A response to danah boyd & Nicole Ellison. In: Journal of Computer-Mediated Communication, Band 13, Ausgabe 2, 2008

Belz, Christian; Schögel, Marcus; Arndt, Oliver; Walter, Verena (2008a): Interaktives Marketing: Neue Wege zum Dialog mit Kunden. Wiesbaden: Gabler

Belz, Christian; Schögel, Marcus; Arndt, Oliver; Walter, Verena (2008b): Kennzahlengestützte Steuerung digitaler Kommunikation - Die Web Excellence Scorecard. In: Belz, Christian; Schögel, Marcus; Arndt, Oliver; Walter, Verena (Hrsg.): Interaktives Marketing: Neue Wege zum Dialog mit Kunden. Wiesbaden: Gabler

Bentele, Günter (1997): Grundlagen der Public Relations. Positionsbestimmung und einige Thesen. In: Donsbach, Wolfgang (Hrsg.): Public Relations in Theorie und Praxis. Grundlagen und Arbeitsweise der Öffentlichkeitsarbeit in verschiedenen Funktionen. München: R. Fischer

Bentele, Günter; Brosius, Hans-Bernd; Jarren, Ottfried (2013): Lexikon der Kommunikations- und Medienwissenschaft. Wiesbaden: Springer.

Bentele, Günter; Nothhaft, Howard (2012): Konzeption von Kommunikationsprogrammen. In: A. Zerfaß, M. Piwinger (Hrsg.): Handbuch der Unternehmenskommunikation. Wiesbaden: Springer.

Bernet, Marcel (2010): Social Media in der Medienarbeit. Wiesbaden: Verlag für Sozialwissenschaften

Bernoff, Josh (2007): The POST Method: A Systematic Approach to Social Strategy. URL: http://forrester.typepad.com/groundswell/2007/12/the-post-method.html [Zugriff: 1.5.2012]

Besson, Nanette Aimee (2008): Strategische PR-Evaluation. Wiesbaden: Verlag für Sozialwissenschaften

Bieber, Christoph (2006): Zwischen Grundversorgung und Bypass-Operation: Von der Idee zur Praxis digitaler Regierungskommunikation. In: Kamps, Klaus; Nieland, Jörg-Uwe (Hrsg.): Regieren und Kommunikation: Meinungsbildung, Entscheidungsfindung und gouvernementales Kommunikationsmanagement – Trends, Vergleiche, Perspektiven. Köln: Halem

Bieber, Christoph (2010): Politik digital. Salzhemmendorf: Blumenkamp Verlag

Bieber, Christoph (2011): Der Online-Wahlkampf im Superwahljahr 2009. In: Schweitzer, Eva Johanna; Albrecht, Steffen (Hrsg.): Das Internet im Wahlkampf. Wiesbaden: Verlag für Sozialwissenschaften

Bimber, Bruce A.; Davis, Richard (2003): Campaigning Online: The Internet in U.S. Elections. New York: Oxford University Press

Bitkom (2010a): SocialMediaMarketing. http://www.bitkom.org/files/documents/socialmediamarketing.pdf [Zugriff: 27.4.2011]

Bitkom (2011a): Internetkompetenz. 11.3.2011a, URL: http://www.bitkom.org/files/documents/BITKOM_Presseinfo_Internetkompetenz_1 1_03_2011.pdf [Zugriff: 27.4.2011]

Bitkom (2010b): Presseinfo Communitys. 12.3.2010b, URL: http://www.bitkom.org/files/documents/BITKOM-Presseinfo_Communitys_14_03_2010.pdf [Zugriff: 28.4.2011]

Bitkom (2011b): Studie Jungend 2.0. URL: http://www.bitkom.org/de/themen/36444_66711.aspx [Zugriff: 28.4.2011]

Bitkom (2010c): Presseinfo Parteien und Internet. 23.11.2010c, URL: http://www.bitkom.org/files/documents/BITKOM_Presseinfo_Parteien_und_Intern et.pdf [Zugriff: 28.4.2011c]

Bitkom (2011c): Internetnutzung. 28.4.2011c, URL: http://www.bitkom.org/de/markt_statistik/64026_38541.aspx [Zugriff: 28.4.2011c]

Bitkom (2011d): Web 2.0-Nutzung. 28.4.2011d, URL: http://www.bitkom.org/de/markt_statistik/64018_65230.aspx [Zugriff: 28.4.2011d]

Blaemire, Robert (2012): An Explosion of Innovation: The Voter-Data Revolution. In: Pearlman, Nathaniel G (Hrsg.): Margin of Victory. Santa Barbara: Praeger

Bleeker, Andrew; Lubin, Nathaniel (2012): Growing Power: Digital Marketing in Politics. In: Pearlman, Nathaniel G (Hrsg.): Margin of Victory. Santa Barbara: Praeger

Bogner, Alexander (2005): Das Experteninterview : Theorie, Methode, Anwendung. Opladen: Leske + Budrich

Bogner, Alexander (2009): Das Experteninterview : Theorie, Methode, Anwendung. Opladen: Leske + Budrich

Bogner, Alexander; Menz, Wolfgang (2009a): Experteninterviews in der qualitativen Sozialforschung. Zur Einführung in eine sich intensivierende Methodendebatte. In: Bogner, Alexander (Hrsg.): Das Experteninterview : Theorie, Methode, Anwendung. Opladen: Leske + Budrich

Bogner, Alexander; Menz, Wolfgang (2009b): Das theoriegenerierende Experteninterview. Erkenntnisinteresse, Wisssensformen, Interaktion. In: Bogner, Alexander (Hrsg.): Das Experteninterview : Theorie, Methode, Anwendung. Opladen: Leske + Budrich

Boyd, Danah M.; Ellison, Nicole B. (2007): Social Network Sites: Definition, History, and Scholarship. In: Journal of Computer-Mediated Communication, Band 13, Ausgabe 1, 2007

Boyd, Stowe (2012): We've Entered The Volatile Postnormal Stage Of History. http://www.fastcoexist.com/1682012/weve-entered-the-volatile-postnormal-stage-of-history [Zugriff: 28.1.2013]

Braun, Dietmar (1999): Theorien rationalen Handelns in der Politikwissenschaft: eine kritische Einführung. Opladen: Leske & Budrich

Braun, Gabriele (2008): Worauf es bei der E-Mail-Marketing-Software ankommtLeitfaden Online-Marketing. Waghäusel: Marketing Börse

Broom, Glen M. (2009): Cutlip & Center's Effective Public Relations. London: Pearson Eduction

Bruhn, Manfred (2009): Integrierte Unternehmens- und Markenkommunikation. Stuttgart: Schäffer-Poeschel

Bruns, Tissy (2008): Politik und Medien sind von der sozialen Wirklichkeit weit entfernt. In: Neue Soziale Bewegungen, Band 21, Ausgabe 1, 2008

Bucher, Eliane; Fieseler, Christian; Meckel, Miriam; Suphan, Anne (2011): Social Media and the Communication Profession. URL: http://de.slideshare.net/mfredactie/social-media-and-the-communication-profession-eacd-en-univ-of-st-gallen   [Zugriff: 28.4.2011]

Burmann, Christoph; Hemmann, Frank (2011): Erfolgsfaktoren der Markenführung im Zeitalter sozialer Medien. In: Wagner, Udo; Wiedmann, Klaus-Peter; Oelsnitz, Dietrich (Hrsg.): Das Internet der Zukunft. Wiesbaden: Gabler

Busemann, Katrin; Gscheidle, Christoph (2010): Web2.0: Nutzung steigt – Interesse an aktiver Teilhabe sinkt. 7.8.2010, URL: http://www.media-perspektiven.de/uploads/tx_mppublications/07-08-2010_Busemann.pdf [Zugriff: 7.8.2010]

Bürker, Michael (2013): Die unsichtbaren Dritten. Wiesbaden: Verlag für Sozialwissenschaften

BVDW (2011): Social Media Kompass 2010/2011. 2011, URL: http://www.scribd.com/doc/44588503/Social-Media-Kompass [Zugriff: 5.2012]

Byrne, Dara N. (2007): Public Discourse, Community Concerns, and Civic Engagement: Exploring Black Social Networking Traditions on BlackPlanet.com. In: Journal of Computer-Mediated Communication, Band 13, Ausgabe 1, 2007

Cardenal, Ana Sofia (2010): Why Mobilize Support Online? The Paradox of Party Behavior Online. Oxford: Oxford University Press

Cavanagh, Allison (2007): Sociology in the Age of the Internet. Maidenhead: Open University Press

Chadwick, Andrew (2001): The Electronic Face of Government in the Internet Age. In: Information, Communication & Society, Band 4, Ausgabe 3, 2001

Chadwick, Andrew (2006): Internet Politics: States, Citizens, and New Communication Technologies. New York: Oxford University Press

Chadwick, Andrew (2007): Digital Network Repertoires and Organizational Hybridity. In: Political Communication, Ausgabe 24, 2007

Chadwick, Andrew (2008): Web 2.0: New Challenges for the Study of E-Democracy in Era of Informational Exuberance. In: Journal of Law and Policy for the Information Society, 2008

Chadwick, Andrew (2009): The Internet and Politics in Flux. In: Journal of Information Technology & Politics, Band 6, Ausgabe 3, 2009

Chadwick, Andrew; Howard, Philip N. (2009): Routledge Handbook of Internet Politics. London: Routledge

Christmann, Gabriela B. (2009): Telefonische Interviews – Ein schwieriges Unterfangen. In: Bogner, Alexander (Hrsg.): Das Experteninterview : Theorie, Methode, Anwendung. Opladen: Leske + Budrich

Clasen, Nicolas (2013): Der digitale Tsunami – Das Innovators Dilemma der traditionellen Medienunternehmen. Nicolas Clasen (www.digicas.de)

Clement, Michel (2006): Marketing-Instrumente in Interaktiven Medien. Universität Hamburg

Csikszentmihaly, Mihaly (1985): Das Flow Erlebnis. Klett-Cotta

Csikszentmihalyi, Mihaly (2010): Das Flow-Erlebnis: jenseits von Angst und Langeweile im Tun aufgehen. 2010

Dahlem, Stefan (2001): Wahlentscheidung in der Mediengesellschaft.

Davis, Kord (2012): Ethics of Big Data. Sebastopol: O'Reilly

Davis, Richard; Baumgartner, Jody C; Francia, Peter L; Morris, Jonathan S (2010): The Internet in U.S. Election Campaigns. In: Chadwick, Andrew (Hrsg.): Routledge Handbook of Internet Politics. Abington: Routledge

de Donk, Wim van; Dahlgren, Peter (2004): Cyberprotest: New Media, Citizens and Social Movements. London: Routledge

Donges, Patrick (2000): Amerikanisierung, Professionalisierung, Modernisierung? : Anmerkungen zu einigen amorphen Begriffen. In: Kamps, Klaus (Hrsg.): Trans-Atlantik - Trans-Portabel? Die Amerikanisierungsthese in der politischen Kommunikation. Wiesbaden: Westdeutscher Verlag

Donges, Patrick (2008): Medialisierung politischer Organisationen. Wiesbaden: Verlag für Sozialwissenschaften

Donges, Patrick (2009): Politische Kampagnen. In: Röttger, Ulrike (Hrsg.): PR Kampagnen (4. überarbeitete und erweiterte Auflage). Wiesbaden: Verlag für Sozialwissenschaften

Dorussen, Han; Lenz, Hartmut; Blavoukos, Spyros (2005): Assessing the Reliability and Validity of Expert Interviews. In: European Union Politics, Band 6, Ausgabe 3, 2005

Döbler, Thomas (2010): Wissensmanagement: Open Access, Social Networks, E-Collaboration. Wiesbaden: Verlag für Sozialwissenschaften

Dörner, Dietrich (1993): Denken und Handeln in Unbestimmtheit und Komplexitat. In: GAIA-Ecological Perspectives for Science and Society, Band 2, Ausgabe 3, 1993

Dörner, Dietrich (2008): Umgang mit Komplexität. In: Gleich, Arnim von; Gößling-Reisemann, Stefan (Hrsg.): Industrial Ecology. Wiesbaden: Vieweg & Teubner

Dörner, Dietrich (2011): Die Logik des Misslingens - Strategisches Denken in komplexen Situationen. Hamburg: Rowohlt Verlag

Dörner, Dietrich; Schaub, Harald; Strohschneider, Stefan (1999): Komplexes Problemlösen - Königsweg der Theoretischen Psychologie? In: Psychologische Rundschau, Band 50, Ausgabe 4, 1999

Drakos, Nikos; Mann, Jeffrey; Rozwell, Carol; Austin, Tom; Sarner, Adam (2011): Magic quadrant for social software in the workplace. Gartner Research

Duhigg, Charles (2012): How Companies Learn Your Secrets. URL: http://www.nytimes.com/2012/02/19/magazine/shopping-habits.html?pagewanted =all&_r=0 [Zugriff: 16.2.2012]

Duke, Shearlean (2002): Wired science: use of World Wide Web and e-mail in science public relations. In: Public Relations Review, Band 28, Ausgabe 3, 8.2002

Ebersbach, Anja; Glaser, Markus; Heigl, Richard (2011): Social Web. Stuttgart: UTB

Emmer, Martin; Bräuer, Marco (2011): Online-Kommunikation politischer Akteure. In: Schweiger, Wolfgang; Beck, Klaus (Hrsg.): Handbuch Online-Kommunikation. Wiesbaden: Verlag für Sozialwissenschaften

Emmer, Martin; Vowe, Gerhard (2004): Mobilisierung durch das Internet? Ergebnisse einer empirischen Längsschnittuntersuchung zum Einfluss des Internets auf die politische

Kommunikation der Bürger. In: Politische Vierteljahresschrift, Band 45, Ausgabe 2, 2004

Emmer, Martin; Wolling, Jens (2010): Online-Kommunikation und politische Öffentlichkeit. In: Beck, Klaus; Schweiger, Wolfgang (Hrsg.): Handbuch Online-Kommunikation. Wiesbaden: Verlag für Sozialwissenschaften

Emmer, Martin; Wolling, Jens (2011): Online-Kommunikation und politische ÖffentlichkeitHandbuch Online-Kommunikation. Wiesbaden: Verlag für Sozialwissenschaften

Esch, Franz-Rudolf (2006): Wirkung integrierter Kommunikation. Wiesbaden: Springer Fachmedien

Esser, Frank; Pfetsch, Barbara (2004): Comparing Political Communication: Theories, Cases, and Challenges. Cambridge: Cambridge University Press

Faas, Thorsten (2003): Landtagsabgeordnete in den Weiten des Netzes - Ergebnisse von Umfragen unter Landtagsabgeordneten zur Bedeutung des Internets in Politik und Wahlkämpfen. In: Rogg, Arne (Hrsg.): Wie das Internet die Politik die Politik verändert - Einsatzmöglichkeiten und Auswirkungen. Opladen: Leske & Budrich

Faas, Thorsten; Partheymüller, Julia (2011): Aber jetzt?! Politische Internetnutzung in den Bundestagswahlkämpfen 2005 und 2009. In: Schweitzer, Eva Johanna; Albrecht, Steffen (Hrsg.): Das Internet im Wahlkampf. Wiesbaden: Verlag für Sozialwissenschaften

Fairchild, Michael (2003): PR Toolkit - Media Evaluation Edition. London: Institute for Public Relations

Falk, Svenja; Römmele, Andrea (2009): Der Markt für Politikberatung. Wiesbaden: Verlag für Sozialwissenschaften

Falter, Jürgen W; Schoen, Harald (2005): Handbuch Wahlforschung. Wiesbaden: Verlag für Sozialwissenschaften

Feaster, John Christian (2010): Expanding the Impression Management Model of Communication Channels: An Information Control Scale. In: Journal of Computer-Mediated Communication, Band 16, Ausgabe 1, 2010

Fenn, Jackie (2011): Gartner's Hype Cycle Special Report for 2011. Gartner Research

Filzmaier, Peter; Plasser, Fritz (2005): Politik auf amerikanisch. Wien: Manz

Fink, Stephan; Zerfass, Ansgar; Linke, Anne (2011): Studie Social Media Governance 2011 – Kompetenzen, Strukturen und Strategien von Unternehmen, Behörden und Non-Profit-Organisationen für die Online-Kommunikation im Social Web. Ergebnisse einer empirischen Studie bei Kommunikationsverantwortlichen. URL: http://www.communicationmanagement.de/index.php?id=1273&tx_ttnews%5Btt_ne ws%5D=3490&tx_ttnews%5BbackPid%5D=1145&cHash=303c69df39 [Zugriff: 23.8.2011.2011]

Fischer, Thomas; Schmitz, Gregor Peter; Seberich, Michael (2007): Die Strategie der Politik. Gütersloh: Verlag Bertelsmann Stiftung

Fischoeder, Christof (2009): Wahl im Web Monitor 2009. Weber and Shandwick Research

Fisher, Tia (2009): ROI in social media: A look at the arguments. In: Journal of Database Marketing & Customer Strategy Management, Band 16, Ausgabe 3, 2009

Fivaz, Jan; Nadig, Giorgio (2010): Impact of Voting Advice Applications (VAAs) on Voter Turnout and Their Potential Use for Civic Education. In: Policy & Internet, Band 2, Ausgabe 4, 2010

Freter, Hermann (2008): Identifikation und Analyse von Zielgruppen. In: Bruhn, Manfred; Esch, Franz-Rudolf; Langner, Tobias (Hrsg.): Handbuch Kommunikation: Grundlagen - Innovative Ansätze - Praktische Umsetzungen. Wiesbaden: Gabler Verlag

Froschauer, Ulrike; Lueger, Manfred (2003): Das qualitative Interview : zur Praxis interpretativer Analyse sozialer Systeme. Wien: WUV

Froschauer, Ulrike; Lueger, Manfred (2009): ExpertInnengespräche in der interpretativen Organisationsforschung. In: Bogner, Alexander (Hrsg.): Das Experteninterview : Theorie, Methode, Anwendung. Opladen: Leske + Budrich

Funke, Joachim (1999): Komplexes Problemlösen - Ein Blick zurück und ein Blick nach vorne. In: Psychologische Rundschau, Band 50, Ausgabe 4, 1.10.1999

Füllsack, Manfred (2011): Gleichzeitige Ungleichzeitigkeiten: eine Einführung in die Komplexitätsforschung. Wiesbaden: Verlag für Sozialwissenschaften.

Gaines, Brian J.; Mondak, Jeffery J. (2009): Typing Together? Clustering of Ideological Types in Online Social Networks. In: Journal of Information Technology & Politics, Band 6, Ausgabe 3, 2009

Geese, Stefan; Zubayr, Camille; Gerhard, Heinz (2010): Berichterstattungzur Bundestagswahl 2009 aus Sicht der Zuschauer - Ergebnisse einer Repräsentativbefragung und der AGF/GfK Fernsehforschung. 7.8.2010, URL: http://www.media-perspektiven.de/uploads/tx_mppublications/12-09_Zubayr.pdf [Zugriff: 7.8.2010]

Germany, Julie (2012): You Can Take It with You: The Evolution of Mobile Politics. In: Pearlman, Nathaniel G (Hrsg.): Margin of Victory - How Technologists Help Politicians Win Elections. Santa Barbara: Praeger

Germany, Julie Barko (2005): The Politics-to-go Handbook. The Institute for Politics, Democracy & the Internet

Gibson, Rachel (2004): Web campaigning from a global perspective. In: Asia-Pacific Review, Band 11, Ausgabe 1, 2004

Gibson, Rachel K; Römmele, Andrea (2009): Measuring the Professionalization of Political Campaigning. In: Party Politics, Band 15, Ausgabe 3, 2009

Gläser, Jochen; Laudel, Grit (2009): Wenn zwei das Gleiche sagen... Qualitätsunterschiede zwischen Experten. In: Bogner, Alexander (Hrsg.): Das Experteninterview : Theorie, Methode, Anwendung. Opladen: Leske + Budrich

Gläser, Jochen; Laudel, Grit (2010): Experteninterviews und qualitative Inhaltsanalyse als Instrumente rekonstruierender Untersuchungen. Wiesbaden: Verlag für Sozialwissenschaften

Godwin, Mike (2003): Meme, Counter-meme. URL: http://www.wired.com/wired/archive/2.10/godwin.if_pr.html [Zugriff: 29.11.2012]

Goffman, Erving (1974): Frame Analysis. New York: Harper

Goldenberg, Jacob; Shapira, Daniel (2009): Marketing: Complexity Modeling, Theory and Applications in. In: Meyers, Robert A (Hrsg.): Encyclopedia of Complexity and Systems Science. New York, NY: Springer New York

Graber, Doris A; Bimber, Bruce; Bennett, Lance; Davis, Richard; Norris, Pippa (2004): The Internet and Politics: Emerging Perspectives. In: Nissenbaum, Helen Fay; Price, Monroe Edwin (Hrsg.): Academy & the Internet. New York: Peter Lang

Grabs, Anne; Bannour, Karim-Patrick (2011): Follow Me! Erfolgreiches Social Media Marketing mit Facebook, Twitter und Co.. Bonn: Galileo Press

Green, Joshua (2012): The Science Behind Those Obama Campaign E-Mails. URL: http://www.businessweek.com/articles/2012-11-29/the-science-behind-those-obama-campaign-e-mails [Zugriff: 29.11.2012.2012]

Grunig, James E.; Hunt, Todd (1984): Managing Public Relations. New York: Holt, Rinehart and Winston

Grunig, James E. (1992): The Organizational Roles of Communications and Public Relations Practitioners. In: Grunig, James Edward (Hrsg.): Excellence in public relations and communication management. Hillsdale: Erlbaum

Grupe, Stephanie (2011): Public Relations. Heidelberg: Springer

Grünewald, Nicole Marianne (2009): Keine Angst vor Politikmarken! Evolution und Enttabuisierung eines gesellschaftlichen Phänomens. Baden-Baden: Nomos Verlagsgesellschaft

Gueorguieva, Vassia (2008): Voters, MySpace, and YouTube: The Impact of Alternative Communication Channels on the 2006 Election Cycle and Beyond. In: Social Science Computer Review, Band 26, Ausgabe 3, 2008

Güldenzopf, Ralf (2009): Obama und das Internet. Sankt Augustin: KAS

Güldenzopf, Ralf; Hennewig, Stefan (2010): Im Netz der Parteien? In: Die politische Meinung, Ausgabe 484, 2010

Gürkan, Benjamin (2010): Der dialogorientierte Onlinewahlkampf zur Bundestagswahl 2009. GRIN Verlag

Hallahan, Kirk; Holtzhausen, Derina R.; van Ruler, Betteke; Vercic, Dejan; Sriramesh, Krishnamurthy (2007): Defining Strategic Communication. In: International Journal of Strategic Communications, Band 1, Ausgabe 1, 2007

Hampel, Stefan (2011): Werbewirksames E-Mail-Marketing. Berlin: Logos Verlag

Hansen, Morten T; Haas, Martin R. (2001): Competing for attention in knowledge markets: Electronic document dissemination in a management consulting company. In: Administrative Science Quarterly, Band 46, Ausgabe 1, 2001

Hassler, Marco (2012): Web Analytics - Metriken auswerten, Besucherverhalten verstehen, Website optimieren. Heidelberg: mitp

Heigl, Andrea; Hacker, Philipp (2010): Politik 2.0. Wien: Czernin Verlags GmbH

Heinderyckx, Francois (2010): Digital Attraction: How New Media Can Invigorate Election Campaigns, or not.. In: Media and Communication Studies - Intersections and Interventions, 2010

Herring, Susan C. (2010): Web Content Analysis: Expanding the Paradigm. In: Hunsinger, Jeremy; Klastrup, Lisbeth; Allen, Matthew (Hrsg.): International Handbook of Internet Research, Dordrecht: Springer

Herrnson, Paul S.; Stokes-Brown, Atiya Kai; Hindman, Matthew (2007): Campaign Politics and the Digital Divide: Constituency Characteristics, Strategic Considerations, and Candidate Internet Use in State Legislative Elections. In: Political Research Quarterly, Band 60, Ausgabe 1, 2007

Heuer, Steffan (2012): Habt Geduld! In: Brand Eins, Ausgabe 2, 2012

Hitzler, Ronald (1994): Wissen und Wesen des Experten. In: Hitzler, Ronald; Honer, Anne; Maeder, Christoph (Hrsg.): Expertenwissen. Opladen: Westdeutscher Verlag

Hitzler, Ronald; Honer, Anne (1997): Sozialwissenschaftliche Hermeneutik: eine Einfuhrung. Opladen: Leske + Budrich

Hitzler, Ronald; Honer, Anne; Maeder, Christoph (1994): Expertenwissen: die institutionalisierte Kompetenz zur Konstruktion von Wirklichkeit. Opladen: Westdeutscher Verlag

Hoffmann, Jochen; Steiner, Adrian; Jarren, Ottfried (2008): Unravelling the Muddle of Services and Clients: Political Communication Consulting. In: International Journal of Strategic Communications, Band 2, 2008

Holtz-Bacha, Christina (1999): Bundestagswahlkampf 1998 - Modernisierung und Professionalisierung. In: Holtz-Bacha, Christina (Hrsg.): Wahlkampf in den Medien - Wahlkampf mit den Medien. Opladen: Westdeutscher Verlag

Holtz-Bacha, Christina (2010): Wahljahr 2009 – Professionalisierung verzögert? In: Korte, Karl-Rudolf (Hrsg.): Die Bundestagswahl 2009. Wiesabden: Verlag für Sozialwissenschaften

Holtzhausen, Derina R.; Hallahan, Kirk (2007): Strategic Directions for New Journal. In: International Journal of Strategic Communications, Band 1, Ausgabe 1, 2007

Homburg, Christian; Krohmer, Harley (2009): Marketingmanagement. URL: https://kataloge.uni-hamburg.de:443/DB=1/SET=2/TTL=1/SHW?FRST=5 [Zugriff: 6.7.2011]

Hopf, Christel (1979): Soziologie und qualitative Sozialforschung. In: Hopf, Christel; Weingarten, Elmar (Hrsg.): Qualitative Sozialforschung. Stuttgart: Klett Cotta

Howard, Philip N.; Jones, Steve (2004): Society Online: the Internet in Context. Thousand Oaks: Sage

Howard, Philip N.; Kreiss, Daniel (2010): Political Parties and Voter Privacy: Australia, Canada, the United Kingdom, and the United States in Comparative Perspective. In: First Monday, Band 15, Ausgabe 12, 2010

Howen, Allison (2012): Master List of Email Metrics to Monitor. 11.1.2012, URL: http://www.websitemagazine.com/content/blogs/posts/pages/master-list-of-email-metrics-to-monitor.aspx [Zugriff: 29.11.2012]

Höflich, Joachim R. (1997): Zwischen massenmedialer und technisch vermittelter interpersonaler Kommunikation - der Computer als Hybridmedium und was die Menschen damit machen. In: Beck, Klaus; Vowe, Gerhard (Hrsg.): Computernetze - ein Medium öffentlicher Kommunikation? Berlin: Spiess

Hübel, Anne-Katrin (2007): Der virtuelle Wahlkampf - Interaktivität und politische Partizipation auf Kandidatenwebsites. Saarbrücken: Verlag Dr. Müller

Iñiguez, Gerardo; Kertész, Janos; Kaski, Kimmo K; Barrio, Raphael Angl (2009): Opinion and Community Formation in Coevolving Networks. In: Physical Review E, Band 80, Ausgabe 6, 2009

Jackob, Nikolaus (2007): Wahlkämpfe in Deutschland : Fallstudien zur Wahlkampfkommunikation 1912 - 2005. Wiesbaden: Verlag für Sozialwissenschaften

Jackson, Nigel A. (2006): MPs and web technologies: an untapped opportunity?. In: Journal of Public Affairs, Band 3, Ausgabe 2, 2006

Jackson, Nigel A.; Lilleker, Darren G (2009a): Building an Architecture of Participation? Political Parties and Web 2.0 in Britain. In: Journal of Information Technology & Politics, Band 6, Ausgabe 3, 2009

Jackson, Nigel A.; Lilleker, Darren G (2009b): MPs and E-representation: Me, MySpace and I. In: British Politics, Band 4, Ausgabe 2, 2009

Jahn, Detlef (2010): Methoden der Politikwissenschaft - Techniken der Datenerhebung (IV) - Das Experteninterview. URL: http://wulv.uni-greifswald.de/DJ_LVJ/userdata/VMeth_(j)%20Experteninterview.pdf [Zugriff: 1.10.2010]

James, Melanie (2007): A Review Of The Impact of New Media on Public Relations: Challenges for Terrain, Practice and Education. In: Asia Pacific Public Relations Journal, Band 8, 2007

Janes, Jackson (2010): The Battle for the Ballot Pursuing the Volatile Voter. In: Korte, Karl-Rudolf (Hrsg.): Die Bundestagswahl 2009. Wiesbaden: Verlag für Sozialwissenschaften

Jankowski, Nicholas W; Foot, Kirsten; Howard, Philip N.; Jones, Steve; Mansell, Robin; Schneider, Steven M.; Silverstone, Roger (2004): The Internet and Communication Studies. In: Nissenbaum, Helen Fay; Price, Monroe Edwin (Hrsg.): Academy & the Internet. New York: Peter Lang

Jarren, Ottfried; Donges, Patrick (2006): Politische Kommunikation in der Mediengesellschaft. Wiesbaden: Verlag für Sozialwissenschaften

Jelden, Jorg (2012): Agenturen der Zukunft. URL: http://www.agenturenderzukunft.de/wordpress/wp-content/uploads/ADZ_Studie_Titel_Einzelseiten_RZ.pdf [Zugriff: 6.12.2012]

Jensen, Klaus Bruhn (2012): A Handbook of Media and Communication Research. New York: Routledge

Johnson, David (2008): Dosage: A Bridging Metaphor for Theory and Practice. In: International Journal of Strategic Communications, Band 2, Ausgabe 3, 2008

Jones, Steve (2010): The New Media, the New Meanwhile, and the Same Old Stories. In: Hunsinger, Jeremy; Klastrup, Lisbeth; Allen, Matthew (Hrsg.): International Handbook of Internet Research, Dordrecht: Springer

Jürgens, Pascal; Jungherr, Andreas (2011): Wahlkampf vom Sofa aus: Twitter im Bundestagswahlkampf 2009. In: Schweitzer, Eva Johanna; Albrecht, Steffen (Hrsg.): Das Internet im Wahlkampf. Wiesbaden: Verlag für Sozialwissenschaften

Kaczmirek, Lars; Raabe, Jan (2010): Datenquellen und Standarduntersuchungen zur Online-Kommunikation. In: Schweiger, Wolfgang; Beck, Klaus (Hrsg.): Handbuch Online-Kommunikation. Wiesbaden: Verlag für Sozialwissenschaften

Kaczmirek, Lars; Raabe, Jan (2011): Datenquellen und Standarduntersuchungen zur Online-Kommunikation. In: Schweiger, Wolfgang; Beck, Klaus (Hrsg.): Handbuch Online-Kommunikation. Wiesbaden: Verlag für Sozialwissenschaften

Kaina, Viktoria; Römmele, Andrea (2009): Politische Soziologie. Wiesbaden: Verlag für Sozialwissenschaften

Kalnes, Øyvind (2009): Norwegian Parties and Web 2.0. In: Journal of Information Technology & Politics, Band 6, Ausgabe 3, 2009

Kampitaki, Dimitra; Tambouris, Efthimios; Tarabanis, Konstantinos (2008): eElectioneering: Current research trends. In: Electronic Government - Lecture Notes in Computer Science, Ausgabe 5184, 2008

Kamps, Klaus (2000): Trans-Atlantik-trans-portabel? Opladen: Westdeutscher Verlag

Kamps, Klaus (2010): Zur Modernisierung und Professionalisierung des Wahlkampfmanagements. In: Korte, Karl-Rudolf (Hrsg.): Die Bundestagswahl 2009. Wiesbaden: Verlag für Sozialwissenschaften

Karan, Kavita; Gimeno, Jacques D. M.; Tandoc, Edson (2009): The Internet and Mobile Technologies in Election Campaigns: The Gabriela Women's Party During the 2007 Philippine Elections. In: Journal of Information Technology & Politics, Band 6, Ausgabe 3, 2009

Karpf, David (2010): Online Political Mobilization from the Advocacy Group's Perspective: Looking Beyond Clicktivism. In: Policy & Internet, Band 2, Ausgabe 4, 2010

Kaushik, Avinash (2010): Web Analytics 2.0. Sybex

Kent, Michael L.; Taylor, Maureen (2002): Toward a Dialogic Theory of Public Relations.. In: Public Relations Review, Ausgabe 28, 2002

Kent, Michael L.; Taylor, Maureen; McAllister-Spooner, Sheila M. (2008): Research in dialogic theory and public relations. In R. R. Mathur (Hrsg.): Public relations: An ethics engagement. Neu-Delhi: Icfai University Press

Kielholz, Annette (2008): Online-Kommunikation - Die Psychologie der neuen Medien für die Berufspraxis. Heidelberg: Springer

Kilian, Thomas; Langner, Sascha (2010): Online-Kommunikation. Wiesbaden: Gabler Verlag

Kimpeler, Simone; Mangold, Michael; Schweiger, Wolfgang (2007): Die digitale Herausforderung: Zehn Jahre Forschung zur computervermittelten Kommunikation. Wiesbaden: Verlag für Sozialwissenschaften

Kitsak, Maksim; Gallos, Lazaros K.; Havlin, Shlomo; Liljeros, Fredrik; Muchnik, Lev; Stanley, Eugene; Makse, Hern an A. (2010): Identifying influential spreaders in complex networks. In: Nature Physics, Band 6, Ausgabe 888, 2010

Kleinsteuber, Hans J.; Voss, Kathrin (2010): Internet und Politik - Auf dem Weg zur digitalen Gesellschaft? Universität Hamburg

Kluver, Randolph; Jankowski, Nicholas W.; Foot, Kirsten A.; Schneider, Steven M. (2007): The internet and national elections: A comparative study of web campaigning. London: Routledge

Kolo, Castulus (2010): Online-Medien und Wandel: Konvergenz, Diffusion, Substitution. Wiesbaden: Verlag für Sozialwissenschaften

Komus, Ayelt; Wauch, Franziska (2008): Wikimanagement - Was Unternehmen von Social Software und Web 2.0 lernen können. München: Oldenbourg

Korte, Karl-Rudolf (2010): Die Bundestagswahl 2009 – Konturen des Neuen Problemstellungen der Regierungs-, Parteien-, Wahl und Kommunikationsforschung. In: Korte, Karl-Rudolf (Hrsg.): Die Bundestagswahl 2009. Wiesbaden: Verlag für Sozialwissenschaften

König, Michael (2008): Neuer Wahlkampfschlager: Plakate spenden - Wähle deine Wand. URL: http://www.sueddeutsche.de/politik/neuer-wahlkampfschlager-plakate-spenden-waehle-deine-wand-1.168260 [Zugriff: 2.11.2012]

Kreiss, Daniel (2012): Yes We Can (Profile You): A Brief Primer on Campaigns and Political Data. In: Stanford Law Review Online, Band 64, Ausgabe 70, 2012

Krotz, Friedrich (2005): Handlungstheorien. In: Mikos, Lothar; Wegener, Claudia (Hrsg.): Qualitative Medienforschung. Konstanz: UVK Verlagsgesellschaft

Kuhlen, Rainer (2009): Die Mondlandung des Internet. Konstanz: UVK Verlagsgesellschaft

Kuhn, Yvonne (2007): Professionalisierung deutscher Wahlkämpfe? Wahlkampagnen seit 1953. Wiesbaden: Deutscher Universitäts-Verlag

Kunert, Jessica; Schmidt, Jan (2011): Hub, Fine-Tuner oder Business as Usual? Social Network Sites und die Bundestagswahl 2009. In: Schweitzer, Eva Johanna; Albrecht, Steffen (Hrsg.): Das Internet im Wahlkampf. Wiesbaden: Verlag für Sozialwissenschaften

Kunze, Björn; Bauer, Yvonne; Becker, Frederike (2011): Der Online-Wahlkampf im Praxis-Test: Die Web-Aktivitäten von Direktkandidaten zur Bundestagswahl 2009. In: Schweitzer, Eva Johanna; Albrecht, Steffen (Hrsg.): Das Internet im Wahlkampf. Wiesbaden: Verlag für Sozialwissenschaften

Kuster, Bernhard (2004): Dis Fallstudienmethode - Ziele & Bearbeitungsschema. Universität Zürich

Kübler, Hans-Dieter (2005): Medienproduktionsforschung. In: Mikos, Lothar; Wegener, Claudia (Hrsg.): Qualitative Medienforschung. Konstanz: UVK Verlagsgesellschaft

Lange, Patricia G. (2007): Publicly Private and Privately Public: Social Networking on YouTube. In: Journal of Computer-Mediated Communication, Band 13, Ausgabe 1, 2007

Langner, Mechthild (2003): Konzeption und Gestaltung von Werbemitteln. In: Schneider, Karl; Pflaum, Dieter (Hrsg.): Werbung in Theorie und Praxis. Waiblingen: M & S

Lasswell, Harold (1967): The Structure and Function of Communication in Society. In: Bryson, Lyman (Hrsg.): The Communication of Ideas. New York: Cooper Square

Lee, Yeon-Ok (2009): Internet Election 2.0? Culture, Institutions, and Technology in the Korean Presidential Elections of 2002 and 2007. In: Journal of Information Technology & Politics, Band 6, Ausgabe 3, 2009

Leif, Thomas; Rohwerder, Jan; Kuleßa, Peter (2008): Strategie in der Politik – Anatomie einer Überforderung. In: Neue Soziale Bewegungen, Band 21, Ausgabe 1, 2008

Leimbrock, Burkhard (2001): Markenaufbau im Netz. Hamburg: Gruner & Jahr

Lev-On, Azi (2010): Online Political Campaigns: A Bird's Eye View. In: Internet, Politics, Policy 2010: An Impact Assessment. Oxford Internet Institute, University of Oxford 16.-17. September 2010

Levine, Rick; Locke, Christopher; Searls, Doc; Weinberger, David (2009): The Cluetrain Manifesto - 10th Anniversary Edition. New York: Basic Books

Li, Charlene; Bernoff, Josh (2011): Groundswell: Winning in a World Transformed by Social Technologies. Boston: Harvard Business Review Press

Liebold, Renate; Trinczek, Rainer (2009): Experteninterview. In: Kühl, Stefan; Strodtholz, Petra; Taffertshofer, Andreas (Hrsg.): Handbuch Methoden der Organisationsforschung : Quantitative und Qualitative Methoden. Wiesbaden: Verlag für Sozialwissenschaften

Lilleker, Darren G.; Jackson, Nigel A. (2011): Elections 2.0: Comparing E-Campaigns in France, Germany, Great Britain and the United States. In: Schweitzer, Eva Johanna;

Albrecht, Steffen (Hrsg.): Das Internet im Wahlkampf. Wiesbaden: Verlag für Sozialwissenschaften

Lilleker, Darren G.; Jackson, Nigel A. (2010): Towards a More Participatory Style of Election Campaigning? The Impact of Web 2.0 on the UK 2010 General Election. In: Internet, Politics, Policy 2010: An Impact Assessment. Oxford Internet Institute, University of Oxford 16.-17. September 2010

Lilleker, Darren G.; Koc-Michalska, Karolina; Schweitzer, Eva Johanna; Jacunski, Michal; Jackson, Nigel A.; Vedel, Thierry (2011): Informing, engaging, mobilizing or interacting: Searching for a European model of web campaigning. In: European Journal of Communication, Band 26, Ausgabe 3, 2011

Lindenmann, Walter K. (1993): An Effectiveness Yardstick to Measure Public Relations Success. In: Public Relations Quarterly, Band 1, Ausgabe 38, 1993

Lindner, Ralf (2007): Politischer Wandel durch digitale Netzwerkkommunikation? Strategische Anwendung neuer Kommunikationstechnologien durch kanadische Parteien und Interessengruppen. Wiesbaden: Verlag für Sozialwissenschaften

Linoff, Gordon S.; Berry, Michael J (2011): Data Mining Techniques. Indianopolis: Wiley

Littig, Beate (2009): Interviews mit Eliten – Interviews mit ExpertInnen: Gibt es Unterschiede? In: Bogner, Alexander (Hrsg.): Das Experteninterview : Theorie, Methode, Anwendung. Opladen: Leske + Budrich

Liu, Bing (2011): Web Data Mining - Exploring Hyperlinks, Contents and User Data. Berlin: Springer

Liu, Bing (2012a): Sentiment Analysis and Opinion Mining. San Rafael: Morgan & Claypool

Liu, Bing (2012b): Sentiment Analysis and Opinion Mining. In: AAAI-, EACL-, and Sentiment Analysis Symposium. Chicago, 2012

Löbler, Helge (2007): Die Entstehung von Bedeutung im Kommunikationsprozess. In: Bauer, Hans; Große-Leege, Dirk; Rösger, Jürgen (Hrsg.): Interactive Marketing im Web 2.0. München: Verlag Franz Vahlen

Luhmann, Niklas (1970): Öffentliche Meinung. In: Politische Vierteljahresschrift, Band 11, Ausgabe 1, 1970

Macnamara, Jim (1999): Research in public relations: a review of the use of evaluation and formative research. In: Asia Pacific Public Relations Journal, Band 1, Ausgabe 2, 1999

Macnamara, Jim (2002): Research and evaluation. In: Tymson, Candy; Lazar, Peter; Lazar, Richard (Hrsg.): The New Australian and New Zealand Public Relations Manual. Sydney: Tymson Communication

Macnamara, Jim (2005): Jim Macnamara's Public Relations Handbook. Sydney: Archipelago Press

Macnamara, Jim (2010a): Public relations and the social: how practitioners are using, or abusing, social media. In: Asia Public Relations Journal, Band 11, 2010

Macnamara, Jim (2010b): E-Electioneering 2010: Social Media in the Australian Federal Election. University of Technology Sydney

Mann, Jeffrey (2011): Hype Cycle for Social Software, 2011. Gartner Research

Marx, Falko (2011): Social Networks in Online-Wahlkampagnen - Eine empirische Untersuchung der Bundestagswahl 2009. München: Akademische Verlagsgemeinschaft München

Mason, Mark (2010): Sample size and saturation in PhD Studies Using Qualitative Interviews. In: Forum Qualitative Sozialforschung, Band 11, Ausgabe 3, 2010

Mayer, Horst Otto (2009): Interview und schriftliche Befragung. München: Oldenbourg

McAllister, Ian; Gibson, Rachel Kay (2005): Does Cyber Campaigning Win Votes? Sidney: Center for the Study of Democracy

Meeder, Uta (2007): Werbewirkungsmessung im Internet. Wiesbaden: Deutscher Universitäts-Verlag

Meier, Andreas; Zumstein, Darius (2012): Web Analytics & Web Controlling. Heidelberg: dpunkt Verlag

Meikle, Graham (2010): Intercreativity: Mapping Online Activism. In: International Handbook of Internet Research, Ausgabe Chapter 22, 2010

Meiritz, Anette (2011): Wahlkampf in Hamburg. URL: http://www.spiegel.de/politik/deutschland/0,1518,742177,00.html [Zugriff: 29.3.2011]

Meng, Richard (2008): Politische Kommunikation und Strategie – Thesen und Fragen. In: Neue Soziale Bewegungen, Band 21, Ausgabe 1, 2008

Merx, Oliver; Bachem, Christian (2004): Multichannel-Marketing-Handbuch. Berlin: Springer

Merz, Manuel; Rhein, Stefan (2009): Wahlkampf im Internet. Münster: LIT

Meuser, Michael; Nagel, Ulrike (2010): Das Experteninterview – wissenssoziologische Grundlagen und methodische Durchführung. Vortrag an der Graduate School des Research Center Media and Communication, 14.9.2010, Universität Hamburg

Meuser, Michael; Nagel, Ulrike (1991): ExpertInneninterviews – vielfach erprobt, wenig bedacht. Ein Beitrag zur qualitativen Methodendiskussion. In: Garz, Detlef; Kraimer, Klaus (Hrsg.): Qualitativ-empirische, Sozialforschung. Opladen: Westdeutscher Verlag

Meuser, Michael; Nagel, Ulrike (2008): ExpertInneninterview: Zur Rekonstruktion spezialisierten Sonderwissens. In: Becker, Ruth; Budrich, Barbara (Hrsg.): Handbuch Frauen- und Geschlechterforschung : Theorie, Methoden, Empirie. Wiesbaden: Verlag für Sozialwissenschaften

Meuser, Michael; Nagel, Ulrike (2009): Das Experteninterview – konzeptionelle Grundlagen und methodische Anlage. In: Pickel, Susanne; Pickel, Gert; Lauth, Hans-Joachim (Hrsg.): Methoden der vergleichenden Politik- und Sozialwissenschaft : Neue Entwicklungen und Anwendungen. Wiesbaden: GWV

Meyer, Thomas M. (2012): Dropping the unitary actor assumption: The impact of intraparty delegation on coalition governance. In: Journal of Theoretical Politics, Ausgabe 3, Januar 2012

Michelis, Daniel (2012): Einführung in die sozialen Medien - Social Media Modell und strategischer Leitfaden. In: Michelis, Daniel; Schildhauer, Thomas (Hrsg.): Social Media Handbuch. Baden-Baden: Nomos

Michelis, Daniel; Schildhauer, Thomas (2012): Social Media Handbuch - Theorien, Methoden, Modelle und Praxis. Baden-Baden: Nomos

Mikos, Lothar (2005): Teilnehmende Beobachtung. In: Mikos, Lothar; Wegener, Claudia (Hrsg.): Qualitative Medienforschung. Konstanz: UVK

Mintzberg, Henry (1994): The Rise and Fall of Strategic Planning. Hertfordshire: Prentice Hall International

Morris, Merrill; Ogan, Christine (1996): The Internet as Mass Medium. In: Journal of Communication, Band 46, Ausgabe 1, 1996

Muno, Wolfgang (2009): Fallstudien und die vergleichende Methode. In: Pickel, Susanne; Pickel, Gert; Lauth, Hans-Joachim; Jahn, Detlef (Hrsg.): Methoden der vergleichenden Politik- und Sozialwissenschaft. Wiesbaden: Verlag für Sozialwissenschaften

Münch, Richard (1995): Dynamik der Kommunikationsgesellschaft. Frankfurt: Suhrkamp Verlag

Münkler, Herfried (2010): Zum Verhältnis von politischer und militärischer Strategie. In: Raschke, Joachim; Tils, Ralf (Hrsg.): Strategie in der Politikwissenschaft - Konturen eines neuen Forschungsfelds. Wiesbaden: Verlag für Sozialwissenschaften

Negrine, Ralph; Lilleker, Darren G. (2002): The Professionalization of Political Communication: Continuities and Change in Media Practices. In: European Journal of Communication, Band 17, Ausgabe 3, 2002

Neidhardt, Friedhelm (1994): Öffentlichkeit, öffentliche Meinung, soziale Bewegungen. In: Sonderheft der Kölner Zeitschrift für Soziologie und Sozialpsychologie, Band 34, 1994

Neuwerth, Lars (2001): Strategisches Handeln in Wahlkampfsituationen: der Bundestagswahlkampf 1998. Hamburg: Kovac

Newman, Bruce I. (2006): Branding and Political Marketing in the United States. In: Strebinger, Andreas; Mayerhofer, Wolfgang; Kurz, Helmut (Hrsg.): Werbe-und Markenforschung. Wiesbaden: Gabler

Nielsen, Rasmus Kleis (2009): The Labors of Internet-Assisted Activism: Overcommunication, Miscommunication, and Communicative Overload. In: Journal of Information Technology & Politics, Band 6, Ausgabe 3, 2009

Nielsen, Rasmus Kleis; Vaccari, Cristian (2012): Do People Like Candidates On Facebook? — from Direct to Institutional and Indirect Effects of Social Media in Politics. In: IPSA World Congress. 8.-12. Juli 2012, Madrid

Nissenbaum, Helen Fay; Price, Monroe Edwin (2004): Academy & the Internet. New York: Peter Lang

Norris, Pippa (2002): The Bridging and Bonding Role of Online Communities. In: The Harvard International Journal of Press & Politics, Band 7, Ausgabe 3, 2002

Norris, Pippa (2006): If You Build a Political Web Site, Will They Come?. In: International Journal of Electronic Government Research, 2006

Norris, Pippa (2008): Getting the Message Out: A Two-Step Model of the Role of the Internet in Campaign Communication Flows During the 2005 British General Election. In: Journal of Information Technology & Politics, Band 4, Ausgabe 4, 2008

Nothhaft, Howard (2010): Kommunikationsmanagement als professionelle Organisationspraxis. Wiesbaden: Verlag für Sozialwissenschaft

O'Sullivan, Patrick B. (2000): What you don„t know won"t hurt me: Impression Management Functions of Communication Channels in Relationships. In: Human Communication Research, Band 26, Ausgabe 3, 2000

Owyang, Jeremiah (2010): Altimeter Report: Social Marketing Analytics (With Web Analytics Demystified). URL: http://www.altimetergroup.com/2010/04/altimeter-report-social-marketing-analytics-with-web-analytics-demystified.html [Zugriff: 1.5.2012]

Owyang, Jeremiah; Lovett, John (2010): Social Marketing Analytics - A New Framework for Measuring Results in Social Media. URL: http://www.slideshare.net/jlovett/social-marketing-analytics [Zugriff: 1.5.2012]

Padró-Solanet, Albert (2010): Internet and Votes: The Impact of New ICTs on the 2008 Spanish Parliamentary Elections. In: Internet, Politics, Policy 2010: An Impact Assessment. Oxford Internet Institute, University of Oxford 16.-17. September 2010

Pang, Bo; Lee, Lillian (2008): Opinion Mining and Sentiment Analysis. In: Foundations and Trends in Information Retrieval, Band 2, Ausgabe 1-2, 2008

Pape, von, Thilo; Quandt, Thorsten (2010): Wen erreicht der Wahlkampf 2.0? Eine Repräsentativstudie zum Informationsverhalten im Bundestagswahlkampf 2009. In: Media Perspektiven. Ausgabe 9, 2010

Paquette, Laure (2005): Campaign Strategy And The Key To Political Longevity. New York: Nova Science

Park, Hun Myoung; Perry, James L. (2008): Do Campaign Web Sites Really Matter in Electoral Civic Engagement?. In: Social Science Computer Review, Band 26, Ausgabe 2, 2008

Pasek, Josh; More, Eiann; Romer, Daniel (2009): Realizing the Social Internet? Online Social Networking Meets Offline Civic Engagement. In: Journal of Information Technology & Politics, Band 6, Ausgabe 3, 2009

Pearlman, Nathaniel G. (2012): Margin of Victory. Santa Barbara: Praeger

Pepels, Werner (2011): Marketing-Kommunikation. Konstanz: UVK

Pfadenhauer, Michaela (2009): Auf gleicher Augenhöhe. Das Experteninterview – ein Gespräch zwischen Experte und Quasi-Experte. In: Bogner, Alexander (Hrsg.): Das Experteninterview : Theorie, Methode, Anwendung. Opladen: Leske + Budrich

Pfannenberg, Jorg (2009): Die Balanced Scorecard im strategischen Kommunikations-Controlling. Universitat Leipzig

Phillips, Dafydd (2011): How To Get Your House in Order. In: Communication Director, Ausgabe 1, 2011

Pickel, Susanne; Pickel, Gert; Lauth, Hans-Joachim; Jahn, Detlef (2009): Differenzierung und Vielfalt der vergleichenden Methoden in den Sozialwissenschaften. In: Pickel, Susanne; Pickel, Gert; Lauth, Hans-Joachim; Jahn, Detlef (Hrsg.): Methoden der vergleichenden Politik- und Sozialwissenschaft. Wiesbaden: Verlag für Sozialwissenschaften

Plehwe, Kerstin (2007): Politische Dialogkommunikation im Bundestagswahlkampf 2005. In: Rieksmeier, Jörg (Hrsg.): Praxisbuch: Politische Interessenvermittlung - Instrumente - Kampagnen - Lobbying. Springer258

Pleil, Thomas (2010): Public Relations im Social Web - Gewinnung und Analyse von Daten über das Kommunikationsverhalten im Internet. In: Walsh, Gianfranco (Hrsg.): Web 2.0. Berlin: Springer Verlag412, URL: http://www.springerlink.com/content/g63k785v71335416/ []

Pleil, Thomas; Zerfass, Ansgar (2007): Internet und Social Software in der Unternehmenskommunikation. In: Piwinger, Manfred; Zerfass, Ansgar (Hrsg.): Handbuch Unternehmenskommunikation. Wiesbaden: Gabler

Porten-Cheé, Pablo (2010a): Lessons Learned from Obama? The Effect of Individual Use of Party Websites on Voting in the Elections to the European Parliament 2009 in Germany. In: Internet, Politics, Policy 2010: An Impact Assessment. Oxford Internet Institute, University of Oxford 16.-17. September 2010

Porten-Cheé, Pablo (2010b): Vernetztes Wählen? In: Düsseldorfer Forum Politische Kommunikation (DFPK), April 08-10, 2010, Düsseldorf

Pöllmann, Nicolas (2012): Die Suche nach dem Next Big Thing: Was aus zehn gehypten Social Networks wurde. URL: http://www.markenfuehrung-online.de/2012/09/die-suche-nach-dem-next-big-thing-was_28.html [Zugriff: 1.10.12.2012]

Puscher, Frank (2012): Social Media Monitoring. In: c't - Magazin für Computertechnik, Ausgabe 23, 2012

Radunski, Peter (2002): Die Zukunft des political Consulting - Politische Berater in Deutschland. In: Machnig, Mathias (Hrsg.): Politik - Medien - Wähler. Leske & Budrich

Raschke, Joachim; Tils, Ralf (2007): Politische Strategie - Eine Grundlegung. Wiesbaden: Verlag für Sozialwissenschaften

Raschke, Joachim; Tils, Ralf (2008a): Politische Strategie. In: Neue Soziale Bewegungen, Band 21, Ausgabe 1, 2008

Raschke, Joachim; Tils, Ralf (2008b): Akteure, Berater und Beobachter, oder: Wie kommt Strategie in die Politik?. In: Zeitschrift für Politikberatung, Band 1, Ausgabe 2, 16.11.2008

Raschke, Joachim; Tils, Ralf (2010a): Positionen einer politischen Strategieanalyse. In: Raschke, Joachim; Tils, Ralf (Hrsg.): Strategie in der Politikwissenschaft - Konturen eines neuen Forschungsfelds. Wiesbaden: Verlag für Sozialwissenschaften

Raschke, Joachim; Tils, Ralf (2010b): Ausgangspunkte der Analyse politischer Strategie. In: Raschke, Joachim; Tils, Ralf (Hrsg.): Strategie in der Politikwissenschaft - Konturen eines neuen Forschungsfelds. Wiesbaden: Verlag für Sozialwissenschaften

Raupp, Juliana (2008): Evaluating Strategic Communication. In: Zerfass, Ansgar; van Ruler, Betteke; Sriramesh, Krishnamurthy (Hrsg.): Public Relations Research - European Perspectives and Innovations. Wiesbaden: Verlag für Sozialwissenschaften

Reber, Bryan H; Kim, Jun Kyo (2006): How Activist Groups Use Websites in Media Relations: Evaluating Online Press Rooms. In: Journal of Public Relations Research, Band 18, Ausgabe 4, 10.2006

Richter, Kerstin (2012): Strategisches Denken trifft auf Bauchgefühl. In: Werben & Verkaufen, Ausgabe 42, 2012

Richter, Kerstin; Hammer, Peter (2013): Der letzte Betonkopf ist jetzt überzeugt worden. In: W&V, Ausgabe 1-2, 2013

Rogers, Richard (2010): Internet Research: The Question of Method—A Keynote Address from the YouTube and the 2008 Election Cycle in the United States Conference. In: Journal of Information Technology & Politics, Band 7, Ausgabe 2, 2010

Rohlfing, Ingo (2009): Vergleichende Fallanalysen. In: Pickel, Susanne; Pickel, Gert; Lauth, Hans-Joachim; Jahn, Detlef (Hrsg.): Methoden der vergleichenden Politik- und Sozialwissenschaft. Wiesbaden: Verlag für Sozialwissenschaften

Roock, Arne (2011): Wahlkampf. Frankfurt: Peter Lang

Rosenstiel, von, Lutz; Nerdinger, Friedemann W (2011): Grundlagen der Organisationspsychologie. Stuttgart: Schäffer-Poeschel

Roth, Thomas (1986): Sprachstil und Problemlösekompetenz - Untersuchungen zum Formwortgebrauch im Lauten Denken erfolgreicher und erfolgloser Bearbeiter komplexer Probleme. Uni Göttingen

Rottbeck, Britta (2012): Der Online-Wahlkampf Der Volksparteien 2009. Wiesbaden: Verlag für Sozialwissenschaften

Römmele, Andrea (2005): Direkte Kommunikation zwischen Parteien und Wählern. Wiesbaden: Verlag für Sozialwissenschaften

Röttger, Ulrike (2009): Campaigns (f)or a better world? In: Röttger, Ulrike (Hrsg.): PR Kampagnen (4. überarbeitete und erweiterte Auflage). Wiesbaden: Verlag für Sozialwissenschaften

Rußmann, Uta (2010): Targeting via the Web: A Comparative Structural Analysis of Austrian and German Party Websites. In: Internet, Politics, Policy 2010: An Impact Assessment. Oxford Internet Institute, University of Oxford 16.-17. September 2010

Rygielski, Chris; Wang, Jyun-Cheng; Yen, David C (2002): Data Mining Techniques for Customer Relationship Management. In: Technology in Society, Band 24, Ausgabe 4, 2002

Sabato, Larry (1981a): The Rise of Political Consultants - New Ways of Winning Elections. New York: Basic Books

Sarcinelli, Ulrich (1997): Wahlkampf. In: Andersen, Uwe; Woyke, Wichard (Hrsg.): Handwörterbuch des politischen Systems der Bundesrepublik Deutschland. Bonn: Bundeszentrale für politische Bildung

Sarcinelli, Ulrich (2010a): Strategie und politische Kommunikation. Mehr als die Legitimation des Augenblicks. In: Raschke, Joachim; Tils, Ralf (Hrsg.): Strategie in der Politikwissenschaft - Konturen eines neuen Forschungsfelds. Wiesbaden: Verlag für Sozialwissenschaften

Sarcinelli, Ulrich (2010b): Die Medien und das politische System: Zum Spannungsverhältnis zwischen Darstellungspolitik und Entscheidungspolitik. In: Sarcinelli, Ulrich (Hrsg.): Politische Kommunikation in Deutschland. Wiesbaden: Verlag für Sozialwissenschaften

Saxer, Ulrich (1998): Medien-Kulturkommunikation. Opladen: Westdeutscher Verlag

Schmidt, Jan (2009): Das neue Netz. UVK

Schmitt-Beck, Rüdiger (2008): Professionalisierte Kommunikation. In: Neue Soziale Bewegungen, Band 21, Ausgabe 1, 2008

Schmitt-Beck, Rüdiger; Wolsing, Ansgar (2010): Der Wähler begegnet den Parteien - Direkte Kontakte mit der Kampagnenkommunikation. In: Korte, Karl-Rudolf (Hrsg.): Die Bundestagswahl 2009. Wiesbaden: Verlag für Sozialwissenschaften

Schneemann, Kay (2006): Das Handbuch zur Online-Werbewirkung. Hamburg: Gruner & Jahr

Schneemann, Kay (2003): Was wirkt wie? Hamburg: Gruner & Jahr

Schneemann, Kay (2004): Erfolx Storys. Hamburg: Gruner & Jahr

Schneider, Wolfgang (2011): Früherkennung durch Intuition. Wiesbaden: Gabler

Schönhagen, Philomen (2004): Soziale Kommunikation im Internet. Bern: Peter Lang

Schulten, Matthias; Mertens, Artur; Horx, Andreas (2012): Social Branding. Wiesbaden: Gabler Verlag

Schultz, Friederike; Wehmeier, Stefan (2010): Online Relations. In: Schweiger, Wolfgang; Beck, Klaus (Hrsg.): Handbuch Online-Kommunikation. Wiesbaden: Verlag für Sozialwissenschaften

Schulz, Sebastian; Mau, Gunnar; Löffler, Stella (2011): Motive und Wirkungen im viralen Marketing. In: Walsh, Gianfranco (Hrsg.): Web 2.0. Berlin: Springer

Schulz, Winfried (1976): Die Konstruktion von Realität in den Nachrichtenmedien. Freiburg: Alber

Schulz, Winfried (2011): Politische Kommunikation: Theoretische Ansätze und Ergebnisse empirischer Forschung zur Rolle der Massenmedien in der Politik. Wiesbaden: Verlag für Sozialwissenschaften

Schütz, Alfred (1972): Gesammelte Aufsätze 2, Studien zur soziologischen Theorie. Den Haag: Nijhoff

Schwarz, Thorsten (2007): 30 Minuten Online-Marketing. Waghäusel: Marketing Börse

Schwarz, Torsten (2008): Leitfaden Online-Marketing. Waghäusel: Marketing Börse

Schwarz, Torsten (2011): Leitfaden Online-Marketing (Band 2). Waghäusel: Marketing Börse

Schweiger, Wolfgang (2010): Informationsnutzung online: Informationssuche, Selektion, Rezeption und Usability von Online-Medien. In: Schweiger, Wolfgang; Beck, Klaus (Hrsg.): Handbuch Online-Kommunikation. Wiesbaden: Verlag für Sozialwissenschaften

Schweiger, Wolfgang (2013): Lexikon Kommunikations- & Medienwissenschaft. In: Bentele, Günter; Brosius, Hans-Bernd; Jarren, Otfried (Hrsg.): Lexikon Kommunikations- & Medienwissenschaft. Wiesbaden: Springer Fachmedien

Schweitzer, Eva Johanna (2006): Professionalisierung im Online-Wahlkampf? Ein Längsschnittvergleich deutscher Partei-Websites zu den Bundestagswahlen 2002 und 2005. In: Holtz-Bacha, Christina (Hrsg.): Die Massenmedien im Wahlkampf. Wiesbaden: Verlag für Sozialwissenschaften

Schweitzer, Eva Johanna (2008): Innovation or Normalization in E-Campaigning?. In: European Journal of Communication, Band 23, Ausgabe 4, 2008449

Schweitzer, Eva Johanna (2010): Normalisierung 2.0. Die Online-Wahlkämpfe deutscher Parteien zu den Bundestagswahlen 2002-2009. In: Korte, Karl-Rudolf (Hrsg.): Die Bundestagswahl 2009. Wiesbaden: Verlag für Sozialwissenschaften

Schweitzer, Eva Johanna (2005): Election Campaigning Online: German Party Websites in the 2002 National Elections. In: European Journal of Communication, Band 20, Ausgabe 3, 2005

Schweitzer, Eva Johanna; Albrecht, Steffen (2011a): Das Internet im Wahlkampf: Eine Einführung. In: Schweitzer, Eva Johanna; Albrecht, Steffen (Hrsg.): Das Internet im Wahlkampf. Wiesbaden: Verlag für Sozialwissenschaften

Schweitzer, Eva Johanna; Albrecht, Steffen (2011b): Das Internet im Wahlkampf. Wiesbaden: Verlag für Sozialwissenschaften

Scoble, Robert; Israel, Shel (2006): Naked Conversations. Hoboken: John Wiley & Sons

Seward, Zachary M. (2014): The homepage is dead, and the social web has won—even at the New York Times. URL: http://qz.com/209950/the-homepage-is-dead-and-the-social-web-has-won-even-at-the-new-york-times/ [Zugriff: 16.5.2014]

Shin, Ho Kyoung; Kim, Kyung Kyu (2010): Examining Identity and Organizational Citizen-ship Behaviour in Computer-Mediated Communication. In: Journal of Information Science, Band 36, Ausgabe 1, 2010

Siegert, Gabriele (2010): Online-Kommunikation und Werbung. In: Schweiger, Wolfgang; Beck, Klaus (Hrsg.): Handbuch Online-Kommunikation. Wiesbaden: Verlag für Sozialwissenschaften

Siegert, Gabriele (2011): Online-Kommunikation und Werbung. In: Schweiger, Wolfgang; Beck, Klaus (Hrsg.): Handbuch Online-Kommunikation. Wiesbaden: Verlag für Sozialwissenschaften

Siegert, Gabriele; Brecheis, Dieter (2010): Werbung in der Medien-und Informationsgesell-schaft: eine kommunikationswissenschaftliche Einführung. Wiesbaden: Verlag für Sozialwissenschaften

Siewert, Tilo (2010): Politische PR im Internet Online - Parteienkommunikation im Web 2.0. Ernst-Moritz-Arndt-Universität Greifswald

Smith, Aaron (2009): The Internet's role in campaign 2008. URL: http://web.pewinternet.org/~/media/Files/Reports/2009/The_Internets_Role_in_C ampaign_2008.pdf [Zugriff: 7.1.2013]

Spicer, Christopher (1997): Organizational Public Relations. Mahwah: Erlbaum

Sponder, Marshall; Mahlzahn, Stefan (2011): Social Media Return of Investment. URL: http://social-media-monitoring.blogspot.de/2011/07/gastbeitrag-social-media-return-of.html [Zugriff: 5.2012]

Spreng, Michael H. (2008): Der größte Feind der Strategie. In: Neue Soziale Bewegungen, Band 21, Ausgabe 1, 2008

Stauss, Frank (2002): Wählt Markenpolitik! In: Machnig, Mathias (Hrsg.): Politik - Medien - Wähler. Opladen: Leske & Budrich

Steuer, Philipp (2012): Plus Eins - Das Google+ Buch für Jedermann. URL: http://philippsteuer.de/google-plus-buch/ [Zugriff: 9.7.2012]

Strandberg, Kim (2008): Online Electoral Competition in Different Settings: A Comparative Meta-Analysis of the Research on Party Websites and Online Electoral Competition. In: Party Politics, Band 14, Ausgabe 2, 1.3.2008

Strohmeier, Gerd (2002): Moderne Wahlkämpfe - Wie sie geplant, geführt und gewonnen werden. Baden-Baden: Nomos

Strout, Dick (2008): Social Networking: An Age-Neutral Commodity - Social Networking Becomes a Mature Web Application. In: Journal of Direct, Data and Digital Marketing Practice, Band 9, 2008

Strömbäck, Jesper (2007): Political Marketing and Professionalized Campaigning. In: Jour-nal of Political Marketing, Band 6, Ausgabe 2-3, 2007

Sudulich, Maria Laura; Wall, Matthew; Jansen, Elmar; Cunningham, Kevin (2010): Me too for web 2.0? Patterns of online campaigning among candidates in the 2010 UK general elections. In: Internet, Politics, Policy 2010: An Impact Assessment. Oxford Internet Institute, University of Oxford 16.-17. September 2010

Süß, Heinz-Martin (1999): Intelligenz und komplexes Problemlösen. In: Psychologische Rundschau, Band 50, Ausgabe 4, 1999

Sweetser, Kaye D.; Lariscy, Ruthann Weaver (2008): Candidates Make Good Friends: An Analysis of Candidates' Uses of Facebook. In: International Journal of Strategic Com-munications, Band 2, 2008

Tanzer, Myles (2014): New York Times Internal Report Painted Dire Digital Picture. URL: http://www.buzzfeed.com/mylestanzer/exclusive-times-internal-report-painted-dire-digital-picture [Zugriff: 16.5.2014]

Tenscher, Jens (2005): Professionalisierung nach Wahl. Ein Vergleich der Parteienkampagnen im Rahmen der jüngsten Bundestags-und Europawahlkämpfe in Deutschland. In: Korte, Karl-Rudolf (Hrsg.): Die Bundestagswahl 2009. Wiesbaden: Verlag für Sozialwissenschaften

Thompson, Derek (2014): What the Death of Homepages Means for the Future of News. URL: http://www.theatlantic.com/business/archive/2014/05/what-the-death-the-homepage-means-for-news/370997/ [Zugriff: 16.5.2014]

Tillmanns-Estorf, Bernadette; Bachem, Christian; Schrammel, Wolfgang (2009): Controlling der digitalen Unternehmenskommunikation bei B. Braun mit WebXF. In: Pfannenberg, Jorg; Zerfass, Ansgar (Hrsg.): Wertschöpfung durch Kommunikation: Kommunikations-Controlling in der Unternehmenspraxis. Frankfurt: FAZ Institut

Tong, Stephanie Tom; Van Der Heide, Brandon; Langwell, Lindsey; Walther, Joseph B. (2008): Too Much of a Good Thing? The Relationship Between Number of Friends and Interpersonal Impressions on Facebook. In: Journal of Computer-Mediated Communication, Band 13, Ausgabe 3, 2008

Trammell, Kaye D.; Williams, Andrew P.; Postelnicu, Monica; Landreville, Kristen D. (2006): Evolution of online campaigning: Increasing interactivity in candidate Web sites and blogs through text and technical features. In: Mass Communication & Society, Band 9, Ausgabe 6, 2006

Tropp, Jörg (2011): Moderne Marketing-Kommunikation. Wiesbaden: Verlag für Sozialwissenschaften

Tyler, Joshua R.; Tang, John C. (2003): When Can I Expect an Email Response? A Study of Rythms in Email Usage. In: European Conference on Computer-Supported Cooperative Work. 14-18 September 2003, Helsinki

Ulitzka, Fabian (2011): Interdisziplinäre Online-Marketing Kampagnen. In: Schwarz, Torsten (Hrsg.): Leitfaden Online-Marketing (Band 2). Waghäusel: Marketing Börse

Unger, Simone (2012): Parteien und Politiker in Sozialen Netzwerken. Wiesbaden: Verlag für Sozialwissenschaften

Universität Münster, Fachbereich Wirtschaftwissenschaften (2011): Das Stakeholder-Konzept. URL: http://www.wiwi.uni-muenster.de/06//toplinks/glossar/glossar.php?begriff=60 [Zugriff: 31.10.2011]

Utz, Sonja (2010): Show me your friends and I will tell you what type of person you are - How one's profile, number of friends, and type of friends influence impression formation on social network sites. In: Journal of Computer-Mediated Communication, Band 15, Ausgabe 2, 2010

van Ruler, Betteke (2000): Communication Management in the Netherlands. In: Public Relations Review, Band 4, Ausgabe 26, 2000

van Ruler, Betteke (2004): The Communication Grid: an Introduction of a Model of Four Communication Strategies. In: Public Relations Review, Band 30, Ausgabe 2, 2004

van Ruler, Betteke; Vercic, Ana Tkalac; Vercic, Dejan (2008): Public Relations Metrics - Research and Evaluation. New York & London: Routledge

Varain, Heinz-Josef (1965): Parteien und Wähler. In: Sänger, Klaus; Liepelt, Fritz (Hrsg.): Wahlhandbuch 1965. Frankfurt: Europäische Verlags-Anstalt

Verhoeven, Piet; Zerfass, Ansgar; Tench, Ralph (2011): Strategic Orientation of Communication Professionals in Europe. In: International Journal of Strategic Communications, Band 5, 2011

Vogel, Berthold (1995): Wenn der Eisberg zu schmelzen beginnt – Einige Reflexionen über den Stellenwert und die Probleme des Experteninterviews in der Praxis der empirischen Sozialforschung. In: Christian, Brinkmann; Deeke, Axel; Völkel, Brigitte (Hrsg.): Experteninterviews in der Arbeitsmarktforschung: Diskussionsbeiträge zu methodischen Fragen und praktischen Erfahrungen. Nürnberg: Institut für Arbeitsmarkt- und Berufsforschung der Bundesanstalt für Arbeit

Wagner, Hans (2009): Qualitative Methoden in der Kommunikationswissenschaft: ein Lehr- und Studienbuch. Baden-Baden: Nomos

Wagner, Jochen W. (2005): Deutsche Wahlwerbekampagnen Made in USA? Wiesbaden: Verlag für Sozialwissenschaften

Walsh, Gianfranco; Kilian, Thomas; Hass, Berthold H (2010): Grundlagen des Web 2.0. In: Walsh, Gianfranco (Hrsg.): Web 2.0. Berlin: Springer

Walter, Wolfgang (1994): Strategien der Politikberatung. Die Interpretation der Sachverständigen-Rolle im Lichte von Experteninterviews. In: Hitzler, Ronald; Honer, Anne; Maeder, Christoph (Hrsg.): Expertenwissen: die institutionalisierte Kompetenz zur Konstruktion von Wirklichkeit. Opladen: Westdeutscher Verlag

Wang, Alex (2007): When Web pages Influence Web Usability: Effects of Online Strategic Communication. In: International Journal of Strategic Communications, Band 1, Ausgabe 2, 2007

Waters, Richard D.; Tindall, Natalie T. J.; Morton, Timothy S. (2010): Media Catching and the Journalist–Public Relations Practitioner Relationship: How Social Media are Changing the Practice of Media Relations. In: Journal of Public Relations Research, Band 22, Ausgabe 3, 2.7.2010

Watson, Tom; Noble, Paul (2007): Evaluating Public Relations - A Best Practice Guide to Public Relations Planning, Research and Evaluation. London: Kogan

Watson, Tom; Zerfass, Ansgar (2011): Return on Investment in Public Relation - A Critical Assessment of Concepts Used by Practitioners from the Perspectives of Communication and Management Sciences. In: EUPRERA 2011, Annual Conference of the European Public Relations Education and Research Association. 8.-10. September 2011, Leeds Metropolitan University, Leeds

Watson, Tom; Zerfass, Ansgar; Grunig, James (2011): A Dialogue on ROI. URL: http://www.instituteforpr.org/2011/10/a-dialog-on-roi/ [Zugriff: 25.11.2011]

Weber, Max (1980): Wirtschaft und Gesellschaft. Grundriss der verstehenden Soziologie. Tübingen: Mohr-Siebeck

Weinberg, Tamar; Pahrmann, Corina (2011): Social Media Marketing - Strategien für Facebook, Twitter & Co. Köln: O'Reilly

Westerman, David; Van Der Heide, Brandon; Klein, Katherine A.; Walther, Joseph B. (2008): How do people really seek information about others?: Information seeking across Internet and traditional communication channels. In: Journal of Computer-Mediated Communication, Band 13, Ausgabe 3, 2008

Wiesendahl, Elmar (2010): Rationalitätsgrenzen politischer Strategie. In: Raschke, Joachim; Tils, Ralf (Hrsg.): Strategie in der Politikwissenschaft - Konturen eines neuen Forschungsfelds. Wiesbaden: Verlag für Sozialwissenschaften

Willson, Michele (2010): The Possibilities of Network Sociality. In: Hunsinger, Jeremy; Klastrup, Lisbeth; Allen, Matthew (Hrsg.): International Handbook of Internet Research. 493–505

Wirtz, Bernd W. (2011): Marketing im Web 2.0. In: Wagner, Udo; Wiedmann, Klaus-Peter; Oelsnitz, Dietrich (Hrsg.): Das Internet der Zukunft. Wiesbaden: Gabler

Wirtz, Bernd W. (2009): Medien-und Internetmanagement. Springer Verlag

Wolinetz, Steven B (2002): Beyond the Catch-All Party: Approaches to the Study of Parties and Party Organization in Contemporary Democracies. In: Gunther, Richard; Montero, José R.;Linz, Juan (Hrsg.): Political parties : old concepts and new challenges. Oxford: Oxford University Press

www.agenturranking.de (2012): BVDW Internetagentur-Ranking 2012. URL: http://www.agenturranking.de/index.php?id=3471 [Zugriff: 13.8.2012]

www.communicatemagazine.co.uk (2012): Hold the Front Page. URL: http://www.communicatemagazine.co.uk/index.php?option=com_content&view=article&id=658:hold-the-front-page&catid=81:november-2009&Itemid=112 [Zugriff: 1.11.2012.2012]

www.horizont.net (2012): Kolle Rebbe und Shipyard begleiten die CDU zur Bundestagswahl. URL: http://www.horizont.net/aktuell/agenturen/pages/protected/Kolle-Rebbe-und-Shipyard-begleiten-die-CDU-zur-Bundestagswahl-2009_71941.html [Zugriff: 3.11.2012]

www.opensecrets.org (2011): Summary Data for Barck Obama. URL: http://www.opensecrets.org/pres08/summary.php?cid=n00009638 [Zugriff: 1.10.2011]

www.oreilly.com (2013): Data for the Public Good. URL: http://strata.oreilly.com/2012/02/data-public-good.html [Zugriff: 1.2.2013]

www.technologyreview.com (2012): The Democrats' New Weapon. URL: http://www.technologyreview.com/news/411403/the-democrats-new-weapon/ [Zugriff: 2.5.2012]

www.webxf.org (2012a): WebXF Web Excellence Forum Kurzportrait. URL: http://www.webxf.org/fileadmin/templates/Dokumente/WebXF_Kurzportrait_04.p df [Zugriff: 2.5.2012]

www.webxf.com (2012b): WebXF vergleicht Dialogleistung der Facebook-Auftritte von 66 Großunternehmen. URL: http://webxf.org/index.php?id=119 [Zugriff: 26.7.2012]

Young, Antony (2010): Brand Media Strategy - Integrated Communications Planning in the Digital Era. New York: Palgrave Macmillian

Zeh, Reimar (2010): Wie viele Fans hat Angela Merkel? Wahlkampf in Social Network Sites. In: Holtz-Bacha, Christina (Hrsg.): Die Massenmedien im Wahlkampf. Wiesbaden: Verlag für Sozialwissenschaften

Zerfass, Ansgar (2008a): The Corporate Communications Scorecard - A Framework for Managing and Evaluating Communication Strategies. In: van Ruler, Betteke; Vercic, Ana Tkalac; Vercic, Dejan (Hrsg.): Public Relations Metrics - Research and Evaluation. New York & London: Routledge

Zerfass, Ansgar (2008b): Corporate Communication Revisted: Integrating Business Strategy and Strategic Communication. In: Zerfass, Ansgar; van Ruler, Betteke; Sriramesh, Krishnamurthy (Hrsg.): Public Relations Research - European Perspectives and Innovations. Wiesbaden: Verlag für Sozialwissenschaften

Zerfass, Ansgar (2010): Assuring Rationality and Transparency in Corporate Communications: Theoretical Foundations and Empirical Findings on Communication Controlling and Communication Performance Management. In: Ethical issues for public relations practice in a multicultural world, 13th International Public Relations Research Conference, 10.-13. März 2010, University of Miami, Miami

Zerfass, Ansgar (2012): Wertschöpfung durch Kommunikation: WebQM-Verfahren. URL: http://www.communicationcontrolling.de/methoden/integrierte-systeme/webqm-verfahren.html [Zugriff: 1.11.2012.2012]

Zerfass, Ansgar; Fink, Stephan; Linke, Anne (2012a): Social Media 2012 - Wissenschaftliche Studie zu den Zukunftstrends der Social Media Kommunikation. URL: http://de.slideshare.net/FFPR/studienbericht-social-media-delphi-2012 [Zugriff: 1.11.2012.2012a]

Zerfass, Ansgar; Moreno, Angeles; Tench, Ralph; Vercic, Dejan; Verhoeven, Piet (2009): European Communication Monitor 2009. In: Public Relations Review, Band 35, Ausgabe 1, 2009

Zerfass, Ansgar; Tench, Ralph; Verhoeven, Piet; Vercic, Dejan; Moreno, Angeles (2012b): European Communication Monitor 2012. URL: http://www.zerfass.de/ecm/ECM2012-Results-ChartVersion.pdf [Zugriff: 8.12.2012b]

Zerfass, Ansgar; van Ruler, Betteke; Sriramesh, Krishnamurthy (2008): Public Relations Research - European Perspectives and Innovations. Wiesbaden: Verlag für Sozialwissenschaften

Zerfass, Ansgar; Verhoeven, Piet; Tench, Ralph; Moreno, Angeles; Vercic, Dejan (2011): European Communication Monitor 2011. 7.6.2011, URL: http://www.zerfass.de/ecm/ECM2011-Results-ChartVersion.pdf   [Zugriff: Dezember.2011]

Zhang, Weiwu; Johnson, Thomas J; Seltzer, Trent; Bichard, Shannon L (2010): The Revolution Will be Networked: The Influence of Social Networking Sites on Political Attitudes and Behavior. In: Social Science Computer Review, Band 28, Ausgabe 1, 2010

Zittel, Thomas (2009a): Lost in Technology? Political Parties and the Online Campaigns of Constituency Candidates in Germany's Mixed Member Electoral System. In: Journal of Information Technology & Politics, Band 6, Ausgabe 3, 2009

Zittel, Thomas (2009b): Entmedialisierung durch neue digitale Medien? Direkte Wählerkommunikation im WWW aus der Sicht von Abgeordneten des Deutschen Bundestages. In: Marcinkowski, Frank; Pfetsch, Barbara (Hrsg.): Politik in der Mediendemokratie. Wiesbaden: Verlag für Sozialwissenschaften

Zywica, Jolene; Danowski, James (2008): The Faces of Facebookers: Investigating Social Enhancement and Social Compensation Hypotheses; Predicting Facebook and Offline Popularity from Sociability and Self-Esteem, and Mapping the Meanings of Popularity with Semantic Networks. In: Journal of Computer-Mediated Communication, Band 14, Ausgabe 1, 2008

9 783658 088644